國立中央圖書館出版品預行編目資料

唐代音樂文化之研究 ／ 楊旻瑋著. -- 初版. --
臺北市：文史哲，民82
面；　公分. -- （文史哲學術叢刊；7）
參考書目：面
ISBN 957-547-806-1（平裝）

1. 音樂 - 中國 -唐(618-907)

910.9204　　　　　　　　　　82006655

⑦　刊叢術學哲史文

唐代音樂文化之研究

著　者：楊　　旻　瑋

出版者：文史哲出版社

登記證字號：行政院新聞局局版臺業字五三三七號

發行人：彭　　　　正　雄

發行所：文史哲出版社

印刷者：文史哲出版社
　　　　台北市羅斯福路一段七十二巷四號
　　　　郵撥○五一二八八一二彭正雄帳戶
　　　　電話：三　五　一　一　○　二　八

中華民國八十二年九月初版

實價新台幣五二○元

楊旻瑋　著

唐代音樂文化之研究

文史哲學術叢刊

文史哲出版社印行

# 自　序
## ——方生方死，方死方生

　　我這搞文學的人去研究音樂，從學術的觀點而言並無不可，到目前為止，好像也沒有什麼人說不好，反而鼓勵的人居多。我自己倒認為無論我搞什麼都不外是「業餘的手法，職業的心情」，這其中自然也包括文學。

　　寫作編整這本長達三十餘萬字的論文，有幾個說出來會惹人嘲笑的原因：第一，我不太懂得音樂這精靈，在我身邊却有不少以音樂下酒、紋身的朋友，耳濡目染既久，難免不酩酊一番；第二，正因為不太懂得音樂，所以打算尋找一個「熟悉的陌生空間」，企圖傳諸久遠，熟悉的只是史料，陌生的却是本質；第三，我這人，常因懷疑與失言，而誤闖魔界；懷疑別人是否能懂得文學與音樂、音樂與文化之間的關係，索性直闖問題意識自身。

　　大概，就是上述三個因素，導引我寫作這本論文。

　　和友人周慶華所著之《詩話摘句批評研究》同時出版，因著一個較複雜的機緣，為了替「財團法人岑子和文教基金會」籌募基金，透過周師鳳五和政大簡宗梧老師，和文史哲出版社彭正雄先生結緣，幸甚！

　　我不擅也不願在論文出版前夕，在序中說太多客套話，但有些超越學術著作出版的冥思感動，仍應稍加著墨；無傷大雅、無損學術，却實有益身心與靈魂之舒暢，是為序。

**楊旻瑋**癸酉四月於淡水

# 唐代音樂文化之研究

## 目　　次

楊旻瑋 著

唐代音樂文化之研究

文史哲學術叢刊

文史哲出版社印行

國立中央圖書館出版品預行編目資料

唐代音樂文化之研究 / 楊晏瑋著. -- 初版. --
臺北市 : 文史哲，民82
面 ；　公分. -- （文史哲學術叢刊；7）
參考書目：面
ISBN 957-547-806-1（平裝）

1. 音樂 - 中國 -唐(618-907)

910.9204　　　　　　　　　　　82006655

⑦ 刊叢術學哲史文

唐代音樂文化之研究

著　者：楊　　晏　瑋

出版者：文史哲出版社

登記證字號：行政院新聞局局版臺業字五三三七號

發行人：彭　　　正　雄

發行所：文史哲出版社

印刷者：文史哲出版社
　　　台北市羅斯福路一段七十二巷四號
　　　郵撥○五一二八八一二彭正雄帳戶
　　　電話：三 五 一 一 ○ 二 八

實價新台幣五二○元

中華民國八十二年九月初版

# 第一章 緒 論

## 第一節 民國以來研究中國音樂之重要進路

研究中國音樂，第一個要面臨的課題，便是史料的問題，尤其是中國記錄音樂的方法及樂譜、樂律難以釐清其純粹的樂理部分；研究唐代音樂，第一個面臨的難題，恐怕也是文獻不足的困境，眾所皆知，「唐樂」的史料在中國幾乎沒留下多少具體的東西可供深入研究，一則牽涉「音樂」在本質上是屬於時間藝術，若非有「聲音」、影像或「樂譜」的保存，則音樂幾乎只是歷史經驗中的音樂，後人再如何戮力鑽研，也很難眞正探得音樂本身的全部意義，畢竟如「留聲機」的發明，也是十九世紀才有的創舉（按：愛迪生（A. Edison, 1847--1931）發明留聲機）；再則，「唐樂」的具體文物文獻，雖然在此間（兩岸）一點一滴的陸續發掘累積中，畢竟如杯水車薪般；日本仍是「唐樂」的最佳保存所在，因得兩百多年遣隋、遣唐之便。這是欲研究中國音樂者的共知共遇，也無法迴避。

民國以來，仍有學者嘗試從不同的進路中，欲一窺中國音樂或「唐樂」之面貌。其中較有成就，也較能掌握史料並兼顧方法之要者如王光祈先生之《中國音樂史》、楊蔭先生之《中國音樂史》、日人田邊尚雄之《中國音樂史》、楊蔭瀏先生之《中國古代音樂史稿》、童斐先生之《中樂尋源》、張世彬先生之《中國音樂史論述稿》、吳釗、劉東升編著之《中國音樂史略》（以上爲通論部分）、日人岸邊成雄之《唐代音樂史的研究》、任半塘先生之《唐戲弄》、《教坊記箋訂》、王維眞先生之《漢唐大曲研究》、王國維先生之《唐宋大曲考》、王昆吾先生之《漢唐音樂文化論集》及周青葆先生之《絲綢之路的音樂文化》（以上爲分論部分）。

通論部分，自然以王光祈、田邊尚雄及楊蔭瀏三位先生爲其中的佼佼者；分論的部分，以岸邊成雄最受推崇，任半塘先生也頗有可觀

之處；此外，王昆吾和周青葆的研究成果也不容忽視。

王光祈先生的《中國音樂史》得德國柏林國立圖書館之助益（指藏書方面）甚多，全書共分兩大部分，第一部分專論中國律之起源、進化與調之進化，因為古代「律管」問題，實物不可得，推類又大可不必，唯部分典籍尚存，然典籍之載又不盡可靠，所以王先生便把握了四點根本思想以為進路，第一，中國古代的「五音」（宮、商、角、徵、羽）之間有一定的音階距離，如宮、商之間相距一個等音，角、徵之間相距一個「短三階」之類；而「五音」本身的「音高」則隨時而異，以旋宮時所配之律為轉移；「十二律」（如黃鐘、大呂等等）係規定音的「高度」，每律的長短一定，各律所發聲音之高低，亦復始終不變。音、律二事，應分別討論，不可混為一談（但最古之時仍未嚴加分別）。第二，中國古代律管的進化，係由少而多，並非如《呂氏春秋》所言，係一次完成。第三，討論中國古代律管問題，當以初民「陰陽思想」為思想，不應以今日「物理見解」為出發點，但我們研究古代律管發音問題，當然要用現代物理方式去計算，兩者有所分別。第四，先有律管後有律數。第二部分則專論樂譜、樂器、舞樂、歌劇、器樂等之進化及樂隊之組織。文末並附袁同禮先生《中國音樂書舉要》中十五種典籍。

筆者以為王先生此書的精采處應在前五章部分，讀者可詳察之。

日人田邊尚雄所著之《中國音樂史》，在第一章緒論中，就直接討論研究中國音樂史的困難，並進而擴大為研究東洋音樂的五大障礙：㈠古代樂器殊為難得，雖得一古代樂器，但古時奏出何等聲音，用何種方法，奏何種之曲，皆難以得知。㈡古代亞洲人，宗教心很深，如中國，一切皆歸之於伏羲與黃帝，因而對亞洲古代音樂之狀態，欲互相比較而考察之，亦感困難。㈢由於古代亞細亞氣候之變遷甚激，地形變化大，大部隊人民移動頗甚。欲由古代亞細亞各地交通之狀況推察之，以考古代文化之移動，非常困難。例如稱為黃帝所作之樂，或出自周末，或出自漢世，兩者相差千年以上，而常不正確。㈣各國之間在音樂文化上的影響關係及差異，以今論古，有不可言之困難。㈤從宗教力的影響關係而言，從來僅信中國之經典者，每直接求之於

印度文化；無論何事，皆謂文化之起源在印度，而與釋尊相結。其實中國所譯之經典，多傳西域之思想。故中國所譯之經典，對於印度音樂之研究，效用甚薄。因而欲根據宗教經此一途徑研究文化，亦有困難。田邊先生便有條件的採取進化論的觀點，他認為樂器及音樂之進化有二原則，即自然淘汰及人為淘汰。田邊先生在有條件的承認進化論的觀點之上，以人類學及考古學的知識方法研究五大範疇：㈠中亞音樂之擴散，㈡西亞細亞音樂之東流，㈢回教及蒙古勃興之影響，㈣國民音樂之確立，㈤歐洲音樂之輸入與中國音樂之世界化。

在研究唐樂的資料中，本書最可注意者為第三章，由作者所列記由唐傳入日本的「唐樂」五十曲（請詳見論文第五章第二節）。

大陸學者楊蔭瀏先生的《中國古代音樂史稿》是目前涵蓋面最廣的一本通論，時間上從西元前廿一世紀談到清代為止，內容以宮廷音樂與民間（士民）音樂的發展為主軸，旁及樂器、器樂、音律、音樂理論和思想、百戲散樂、雜劇、曲子、散曲、說唱音樂、藝術歌曲、民歌、文人的音樂生活、小曲等等。

楊先生這本著作的特色是涵蓋面廣，所引文獻史料亦頗充足，在樂律、樂譜的研究成果上雖不及王光祈先生，在音樂文化的流傳及影響研究上，也不及田邊尚雄先生，但本書的側重面是介紹與評價並進，在進路上本無需與前兩者相同，但方法上就比較沒有一定的理論基礎。

參考本書者有幾點需特別注意：

㈠本書仍較偏重歷史研究法，也就是以史料、典籍為主的研究，筆者以為其所旁徵博引之條文，大致上皆可信無誤。

㈡本書企圖將「宮廷／民間」此一概念突顯與對立起來，而且常以一套判然兩極的評價加諸其中，筆者以為這種方法在討論及分析上，很容易產生一種誤解，即中國音樂文化的發展是呈現一種「二元對立」的局面；事實上這樣簡化（化約）的談，最大的危險是混淆了音樂文化發展過程中互補有無，消長互動的眞象。

㈢本書對一些文人的音樂思想也有所評價，但筆者以為其評價的部分，都可保留及討論。譬如談到白居易，楊先生先是將之與他評價

甚低的「雅樂派」思想作一比較，白居易是比「雅樂派」進步些，但
與民間音樂的現實而言，白居易的思想與理論，仍是落伍許多。筆者
在第三章論白居易的音樂思想，對此已有反駁，此處暫存而不論。但
筆者所欲說明的是楊先生對唐代文人的音樂思想或音樂制度的評價部
分，實在是大有商榷之餘地，讀者應洞察其良否的一面。

　　岸邊成雄的《唐代音樂史的研究》的出現，對我們而言，是既慚
愧又心喜的，也體會到「禮失求諸野，樂失求諸友邦」的心情。岸邊
先生在東京帝大東洋史學科的畢業論文就是以《隋唐俗樂曲調的研究
——龜茲、琵琶、七聲、五旦與俗樂二十八調》爲題，之後才把研究
範圍縮小爲「制度」的部分，寫成了這部著作。期間也曾得田邊尙雄
先生的協助。

　　本書將唐代的音樂制度分成七大部分，分總說及各說：太常寺、
教坊、梨園、妓館、十部伎、二部伎及太常四部樂。很明顯的，這是
以音樂機構與制度爲主軸的研究。而且岸邊先生特別說明了中、日之
間，對於「雅樂」之解釋的差異。日本奈良、平安（八、九世紀）兩
朝，從中國傳入音樂之後，成爲管絃、舞樂的唐樂，即本書所稱之中
國唐代的俗樂，在日本被稱爲「神樂」，而此樂又與日本國樂共稱「
雅樂」。故此種稱呼與中國的「雅樂」無關。

　　本書的研究重點在俗樂方面，而在題目上也儘量避免採用「俗樂
」或「燕樂」一詞，除此之外，本研究不論及軍樂（鼓吹）及琴樂，
岸邊先生以爲那並非唐代音樂的主流，故不論。但琴樂在唐代民間及
文人的詩詞歌賦中卻是主流而且繁盛，彈琴、聽琴、論琴已與唐代文
人及民間在生活中結合，岸邊先生從制度上論唐樂，自然不知琴樂在
唐代民間音樂文化的重要性。

　　岸邊先生對唐代的音樂制度，有一基本的分期概念：
初唐——玄宗以前時期。
　　㈠雅、胡、俗三樂之鼎立。
　　㈡太常寺樂工制之完成。
　　㈢國家規模下集結之音樂文化。
唐朝中葉——玄宗時期。

㈠胡樂、俗樂之融合。

㈡敎坊及梨園之設置。

㈢宮廷音樂之最高潮。

唐末──玄宗以後時期。

㈠新俗樂之確立。

㈡妓館之活動。

㈢音樂文化之大眾化。

這個分期的論點，基本上還算恰當而合理。

任半塘先生的《唐戲弄》，已經成爲研究「唐──五代」戲劇的主要鉅著，作者自述此書爲研究唐代「音樂文藝」之全面中，具體報告之一。原分唐代有關音樂之文藝爲八：聲詩、長短句、大曲、變文、戲弄、酒令著詞、雅樂歌辭、琴曲歌辭。除變文及雅樂歌辭兩類外，其餘皆有專論，以與唐戲互相參閱，庶得其全。

本書對於我們研究唐代歌舞戲及參軍戲有極高的參考價值，此外，作者有專論「梨園」之考證，亦有創新之論。整體而言，本書在分期上採取初、盛、中、晚的傳統分法，但在文獻史料的旁徵博引的工夫，有其用心與高明之處。

以上所介紹者，乃民國以來研究中國音樂或唐樂的主要進路，接著筆者想談談本文的研究進路與旨趣。

## 第二節　本文之研究方向與研究目的

唐代在音樂文化的表現上受西域（外族）音樂的影響很深，這層影響不僅限於樂器、樂律、樂工⋯⋯等，也間接豐富了唐代詩詞歌賦的內容；如李嶠云「本是胡中樂，希君馬上彈。」（〈琵琶〉）、包融云「夜久聞羌笛，寥寥虛客堂。」（〈戲贈姚侍尉〉）、元稹云「女爲胡婦學胡妝，伎進胡音務胡樂。」（〈法曲〉）、白居易云「胡旋女，莫空舞，數唱此曲悟明主。」（〈胡旋女〉）。但唐代音樂並非單憑此一因素，便建構其音樂制度與機構，唐代社會上至宮廷，下至民間的內在需求也是必須要考慮進去的要素。

　　此外，唐代音樂的發展在文學作品、社會制度、文人生活、音樂機構、中西交流、時代意義等脈絡中，或深或淺，或大或小的影響，是本文研究的主要旨趣所在；而前述外族音樂的影響及唐代社會的內在需求，便是諸多脈絡中的兩大主要推進的力量。

　　筆者同意前節學者所述，研究中國音樂的諸多基本困境，但是也不能因此盲目摸索，作一無定向的研究；基本上，本文的研究方向，首需確立者，乃「音樂文化」一詞的具體涵義。

　　文化一詞，在較廣義的性質裡，本就意謂人類社會由野蠻而至文明，由單純而至複雜，其努力所得之成果，表現於科學、藝術、宗教、道德、法律、風俗、習慣等，表現之綜合體現，吾人常謂之文化。

　　音樂一詞，就其物理性質而言，它在基本上是憑藉聲波振動而存在，通過有組織的音（主要是樂音），在時間之流程中展現；並通過人的聽覺器官，而引起各種情緒反應和美感體驗的藝術門類，其基本的表現形式爲旋律和節奏。節奏，今通謂樂調之抑揚緩急者，常用之節奏有兩種：1.關於音之長短者，即長音與短音交互而起之節奏；2.關於音之強弱者，即強音、弱音反覆配合而起之節奏。（按：《禮記・樂記》：「使其曲直、繁瘠、廉肉、節奏，足以感動人之善心而已矣。」注曰：「節奏，闋作進止所應也。」疏曰：「節奏，謂或作或止，作則奏之，止則節之。」）而旋律則是將一群高低、長短、強弱不同之樂，依其節奏上一定之關係而持續奏出者謂之。以上所述，乃就「音樂」的物理性質言之。

　　論中國「音樂」，則未必能以其物理性質通盤視之。在中國，春秋戰國以前，「音」和「樂」並非是同時並稱的概念。按《樂記》的說法：「凡音之起，由人心生也，人心之動，物使之然也。感於物而動，故形於聲；聲相應，故生變，變成方謂之音。比音而樂之，及於干戚羽旄謂之樂。」其層級次序關係爲——

（動）　（形於）（相應生變）　　　　（生）（比而樂之，及於干戚羽旄）
物→人心————→聲————→（變成）——→音————————→樂

　　由此可見在上古時代，「聲」泛指一切聲音（天籟、地籟、人籟

），「音」則特指較有條理次、組織結構的聲音（相當於由樂音結合而成的音調、曲調、音響變化等），「樂」則是詩歌、音樂、舞蹈的混融體。中國古籍上第一次出現「音樂」一詞，是在《呂氏春秋》中，〈大樂〉篇云：「音樂之所由來者遠矣，生於度量，本於太一。」（按：《呂氏春秋》為戰國末年之作，係呂不韋（心——西元前235年）門客所撰　）。此後，「音樂」一詞才逐漸取代「音」的地位，而「音」也漸漸專指有確定音高之樂音（如「五音」），「樂」到後來也成為「音樂」一詞的簡稱了。

　　「音樂文化」，是一組涉及音樂發展過程的定向（如：審美經驗與態度，雅俗之別、制度傳承中的取捨與改良）以及定向的表達方式。這組定向主要是來自音樂制度及系統中的成員，並根據該制度及系統中，所涵蓋規範之脈絡來訂定。任何社會之音樂文化所具有的特殊風格，常反映在其主要典籍及歷史經驗中，這種經驗的影響，及於音樂制度及系統，並成為其中的成員，亦即音樂社會化過程的產物。

　　茲編之論，主要為唐代音樂與唐代社會之關係研究，以「音樂文化」的概念為基點。前者主要以唐代的音樂典籍、音樂機構、文人的音樂思想與音樂美學、唐代詩歌中反映的唐人音樂生活的作品、以及音樂與文學、舞蹈、劇曲的關係為論述重點，可總稱為音樂文化；但唐代社會一則面臨舊制度的傳承與改良，一則受到外來音樂文化的衝擊；此外，社會內部求新求變的趨勢及政治動亂所造成的影響，唐代音樂的發展和唐代社會的變化，遂建構出一幅相互輝映、互為因果的景象。

　　筆者於披覽兩唐詩歌、典籍、史料之際，頗有所感，因撰成斯篇，在先賢成說的基礎上，酌增一管之見，冀以知音心靈，一窺唐代音樂文化的整體風貌，體察音樂與人心、音樂與社會的幽微，而不致有子美「可憐後主還祠廟，日暮聊為梁甫吟」（〈登樓〉）之憾。

　　全文主要論述四個部分：

　　㈠**唐代有關音樂的主要典籍之研究**：主要專論《教坊記》、《通典・樂》、《羯鼓錄》及《樂府雜錄》，俱為唐人所作，除《通典》外，大致為盛唐至晚唐之音樂典故。

　　㈡**唐人的音樂思想與音樂美學**：思想部分，述及唐太宗，杜佑、白居易三人；美學部分，主述薛易簡及司馬承禎等琴家，旁及唐人詩歌創作中反映的音樂美學，述前並略論中國音樂美學的發展概況。

　　㈢**唐代音樂與文學、舞蹈、戲曲之關係**：首論《樂府詩集》、《唐詩紀事》、《佩文齋詠物詩選》、《文苑英華》如何分類與反映唐代之「音樂文學」；次論唐代樂舞的發展及樂舞詩的創作、評價；末論唐代歌舞戲的發展與評價，以點明其具有觀往知來的階段性意義。

　　㈣**唐大曲及唐樂東傳及外來音樂對唐代社會的影響**：首論唐大曲的來源、特徵、曲名考證及其流通，並兼論大曲與法曲之異同；次論日本遣隋、遣唐使運動中對兩國的影響；末論外來音樂傳入中國的背景概況與影響——從雅、胡、俗分立到雅樂式微、胡俗融合的狀況，由此可見晚唐音樂平民化的先驅過程。

# 第二章　唐代相關典籍中反映的音樂文化

## 第一節　盛唐開元時朝野皆好尚的《教坊記》

### 一、《教坊記》概要與唐代之教坊

　　《教坊記》爲唐人崔令欽所撰，主要在記述開元時期之教坊制度與軼聞；崔氏開元中爲左金吾（掌管京城戒備防務的主官），因職務之便，又因下屬吏多是教坊中人，常向崔氏講述教坊中之點滴故實，自序中謂「今中原有事，漂寓江表，追思舊遊，不可復得；粗有所識，即復疏之，作《教坊記》。」崔氏追憶屬官所述寫成此書，頗有史料價值。此書大致可分爲三部份：一爲教坊之制度與人事，二爲卷末所載三百餘首曲名，是研究盛唐音樂、詩歌的參考資料，三爲曲調本事及後記一篇。現存較早的善本有明鈔《說郛》本與《古今說海》本〔註1〕。

　　盛唐時期同時並存的音樂伎藝機構，有大樂署、鼓吹署、教坊和梨園四個部門，前兩者主要是屬於政府官署的太常寺，後兩者則主屬宮廷〔註2〕。教坊是掌管教習音樂及帶領藝人從事歌舞、散樂之表演爲主的機構。唐初武德年間設立的內教坊，初歸太常寺領導，《舊唐書・職官志》中書省條下，有內教坊一條云：「武德以來置於禁中，以按習雅樂，以中官一人充使。」又《新唐書・百官志》太常寺太樂署之條云：「武德後，置內教坊于禁中。」又《唐會要》雜錄之條云：「教坊，武德以來置本禁門內。」由是得知其存宮內教樂之場所〔註3〕。

　　《唐會要》雜錄中有一段記載云：「如意元年五月廿八日，內教坊改爲雲韶府。」此則乃武后時之事，武后尚道教，改名之舉亦其來有自，頗有「雅正之樂」意，與「道調」、「法曲」之產生不無關係〔註4〕。至神龍年間又正名爲教坊。

　　《新唐書‧百官志》太樂署一條云：「開元二年，又置內教坊于蓬萊宮側。有音聲博士，第一曹博士，第二曹博士。宗都置左右教坊，掌俳優雜伎，自是不隸太常，以中官爲教坊使。」此新設之內教坊與前所引述之禁中內教坊不同，因其內容以散樂爲主，散樂包含百戲與戲劇兩部，均各有所司。《新唐書‧禮樂志》記載：「玄宗爲平王，有散樂一部。……置內教坊於蓬萊宮側，居新聲〔註5〕、散樂、倡優之伎。」唐玄宗在長安設立了左右教坊，管理俳優、歌舞、雜技、並擴大此一機構的組織，成爲獨立的官署，教坊也吸收了許多民間及外籍的藝人，當時稱樂師爲「音聲人」，有一萬多人，散樂藝人也有一千多人。《新唐書‧禮樂志》云：「唐之盛時，凡樂人、音聲人、太常雜戶子弟隸太常及鼓吹署，皆番上，總號音聲人，至數萬人。」有些樂師也創制了歌曲和舞曲；如〈荔枝香〉就是爲了楊貴妃生日而編寫的一篇著名舞曲。

　　玄宗設左右教坊之因何在？《通鑑》開元二年之條有云：「舊制雜俗之樂，皆隸太常。上精曉音律，以太常掌禮樂之司，不應典倡優雜伎。乃更置左右教坊以教俗樂。」可見其用意在將散樂由太常寺中分出，以分別雅俗之樂，不至相混〔註6〕。

　　《新唐書‧禮樂志》有云：「其後巨盜起，陷兩京。自此天下用兵不息而離宮苑圃遂以荒堙。獨其餘聲遺曲傳人間，聞之者悲涼感動。」此段記載主要是在說明安、史之亂後，樂師流散，許多設施不復舊觀。至於「餘聲遺曲」如《南唐書‧後主昭惠國后周氏傳》所云：「后……十九歲來歸……善歌舞，尤工琵琶，……後主嗣位，立爲后……盛唐時，《霓裳羽衣》最爲大曲，離亂之後，絕不復傳，後得殘譜，以琵琶奏之，於是開元天寶之遺音，後傳於世。」南唐李後主作〈昭惠后誄〉亦云，「霓裳羽衣曲綫茲喪亂，世罕聞者，獲其舊譜，殘缺頗盛，暇日爲后詳定，去彼淫繁，定其墜缺。」現今琵琶曲〈霓裳羽衣〉是否即昭惠后所改編而成，似已難以斷定〔註7〕。但《舊唐書‧禮儀志》有記載至德二年，猶有內教坊音樂。而《舊唐書‧憲宗紀》下有云：「元和十四年春正月，……復置仗內教坊於延政里。」又唐人段安節所著《樂府雜錄‧熊羆部》有云：「開元中始別署左

右教坊。上都在延政里。東都在明義里，以內官掌之。至元和中只署一所。」則元和年間，左右教坊與杖內教坊合併，就署於延政里一處了。

　　總而言之，教坊是唐代傳習、管理宮廷所用俗樂的機構（尤專指玄宗時所更置之左右教坊）。唐高祖（西元618－626年）時置內教坊於禁中，隸屬太常。武后稱制（西元684－704年）時一度改名為雲韶府。唐中宗初年（西元705年）恢復舊稱。開元二年（西元714年）置內教坊於蓬萊宮側東內苑，禁城外又別設左右教坊二處，並且在東京洛陽別設外教坊二處，均由宮廷委派內監擔任教坊使，從此不屬太常領導。但太常寺所屬大樂署仍兼管宮廷燕樂，宮廷教坊仍從太常寺所屬梨園新院中選拔人才。

〔註釋〕：

〔註1〕任半塘於《教坊記箋訂・弁言》中云：「元末陶宗儀編《說郛》，收之，竟刪剩二千八百三十九字，功魁，罪首，陶氏兼之。自後各叢書所用，大致不出此範圍，只有後記，並無自序。」，頁一八，宏業書局。

〔註2〕「大樂署」是太常寺下屬的音樂機構，既管「雅樂」也管「燕樂」）。《新唐書・禮樂志》記載著太常檢查習樂之人，在「坐部伎」學不好的就調到「立部伎」裡；在「立部伎」裏又學不成一定氣候的就改習「雅樂」；由此或可見其難易層次。而太常乃禮樂之司，樂工僅限於男性（指盛唐內外教坊完備以後而言），「大樂署」的屬官為部郎、樂師、典錄、庫丞等。部郎一級的如太樂郎、鍾律郎等、掌管明堂祭祀的別稱「總章校尉監」。「鼓吹署」是太常寺的另一音樂機構，專管儀仗中間的鼓吹音樂，與「燕樂」的關係較少。而「梨園」的主要專業則以教習「法曲」為主。此「法曲」為玄宗所特好，所謂「法部」與「小部音聲」者皆在焉。因教習地點於禁苑梨園中而得名。名樂工李龜年、雷海青、黃旛綽、名歌手永新（女）皆梨園藝人。由於玄宗常親自教習，梨園藝人遂被稱為皇帝「梨園弟子」。內廷的梨園，由宮廷派

中官（內監）主管，宮外別有分屬兩京太常寺的梨園。長安太常
寺屬下有「梨園別教院」，洛陽太常寺有「梨園新院」，人數都
達千人。《新唐書・百官志》：「別教未得十曲，給資三分之一
；不成者隸鼓吹署，習大小橫吹。」《樂府雜錄》：「一千五百
人俗樂，系梨園新院，於此旋抽入教坊。」如任二北先生所云，
其男伎中之人才間有善歌者，女伎中之人才間有擅舞者，因個人
之邀寵、而偶作特殊之表現則有之若歌舞與其他表演、則終非梨
園之一般主業也。別教院和新院爲教坊選拔人才；教坊坐部伎爲
內廷梨園選拔人才，教坊中的藝人經過如此層層選拔，梨園弟子
的音樂技藝自然較高。」

〔註3〕明人胡震亨《唐音癸籤・卷十四・樂署》云：「太常寺，其屬有
協律郎，掌和六律六呂；其署曰太樂署，掌教樂人調合鍾律；曰
鼓吹署，掌鼓吹；梨園院，掌俗樂，在太常寺內西北。內教坊，
掌俗樂，武德末置。雲韶府，武后改稱；左右教坊、宜春北院，
並明皇增置。」，頁一六三，木鐸出版社。

〔註4〕「道調」，即「道曲」，是唐代宮廷音樂中，與道教典禮或與道
教內容有關的樂曲。如道士司馬承禎制〈玄眞道曲〉，工部侍郎
賀知章制〈紫清上聖道曲〉，太常卿韋紹爲太清宮落成制〈景云
〉、〈九眞〉、〈紫極〉等曲。〈新唐書・禮樂志〉又說：「開
元二十四年（按：西元736年），升胡部於堂上……后又詔道調
、法曲與胡部新聲合作。」可見當時樂伎不僅按坐、立部伎分部
，道曲、法曲亦皆按樂曲種類分部。從音樂風格與樂曲形式來說
，樂部之間互相有影響關係存在，如〈霓裳羽衣曲〉就是採用道
曲音樂的一種「法曲」。而「法曲」是隋、唐燕樂大曲中的一個
品種。其來源一說爲東晉及梁代的「法樂」（見《法顯傳》），
因用於佛教的法會而得名。梁以後形成以清商樂爲主的法樂，至
隋稱爲「法曲」。「法曲」在初唐時受極大的重視。像前面提及
的梨園主要就是爲法曲的演奏和訓練而設，專設有「法部」。唐
玄宗的音樂創作活動主要也是法曲，並且以梨園法部爲試奏、排
練、修改和完成法曲創作場地。又別有「法部小部」的設置。《

太眞外傳》云：「小部者，梨園法部所置，凡三十人，皆十五以下。」專爲法曲的演奏提供後備人才。法曲的曲式結構與一般燕樂大曲無異，但以風格「淡雅」爲特點。隋代的法曲脫胎於佛教音樂未久，這種素質更爲明顯。《新唐書・禮樂志》：「初，隋有法曲，其音清而近雅。……隋煬帝厭其聲澹，曲終復加解音。」唐代的法曲在音樂表現上又吸收了道曲的成分，有所發展。著名的唐代法曲有〈赤白桃李花〉、〈霓裳羽衣曲〉等。

〔註 5〕「新聲」，應指當時的流行音樂。《韓非子・十過》中云：「衛靈公將之晉，至濮水之上，夜深聞鼓新聲者而說之，使人問左右，盡報弗聞，乃召師清而告之曰：『有鼓新聲者，使人問左右，盡報弗聞，其狀似鬼神，子爲聽而寫之；』師涓曰：『諾，』因靜坐撫琴而寫之。」又《漢書・李延年傳》「延年善歌爲新變聲，是時上方興天地諸祠，欲造樂，令司馬相如等作詩頌，延年輒承意弦歌所造詩爲之新聲曲」。

〔註 6〕《唐書・禮樂志》云：「自周、陳而上，雅鄭淆雜而無別。隋文帝始分雅俗二部，至唐更曰部當。」有關唐代的雅樂，據《舊唐書・新樂志》之記載，高祖受禪以後，政軍事務繁忙，未及改制，樂府仍用隋代舊文。武德九年，始命祖孝孫修定雅樂，至貞觀二年六月奏之，孝孫以「陳梁舊樂，雜用吳楚之音，周齊舊樂，多涉胡戎之伎；於是斟酌南北，考以古音，作爲《大唐雅樂》。以十二律各順其月，旋相爲宮，……制〈十二和〉之樂，合三十一曲，八十四調」「及孝孫卒後，協律部張文收復採《三禮》，言孝孫雖創其端，至於郊禮用事，事未周備。詔文收與太常禮樂官更加釐改。」太宗貞觀十四年，因廟樂未稱祖宗功德，敕制宗廟、玄宗開元二十九年六月，太常奏准十二年東封泰山日所定或「俗樂」的概念已從樂種的區分引申爲風格上的區分。

〔註 7〕《太眞外傳》有註：「〈霓裳羽衣曲〉者，是玄宗登三鄉驛，望女兒山所作也。故劉禹錫有詩云：……開元天子萬事足，惟惜當時光景促。三鄉驛上望仙山，歸作霓裳羽衣曲。」天寶四年冊立楊太眞爲貴妃，進見之日，奏〈霓裳羽衣曲〉。由於此曲爲冊立

「女道士」貴妃而作,所以舞蹈的道具、服裝也與道教的幡節、羽服結合。因此這一法曲創作之初即具有濃厚的道曲因素。到了西涼府都督楊敬述進獻〈婆羅門曲〉後,天寶十三年太常寺所刻石碑中改胡樂雅樂,「制曰:……今之所定,宜曰《大唐樂》」一般而言,俗樂是指古代各種民間音樂的泛稱。源於與先王之樂相對而言的世俗之樂。《孟子・梁惠王》:「寡人非能好先王之樂也,直好世俗之樂耳。」俗樂用於宮廷宴享時,稱爲「燕樂」。俗樂在特定條件下,並不兼指一切民間音樂。《新唐書・禮樂志》:「凡所謂俗樂者,二十有八調。」實指隋、唐燕樂。蔡元定《燕樂書》所說俗樂的「七聲高下」,亦非燕樂所用的一切音階,實指「清商音階」。從玄宗、武后事實上亦偏好「新聲」或「俗樂」看來,至少證明有唐一代雅俗之樂在行政體系上較前朝更爲清楚,至此,「雅樂」曲名,將〈婆羅門〉改名爲〈霓裳羽衣〉,說明此一法曲經過再創作,轉以〈婆羅門曲〉爲主,在刻石定名爲〈婆羅門曲〉,刻石以後,又重新恢復其原名。白居易有〈霓裳羽衣舞歌和微之〉詩,對此曲的結構和舞姿作了細緻的描寫。全曲分成散序(器樂演奏,不歌不舞),中序(亦名拍序,開始有節拍、且歌且舞)、曲破(全曲高潮,繁音急節,聲調鏗錚,結束時轉慢,舞而不歌。)三部分。

## 二、從文化史的觀點看《教坊記》

唐代音樂,在整部中國音樂史上佔有最重要的地位之因,除了音樂體制承繼隋代遺制及吸收外族音樂精華之外,其文化發展的特殊性自然也是重要參考點之一。唐朝以來對於《教坊記》一書較具代表性的評論與著錄〔註1〕大致如下——

1.唐人段安節《樂府雜錄》序:「幼少即好音律,故得曉宮商。亦以聞見數多稍能記憶。嘗見《教坊記》,亦未周詳。」

2.宋人陳暘《樂書》卷一八八(俗樂部)條所載:「教坊之記雖存,亦未爲周備爾。」

3. 宋人王應麟《玉海》卷一〇五〈藝文志〉所載：「崔令欽《教坊記》一卷。開元中，教坊特盛！載樂工姓氏、伎藝、事跡。」

4. 宋人晁公武《郡齋讀書志》卷二：「《教坊記》一卷。右唐崔令欽撰。開元中，教坊特盛，令欽記之，率鄙俗事，非有益於正樂也。

5. 宋人王堯臣《崇文總目‧小說類》：「《教坊記》一卷，崔令欽撰。」（按：本書列入「小說類」，以此爲最早，後世多因之，《四庫全書亦然。》）

6. 宋人趙昇《朝野類要》一：「自漢有琵琶、篳篥之後，中國雜用戎夷之聲，六朝則又甚篤。唐時並屬太常掌之，明皇逐別置爲教坊，其女樂則爲『梨園弟子』也。自有《教坊記》所載。」

7. 元人李冶《敬齋古今黈》四：「唐藝文老次第絕無法式。甲部、經錄、禮類中，載《周禮》、《儀禮》，自可以類推。而於樂類中乃載崔令欽《教坊記》、南卓《羯鼓錄》。夫教坊、羯鼓、何得與雅樂同科！」

8. 明人胡震亨《唐音癸籤‧樂通》中在〈伊州〉、〈五天〉二曲名注曰：「開元《教坊記》云：『教坊諸宮人、唯舞此二曲。』」

9. 明人秦淮寓客輯錄《綠窗女史》，列本書於「青樓部‧平康類」。

10. 清代《四庫全書總目提要》「子部‧小說類」：「《教坊記》一卷、唐崔令欽撰。是書、《唐書‧藝文志》著錄。又總集類中、載令欽注庾信〈哀江南賦〉一卷。然均不言令欽何許人，蓋修《唐書》時，其始末已無考矣。所記多開元中猥雜之事，故陳振孫譏其「鄙俗」。然其〈後記〉一篇、諄諄於聲色之亡國，雖禮爲尊諱，無一語顯斥玄宗；而歷引漢成帝、高緯、陳叔寶、慕容熙，其言剴切而著明。乃知令欽此書本以示戒，非以示勸。唐志列之於〈經部‧樂類〉，固爲失當，然其風旨有足取者，雖謂曲終奏雅，亦無不可，不但所列曲調三百二十五名，足爲詞家考證也。」

歷來對於《教坊記》的批評不外三類：　1.記載教坊事蹟不夠周

詳， 2.記載內容過於鄙俗， 3.應與雅樂有所分別。但是上述的批評放在唐代文化史的脈絡上來看，便顯得不夠中肯，因為上述批評大都是缺少設身處地的了解，以另一種文化觀點的價值感為主要導向，過度強調著作的完整性與正統性，忽略了唐代文化的特質。以「記載未詳」而言，崔氏作此書本是「追思舊遊，不可復得」之後，粗略記述再考證其中若干零星的瑣事軼聞；著書前提既已明言，何庸後人吹毛求疵再三。再以「內容鄙俗」而言，本就涉及價值判斷的衡量，觀乎晁公武般的論斷方式，不過是以「合不合乎正樂」的標準來衡量《教坊記》中有關俗樂百戲的記載，未足議也。錢賓四先生在《中國文化史導論》一書〈文藝美術與個性伸展〉一章中謂「文學藝術在中國文化史上，發源甚早，但到唐代，有他發展的兩大趨勢，一是由貴族階級轉移到平民社會，一是由宗教方面轉移到日常人生。……這自然是中國文化史上一個顯著的大進步。」〔註２〕

　　從文化史的角度而言，賓四先生之語誠然中肯。《教坊記》記述了唐代教坊的管理制度、樂舞內容、歌曲名目及藝人樂師生活瑣事，多少也就保存了許多唐代甚至更早的戲劇、音樂、舞蹈的史料。就拿《教坊記》與戲劇的關係而言，任二北先生在《教坊記箋訂·弁言》中曾有專門之論述：「唐代宮戲，確在教坊，而不在梨園。以本書現有之全部表現論：崔氏之戲劇觀念似尚欠明晰，視百戲與戲劇皆曰『戲』。但吾人即持純戲劇之尺度以求，亦可由此書探得極寶貴之資料！如確定唐歌舞戲有大面一體，一也；敘〈踏謠娘〉劇之故事、主題、演員及演出情形等，頗為具體，二也，記女伎化裝術之精工，已不讓近代，三也；曲名中載及〈麻婆子〉〈穿心蠻〉等傀儡戲曲，四也；所列雜曲，如〈鳳歸雲〉〈呂太后〉等，或曾用入戲曲，或顯為戲劇而創，五也；他如〈別趙十〉〈阮郎迷〉〈濮陽女〉〈胡相問〉等廿餘曲，或有本事，或見情節，或與戲劇腳色有關，或與金、元院本名目符合，均可能為戲曲，有待闡發，六也。〔註３〕」而〈教坊記〉中直接記錄戲劇表演的，則有〈大面〉和〈踏謠娘〉。想要恰當地了解《教坊記》，進而從文化史的角度疏解其中脈絡，除了其內文的清通考疏外，照我看來，《全唐文》卷三百九十六所收錄的〈教坊記

序〉〔註4〕及原書的後記更可看出作者個人欲寄托的思緒與唐代文
化發展上局部的自我衝突。茲錄其序言與後記如下：

> 昔陰康氏之王也，元氣肇分，災沴未弭；水有襄陵之變，人多
> 腫腿之疾。鬼所以通利關節，於是制舞。舜作歌以平八風，非
> 惱心也。春秋之時，齊遺魯以女樂。晉梗陽之大宗、亦以上獻
> 子，始淫聲色矣！施及漢室，有若衛子夫以歌進，趙飛燕以舞
> 寵。自茲厥後、風流彌盛！晉氏兆亂，塗歌是作；終被諸管絃
> ，載在樂府。呂光之破龜茲，得其名稱，多亦佛曲百餘成。我
> 國家玄玄之允，未聞頌德。高宗乃命工白明達造道曲，道調。
> 玄宗之在藩邸，有散樂一部，戡定妖氣，頗藉其力；及膺大位
> ，且羈縻之。常於九曲閱太常樂。卿姜晦、嬖人楚公皎之弟也
> ，押樂以進。凡戲、輒分兩朋，以判優劣，則人心競勇，謂之
> 『熱戲』。於是詔寧王主藩邸之樂以敵之。一伎戴百尺幢，鼓
> 舞而進；太常所戴、即百餘尺，此彼一出，則往復矣；長欲半
> 之，疾仍兼倍。太常群樂鼓噪，自負其勝。上不悅，命內養五
> 六十人，各執一物，皆鐵馬鞭，骨檛屬也，潛匿袖中，雜於聲
> 兒後立；復候鼓噪，當亂捶之。皎、晦及左右、初怪內養麇至
> ，竊見袖中物，於是奪氣褫魄。而戴幢者方振搖其竿，南北不
> 已。上顧謂內人者曰：『其竿即自當折。』斯須、中斷，上撫
> 掌大笑，內伎咸稱慶。於是罷遣。翌日、詔曰：『太常禮司，
> 不宜典俳優雜伎。』乃置教坊，分為左右而隸焉。左驍衛將軍
> 范安及為之使。開元中，余為左金吾，倉曹武官十二三是坊中
> 人。每請祿俸，每加訪問，盡為余說之。今中原有事，漂寓江
> 表，追思舊遊，不可復得；粗有所識，即復疏之，作《教坊記
> 》。

此一序言主要在說明宮外教坊之所以興起，原因就在於「熱戲」
一舉之後。序中所載「戴幢」（按：即戴竿戲）於玄宗主政期間是經
常表演的歌舞節目，劉晏有詩一首，最為傳神——

> 樓前百戲競爭新，惟有長竿妙入神。

> 說道綺羅偏有力，猶自嫌輕更著人。（〈詠王大娘戴竿〉）〔註

5〕

　　玄宗經常開宴賜民大酺,而且是與民同樂,詩人張祜也描寫了當時花萼樓前,百姓觀看王大娘表演長竿的盛況——

　　八月平時花萼樓,萬方同樂奏千秋。

　　傾城人看長竿出,一伎初成妙解愁。(〈千秋樂〉)〔註6〕

　　賓四先生在前引書同一章節末段有云:「在西元七五〇年左右,第八世紀恰過一年的時候,是唐代社會經濟文物發展到最旺盛最富足的時期,此下即接著大騷亂驟起,在那時期,社會人生精力,可謂蘊菁充盈,而人類內心又不斷受到一種深微的刺激,這真是理想上文學藝術醱酵成熟的大時期。……由是一切文學藝術,如風起雲湧,不可抑勒,而終成為一個平民社會日常人生之大充實。」〔註7〕《教坊記》正是紀錄此中點滴的一個指標。面對這樣富庶的社會,崔氏又經歷了安史之亂——其反省與感慨又如何呢?

　　記曰:夫以廉潔之美、而道之者寡,驕淫之醜、而蹈之者眾,何哉?志竟劣而嗜慾強也。借如涉畏途不必皆死,而人知懼;溺聲色則必喪天,而莫之思,不其惑歟!且人生之身所稟、五常耳。至有悅其妻而圖其夫,前古多矣!——是違仁也。納異寵而薄糟糠,凡今眾矣!——是忘義也。重被席之娛,輕宗祀之敬,——是廢禮也。貪耳目之玩,忽禍敗之端,——是無智也。心有所愛,則覥冒苟得,不顧宿諾,——是棄信也。敦諭,履仁,蹈義,修禮,任智,而信以成之。嗚呼!國君保之,則比德、堯舜;士庶由之,則齊名周、孔矣!當為永代表式,寧止一時稱譽!倘謂修小善而無益,犯小惡而無傷,殉嗜慾近情,忘性命大節,施之於國則國敗,行之於家則家壞。敗與壞、不其痛哉!是以楚莊悔懼,斥遣夏氏;宋氏納諫,遽絕慕容:終成霸業,號為良主。豈比高緯以馮小憐滅身、叔寶以張貴妃亡國,漢成以昭儀絕家嗣,燕熙以苻氏覆邦家乎!非無元龜,自有人鑑。遂形簡牘,敢告後賢。

　　這篇後記與前錄之序文在文意上有諸多不協調之處,除了描寫春秋之時晉「始淫聲色」至漢代衛子夫趙飛燕以歌、舞特寵於王室,導

致「風流彌盛」一段，隱然與後記前後呼應之外，後記「鑒戒」之義
實深過序言；尤其是「倘謂修小善而無益，犯小惡而無傷，殉嗜慾近
情，忘性命大節，施之於國則國敗，行之於家則家壞，不其痛哉！」
一段愷切之言，顯示崔氏之所以粗略具陳所聞，恐怕是別有用意。觀
乎其以「高緯以馮小憐滅身、叔寶以張貴妃亡國、漢成以昭儀絕嗣」
彰明「人鑑」之義，恐有感於玄宗與貴妃之事而作。雖然任二北先生
以為崔氏在自序後所謂「追念舊遊，不可復得，始粗有所識」之意作
結，並無鑒戒之義。「人鑑」云云，也只限於後記之本文而已，無關
乎全書。任先生更進一步指出以今傳本而言，「其重心在曲名三百餘
之著錄」。其實嚴格說來，《教坊記》一書除了一開始被列藝文志樂
類外，便是歸入子部小說家類，全書不過兩千餘字，既要「粗有所識
，即復疏之」，又要委娓說明當時之憂思，在離亂之餘，寫作前序與
後記之心情與用意自可有所差異。當然，筆者也承認除了序言和後記
的八百餘字和近一千字的曲名著餘外，有關唐代教坊的描寫不過一千
字左右，也難怪在史料的使用價值上，任二北先生會屢次強調曲名才
是本書之重心。事實上，雖然《教坊記》有關教坊內部之描述不足以
充分說明其欲「鑒戒」之義，但從後記、序言及全書看來，不只有蛛
絲馬跡可尋，也彰顯出唐代文化發展上的危機：一是文學藝術雖已高
度蓬勃發展，但其中的藝術工作者，或者說藝人、樂工、常因皇權的
使用不當，而時有處境艱難之慮；二是玄宗一方面欲有限度的在行政
措施中抑制俗樂的發展在宮廷所屬的內外教中，他卻較無限度的擴張
其世俗的領域。崔氏所謂「溺聲色則必喪夭，尚莫之思，不甚惑歟！
」正是此意。三是音樂上的雅、俗之辨在唐代仍有其較保守而傳統的
自衛心態〔註8〕。論文化發展，本身即含有辯證的過程，而我們對
於文化與社會的了解應有的重要基點，就是文化與社會制度（系統）
的互相不能化約性的觀念。進一步說，過去許多正統儒家一向以為中
國的社會系統是遠古聖君與聖人所有意創建的。換句話說，他們是把
社會系統化約（reduce）成了文化系統；因為社會系統並無本身之來
源，它是來自文化系統。而其實，兩者之間是一種彼此獨立，互相影
響的關係。就以《教坊記》中三百餘曲名而言，「頗能反映盛唐四十

年之文治、武功、禮俗、宗教、物情、民隱等。」〔註 9 〕「蓋此等曲調之構成，每有本事或始義存在，皆就原聲，入以始辭。」〔註10〕任二北先生從兩個方向切入討論《教坊記》中曲名的重要性；一是當時在燕樂的發展史上，是創造時期，而非因襲時期；二是雖不復聽聞諸調的原聲，也無從盡睹諸調之始辭，但僅從每一調名三、四字之含義以求，亦足以窺見其曲之內容，並發現多方之現實。既然「文化系統」是指著價值、思想、符號與信仰的系統而言，則曲名中所反映的諸多現實的涵義，自可與屬於「社會系統」的教坊組織相互影響，但仍然保持一種各自獨立的關係。再就《教坊記》中所描寫的妓女而言，也顯現出唐代文化中對人的評價的層級性。教坊妓女有內人、宮人，搊彈家及雜婦女四種。《教坊記》云：「妓女入宜春院，謂之「內人」，亦曰「前頭人」，常在上前也。。」（按：教坊妓女以歌舞工者選入宜春院，專為御前王室貴族供奉。）又云：「宜春院亦有工拙，必擇尤者為首尾。首既引隊，眾所矚目，故須能者。樂將　，稍稍失隊，餘二十許人舞。曲終謂之「合殺」，尤要快捷，所以更須能者也。」內人之注重才藝，於此可見。

　　《教坊記》又云：「樓下戲出隊，宜春院人少，即以雲韶添之。雲韶謂之宮人，蓋賤隸也，非直美惡貌殊，佩琚居然易辨。內人帶魚，宮人則否。」內人多為良民之女，而宮人則多屬官賤民之女。其地位自較內人為低。至於「雲韶」之名除《樂府雜錄・雲韶》之條云：「宮中有雲韶院。」宋陳暘《樂書・教坊樂》之條云：「唐金盛時……，內外教坊近及二千員，梨員三百員，宜春、雲韶諸院及掖庭之伎不闕其數。」「全盛」指玄宗朝，而宜春、雲韶並稱，則雲韶應是宮人的居處，宜春院則為內人的居處無疑。並且當時風俗習慣上，有稱宜春院以代內人的，有稱雲韶以代宮人者。

　　《教坊記》又云：「平人女以容色選入內，教習琵琶、五絃、箜篌、箏者，謂之搊彈家。」觀此，則搊彈家乃專習樂器的妓女，其出身應是良家平安。

　　《教坊記》又云：「開元十一年初，製〈聖壽樂〉。令諸女衣五色衣以歌舞之。宜春院女教一日，便堪上場。惟搊彈家彌月不成。至

戲日，上親加策勵曰：『好好作，莫辱沒三郎。令宜春院人為首尾，撥彈家在行間，令學其舉手也。』《教坊記》又有「樓下兩院進雜婦女」云云。兩院當即指宜春、雲韶兩院。然則雜婦女當即內人，宮人的見習女弟子。

　　僅就教坊中的妓女而言，女性普遍居於從屬（工具性價值）地位的事實的確值得我們深入研究，雖然順從與被壓迫的程度與形式各地不同。譬如《樂府雜錄・歌部》有云：「開元中，內人有許和子者，本吉州永新縣樂家女也；開元中選入宮即以「永新」名之，籍於宜春。既美且慧，善歌能變新聲。韓娥、延年歿後，千餘載曠無其人；至永新始繼其能。……及卒，謂其母曰：『阿母！錢樹子倒矣。』」才藝知名度之高者如永新仍落得此一下場，更惶論貴妃在梨樹下自縊死後草草被埋葬在馬嵬坡之情境。以唐代文化之包容與開明，尚且於宮廷體制內表現此種量化的工具性價值，崔令欽述教坊中人事制度的同時，能夠不在旁立下評語，我想這不能證明他並無鑒戒後人之意，因為他至少客觀呈現了唐代宮廷文化世俗及現實的一面。而且這世俗與現實的一面正同時和唐代文化興盛豐富的一面並存〔註11〕，從制度與人事的層面來看，也是如此。


〔**註釋**〕：

〔註 1 〕關於本書及盛唐教坊樂曲之著錄及評論，請詳見《教坊記箋訂・
　　　　　附錄四》，頁二六三～二七七。

〔註 2 〕同前引，頁一三四。

〔註 3 〕同前引，頁十三～十四。

〔註 4 〕《全唐文》卷三九六。

〔註 5 〕《全唐詩》卷一二〇。

〔註 6 〕《全唐詩》卷五一一。

〔註 7 〕本書頁一三八。

〔註 8 〕請參閱本文第三章第一節。

〔註 9 〕〔註10〕同〔註 1 〕，頁二。

〔註11〕這種並存的局面，與玄宗之好尚性格有一定程度的關係。日本學

者那波利貞就曾就玄宗性格的轉變（在開元之末、天寶之初最為明顯）作一深入研究。詳細剖析了唐玄宗如何從恪勤精勵、儒教的克己復禮之人，突然轉變為沈溺於享樂主義及溺愛楊貴妃等女色之性格。那波利貞以《舊唐書・崔植傳》（卷四十二）所記載之事為主要論證之依據，事云：「玄宗……既即位，得姚崇、宋璟，此二人夔夜孜孜，納君於道。璟嘗手寫《尚書》無逸，為圖以獻，勸帝出入觀省以自戒。其後柘暗，乃代以山水圖，稍怠於勤，左右不復箴規，姦臣日用事以至於敗。」這段史書上的記載，與崔令欽後記中所云鑒戒之意，亦遙相呼應。關於玄宗好尚性格之轉變，請參閱《唐代社會文化史研究・第一編・第二章・第四節》，頁一六七～一七七，那波利貞著，創文社。

## 三、《教坊記》在唐代音樂文化上的意義

既然《教坊記》能適切的反映盛唐時期，朝野好尚的實況，尤其是本書所著錄之曲名頗能涵蓋唐代一般歌曲、舞曲、戲曲、酒令著詞等，有關本書的評價自應有恰如其分的依歸。本節旨在偏重本書之產生，及其所錄諸樂事聽聞，在唐代音樂文化上的意義，分述如後——

1. 透過《教坊記》之前序與後記，參照其所著錄的曲名來看，我們等於從盛唐音樂文化興盛的狀態下，發覺一股隱然將發生的危機。

2. 批評《教坊記》不周詳、鄙俗及無益於正樂的聲音，雖非關乎本書所欲彰顯之主題，但由此可見唐以後對音樂文化記載上的偏好與成見；崔氏本人的生平兩唐書並不記載，恐其來有自。

3. 唐代音樂的發展正如同文學及其他藝術的發展一般，彼此交融或搭配著進行，從《教坊記》中有關制度與人事之描寫，仍可見微知著，感受君權對音樂文化制約的力量。

4. 從正史的記載中，我們是無法得知任何一個朝代音樂文化的整體面貌，從正史中，一脈相傳的等於是宮廷性質濃厚的音樂制度與

音樂生活；若無《教坊記》一類的典籍產生，我們對民間與宮廷音樂文化差異性的了解必然很有限。

5.崔令欽本人在前序裏客觀描寫唐代樂舞百戲的概況，在後記中卻強烈的標榜著人的生活上或生命中的廉潔自持的重要，並痛斥驕淫廢禮之害，觀乎本書所述之內容，當可體會作者身處盛唐將頹之際，對唐代教坊中諸多現象的慨嘆之意。

6.除了極少數如任二北先生的學者外，歷來對於本本書的評價，很少被放在唐代音樂文化的發展上去考量，多少顯示本書自身也有疏漏之處，這個疏漏，一則是時代因素使然，一則是歷史評價造成的刻板印象。今後的研究，應可寬容的被納入「文化系統」、「社會系統」下重新定位，以真正描繪出唐代自宮廷至民間的全體音樂文化。

## 第二節　雅樂大備後胡樂興起時的 《通典・樂》

### 一、《通典・樂》的序論觀點

《通典》的樂篇開宗明義云：

夫音生於人心，心慘則音哀，心舒則音和，然人心復因音之哀和，亦感而舒慘。

這段話將中國傳統在討論心與樂的歧異觀點中，圓融的解釋開來。關於這篇序論，我們將在第三章全面討論，本節先就其可觀之處，舖陳其重要的觀點，至於其細微處，容後討論。其序論中的重要觀點，分下列四點陳述之——

1.將歌、舞、樂的關係整合起來：謂「舞也者，詠歌之不足，故手舞之，足蹈之，動其容，象其事，而謂之為樂。」

2.將人心與音樂的關係分別說明：謂「樂也者，聖人之所樂，可以善人心焉，所以古者天子、諸侯、卿大夫，無故不徹樂」，又謂「士無故不去琴瑟，以平其心，以暢其志。」

3.扼要說明古樂淪陷與胡樂興起之間的關係：並謂「爰自永嘉戎羯 迭亂，事有先兆，其在於茲。」

4.重申傳統樂教功能的重要性：謂「人間胡戎之樂，久習未革，古 者因樂著，甚感人深，乃移風俗，將欲閑其邪，正其頹，唯樂而 已矣。」

## 二、《通典·樂》的體例及內容

《通典·樂》基本上分為七個部份，第一、二部份為樂制的歷代 沿革史——包括伏羲、神農、黃帝、少皞、顓頊、秦、漢、後漢、魏 、晉、宋、齊、梁、陳、後魏、北齊、後周、隋、至唐朝睿宗、代宗 時期為止。第三部分為樂律。第四部分為樂器。第五部分為歌、雜歌 曲、舞、雜舞曲。第六部分為清樂、坐立部伎、四方樂、散樂及前代 雜樂（主要為鼓吹樂、西涼樂）。第七部份為諸種類型的樂議。〔註 1〕

在「歷代沿革史」中的唐代部分，主要是敘述唐太宗於貞觀之初 ，合考隋氏所傳南北之樂，梁、陳盡吳、楚之聲，周、齊皆胡虜之 音，乃命太常卿祖孝孫正宮調，起居郎呂才習音韻，協律郎張文收考 律呂，平其散濫，為之折衷。此外，祖孝孫始為旋宮之法，造十二和 樂，合四十八曲、八十四調；至開元中又造三和樂，共十五和樂。又 制文舞、武舞，前者朝廷謂之九功舞，後者朝廷謂之七德舞。兩者所 使用的樂器有鐘、磬、祝、啓、晉鼓、節鼓、琴、瑟箏、筑、竽、笙 、簫、笛、箎、塤、錞于、鐃鐸、撫拍、舂牘等二十種，並總謂之雅 樂〔註2〕。在冬至、夏至、宗廟大祭及靈壇蜡百神時，分別有不同 宮律調牲之曲舞配合。

杜佑云：今郊社廟，同用宮懸（按：西周起，天子所用鐘、磬編 列數量和設置方位的規定謂之）二舞，改名易調，為異舊釋奠，唯有 登歌。今設軒懸（按：西周起，諸侯所用鐘、磬編列數量和設置方位 的規定謂之）、雨師（按：司雨之神。《周禮·春官·大宗伯》云： 「以槱燎祀風師、雨師）山川，並不設樂，於是雅樂大備〔註3〕， 故天下靡然向風矣！

自此以後，凡有事於太廟，每室酌獻，各用其舞。

獻祖室：用光大之舞 —— 黃鐘宮調

獻祖室：用長發之舞 —— 黃鐘宮調

太祖室：用大政之舞 —— 太簇宮調

代祖室：用大成之舞 —— 姑洗宮調

高祖室：用大明之舞 —— 蕤賓宮調

太宗室：用崇德之舞 —— 黃鐘宮調

高宗室：用鈞天之舞 —— 黃鐘宮調

中宗室：用文和之舞 —— 太簇宮調

睿宗室：用景文之舞 —— 黃鐘宮調

孝敬廟：用承光之舞

諸太子廟：用凱安之舞

祀昊天上帝及五方大明、夜明之樂皆六成

祭皇地祇神州社稷樂皆八成

享宗廟之樂九成

其餘祭祀，三成而已 —— 皆用姑洗之均。

　中國的音樂樂律，大致是根據宮、商、角、徵、羽五聲音階製作樂曲。漢代京房，根據「三分損益法」〔註4〕變十二律為六十律，後世稱為「京房六十律」。

　宮、商、角、徵、羽是音（階），用來顯示各音之間比較高度的關係；黃鐘、太簇、姑洗、蕤賓、夷則、無射、大呂、夾鍾、大呂、林鍾、南呂、應鍾等是樂律，用來規定各音之間絕對高度的標準。用現代音樂術語來說，「音」就是首調音階唱名，各調通用；「律」就是固定音程高度，始終不變。以唐雅樂而言，「宮」幾乎是主要的音階，再加上「黃鍾律」本是古代之基音，其音高歷代議論很多，從未定下一個統一的標準。唐代於太廟中所最常用的「黃鍾宮調」，基本上就是雅樂八十四調基本音階中，從基音黃鍾律算起的前七個音所組成，以「黃鍾律」配上「宮調」而成。〔註5〕

　《通典‧樂》第三個部分「樂律」，就唐代部分而言，是就唐代雅樂之樂律，作一整體的說明，其詳如下：

祭圓丘：以黃鍾爲宮

郊廟方澤：以林鍾爲宮

宗廟：以太簇爲宮

五郊廟賀享宴：隨月用律爲宮

祭天神：奏豫和之樂

祭地祇：奏順和

祭宗朝：奏永和

祭天地宗廟登歌：奏肅和

皇帝臨軒：奏太和

王公出入：奏舒和

皇帝食舉及飲酒：奏休和

皇帝受朝：奏正和

皇太子軒懸出入：奏承和

元日冬至，皇帝禮會登歌：奏昭和

郊廟俎入：奏雍和

皇帝祭饗酌酒，讀祝文及飲福酒受胙：奏壽和

（以上正是十二和之樂）〔註6〕


協律郎張文收復採三禮，更加釐革之後如下：

祭昊天上帝：以圜鍾爲宮，黃鍾爲角，太簇爲徵，姑洗爲羽，
奏豫和之舞，若封太山同用此樂。

祭地祇方丘：以函鍾爲宮，太簇爲角，姑洗爲徵，南呂爲羽，
奏順和之舞，禪梁甫同用此樂。

祭禘祫宗廟：以黃鍾爲宮，大呂爲角，太簇爲徵，應鍾爲羽，
奏永和之舞。

祭五郊日月星辰及類上帝：黃鍾爲宮，奏豫和之曲。

大蜡大報：以黃鍾、太簇、姑洗、蕤賓、夷則、無射等調，奏
豫和、順和、永和之舞。

明堂雩：以黃鍾爲宮，奏舒和之曲。

神州社稷籍田：並以太簇爲宮。雨師以姑洗爲宮，山川以蕤賓

爲宮，並奏順和之曲。

臨軒出入：奏舒和之樂，並以姑洗爲宮。

饗先妣：以夷則爲宮，奏永和之曲。

大饗讌會：夷姑洗、蕤賓二調。

皇帝食畢：以月律爲宮，並奏休和之曲。〔註7〕

皇帝郊廟出入：奏太和之曲。

臨軒出入：奏舒和之樂。

皇帝大射：以姑洗爲宮，奏騶虞之曲。

皇太子：奏貍首之曲。

皇太子軒懸：以姑洗爲宮，奏永和之曲。

奏黃鍾：歌大呂。

奏太簇：歌應鍾。

奏姑洗：歌南呂。

奏蕤賓：歌林鍾。

奏夷則：歌中呂。

奏無射：歌夾鍾。

黃鍾、蕤賓爲宮：其樂九變。

大呂、林鍾爲宮：其樂八變。

太簇、夷則爲宮：其樂七變。

夾鍾、南呂爲宮：其樂六變。

姑洗、無射爲宮：其樂五變。

中呂、應鍾爲宮：其樂四變。

唐代雅樂的規律，至此方大備矣。

　　老實說，雅樂八十四調創建之初，概念就不是很清楚。胡震亨謂「唐樂律主旋宮之法，以五音加二變，一宮、二商、三角、四變徵、五徵、六羽、七變宮，各十二調，爲雅樂八十四調。」〔註8〕也就是說宮調的性質，用法是按照月令分配的，這就無法從音樂的角度去理解。楊蔭瀏以爲這是在「神秘主義思想」〔註9〕的支配之下，才如此做的，我們雖不同意這樣的解釋，但唐代雅樂中這些宮調數目多至八十四種，每種宮調似乎都有一定的作用，但怎樣應用，實在很難

解釋，也難怪楊氏在批評雅樂八十四調的同時會說以這八十四調為基礎所奏之樂，都是一些反現實主義的，並且完全脫離民間音樂傳統的樂曲。〔註10〕

八十四調移宮換調的原理，如今可得知的有蘇祇婆用琵琶彈奏來說明的記載。〔註11〕但以琵琶的特性而言，可不可能彈出全部八十四調的半音來。元稹有〈琵琶歌〉，詩云：「琵琶宮調八十一，旋宮三調彈不出。玄宗偏許賀懷智，段師此藝還相匹。」〔註12〕宋人沈括在《夢溪筆談》〔註13〕中特別提及此事，他說：

> 前也遺事，時有於古人文章中見之，元稹詩有「琵琶宮調八十一，三調絃中彈不出」，琵琶共有八十四調，蓋十二律各七均，乃成八十四調。稹詩言八十一調，人多不喻，所謂予於金陵丞相家，得唐賀懷智《琵琶譜》一冊，其序云：琵琶八十四調，內黃鍾、太蔟、林鍾宮聲，絃中彈不出，須管色定絃。其餘八十一調，皆以此三調為準，更不用管色定絃。始喻稹詩，言如今之調琴，須先用管色合字定宮，乃以宮絃下生徵，徵絃上生商，上下相生，終於少商。凡下生者隔二絃，上生者隔一絃，取之凡絃聲，皆當如此。古人仍須以金石為準，商頌依我磬聲是也。今人苟簡，不復以絃管定聲，故其高下無準，出於臨時。懷智《琵琶譜》，調格與今樂全不同，唐人樂學精深，尚有雅律遺法，今之燕樂，古聲多亡，而新聲大率皆無法度，樂工自不能言其義如何得其聲和。

賀懷智所言便是樂律上轉調的問題，但以雅樂創制之初，只是「斷竹為十二律，吹調五種叩之而應」、「以十二律各順其月，旋相為宮」可知唐人建制之初，對於宮調、調式的理論可能還無法完全疏通，在演奏上，也不知當時如何克服了理論上的盲點〔註14〕。

在樂器及樂懸的考察上，杜佑下了不少工夫，並且影響後代研究唐樂者甚深。

權量部分，以張文收之事蹟為主。

1.大唐貞觀中，張文收鑄銅斛秤尺，升合咸得其數，詔以其副藏於樂署，至武延秀為太常卿，以為奇翫，以律與古玉斗升合獻焉。

2.開元十七年，將考宗廟樂，有司請出之，敕惟以銅律付太常，而亡其九管。今正聲有銅律三百五十六、銅斛二、銅秤二、銅瓶十四、斛左右耳。與臀皆正方，積十而登以

3.大唐貞觀十年歲次，元枵月旅應鍾，依新令累黍尺定律，校龠成茲，嘉量與古玉斗，相符同律度量衡，協律郎張文收，奉敕修定秤盤。

4.大唐貞觀秤同律度量衡，匣上有朱漆，題「秤尺」二字，尺亡，其跡猶存，以今常用度量校之，尺當六之五，衡皆三之一，一斛一秤，是文收總章年所造，斛正圓而小，與秤相符也。

琵琶部分：

1.今清樂奏琵琶，俗謂之「秦漢子」。

2.大唐貞觀中，始有手彈之法，今所謂「搊琵琶」者是也。〔註15〕

樂懸部分：

　　大唐造蓬萊宮，成充庭七十二架，武后還東都，乃省之。皇后庭、諸后廟，及郊祭立二十架，同舞八佾，先聖廟及皇太子朝廟，並九架，舞六佾，懸設枙、敔各一，枙於左，敔於右，錞于、撫拍、頓相、鐃鐸、次列於路鼓南，舞人列於懸，皆登歌。二架登於堂上，兩楹之前編鐘在東，編磬在西，登歌工人，坐堂上，竹人立堂下，殿庭加設鼓吹於四隅，燕享陳清樂、西涼樂、架對列於左右廂，設舞筵於其間。舊皇后庭但設絲管，隋大業尚侈，始置鐘磬，猶不設鎛鐘，以鎛磬代。武太后稱制，用鐘，因而不革。開元中，大樂曲制，凡天子宮懸、太子軒懸之樂，鎛鐘十二、編鐘十二、編磬十二、凡三十有六笑。東方、西方磬虡起，北鐘虡次之，南方北方磬虡起，西鐘虡次之。鎛鐘在於編懸之間，各依辰位四隅建鼓，左枙、右敔，又設笙、竽、笛、簫、篪、塤、繫於編鐘之下，偶歌琴、瑟、箏、筑，繫於編磬之下，其在殿庭前，則加鼓吹十二，案：於建鼓之外，羽葆之鼓、大鼓、金錞、歌、簫、笳，置於其上焉。又設登歌、鐘、節鼓、琴、瑟、箏、　於堂上，笙、笳、簫、篪

、塤，於堂下。軒懸之樂，去其南面，鎛鐘、編鐘、編磬各三
、凡九虡。設於辰丑申之位，三建鼓亦如之。餘如宮懸之制，
凡宮懸、軒懸之作奏，二舞以爲眾樂之容。一曰文舞，二曰武
舞，宮懸之舞八佾，軒懸之舞辰六佾，文舞之制左執籥，右執
翟，二人執纛以引之。武舞之制左執干，右執鍼，二人執旌居
前。二人執　　，二人執鐸，四人持金錞，二人奏之，二人執鐃
以次之，二人執相在左，二人執雅在右。凡簨虡飾以崇牙、旒
樹、樹羽。宮懸每架，則金五、博山。軒懸則金三、博山，鼓
承以花趺，覆以華蓋。凡樂器之飾，天地之神尚赤，宗廟及殿
庭尚彩，東宮亦用赤，凡中宮之樂則以大磬代鐘鼓，餘與宮懸
之制同。凡磬天地之神用石，宗廟及殿庭用玉，凡有事於天神
用雷鼓、雷　　，地神用靈　　、靈鼓，宗廟及禘社，用路路鼓，
皆建於宮懸之內。凡有大燕會，設十部之支於庭，以備華夷。
一曰燕樂，伎有景雲之舞，慶善樂之舞，破陣樂之舞，承天樂
之舞；二曰清樂伎，三曰西涼伎，四曰天竺伎，五曰高麗伎，
六曰龜茲伎，七曰安國伎，八曰疏勒伎，九曰高昌伎，十曰康
國伎。每先奏樂三日，大樂令設懸於庭，其日率工人，入居次
協律郎舉麾樂作仆麾，樂止，文舞退、武舞進。

在「歌」的部分，提及侯貴和之妾及郝三寶二人。《新、舊唐書
》皆不載二人事蹟。

1.貞觀中，有尙書侯貴和妾名麗音特，善唱〈行天〉，清暢舒雅，
　含嚼姿態，有喉牙吐納之異，後改號「方等」，女亦傳其母伎。

2.郝三寶亦善歌〈行天〉，有人引三寶歌之，諸女隔簾聽之，發聲
　便笑，三寶初不知，怒曰：亦堪女郎終身傚效，何忽嗤笑？女曰
　：上客所爲，殊有乖越，請一聽之。始放一聲，三寶便拜伏曰：
　眞方等聲也，誠遠所不及也。

按：「方等」之稱號乃佛家語，大乘經典之通稱，謂所說之義理，皆
　　方正平等也，未知其詳。

「雜歌曲」部份，以〈白雪曲〉爲主。

1.大唐顯慶二年（657年），高宗以琴中雅樂，古人歌之，近代以

來，此聲頓絕，令所司臨習舊曲。

2.顯慶三年（658年十月），太常寺依琴中舊曲，定其宮商，然後教習，並合於歌，山以御製〈白雪詩〉為白雪歌辭。樂府奏正曲之後，皆有送聲，君唱臣和，事彰前史。又取侍中許敬宗等奏〈和雪詩〉十六首以為送聲，各十六節，高宗善之，乃付太常編於樂府。

「舞」的部分，無專論唐者。

僅有序言一篇，並引《虞書》、《樂記》、《五經通義》及蔡邕〈月令章句〉分述舞之概略。

「雜舞曲」部分，無特論唐雜舞者。

僅略論〈公莫舞〉（〈巾舞〉）（〈巴渝舞〉、〈鞞舞〉、〈鐸舞〉、〈明之君〉、〈鐸舞〉、〈白鳩〉（吳朝拂舞）〈白紵舞〉之源由。

「清樂」（即清商三調）的部分 ——

由於隋代以來，日益淪缺。杜佑謂大唐武太后之時，猶有六十三曲。而至唐猶存其辭者有三十七曲，另有七曲有聲舞辭，合計共四十四曲存焉。

「坐立部伎」部份 ——

1.〈破陣樂〉：大唐所造也。

2.〈破陣樂舞圖〉：貞觀七年所製。

3.〈慶善樂〉：大唐造也，因太宗生於武功慶善宮。

4.〈大定樂〉：唐高宗所造，出自〈破陣樂〉。

6.〈光聖樂〉：高宗所造也。

6.原〈破陣〉、〈上元〉、〈慶善〉三舞，皆易其衣冠，合之鐘磬，以饗郊廟。自武太后革命，此禮遂廢。

7.讌樂：武德初，因隋舊制，奏九部樂。至貞觀十六年十一月增為十部伎。其後分為立、坐二部。

8.貞觀中，協律郎張文收製〈景雲河清歌〉，名曰「讌樂」，奏之管絃，為諸樂之首。（杜佑按語謂此樂唯〈景雲舞〉近存，餘並亡。）

9. 〈長壽樂〉、〈天壽樂〉、〈鳥歌萬歲樂〉：皆武太后所造也。

10. 〈龍池樂〉、〈小破陣樂〉：玄宗所造也。

11. 自〈長壽樂〉以下，皆用龜茲樂，舞人皆著靴，唯〈龍池樂〉備用雅樂、笙、磬，舞人躡履。

　　最後這一條就約略感到，大唐雅樂已逐步由盛轉衰，胡樂取而代之的跡象。

　　「四方樂」〔註16〕的部分 ——

1. 〈高麗樂〉：唐武太后時尚存二十五曲，今唯能一曲，衣服亦寖衰敗，失其本風。

2. 〈百濟樂〉：中宗之代，工人死散。玄宗開元中岐王範為太常卿，復奏置之。

3. 敘〈扶南樂〉、〈天竺樂〉、〈高昌樂〉、〈龜茲樂〉、〈康國樂〉（俗謂之〈胡旋樂〉）之概況。

4. 乞寒：本西國外蕃之樂也。

5. 中宗神龍二年三月，并州清源縣令呂元泰上疏曰：

　　臣謹按：《洪範·八政》曰：謀時寒，若君能謀事則寒順之，何必裸露形體，澆灌衢路，鼓舞跳躍而索寒也。《禮記》曰：立秋之日行夏令，則寒暑不節，夫陰陽不調，政令之失也。休咎之應，君臣之感也。理均影響，可不戒哉。

6. 睿宗景雲二年：

　　右拾遺韓朝宗諫曰：傳曰：辛有適伊川，見被髮於野者曰：不及百年，此其戎乎！其禮先亡矣。後秦晉遷陸渾之戎於伊川，以其中國之人，習戎狄之事，一言以貫百代，可知今之乞寒，濫觸胡俗，伏願三思，籌其所以。

7. 玄宗先天二年十月，中書令張說諫曰：

　　韓宣適魯，見周禮而嘆，孔子會齊，數倡優之罪，列國如此，況天朝乎。今外國請和，選使朝謁，所望接以禮樂，示以兵威，雖曰：戎夷不可輕易，焉知無駒支之辯、由余之賢哉。且乞寒、潑胡，未聞典故，裸體跳足，盛德何觀。揮水投泥，失容斯甚；法殊魯禮，褻比齊優，恐非干羽柔遠之義，樽俎折衝之

道，願揮綸言，特罷此戲。

8.玄宗開元十年二月：　臘月，〈乞寒〉，外蕃所出，漸浸成俗，因循以久，自今以後，無問蕃漢，即宜禁斷。

9.〈北狄樂〉：皆爲馬上樂也。

10.〈鼓吹樂〉：本軍旅之音，馬上奏之。

11.〈北狄樂〉自漢以來總歸鼓吹署，周隋代與〈西涼樂〉雜奏，杜佑言存者，五十三章。其名目可解者六章，〈慕容可汗〉、〈吐谷渾〉、〈部落稽〉、〈鉅鹿公主〉、〈白淨皇太子〉、〈企俞〉也。其餘不可解，咸多可汗之辭。

12.開元中，歌工長孫元忠之祖，受於侯將軍貴昌，幷州人也，亦代習北歌。

13.貞觀中，有昭令貴昌，以其聲教樂府，元忠之家代，相傳如此，雖譯者，亦不能通知其詞。蓋年歲久遠，失其眞矣。

14.〈龜茲樂〉、〈疏勒樂〉、（安國樂）、〈康國樂〉、〈高麗樂〉、〈百濟樂〉、〈西涼樂〉凡七部，通謂之「國伎」。

15.大唐平高昌，盡收〈高昌樂〉，又進〈讌樂〉，而去〈禮畢曲〉，今著令者唯十部。

「散樂」的部分：隋以前謂之百戲。

1.散樂非部伍之聲，俳優歌舞雜奏，大抵散樂雜戲，多幻術，皆出西域，唐高宗惡其驚人，敕西域關津，不令入中國。

2.唐睿宗時，婆羅門獻樂，舞人倒行，而以足舞極銛，刀鋒倒植於地，低目就刃，以歷臉中。又於背下吹篳篥其腹上，曲終而亦無傷。又伏伸其手，兩人躡之，旋身繞手，百轉無已。

3.歌舞戲有〈大面〉、〈撥頭〉、〈踏搖娘〉、〈窟硊子〉等戲，玄宗以其非正聲〔註17〕，置教坊於禁中以處之。

4.婆羅門樂，用篳篥二、齊鼓一。散樂用橫笛一、柏板一、腰鼓三，其餘雜戲，變態多端，不足稱也。

「前代雜樂」部分──僅論唐以前之鼓吹、禮畢、文康諸樂。

「郊廟宮懸備舞識」部分──

1.唐高宗麟德二年十月：

詔國家平定天下，革命創制，紀功旌德，久被樂章，今郊祀四懸，猶用干戚之舞，先朝作樂、韞而未伸，其郊廟享宴等，所奏宮懸，文舞宜用功成慶善之樂、皆著履執拂，依舊服褲褶，童子冠。其武舞宜用神功破陣之樂，皆衣甲持戟，其執纛之人，亦著金甲，人數並依八佾，仍量加蕭、笛、歌、鼓等，於懸南列坐，若舞即與宮懸合奏，其宴樂內二色舞者，仍依舊別設。

2.唐高宗儀鳳二年十一月：

太常少卿韋萬石奏曰：據〈貞觀禮郊享〉曰：文舞奏元和、順和、永和等樂，其舞人著委貌冠服，手執籥翟，其武舞奏凱安，其舞人著平冕，手執干戚。

3.唐高宗麟德二年十月：奉敕，文舞改用〈功成慶善樂〉，武舞改用〈神功破陣樂〉。

4.唐玄宗開元八年九月：瀛州司法參軍趙慎言，上〈論郊廟用樂表〉。

5.唐玄宗開元二十九年六月：太常奏東封太山日所定雅樂，其樂曰〈元和〉。並因大咸、大韶、大濩、大夏皆以大字表其樂章，於是建議各皇所用廟舞宜曰「大唐樂」。

「郊廟不奏樂廟諸室別舞議」部分——唐太宗貞觀十四年六月詔曰：

殷薦祖考，以崇功德，比雖加誠潔，而廟樂未稱宜，令所司詳諸故實，制定奏聞，祕書監顏師古議曰：伏惟皇祖弘農府君、宣簡公懿王，並積德累仁，重光襲軌化覃行葦慶崇瓜瓞詩云：「濬哲維商，長發其祥言殷之先祖，久有深智，虞夏二代，發貞祥也。三廟之樂，請同奏長發之舞，其登歌則各為辭。太祖景皇帝跡肇沮漆教漸岐豳宇之志，既勤靈臺之萌始附詩云：君子萬年，永錫祚胤，言遐遠之期，惟天所命，長與福祚流於子孫也。廟樂請奏永錫之舞，代祖元皇帝，丕承鴻緒，克絕宏猷，實啟蕃昌，用集寶命，易大有象曰：其德剛健而文明，應乎天而時行，言德應天道，行不失時，剛健靡滯，文明不犯也

。廟樂請奏大有之舞，高祖大武皇帝，膺期馭歷，揖讓受終，奄有四方，仰齊七政，介以景福申茲多祜式崇勿替，誕保無疆。易曰：大明終始，六位時成謂終始之道，皆能大明，故不失時，成六位也。詩有大明之篇，稱文王有明德，廟樂請奏大明之舞，文德皇后厚德載物，凝暉麗天，易曰：含弘光大，品物咸亨，言坤道至靜，桑順利貞，資生庶類，皆暢達也。廟樂請奏光大之舞，給事中許敬宗議曰：臣聞七廟觀，德義冠於宗祀，三祖在天，式彰於嚴，配前聖所履，莫大於茲。鍾律革音，播鏗鏘於享薦，羽籥成列，申蹈厲於蒸嘗，爰制典司，加崇稱號，循聲覈實，敬闡尊名，謹備樂章，式昭彝範。皇祖弘農府君、宣簡公懿王廟樂，請同奏長發之舞，太祖景皇帝廟樂，請奏永錫之舞，代祖元皇帝廟樂，請奏大有之舞，高祖大武皇帝廟樂，請奏大有之舞，高祖大武皇帝廟樂，請奏大明之舞，文德皇后廟樂，請奏光大之舞，七廟登歌請每室別奏。詔曰：可！

「東宮宴會奏金石軒懸及女樂等議」的部分——唐玄宗先天元年正月：

皇太子令宮臣就率更寺閱女樂，太子舍人賈曾諫曰：臣聞作樂崇德，以感神人，韶夏有容，咸英有節，婦人媟黷，無廁其間。昔魯用孔子，幾致於霸，齊人懼之，饋以女樂；魯君既受孔子，遂行戎有由。余兵強國富，秦人反間，遺之女妓，戎王耽悅，由余乃奔斯，則大聖名賢嫉之已久矣。良以婦人為樂，必務冶容，哇咬動心，蠱惑喪志。上行下效，淫俗將成，敗國亂人，實由茲起。殿下監撫餘閑，宴私多適，後庭妓樂，古或有之，至於所司，教習章示群僚，慢妓淫聲，實虧　化，伏願並令禁斷。

「遏密不設懸議」「國衰廢樂議」的部分——

1.唐太宗貞觀二十三年高宗即位，詔：宜以來年正月二日受朝，其樂懸及享群臣並停。

2.唐高宗永徽元年正月：

　　　　依禮享祀郊廟，並奏宮懸，比停教習，恐致廢忘，伏尋故實，
　　　　漢魏祗祔之後，庶事如舊國之大禮，祠典爲先。今既逾年理，
　　　　宜從吉，若不習，實慮不調，誠敬有虧，致招罪責，並從之。
　　3.唐德宗大曆十四年十二月：
　　　　禮儀使吏部尚書，顏眞卿奏，謹按《周禮·大司樂職》云：諸
　　　　侯薨，令去樂；大臣死，令弛樂；鄭注云：去，謂釋下也。是
　　　　知哀重者藏。又晉元后秋崩，武帝咸寧元年饗萬國不設樂。晉
　　　　博士孔恢，議朝廷過密懸而不樂，恢以爲宜都去懸，設樂爲作
　　　　，不作則不宜懸，國哀尚近，謂金石不可陳於庭。伏請三年未
　　　　畢，朝會都不設懸，如有大臣薨歿，則量事輕重，懸而不作，
　　　　敕付所司。
　　以上乃《通典·樂》的大致內容。


　　〔註釋〕：

〔註１〕《通典》全書共二百卷，始編於唐代宗大曆元年（西元766年），
　　　　成書於唐德宗貞宗七年（西元801年）。《舊唐書·杜佑傳》云：
　　　　「開元末劉秩撰分門書三十五卷號曰《通典》。」分食貨、選舉
　　　　、職官、禮、樂、兵刑、州郡、邊防八門。幾乎唐以前的重要掌
　　　　故茲編其中。

〔註２〕雅樂之名制，一直是象徵古代祭祀天地、祖先、和朝會、宴享時
　　　　所用之正統音樂。杜佑在此則詳敘唐代雅樂之制的具體規模。

〔註３〕明人胡震亨謂唐樂惟十二和、二舞爲雅樂。自唐太宗以功德之盛
　　　　，復造〈破陣〉、〈慶善〉二樂舞，於是後世相循，競製樂以侈
　　　　觀聽。舞佾制度，各以意爲增減，不合古經。而臣下亦復撰樂獻
　　　　媚，女倡夷舞，同俳優戲劇之觀，則已漸流爲散樂，而遠雅益甚
　　　　矣（《唐音癸籤·樂通二》）。楊蔭瀏先生則說：「宮廷爲了提
　　　　倡「雅樂」，其所費的人力、物力是不小的。皇帝和許多高級宮
　　　　吏都參加討論。用什麼樂器，樂隊怎樣排列，樂器的架子怎樣裝
　　　　飾；用多少樂工，穿什麼衣服；規定歌詞體裁，寫作符合於當時
　　　　統治要求的大批歌詞；規定在祭祀和朝會、宴會的時候，應用什

麼樂曲，怎樣應用；全套「雅樂」，應該用怎樣一個好聽的總名
稱等等。」（《中國古代音樂史稿》第二冊第九章）

〔註４〕簡單說，三分損益法，便是計算十二律管長度的方法，是按振動
　　　　體的長度，來進行律學計算，請參見《管子》一書的記載。

〔註５〕楊蔭瀏氏以為唐代的「雅樂」宮調是依「為調氏」的系統規定的
　　　　，但現在看來，其「燕樂」宮調又是屬於「之調氏」的系統。何
　　　　以會如此？楊氏以為這都是由於「雅樂」方面受著復古思想的支
　　　　配，頑固地保持著《周禮》中間所說的古代應用宮調的辦法，就
　　　　不能不採用「為調式」的系統。按：《周禮》云：「凡樂，圜鍾
　　　　為宮，黃鍾為角，太簇為徵，姑洗為羽……。」楊氏以為這是《
　　　　雅樂》有八十四調，《俗樂》只有二十八調，這也部分地反映了
　　　　唐代社會中不同階層經濟地位的懸殊。

〔註６〕《唐音癸籤・樂通》云：「雅樂之曲，曰十二和。和云者，取大
　　　　樂與天地同和也。十二，法天成數也。……凡四十八曲。」同前
　　　　引，頁一一九─一二○。

〔註７〕杜佑有〈徹食宜有樂議〉，見《全唐文》，卷四七七，可參見本
　　　　文第三章第一節論杜佑的音樂思想部分。

〔註８〕同註６，頁一一八之〈雅樂綱〉。

〔註９〕請參見《中國古代音樂史稿》，第二冊，頁五十八─六十三，丹
　　　　青圖書公司。

〔註10〕楊氏以為「統治者是為了粉飾他們的儀式而應用八十四調的。…
　　　　…整個唐朝統治期間，八十四調的確也沒有完全用到。……事實
　　　　上，在整個唐朝期間，從來沒有用全八十四調的時候」。楊氏的
　　　　說法大致符合唐代雅樂的使用現狀，但若謂「粉飾」，則言過矣
　　　　。「調以備用」就音樂的觀點而言，並非什麼特別離譜的過錯。
　　　　畢竟在雅樂的制度中，樂器的配製、樂工的人數及樂律的使用本
　　　　來就比較繁瑣，因繁瑣而謂之粉飾，恐已脫離本題而言之。對於
　　　　雅樂的不滿，近人黃友棣也與楊氏頗為相通，他說：
　　　　儒者所說的「禮樂」廣義說來，包含了道德和法律的意義，但在
　　　　狹義說來，則只是指儀式所用的行動與音樂。「雅樂」的本意，

是指「正式的音樂」、「朝廷的音樂」、「郊廟的音樂」：原限用於郊廟的祭祀儀式，朝廷的集會典禮。因以儀式爲重、音樂便漸成徒有形式，沒有內容的鏗鏘之聲。《史記》謂：「漢興，樂家有制氏，以雅樂聲律，世世在大樂官。但能紀其鏗鏘鼓舞，而不能言其義。」這樣的音樂，徒能奏演，而不知其內容，誠然是最貧弱的東西；根本不能稱爲「樂」，只足以稱爲「音」。從來它便是依附儀式而存在，傳統下來，制氏只能奏樂，不能言其義，也是難怪。由此我們卻可以明白，所謂雅樂，是不是有生命的音樂了。

朱載堉在《樂律全書》說：「樂者也，節也。何謂之節？古人歌出，一聲之間，鐘磬各一聲；蓋象兩儀也。鐘磬一聲之間，舂牘各四聲，搏拊各八聲；猶四象八卦也。琴瑟操縵，或三字句，或四字句，或長短句，或添或減；然不敢逾其節，所以謂之節也。」——試想，這樣的雅樂演奏，多麼呆滯啊！更用「兩儀」「四象」，「八卦」來解釋，全然是神秘的啞謎，而不是用聽賞的音樂。這樣的音樂，是與大眾生活，毫無關係的；難怪大眾全不愛它！

雅樂不是實踐的音樂，而是空談的音樂。它只是神秘的啞謎，以「靜，淡」爲主要的氣質，用以象徵內心的德。這些音樂，不是訴之於感官的，而是要用理智去穿鑿附會的。如果它眞是由偉大的哲人來演奏，也該只有偉大的聖賢，才能聽得出它所涵的意思。惟其是時尚所趨，每個人都要冒充聖賢，每個人都煞有介事地，假裝聽得津津有味；從而又誇大描說，謂這種音樂何等奇妙，足以感動神祇，使百獸率舞。……這班腐儒，根本便不是欣賞音樂。他們只是自信在欣賞音樂。大家裝模作樣，大擺其騙局，相沿而下，一直騙到現在。（《中國音樂思想批判》頁58～59，樂友書局。）

〔註11〕根據《隋書‧音樂志》，在隋文帝受命七年之時，柱國沛公鄭譯云：「考尋樂府鍾石律呂，皆有宮、商、角、徵、羽、變宮、變徵之名。七聲之內，三聲乖應；每恒求訪，終莫能通。先是周武

帝時，有龜茲人曰蘇祇婆，從突厥皇后入國，善胡琵琶。聽其所奏，一均之中，間有七聲。因而問之，答云：『父在西域，稱爲知音。代相傳習，調有七種』以其七種，勘校七聲，冥合若符。

一曰「娑陀力」，華言平聲，即宮聲也；

二曰「雞識」，華言長聲，即南呂聲也；

三曰「沙識」，華言質直聲，即角聲也；

四曰「沙侯加濫」，華言應聲，即變徵聲也；

五曰「沙臘」，華言應和聲，即徵聲也；

六曰「般瞻」，華言五聲，即羽聲也；

七曰「侯利建」，華曰斛牛聲，即變宮聲也。

譯因而彈焉，始得七聲之正。」

鄭譯在以蘇祇婆西域琵琶七調「考尋樂府鍾石呂律」時，看到了存在於它們之間的「七聲之內，三聲乖應」之後，仍以「西域七調」去考核太樂所奏，發現了「林鐘爲宮，乃用黃鐘爲宮，南呂爲商，乃用太簇爲商；應鐘爲角，乃用姑洗爲角」的「乖應」原因，並由此觸發其創立「八音之樂」「更立應聲」的意向。鄭譯形容蘇祇婆龜茲宮調，有「七調五旦」，他說「以華言譯之，旦者，則謂均也；其聲亦應黃鐘、太簇、林鐘、南呂、姑洗五均。五均之外，七律更無調聲。鄭譯遂因所　琵琶弦柱，相飲爲均；推演其聲，更立七均，合成十二，以應十二筆。律有七音，音立一調，故成七調，十二律合八十四調，旋轉相交，盡皆和合。」

質言之，蘇祇婆對於林鐘律上音階的解釋是——

宮：林鐘律，主音，平聲。

商：南呂律，長聲。

角：應鐘律，音質直。

變徵：黃鐘律，應聲爲主。

徵：太簇律，應和聲。

羽：姑洗律，即工尺譜上的「五」聲。

變宮：蕤賓律，聲如斛牛，有點不協調。

上述這些音階各音的效果，《管子・地員篇》有一段敘述可供參

考。「凡聽『徵』如負豬，覺而駭。凡聽『羽』如鳴馬在野。凡聽『宮』如牛鳴穴中。凡聽『商』如離群羊。凡聽『角』，如雉登木以鳴。音疾以清。」

〔註12〕《全唐詩》，卷四二一。

〔註13〕《夢溪筆談・卷六・樂律》，四庫本。

〔註14〕王光祈以為沈氏之說，若用之於「七宮七羽調絃法」，是恰到好處。因為其四絃散音，恰為林黃太林故也，但用之於「七商七角定絃法」，則不盡相合。因其四絃散音為林南太林，無黃鐘在內也。而且兩種定絃方法，其在四相之中，皆缺大呂、蕤賓二律。關於其辯正，請參見《中國音樂史》第四章，〈調之進化〉，頁一三八－一四四。臺灣中華書局。

〔註15〕胡震亨於《唐音癸籤》卷十四樂通篇的「琵琶曲」部分，列有六十三曲琵琶曲名，並略述其源流及在唐代概況，可參考之。

〔註16〕胡震亨在《唐音癸籤・樂通・四夷樂》中將四夷之樂，分為東夷：高麗、百濟、新羅、日本；南蠻：扶南、南詔、驃國；西戎：高昌、龜茲、疏勒、唐國、安國、天竺、西涼；北狄：本馬上樂。並謂「周官鞮鞻氏掌四夷之樂與其聲歌，祭祀及燕饗，作之門外，美德廣之所及也。自南北分裂，音樂雅俗不分，西北胡戎之音，揉亂中華正聲。降至周、隋，管絃雜曲，多用西涼；鼓舞曲，多用龜茲；燕享九部之樂，夷樂至居其七。唐興，仍而不改。開元末，甚而升胡部於堂上，使之坐奏，非惟不能釐正，更揚其波。於是昧禁之音，益流傳樂府，浸漬人心，不可復浣滌也。」，頁一六三。

〔註17〕請參見本文第四章第三節，論「非正聲」的部分。


# 三、《通典・樂》在唐代音樂文化上的意義

從《通典・樂》的內容與分類來看，它主要是反映初唐至盛唐這個階段，唐代音樂制度的傳承與發展，它的出現，是以正史的姿態崛起，所以對於政府官署及宮廷機構所屬之制度，皆論述甚詳；對於與

民間音樂發展較有關的散樂、百戲或龜茲樂，皆辭略且未予特別重視由於《通典・樂》是唐代記錄本身音樂制度面最詳實之著作，所以它也成爲《新唐書・禮樂志》、《舊唐書・音樂志》、《唐會要》、《樂書》等著述的重要範本。基於上述的觀點，《通典・樂》的規模，放在唐代音樂文化的脈絡中，有以下幾點具體的意義：

㈠它代表唐代音樂制度記錄中的正統：因爲它介紹了雅樂，卻無視燕樂之存在；談樂律，也是爲了配合樂器、樂懸之設而談；論及散樂、百戲及四方樂，皆有所保留，這是雅俗之別的傳統制約，其樂議部分，處處可見禁斷胡俗、女樂之諫聲。

㈡它是爲了挽救古樂淪陷、胡樂盛行的情況而作：杜佑是有一定程度的危機意識，在它的歷史經驗中，永嘉之亂是一個先兆；雖然它身處的唐代政府官署的太常寺規模早已完成，宮廷所屬之散坊、梨園及二部伎也正方興未艾，但卻不能逃避外來音樂文化強力的影響，雅樂制度至盛唐已無進一步發展的條件，所以選擇了這個轉折的關鍵時刻，記錄了雅樂系統的音樂制度。正因爲如此，筆者才謂其爲雅樂大備後，胡樂興起時的典籍，事實上，雅樂的規模早已在盛唐之初大致已完成，胡樂也興起已久。

㈢由於其正史的性質確定，所以關於唐代音樂這套改良增補的制度，如何影響唐代社會（民間），幾乎是一片空白。所以在同時代間同性質的正史之作，就以《通典《通典》作爲代表了。君不見筆者所引唐人所著相關典籍，罕有提及此書或重覆其內容者，它很像一部唐代音樂制度的教科書。當然，就正史的立場而言它還算是一部編得不錯的教科書。

㈣就唐代音樂文化的全面發展而言，它的正面意義已如上述，它的負面意義仍是欠缺「民間音樂」的基礎，與外來音樂的影響背景。如果光看〈通典・樂〉的體例和內容，音樂的發展彷彿是上而下，從宮廷到民間的定向，這點，自然是〈通典・樂〉最值值得被思考之處。

## 第三節　八音之領袖盛衰但分明的《羯鼓錄》

### 一、玄宗之愛：羯鼓

《羯鼓錄》爲唐人南卓所撰（按：《全唐詩》卷五六三謂南卓，字昭嗣，初爲拾遺，因諫出宰松滋。大中時，爲黔南經略使，有詩一首名人贈副戎。）。全書分爲前後兩錄，是作者根據當時傳聞編寫而成，與崔令欽之《教坊記》在成書背景上，頗有異曲同工之妙。前錄成於唐宣宗大中二年（西元848年），首述羯鼓源流、形狀及其製造過程、特色，次敘唐玄宗以後諸故事；後錄成於大中四年（西元850年），主要敘述崔鉉所說宋沇知音之異事；附錄收錄羯鼓諸宮曲名百餘首，其中「諸佛曲調」、「食曲」等調名，多用梵語。

唐人杜佑在《通典·樂·權量·革四》云：「羯鼓，正如漆桶，兩頭俱擊，以出羯中，故號羯鼓，亦謂之兩杖鼓。」而《羯鼓錄》開頭亦云：「羯鼓出，外夷樂，以戎羯之鼓，故曰羯鼓。……龜茲部、高昌部、疏勒部、天竺部皆用之。……如漆桶，下有小牙床承之，擊用兩杖，其聲殺鳴烈，……。」〔註１〕其爲外來樂器，殆無疑義。

唐玄宗曾製〈太簇曲〉、〈色俱騰〉、〈乞婆娑〉、〈曜日光〉等九十二曲。玄宗知曉音律之說，屢見於史書記載，《羯鼓錄》中亦云玄宗尤愛羯鼓、玉笛，並謂：「八音之領袖，不可無也。「在一個宿雨初晴，景物明麗，柳杏將吐之日，玄宗於小殿內庭嘆曰：「對此景物，豈得不與他判斷之。」同時令人備酒，當時唯獨宦官高力士遣取羯鼓，臨軒縱擊一曲，曲名〈春光好〉（太簇宮）。玄宗看原將吐之柳杏，皆已開盡，笑謂嬪御曰：「此一事不喚我作天公可乎！」在一旁的嬪御侍官皆高呼萬歲。我們一方面對唐代宮廷內部如此約定俗成的奇聞軼事已不感驚奇之外，也對唐代面對外來樂器、樂制、樂曲的洗禮下甘之如飴的特性有更進一步的認識。

《羯鼓錄》中所敘述的羯鼓知音之士，依序有王璡、黃幡綽〔註２〕、宋璟〔註３〕、宋沇、王臬、李琬、杜鴻漸〔註４〕、韓卓、（宋沇）等人，與玄宗皆以音樂相交。

　　王璵因姿容妍審、秀出潘邸，而受玄宗鍾愛，自傳授之。曾奏〈舞山香〉太簇宮一曲，玄宗親置於其砑絹帽上之花不墜落，玄宗遂誇曰：「眞花奴！」〔註5〕書中又載玄宗「性俊邁酷不好琴」，曾聽彈琴，都還沒彈完，就斥責彈琴者曰：「待詔出去！」告訴內官說：「速召花奴，將羯鼓來，爲我解穢。」

　　黃幡綽爲伶人，以知音見長，曾有內官相偶語笑者，玄宗頗有責問之意，幡綽不久到了那裏，聽到了羯鼓聲，等時候差不多了才進去，玄宗問幡綽，幡綽回答玄宗「方怒，及解怒之際」，玄宗感到奇怪，又厲聲謂曰：「我心脾肉骨下事，安有侍官奴聞小鼓能料之耶，今且謂我如何？」幡綽於是走下台階，面向北方鞠躬，並大聲說「奉監金雞」〔註6〕，玄宗大笑而止。

　　宋璟（開府）一生仕途順利，歷仕中宗、武后、睿宗、玄宗諸朝，與姚崇二人互補長短，相得益彰。《舊唐書》謂其「少耿介不群，亦深好聲樂，尤善羯鼓。」宋曾數度與玄宗討論鼓事：「不是青州石末，即是曾山花慈，樅小碧上，掌下須有朋肯之聲，據此乃是漢、震、第二鼓也；且　用石末花慈，固是腰鼓，掌下朋肯聲，是以手拍，非羯鼓明矣。」漢鼓與震鼓蓋同物而異名。

　　沈活《夢溪筆談・卷五》：「唐之杖鼓，本謂之兩杖鼓，兩頭皆用杖；今之杖鼓，一頭以手拊之，則唐之漢、震、第二鼓也。明帝、宋開府皆善此鼓，其曲多獨奏，如〈鼓笛曲〉是也。」

　　陳暘在《樂書》中云：「震鼓之制，廣首而纖腹，漢人所用之鼓，亦謂之漢鼓。」

　　可見漢、震、第二鼓之名稱，爲漢鼓、震鼓、第二鼓之合成語（按：薛宗明先生語）〔註7〕。

　　宋璟又謂玄宗曰：「頭如青山峰，手如白雨點，此即羯鼓之能事也。山峰取不動，雨點取碎急。」由於玄宗與宋璟皆擅長前述之鼓，只是較偏好羯鼓，以其比漢、震鼓「稍雅細焉」。

　　宋璟之孫宋沇，亦工羯鼓，並有音律之學，唐德宗貞元年間曾進《樂書》三卷，德宗覽而嘉之，與論音樂喜甚。由於宋沇有「聽樂辨性」〔註8〕的能力，雖然樂工見到宋沇悉「惴恐脅息，不敢正視」

，宋況也恐因此遭禍，遂辭病而退。

王臬則因精曉器用，有人懷棬（按：音圈，用屈木做成的盂）求通謁，王臬是識貨之人，經試驗之後，嘆曰：「此必開元、天寶中供御棬，不然無以至此」《羯鼓錄》開頭有云：「棬用鋼鐵，鐵當精鍊，棬當至勻，若不剛即應條高下，搊捩不停；不勻即鼓面緩急，若琴徽之 病矣。」胡震亨謂「是器所在，在棬與杖」〔註9〕是也。

李琬於唐代宗廣德年間（763－764年），調集至長安，居務本里，夜聞羯鼓聲，尋聲而至，叩門請謁，謂鼓工曰：「君所擊者，豈非〈耶婆色雞〉乎？（按：太簇商曲）雖至精能而無尾，何也？」鼓工大異，並詳盡說明原委，李琬與這名鼓工有一段精彩的對話：

> 琬曰：曲下意盡乎？
>
> 工曰：盡！
>
> 琬曰：意盡即曲盡，又何索尾焉？
>
> 工曰：奈聲不盡，何？
>
> 琬曰：可言矣。曲有不盡者，須以他曲解之，可盡其聲也。夫〈耶婆色雞〉當用〈屈柘〉急遍解之。

鼓工以其所教習之，果相協聲，意皆盡。鼓工泣而謝之（按：南卓有案語云：如〈柘枝〉用〈渾〉解，〈甘州〉用〈吉了〉解之類是也）。

唐代宗時之宰相杜鴻漸在永泰年間（765年），得一極佳之鼓杖，貯積時日，曾命家僮取鼓與板笛，以所得之鼓杖，酣奏數曲，四山猿鳥皆驚飛鳴噭。又曾於華嚴閣附近奏羯鼓，見群羊牧於山下，有數頭忽然踧躅不已，原不以為是鼓聲使然，「及止鼓，羊亦止，某復鼓，羊亦復然。遂以疾徐高下而節之，無不應之而變。」其家犬聽羯鼓聲亦宛頸搖尾、從而變態，知鼓聲率舞不難矣！

《羯鼓錄》云：「近士林中，無習之者，唯僕射韓卓善，亦不甚露焉；為鄂州節度使時，間於黃鶴樓，一月兩習而已。」

從羯鼓在唐代的流行而言，玄宗愛好應為主因，而羯鼓興衰之關鍵，安史之亂亦為主因，唐武宗會昌元年（841年），南卓任洛陽令，數度陪同劉賓客、白少傅宴遊，與二公談起往事數件，二公亦應和

之，後遇陝府盧尙書任河南尹，又話之，因遣爲紀，即粗爲編次，至
東陽乃詳列而竟焉；南卓於所編文末又補充宋況知音之異事，所錄之
事雖與羯鼓無關，「以大君子所傳，又精義入神，豈容忽而不載。」

　　明人胡震亨研究《羯鼓錄》有云：「（前）諸曲調，載南卓錄，
內九十二曲帝所親製，餘亦並開元、天寶時曲。緣此樂本出戎羯，故
以夷語爲名者居多，大半有聲無辭，其譜然也。是器所重，在桴與杖
。桴鐵貴精鍊至勻，開元供御者，人多傳寶。亦有養杖木脊溝中二十
年，取其絕濕氣復柔膩者。一時人主好尙，達宮雅士，相做求精工至
此。後曲調寖失傳，如務本里樂工〈耶婆色雞〉曲失結尾之類，時有
之。至宋而古曲益不存，唯邠州一父老能之，中有〈大合蟬〉、〈滴
滴泉〉之曲。其人死，羯鼓遺音遂絕。」〔註10〕

　　跟琵琶、琴、笛比較起來，羯鼓在唐代社會中的興衰是立即而明
顯的，一方面，習此藝者，幾乎全集中於圍繞在玄宗等皇帝的「達官
雅士」身上，民間根本就沒有受到太多感染，亦即它的根基是很有問
題的。雖然沈括在《夢溪筆談》中謂羯鼓之曲，多爲獨奏，照理說這
項玄宗視爲「八音領袖」者，怎會突然斷絕，留下一堆不知所以然的
曲目。這就是第二個問題之所在，由於羯鼓之樂並未如琵琶、笛、琴
般深植於民間，甚至於唐代文人的詩歌創作中亦難得一見，它在功能
上遂簡單到成爲唐代宮廷中偶而爲之遊賞玩弄之用，無怪乎習之者愈
來愈少，終至斷絕。加上安史之亂，打散了這批爲數極少的達宮雅士
，玄宗一死，就註定了這項器樂衰蔽的命運。

　　唐人在創作中描寫羯鼓之作的，在《全唐詩》中主要有五首，分
別是張祜的〈邠娘羯鼓〉〔註11〕：

　　新敎邠娘羯鼓成，大酺初日最先呈。

　　冬兒指向貞貞說，一曲乾鳴兩杖輕。

　　大酺一方面有歡樂飲酒之義，一方面也是詞牌名，唐代教坊曲中
有〈大酺樂〉，《羯鼓錄》亦有太簇商〈大酺樂〉；張祜在元和、
長慶中，深爲令孤楚所知，後來到了長安，向朝廷獻詩三百詩，爲元
稹所抑，由是寂寞而歸，客淮南，爲杜牧所禮遇。他還有〈大酺樂二
首〉〔註12〕，顯見羯鼓在大酺之日的重要性：

　　車駕東來值太平，大酺三日洛陽城，

　　小兒一伎竿頭絕，天下傳呼萬歲聲，（其一）

　　紫陌酺歸日欲斜，紅塵開路薛王家。

　　雙鬟笑說樓前鼓，兩仗爭輪好落花。（其二）

　　從張祜的詩看來，羯鼓之樂，雖因玄宗之死及安史之亂而逐漸衰薇，但在中、晚唐之時，仍可在大酺之日有所表現，而且還是「大酺之日最先呈」，從這兒也比較看得出其所謂「八音之領袖」的痕跡，論唐之羯鼓，這點不能不注意。

　　晚唐詩人崔道融也有一首描述華清宮中的羯鼓之聲，詩名〈羯鼓〉〔註13〕：

　　華清宮裏打撩聲，供奉絲簧束手聽。

　　寂寞鑾輿斜谷裏，是誰翻得雨淋鈴。

　　羯鼓到了晚唐，莫非成了華清宮中的難得之音？〈兩淋鈴〉之曲名，不見於《羯鼓錄》中，但其早為唐教坊曲名，後亦為詞牌。崔道融寫之〈羯鼓〉一詩，其事可見於唐人鄭處誨所撰之《明皇雜錄‧補遺》〔註14〕。相傳安史之亂起，唐玄宗避難蜀中，入斜谷時，遭逢淫雨連日，於棧道中聞鈴音，遂採其聲為〈雨霖鈴〉以悼念貴妃。可見崔道融之詩，只不過是以玄宗、貴妃一事為背景，與晚唐羯鼓事蹟無關。

　　此外，李商隱〈龍池〉云：

　　龍池賜酒敞雲屛，羯鼓聲高眾樂停。夜半宴歸宮漏永，薛王沈醉壽王醒。

　　宋齊丘〈陪華林園試小妓羯鼓〉云：

　　切斷牙床鏤紫金，最宜平穩玉槽深。因逢淑景開佳宴，為出花奴奏雅音。掌底輕璁孤鵲噪，枝頭乾快亂蟬吟。開元天子曾如此，今日將軍好用心。

　　李商隱、宋齊丘之世已入晚唐，羯鼓仍保有宮廷饗宴時獨奏之地位，其對宮廷之影響應與民間的部分，分別論之，而未可遽然論斷其全面衰落〔註15〕。

〔註釋〕：

〔註１〕羯鼓，宋時亦稱揭鼓，鼓筒基本呈圓柱狀，屬於打擊樂器的一種，原流行於西域諸國，南北朝時傳入中國，盛行於唐代開元、天寶年間（西元713－755年）。根據許常惠先生的研究，羯鼓長約三十公分，兩端以直徑二十三公分的皮封起來（按：《羯鼓錄》中並無使用皮質名稱的記載），以緒締結，放在台上，用兩根搥子打擊。在雅樂中是合奏的指揮者擔任此種樂器的打擊（詳見《舊唐書・音樂志》。起源於印度（按：印度森達鼓與之形似），經過中國而於奈良時代（西元710－784年）傳到日本，日本稱之爲鞨鼓。

〔註２〕黃幡綽，《全唐詩》卷八百六十九記載其爲伶人，有詩一首，名〈嘲劉文樹〉。關於黃幡綽之傳說，任半塘之《唐戲弄》共載十三則，詳見此書之〈附載〉，頁一一九一。漢京文化公司。

〔註３〕宋璟（633－737年），邢州南和人，武則天高其才，神龍初，拜黃門侍郎；睿宗朝，以吏部堂祖同中書門下三品；開元初，進御史大夫，後以右丞相致化，《全唐詩》卷六十四有〈奉和御製璟與張說源乾曜同上命宴都堂詩應制〉等存詩六首。

〔註４〕杜鴻漸，字之巽，濮陽人，累官朔方度支副使，以迎立肅宗，封衛國公，代宗朝，拜相。《全唐詩》卷七百九十五僅錄存詩兩句「常願追禪理，安能遏化源。」

〔註５〕胡震亨謂：「蓋羯鼓難在頭項不動。」（《唐音癸籤・卷十四・樂通三》）

〔註６〕《隋書・刑法志》：「北齊赦日，則武庫令設金雞及鼓鼓於閶闔門外之右，勒集囚徒於闕前，打鼓千聲，釋迦鎖焉。」《新唐書・百官志》：「赦日，樹金雞於扙南，竿長七尺，有雞高四尺，黃金飾首，銜絳幡，承以綵盤，繼以絳繩。」黃庭堅有〈竹枝詞〉云：「杜鵑無血可續淚，何日金雞赦九州」凡此種種，可見「金雞」應是隋唐時所使用的一種赦免罪刑的標誌，而黃幡綽求赦之意亦甚明矣。

〔註７〕《中國音樂史・樂器篇》，頁一〇九，商務印書館。

〔註8〕德宗曾召宋況至宣徽張樂使觀焉曰：有舛誤濫，悉可言之，況曰
：容臣與樂官商確講論其狀，條奏上使宣徽使、敎坊使，就敎坊
與樂官參議數月，然後進奏，一使奏，樂工多言況不解聲律，不
審節拍，兼有瞋疾，不可議樂，上頗異之。又召宣徽使，對且曰
：臣年老多病，耳寔失聰，若迫於聲律，不至無業，上又使作樂
，曲罷，問其得失，承稟舒遲，眾工多笑之。況顧笑者，忽忿怒
作色，奏曰：曲雖妙其間有不可者，上驚問之。即指一琵琶云：
此人大逆戕忍，不日間兼即抵法，不宜在至尊前。又指一笙云：
此人神魂已遊墟墓，不可更留供奉，上尤驚異。令主者潛伺察之
，旋而琵琶者，爲同輩告訐，稱六七年前其父自縊，不得端由。
即令按鞫遂伏其罪。笙者，乃憂恐不食，旬日而卒，上益加知遇
。

〔註9〕《唐音癸籤・卷十四・樂通三》。

〔註10〕同〔註9〕。

〔註11〕《全唐詩》卷五百一十一。

〔註12〕同〔註11〕。

〔註13〕《全唐詩》卷七百一十四。

〔註14〕見本論文第一章第五節。

〔註15〕皮日休〈偶成小酌招魯望不至以詩爲解因次韻酬之〉云：「醉侶
相邀愛早陽，小筵催辦不勝忙。衝深柳駐吳娃幰，倚短花排羯鼓
床。」畢竟，羯鼓對唐代宮廷貴族饗宴的影響，也是一種影響，
未便以「民間」之觀點否定之。


## 二、《羯鼓錄》在唐代音樂文化上的意義

羯鼓在唐代既是玄宗之最愛，又是大酺之日的首輪，卻仍深植不
了民間；時至今日此類兩杖鼓，似乎已成爲少數民族或少數慶典表演
中方能得見之樂器。《羯鼓錄》的出現，除了作者南卓應有相當的認
識與接觸外，對盛唐音樂發展的特色—宮廷音樂的最高潮而言，它亦
有錦上添花之妙。

㈠羯鼓於南北朝時期，從印度經中亞傳入中國，盛行於玄宗時期，也僅在此一時期綻放出明顯的流行花朵，眾人皆知玄宗的愛好是主因，但對於玄宗爲何特別偏愛羯鼓，卻無從得知，至少，羯鼓之所以能流行於盛唐，「帝王的喜好與提倡」確確實實是主因。

㈡羯鼓之盛衰的關鍵，也確在安史之亂的發生。之後，除了在華清宮或大酺之日宮廷、貴族饗宴之中能偶而見之，我們也只看到玄宗個人的眷戀罷了。它之於唐代音樂文化的全體，只是呈現出一次高潮式的「斷裂型」的存在，其盛其衰，似乎對音樂文化的發展起不了太大的波瀾。這種「斷裂型」的特性，反映在相關典籍的著作中，也反映在唐代詩歌的記錄裏。

㈢羯鼓之沒落，不等於「鼓」樂的沒落，譬如立部伎在樂器的運用上，其特點便是普遍使用「大鼓」（請見本文第五章第二節），可見唐代樂器的豐富恐怕也是羯鼓沒落的原因之一；除此之外，其在唐代盛行之初，就偏向宮中遊賞玩弄之用亦有影響。

# 第四節　晚唐離亂中欲全教坊記的 《樂府雜錄》

《樂府雜錄》爲唐人段安節（時爲國子司業）所撰，其父即唐詩人段成式，書成，自序云：

> 爰自國朝初修郊禮，刊定樂懸，約三代之歌鍾，均九成之律度，莫不韶音盡美，雅奏克諧。上可以顧天降神，下可以移風變俗也。以至桑閒舊樂，濮上新聲，全絲慎選於精能，本領皆傳於故老，重翻曲調，全袪淫綺之音。復採優伶，尤盡滑稽之妙，洎從離亂，禮寺驪頹，簨虡即移，警鼓莫辨，梨園弟子，半子奔亡，樂府歌章，咸皆喪墮，安節以幼少即好音律，故得麤曉宮商，亦以聞見數多，稍能記憶，嘗見《教坊記》，亦未周詳，以耳目所接，編成《樂府雜錄》一卷，自念淺拙，聊且直書以俟博聞之士，補茲漏焉。

　　從自序及書中提及廣明之變僖宗幸蜀一事看來，成書之時當在晚唐。書中首列諸樂部（雅樂、雲韶樂、清樂、鼓吹、驅儺（音挪）、熊羆、鼓架、龜茲、胡樂），次列歌、舞、俳優、樂器（琵琶、箏、箜篌、笙、笛、觱篥、五絃、方響、琴、阮咸、羯鼓、鼓、拍板）、樂曲名（安公子、黃聰疊、離別難、夜半樂、雨霖鈴、康老子、文敘子、望江南、楊柳枝、傾杯樂、道調子、傀儡子）及「別樂識五音輪二十八調圖」（圖已亡佚）。對研究唐代開元、天寶以後的音樂，有很高的參考價值。

　　「樂部」部分

1. 雅樂部：宮懸四面，天子樂也；軒懸三面，諸侯樂也；判懸二面，大夫樂也；特懸一面，士樂也。有登歌，皆奏法曲，御殿即奏凱安、廣安、雍熙三曲。宴群匝，即奏皇華、四牡、鹿鳴三曲。近代內宴即全不用法樂。〔註1〕

2. 雲韶樂：分堂上、堂下，登歌四人在堂下坐，舞童五人衣繡衣，各執金蓮引舞者，金蓮如仙家行道者也，宮中也設有雲韶院。〔註2〕

3. 清樂部：拍板戲即有〈弄賈大臘兒〉也。〔註3〕

4. 鼓吹部：自太子以下，州禮及葬祔廟並無警鼓。〔註4〕

5. 驅儺：用方相四人，戴頭冠及面具，黃金為四目，衣熊裘，執戈揚盾，口作儺儺之聲，以除逐也。〔註5〕

6. 熊羆部：含元殿方奏此樂也。開元中始則署左右教坊，上都在延政里，東都在明義里，以內官掌之。元和中，只署一所，又於上都廣化里、太平里，兼各署樂官院一所。

7. 鼓架部：使用樂器有笛、柏板、答鼓（即腰鼓）。

8. 龜茲部：太平樂曲、破陣樂曲亦屬此部，奏王所制。春多犒軍，亦舞此曲。萬斯年曲是朱崖。李太尉進此曲名，即〈天仙子〉是也。

9. 相部：玉宸殿故有此名，合諸樂即黃鐘宮調。樂器有琵琶、五絃、箏、箜篌、觱篥、笛、方響、柏板等，合曲時，亦擊小鼓鈸子。

| | 〈樂部各部使用樂器一覽表〉 | 備　　　註 |
|---|---|---|
| 雅樂部 | 簴虞、磬、鍾、鼓簫、笙、竽、塤、箎、篪、跋、膝琴、瑟、 | 有宮懸之制 |
| 雲韶樂（部） | 玉磬、琴、瑟、筑、簫、箎、篪、跋、膝、笙、竽。 | |
| 清樂部 | 琴、瑟、雲和箏、笙、竽箏、簫、方響、箎、跋、膝、柏板。 | |
| 鼓吹部 | 鉦、鼓、絃　、笳、簫。 | |
| 驅儺（部） | 鼓、鉦。 | |
| 熊羆部 | （應有）鼓、錞、簫、笳、鍾、磬（本書無載樂器名） | 熊羆十二案，亦稱鼓吹十二案。請參考《宋史，樂志》 |
| 鼓架部 | 笛、柏板、答鼓（腰鼓） | |
| 龜茲部 | 觱篥、柏板、笛、四色鼓、羯鼓 | |
| 胡（樂）部 | 琵琶、五絃、箏、箜篌、觱篥、笛、方響、柏板、小鼓鈸子　。 | |

「歌」部分

歌者，樂之聲也。放絲不如竹，竹不如肉，迴居諸樂之上。

「舞工」部分

舞者，樂之容也。有〈大垂手〉、〈小垂手〉。或象驚鴻，或如飛燕；婆娑，舞態也；蔓延，舞綴也。

「俳優」部分

主要敘述開元以來諸俳優之故事〔註6〕。

「樂器」部分

1. 琵琶：始自烏孫公主所造，馬上彈之，有直項者、曲項者，便於急關中也。古曲有〈陌上桑〉，范曄、石崇、謝奕，皆善此樂〔註7〕。

2. 箏：蒙恬所造也〔註8〕。

3. 箜篌：鄭、衛之音，權輿也。以其亡國之音，故號空國之侯，亦曰坎侯〔註9〕。

4. 笙：女媧造也〔註10〕。

5. 笛：羌樂也，古有〈落梅花〉曲〔註11〕。

6. 觱篥：大龜茲國樂也，亦曰悲栗〔註12〕。

7. 五絃：貞元中有趙璧者，妙於此伎〔註13〕。

8. 方響：武宗朝郭道源善擊甌，擊甌，蓋出於擊缶〔註14〕。

9. 琴：太和中有賀若夷者，甚得文宗嘉賞〔註15〕。

10. 阮成：大中初，有張隱聳者，其妙絕倫，蜀郡亦多能者〔註16〕。

11. 拍板：拍板本無譜。唐明皇遣黃幡綽造譜，乃於紙上畫兩耳以進，上問其故，對曰：「但有耳道，無節奏也。」〔註17〕

「樂曲名」部分

1. 〈安公子〉：隋煬帝遊江都時，有樂工笛中吹之，其父廢於臥內聞之，問曰：何得此曲？子對曰：宮中新翻也。父乃謂其子曰：宮曰君，商曰臣，此曲宮聲往而不返，大駕東巡，必不回矣！汝可託疾勿去也。

2. 〈黃驄疊〉（急曲子）：唐太宗定中原時，所乘戰馬也。後征遼，馬斃，上歎惜，乃命樂工撰此曲。

3. 〈離別難〉：武則天當政時，有士人陷冤獄，沒家族，其妻配入掖庭，本初善吹觱篥，乃撰此曲，以寄哀情。

4. 〈夜半樂〉：唐明皇自潞州入平內難正，夜半斬長樂門關，領兵入宮，翦逆入，後撰此曲，名〈還京樂〉。

5. 〈雨霖鈴〉：唐明皇自西蜀返，樂人張野狐所製。

6.〈康老子〉：乃樂人嗟惜長安富家子起落無常，得金後與國樂追歡，不經年復盡，遂製此曲，亦名〈得至寶〉。唐明皇初納太眞妃，喜謂後宮曰：子得楊家女，如得至寶也，遂製曲，名〈得寶子〉。

7.〈文敘子〉：唐穆宗長慶年間，俗講僧文敘，善吟經，其聲宛暢，感動里人，樂工黃米飯，狀其念四聲觀世音菩薩，乃撰此曲。

8.〈望江南〉：始自朱崖李太尉鎭漸日，爲亡妓謝秋娘所撰，本名〈謝秋娘〉，後改此名，亦曰〈夢江南〉。

9.〈楊柳枝〉：白傳閒居洛邑時作，後入教坊。

10.〈傾杯樂〉：宣宗喜吹蘆管，自製此曲。

11.〈道調子〉：唐懿宗命樂工敬納吹觱篥，初弄道調，上謂是曲誤，拍之，敬納乃隨拍撰成曲子。

12.〈傀儡子〉：此曲之背景爲漢高祖困於平城，陳平使計脫困一事。爾後樂家翻爲戲，其引歌舞有郭郎者，髮正禿、善優笑，閭里呼爲郭郎，凡戲場，必在俳兒之首也。

「別樂識五音輪二十八調圖」部分（其圖已佚）唐太宗時，在三百般樂器內挑絲、竹爲胡部，用宮、商、角、羽，茲分平、上、去、入回聲各七調，徵音有其聲，無其調。〔註18〕

段安節於自序中表明欲整理唐代音樂流散的部分，以彌補《教坊記》的不足之處，以兩者的體例而言，崔氏雖錄教坊中制度與人事，畢竟全書的菁華處仍在其所錄曲名部分，曲調本事崔氏記有五則，而段氏則錄十二則，僅〈安公子〉一則重覆，加上段氏以較明確的音樂性質，分門別類記錄其耳目所聞，確實補充了不少唐代音樂的不少面貌。

譬如在「歌」部，段氏謂「善歌必先調其氣，氤氲自臍出，至喉乃噫其詞，即分抗墜之音。既得其術，即可致遏雲響名之妙也。」將喝歌的方法簡明扼要的道出，並以唐玄宗朝的韋青、許和子（即永新）爲例說明，尤其是永新的歌聲令「喜者聞之氣勇，愁者聞之傷絕」。段氏於序中，於本文，一再提及「漁陽之亂」的影響。安祿山於天寶十四年十一月甲子起兵，由薊、幽出發（薊即漁陽，幽即范陽），

白居易長恨歌云「漁陽鞞鼓動地來」，即是指此。

　　也因漁陽之亂，永新和韋青才得以在廣陵同舟對泣，永新死後，其母曰：「阿母錢樹子倒矣！」可見永新於生前如何得寵，安史之亂對於唐代的影響眞是頗大，第三節《羯鼓錄》的研究中，也一再提及此一變動對羯鼓命運的影響。

　　《全唐詩》卷七百九十五所錄韋青詩一句「三代掌綸誥，一身能唱歌」也是取材自本書。

　　韋青在代宗大曆年間曾納一妾，名張紅紅者，與韋青思情一段，亦可歌可泣。

　　段安另外記載了順宗時代的田順會，憲宗元和、長慶以後有李貞信、米嘉榮、何戡、陳意奴，武宗已降有陳幼奇、南不嫌、羅寵，懿宗咸通中有陣彥暉，皆不錄其事蹟。

　　譬如在「俳優」部，段氏記載了玄宗開元時期黃幡綽、張野狐、李仙鶴善「參軍戲」；懿宗咸通以來，有范傳康、上官唐卿、呂敬遷等三人弄〈假婦人〉；宣宗大中以來有孫乾、劉璃餅，與段氏同時的有郭外春、孫有熊；僖宗幸蜀時，劉眞是俳優中的佼佼者〔註19〕，隨駕入京籍，於教坊，弄〈婆羅〉；大中初年還有康迺、李百魁、石寶山亦能之。

　　可惜以上諸人，兩唐書皆不載其事蹟。

　　《樂府雜錄》一書的編寫方式，就是在各類之下，寫相關的人與事，而且所錄諸事，都與唐代音樂有關，本書與《教坊記》遂成爲不可多得之唐代音樂典籍。

　　從成書時代而言《教坊記》最早，《通典》次之，《羯鼓錄》又次之，《樂府雜錄》成書最晚，它們各自記錄唐代音樂的不同面貌，有宮廷有民間，有盛有衰，殊爲可貴。

　　在本節的最後，筆者將對《樂府雜錄》中有關琵琶的部分，與段安節《樂府雜錄》。

　　首先，《樂府雜錄》無者，乃《琵琶錄》〔註20〕的前言及前面一些段落，僅抄錄如下：

　　　琵琶法三才、象四時。《風俗通》云：琵琶近代樂家作，不知

所起。長三尺五寸，法天地人也。四絃象四時也。《釋名》曰：琵琶本胡中馬上所鼓。推手前曰琵，引手卻曰琶，因以爲名。遣烏孫公主入蕃，念其行遠思慕本朝，使知名者馬上奏琵琶。有直項曲項者，蓋使于關軸也。《樂錄》云：琵琶本出于絃，而杜摯以爲秦之末。若于長城之役，百姓絃鼓而歌之。古曲〈陌上桑〉，間范曄、石苞、謝奕、孫放、孔偉、阮咸，皆善此樂。東晉謝鎮西，在大市樓上彈琵琶，作〈大道〉之曲。《世說》云：謝仁祖比在牖下彈琵琶，有天際之意。又朱生善彈琵琶，雖伯牙之妙，無以加焉。武德中，白明遠、竺伯夷，皆以彈琵琶至大官。貞觀中裴路兒彈琵琶，始廢撥用手。今所謂「搊琵琶」是也。白秀貞自蜀使，得琵琶以獻，以逤邏檀爲槽，其木溫潤如玉，光采可鑒。金縷虹文，蹙之成雙鳳。貴妃每奏于梨園，音韻淒清，飄若雲外。開元中，梨園有駱供奉賀懷知、雷海清，其樂器或以石爲槽，鵾雞筋作絃，用鐵撥彈之。安史之亂，流落于外。有舉子曰白秀才（子孫顯達不書其名），寓止京師，偶值宮娃弟子出在民間。白即納一妓焉跨驢之洛。其夜風清月朗，是麗人忽唱新聲。白驚，遂不復唱。逾年因遊靈武，李靈曜尚書廣場設筵，白預坐末，廣張妓樂至，有唱〈何滿子〉者，四坐傾聽，俱稱絕妙。白曰某有伎人聲調殊異于此，使召至，短髻薄妝，態度閑雅，發問曰：適唱何曲？曰：何滿子。遂品調舉袂發聲，清亮激昂，諸樂不能逐。部中有一面琵琶，聲韻高下，攏撚揭掩節拍無差。遂問曰：莫是宮中胡二娣否？胡復問曰：莫是梨園駱供奉否？二人相對汍瀾，欷歔不已。（說郛本）

　　說郛本與《香豔叢書》本，所差無幾，如前者曰「法天地人也」，後者云「法天地人五行」；前者曰「武德中，白明遠、竺伯夷皆以彈琵琶至大官」，後者僅說「朱生善彈琵琶，至大官」。其他記載部分，《樂府雜錄》曰貞元中康崑崙、貞元中王芬曹保之子善才兩本，《琵琶錄》皆建中中康崑崙及元和中有王芬曹保之子善才；建中是唐德宗的年號，其時期爲西元780－783年，貞元亦爲宗之年號，其時期

爲785－805年，元和爲唐憲宗的年號，其時期爲806－820年。其間的些微差異雖難辨眞僞，亦無傷大體〔註21〕。

此外，《樂府雜錄》云：「某門中有樂史楊志，善琵琶」，兩本皆作「安節門下，有樂吏楊志，善能琵琶」。《樂府雜錄》爲何要諱稱楊志乃自己門下樂吏，很難判斷。《樂府雜錄》成書似乎較《琵琶錄》稍早，筆者所持的理由是，《琵琶錄》就整體而言，算是一部專論琵琶源流及唐代琵琶諸人諸事之作，所以所錄唐代琵琶事物較多，假如《樂府雜錄》之作在《琵琶錄》之後，實在沒有理由，刪去《琵琶錄》前一大段才是。所以研究《樂府雜錄》者，應加入《琵琶錄》一書才算完整。

除康崑崙一事，已於前文註釋中抄錄外，其餘諸事，以說郛本爲主，供錄如下：

1.元和中，有王芬曹保之子善才，其孫曹綱，皆精其藝。次有裴興奴，與曹通時，綱善運撥若風雨，然不事捻絃。興奴則善于攏撚，指撥稍軟，時人謂綱有右手，興奴有左手〔註22〕。

2.武帝初，朱崖李太尉有樂人廉郊者。師于曹綱，盡綱之能。綱嘗謂其流云，教授人多矣。未嘗有此性靈子弟也。郊嘗詣平原，別墅于池上彈蕤賓調，忽有一片方鐵躍出，有識者謂之蕤賓鐵，蓋是指撥精妙，律呂相應耳〔註23〕。

3.安節門下月樂吏楊志善能琵琶，其姑尤更妙絕。本宣徽子弟，後出宮于永穆觀中住。自惜其藝，常畏人聞，每至夜深、方彈。志善懇其教授，終不允。且曰吾誓死不傳人！楊乃賂其觀主，求寄宿于觀，竊聽姑彈弄。仍以自繫脂皮鞋帶，以指畫帶，記其節奏，遂得一兩曲調。明日詣姑彈之，姑大驚異，楊即實陳其事，姑意方回，乃盡傳其能。

4.文宗朝有內人鄭中丞（中丞，當時宮人官也），善胡琴，內庫有琵琶二面，號大忽雷小忽雷。因爲題頭脫損，送在崇仁坊南趙家料理。大約造樂器悉在此坊，其中有二趙家最妙。時有權相舊吏梁厚本，有別墅在昭應縣之西南，西臨河渭，

垂釣之際，忽見一物流過，長五七尺許，上以錦纏之。令家
童接得就岸，乃祕器也。及發開視之，乃一女郎。妝色儼然
，以羅巾繫其頸，遂解其巾，伺之口鼻之間，尚有餘，息即
移入室中，養經旬，方能言語云：我內弟子鄭中丞也，昨因
忤旨，令內人縊殺，投內河中，錦即是弟子臨刑相贈耳。及
如故，即垂泣惷謝厚本。厚本無妻，即納爲室。自言善琵琶
，其琵琶今在南趙家修理，恰值訓注之事，人莫有知者。厚
本因賂其樂器匠購得之。至夜分方敢輕彈，後值良飲于花下
，酒酣不覺朗彈數曲，是時有黃門放鷂子過，于牆外聽之日
：此是鄭中丞琵琶聲也，竊窺識之，翌日達上聽。上始嘗追
悔。至是驚喜，遣中使宣召，問其由來，乃拾厚本罪，任從
匹偶，仍加錫賚焉。

　　5.咸通中，有米和郎，（即米嘉榮子）田從道後，有王連兒，
　　　連兒名金。

　　《樂府雜錄》的成書背景，與《羯鼓錄》一般，都有一個政變。
只是南卓所面臨的是安史之亂，而段安節卻是面對黃巢之亂下的廣明
之變後的歷史時空。

　　西元八八〇年，也就是唐僖宗廣明元年，那年的十二月，長安落
入黃巢的手中，僖宗只帶了一小部分的隨從人員，由田令孜率五百名
神策軍陪同，偷偷從京城逃出，到四川避難。〔註24〕對一個中國皇
帝而言，被迫離棄京師是很不幸的事，而僖宗奔逃的情況尤爲可恥。
黃巢在攻陷長安後，在同年十二月十三日，跨出了他欲建立王朝的第
一步，他在含元殿即位，國號大齊，齊是他家鄉山東的古名。他並未
改弦易徹般莽撞，他反而企圖恢復唐朝的各種制度，並任命四位宰相
，包括貴族世家及他自己的部將〔註25〕可是在黃巢佔領的期間，對
唐朝首都的蹂躪，正如同他對由長安代表的政治秩序的破壞，使得這
個城市久久難以恢復生機。〔註26〕

　　段安節當然能深自感受這樣鉅大的歷史的力量，雖非改朝換代，
但離晚唐的結束，也爲時不遠了。

　　在這種歷史時空下，寫成《樂府雜錄》，其意義自然更深一層。

綜觀本書，有幾個特色，可明言之——

　　㈠它的確做到了「晚唐離亂中，欲全《教坊記》」的自我期許。

　　㈡本書的分類明顯，有制度、有人事、有軼聞，更增添了許多曲調本事的記載，其「五音輪二十八調圖」雖之佚，但仍可從其本文中，知其大概。

　　㈢它在性質及體例上，比《教坊記》清晰、明確，在內容上也比《通典、樂》親切，畢竟偏重不同，各有得失。

　　㈣通過《樂府雜錄》，等於將開元後唐代樂部、歌舞、俳優、樂器、曲調本事等，暨音樂家及其故事，通覽其縮影。

　　㈤從本書諸多樂工或音樂家，兩唐書幾乎皆不立傳來看，唐代音樂文化中，有關人文的歷史記錄，仍將留下一大缺憾；不僅本書如此，其他相關典籍中的音樂人物，在唐代歷史的人文脈洛中，也是遭逢如此的命運。


　　　〔註釋〕：

〔註１〕在雅樂部中，凡是奏曲登歌者，都會先引諸樂逐一奏過，其樂工皆戴扁平包紮頭髮的巾布，穿著紅色的衣服寬大的袖子，在樂懸內以上，謂之「坐部伎」。八佾舞則有六十四人參與，文舞武舞各佔其半，文舞居東，武舞居西，其鍾師及磬師登歌八佾舞，並諸色舞，通謂之「立部伎」。依《新、舊唐唐》所載，唐玄宗時分樂爲二部：堂下立奏，謂之「立部伎」；堂上坐奏，謂之「坐部伎」。根據樂調的不同並設「立部伎」八部——安樂、太平樂、破陣樂、慶善樂。大定樂。上元樂、聖壽樂、光聖樂，「坐部伎」六部——讌樂（景雲、慶善、破陣、承天四樂）、長壽樂。天授樂、鳥歌歲樂、龍池樂、小破陣樂。

〔註２〕依《新唐書·禮樂志》所述，雲韶樂係愛好雅樂之文宗，做開元時期雅樂製作之曲，使用的樂器以磬、琴、瑟等爲主。武后當政時，曾一度將內教坊改名爲雲韶府，至唐中宗初年（西元七〇五年）始恢復舊制。而唐末之雲韶樂，傳入未朝後，成爲燕樂中之代表。

〔註3〕清商樂簡稱爲清樂。乃東晉、南北朝期間，承襲漢、魏相和諸曲，並吸收當代民間音樂，發展而成的「俗樂」總稱。《舊唐書‧音樂志》云：「清樂者，南朝舊樂也。」至隋煬帝時改稱清樂。北宋沈括在《夢溪筆談》中云：「前世新聲爲清樂，合胡部者爲宴樂。」將清樂用來泠指漢、唐間的中原俗樂，其所用樂器較相和諸曲已有增益，然清樂之古調至今多存於琴曲之中。清商樂的重要組成部是吳聲西曲。唐初，將包括隋代新聲在內共六十三曲，總稱爲清樂，列爲九部樂或十部樂的第二部。武后長安（701－704年）以後，宮廷內不是非常重視古樂，清樂遂逐漸散亡。開元以前，能演奏的曲子便只有〈有君〉、〈楊叛兒〉、〈堂堂〉、〈春江花月夜〉等八曲。開元時，歌工李郎子擅長清樂舊曲。此後清樂舊曲在宮廷內已經很少有人能奏，它已被當時「雜用胡夷里巷之曲」的新聲替代了。它在民間仍以新面貌繼續流傳。

〔註4〕據《唐會要‧凱樂》所述，唐制太常鼓吹，施用調習之節，以備鹵簿之儀（按：鹵簿，亦作鹵部，乃在時帝王達官出行的儀仗。）。分五部——鼓吹部、羽葆部、鐃吹部、大橫吹部、小橫吹部。另外，根據楊蔭瀏的說法，鼓吹樂主要是用於兩方面，一方用於儀仗隊中，以顯威風；另一方面也用於享宴，以供享樂。後者則屬於「燕樂」的範圍。漢代的黃門鼓吹，梁代至隋、唐以後宮廷宴饗時所設的熊羆十二案，都是宴饗時所用的鼓吹樂隊。而且，鼓吹作爲一種音樂形式，它的應用場合，無法予以限制。在音樂文化的發展中，鼓吹逐漸產生多方面的用途，尤其是在隋唐時期，漸漸與「散樂」相結合，而「散樂」的發展，則是後來戲曲發展的光驅條件。（詳見楊蔭瀏《中國音樂史》（上），頁二二七。人民音樂出版社。）

〔註5〕驅儺乃古時迎神驅逐瘟疫的重要儀式。根據《樂府雜錄》所載，唐代皇室曾大宴三五署官，其朝寮家，皆上寺柵觀之，百姓亦紛紛入看，頗爲壯觀。

〔註6〕古代樂舞藝人之稱中，倡、優、俳一般同義。《韓非子‧難三》：「俳優侏儒，固人主之所與燕也。」《漢書‧灌夫傳》：「所

愛倡優、巧匠之屬。」顏師古注云：「倡，樂人也；優，諧戲者
也。」倡、優、俳三者的細微區別，一般以爲倡以音樂爲主，優
以戲劇爲主，俳重在雜戲、諷諫。然其實常分不開。

〔註7〕開元中有賀懷智，其樂器以石爲槽，鵾雞筋作絲，鐵撥彈之。胡
震亨《唐音癸籤》亦載此事。段安節於《琵琶錄》中早錄此事。
此外《樂府雜錄》亦載有唐順宗貞元時期康崑崙遇段姓僧師一事
，事云：貞元中，有康崑崙第一手，始遇長安大旱，詔移南市祈
雨，及至天門街，市人廣較勝負，鬥聲樂，即街東有康崑崙琵琶
最上，必謂街西無以敵也。遂令崑崙登絲樓，彈一曲新翻羽調〈
錄腰〉。其街西亦建一樓，東市大誚之，及崑崙度曲，西市樓上
，出一女郎抱樂器，先云：「我亦彈此曲，兼移在楓香調中，及
下撥，聲如雷，其妙入神。崑崙即驚駭，乃拜請爲師。女郎遂更
衣出見，乃僧也。蓋西市豪族，厚賂莊嚴寺。僧善，本姓段，以
定東塵之聲。翊日德宗召入，令陳本藝，異常嘉獎，乃令教提崑
崙，段奏曰：「且請崑崙彈一調！」及彈，師曰：「本領何雜！
兼帶邪聲。」崑崙驚曰：「段師，神人也。臣小年初學藝時，偶
於鄰舍女巫，授一品絃調，後乃易數師，段師精鑑如此，元妙也
。」段奏曰：「且遣崑崙，不近樂器十年，使忘其本領，然後可
教。」詔許之，後果盡段之藝。段安節在《樂府雜錄》與《琵琶
錄》所錄諸事，幾近相同。《學海類編》所謂「貞元」恐有誤，
因以「建中」爲眞。關於《樂府雜錄‧琵琶篇》與《琵琶錄》的
差異，請參見本節。

〔註8〕唐憲宗元和至唐文宗太和年間（806－836年），李青青及龍佐，
唐宣宗大中年以來，有常述本，亦妙手也。史從、李從周，皆能
者也。從膳即李青青之孫，亞其父之藝也。上述諸人兩唐書及《
全唐詩》皆無傳。

〔註9〕唐懿宗咸通年間，第一部有張某（按：安節謂忘其名）彈弄冠於
今古。唐文宗太和年間，有季齊皋者，亦爲能手。唐宣宗大中未
年齊皋尙在，有內官擬引齊皋入教坊，齊皋以病老辭謝。安節並
謂此樂妙絕，教坊雖有三十人，能者僅一、二人而已。上述兩人

，兩唐書無載《全唐詩》的篞篌詩中亦無可尋覓。

〔註10〕《舊唐書·音樂志》：「匏，瓠也，女媧氏造，列管於匏上，內
　　　　簧其中，今之竽笙，並以木代匏而漆之，無復匏音矣，荊梁之南
　　　　，尙存古制云。」「敎坊樂工中，尉遲章，孟才人稱吹笙能手。
　　　　」

〔註11〕玄宗開元中李謩獨步當時。李謩，可能即李牟。

〔註12〕唐德宗有尉遲青，官至將軍。王麻奴善此伎，河北推爲第一手，
　　　　其人倨傲。王麻奴有一次在尉遲青前吹薺篥曲，於高般涉調中吹
　　　　勒部羝曲，曲終，汗冷其背。尉遲青稍微點頭表示應允而已。並
　　　　且告訴王麻奴說：「何必高般涉調也！」即自取銀字管，於平般
　　　　涉調吹之，麻奴聞後涕泣愧謝，碎樂器，自是不復言音律也。唐
　　　　憲宗元和至穆宗長慶年間，有黃日遷、劉楚材、尙陸陸能之。唐
　　　　宣宗大中以來，有史敬約能之。上述諸人，兩唐書皆無傳。

〔註13〕唐德宗貞元年間有趙璧者，妙於此伎。與段安節同時有馮季皋。
　　　　兩唐書皆無傳。然白居昌有詩名〈五弦彈〉、詩曰：「五弦彈，
　　　　五弦彈，聽者傾耳心寥寥。趙璧知君入骨愛，五弦一一爲君調。
　　　　……自歎今朝初得聞，始知孤負平生耳。唯憂趙璧白髮生，老死
　　　　人間無此聲。……人情重今多賤石，左琴有弦人不撫。更從趙璧
　　　　藝成來，二十五弦不如五。」可見趙璧之妙絕五弦。元稹亦有〈
　　　　五弦彈〉，詩云：「趙璧五弦彈徵調，徵聲讖絕何清峭。……眾
　　　　樂雖同第一部，德宗皇常偏召。」亦見德宗之好，趙璧之名與藝
　　　　。白居易另有〈五弦〉，詩曰：「趙叟抱五弦，宛轉當胸撫。」
　　　　此趙叟當爲趙璧。

〔註14〕武宗朝郭道源善擊甌，懿宗咸通中異蠻洞曉音律亦爲鼓吹署丞，
　　　　充調音律官。溫庭筠有〈郭處士擊甌歌〉，不知爲郭道源否？兩
　　　　唐書無傳。

〔註15〕唐貞元中，雷生善斲斷琴室，與安節同時有孫息不墜其業。唐文
　　　　宗太和中有賀若夷者，尤能之。後有甘黨，亦爲上手。兩唐書皆
　　　　無傳。〔註16〕張隱聳，兩唐書無傳，《全唐詩》無詩。阮咸這
　　　　項撥絲樂器乃興於唐，改自南朝系琵琶「秦琵琶」（即秦漢子）

，未後又改名爲「月琴」，爲低音彈絲樂器。唐詩中描寫阮咸者極少，白居易有〈和令狐僕射小飲聽阮咸〉，詩云：「掩抑復淒清，非琴不是箏。還彈樂府曲，別占阮家名。古調何人識，初聞滿座驚。落盤珠歷歷，搖珮玉琤琤。似勸杯中物，如含林下情。時移音律改，豈是昔時聲。」

〔註17〕《唐摭言卷六・公薦篇》載云：「韓文公、皇甫湜，貞元中名價籍甚，亦一代之龍門也。奇章公始來自江黃間，置書囊於國東門，攜所業，先詣二公卜進退。偶屬二公，從容皆謁之，各袖一軸面贄。其首篇說樂。韓始見題而掩卷問之曰：『且以拍板爲什麼？』僧孺曰：『樂句。』二公因大稱賞之。」

〔註18〕段安節於文末載太宗於內庫別收一片鐵，有以方響，不於中呂調。頭一韻聲，名「大呂應」，高般涉調，頭方得應二十八調，是箏只有宮、商、角、羽四調，臨時移柱，應二十八調。

〔註19〕《全唐詩》卷四六二僅錄劉眞詩一首。劉眞，廣平人，任磁州刺史，年八十七。詩名〈七老會詩〉：「垂絲今日幸同筵，朱紫居身是大年。賞景尙知心未退，吟詩猶覺力完全。開庭飲酒當三月，在席揮亮象七賢。山茗煮時秋霧碧，玉杯斟處彩霞鮮。臨階花笑如歌妓，傍竹松聲當管弦。雖未學窮生死訣，人間豈不是神仙。」

〔註20〕本書所參考的《琵琶錄》版本，有《香艷叢書》及涵芬樓所藏說郛本二種。

〔註21〕唐人李肇於《唐國史補・卷中》中謂「韋應物爲蘇州刺史，有屬官因建中亂，得國工康昆崙琵琶，至是送官表奏入內。」

〔註22〕《香艷叢書》本作「其孫習納」。關於曹綱（剛），劉禹錫有〈曹剛〉，詩云：「大絲嘈嘈小絲清，噴雪含風意思生。一聽曹剛彈薄媚，人生不合出京城。」白居易有〈聽曹剛琵琶兼示重蓮〉，詩云：「撥撥弦弦意不同，胡啼番語兩玲瓏。誰能截得曹剛手，挿向重蓮衣袖中。」

〔註23〕此事亦見於安節之父段成式所著之《酉陽雜俎》，事略有增補。

〔註24〕《資治通鑑》，卷二五四。

〔註25〕《新唐書》，卷二二五下。《資治通鑑》，卷二五四。

〔註26〕《劍橋中國史㈢ —— 隋唐篇》，頁八○六，南天書局。

# 第五節　簡論其他典籍中記錄的唐代音樂文化

## 一、選輯概論

　　唐人所著有關記錄唐代音樂文化的典籍，除上述四節所論較是代表性的著作外，仍有不少同時代間，從初唐至晚唐中頗值得參考的典籍，譬如在《教坊記》與《通典》之前的有張鷟的《朝野僉載》，在《羯鼓錄》之前的就有劉肅的《大唐新語》、李肇的《唐國史補》、李德裕的《次柳氏舊聞》，介於《羯鼓錄》與《樂府雜錄》之間的尚有趙璘的《因話錄》、韋絢的《劉賓客嘉話錄》、鄭處誨的《明皇雜錄》及張固的《幽閒鼓吹》，諸書所載，有詳有略，性質不一，但都豐富了我們研究唐代音樂文化的史料。本節另有簡論由晚唐入五代之王仁裕所著《開元天寶遺事》，至於相傳為武后所撰之《樂書要錄》，由於是較專門性的音聲樂律著作，所以本節略而不論，本節之所以成立，乃為免有遺珠之憾，特享諸君子耳。

　　本節所論諸典籍，以成書年代順序論之，成書年代若不可考、不確定，則說明其可能產生的年代，或略述作者可考之行跡生平，以供參考。

　　簡論中，以作者簡介及書中特色兩大部分為主，並附錄其事。若有相關性的問題，亦於文中陳述其要，先列本節所論諸典籍一覽表如下：

| 書　名 | 作　者 | 成書年代 | 備　註 |
|---|---|---|---|
| 《大唐新語》 | 劉　肅 | 807年（憲宗元和二年） | |
| 《大唐傳載》 | 無名氏 | 834年（文宗太和八年） | 記唐初至憲宗元和中雜事。<br>自序稱八年，不知是何年。 |
| 《唐國史補》 | 李　肇 | 824年以後（穆宗長慶年後） | |
| 《因話錄》 | 趙　璘 | 853年以後（宣宗年間） | 大中七年(853)爲左補闕。 |
| 《劉賓客嘉話錄》 | 韋　絢 | 856年（宣宗大中十年） | 劉賓客，劉禹錫也。 |
| 《次柳氏舊聞》 | 李德裕 | 834年（文宗太和八年） | |
| 《明皇雜錄》 | 鄭處誨 | 855年（宣宗大中九年） | |
| 《朝野僉載》 | 張　鷟 | 713～741年（玄宗開元中） | 書中有敬宗寶歷元年(825) |
| 《酉陽雜俎》 | 段成式 | 860年左右（宣宗、懿宗之間） | |
| 《幽閒鼓吹》 | 張　固 | 860年後（懿宗、僖宗之間） | 大中年間嘗爲桂管觀察史。 |
| 《開元天寶遺事》 | 王仁裕 | 五代 | |

## 二、簡論十一種典籍

### ㈠張鷟《朝野僉載》

　　張鷟，字文成，深州深澤人。兒時夢紫色大鳥，五彩成文，降於家庭。其祖謂之曰：「五色赤文，鳳也；紫文，鷟鷟也，爲鳳之佐，吾兒當以文章瑞於明廷。」因以爲名字。調露中，登進七第，八中制科，四參選判。員半千謂人曰：「張子之文，如青錢萬簡選中，未聞退時。」因號「青錢學士」。開元中，歷司門員外郡，其文遠援外夷。撰《朝野僉載》及《龍筋鳳髓制百道》，《全唐詩》卷四十五、卷八百七十一各錄其詩首，不全。（按：其事《全唐詩》卷四十五《全

唐文》卷一七二有載，兩唐唐無傳。）

　　關於《朝野僉載》的成書年代，較合理的應在開元中（西元713
－741年），《四庫全書》在其〈題要〉中云：

> 　　《朝野僉載》六卷，卷，舊本題唐張鷟撰。鷟有《龍筋鳳髓判
> 》已著錄此書。《新唐書·藝文志》作三十卷，《宋史·藝文
> 志》作《僉載》二十卷，又《僉載補遺》二卷。《文獻通考》
> 則但有《僉載補遺》三卷，此本六卷，參考諸書皆不合。晁公
> 武《讀書志》又謂其分三十五門，而今本乃逐條聯綴，不分門
> 目，亦與晁氏所紀不同。又莫休符《桂林風土記》載鷟在開元
> 中，姚崇誣其奉使江南受遺，賜死。其子上表，請代減死，流
> 嶺南數年，起為長史而卒，計其時尚在天寶之前。而書中有寶
> 歷元年，資陽石走事，寶歷乃敬宗年號，又有孟宏微對宣宗事
> ，時代皆不相及。

　　從現在可茲判斷的史料看來，本書中有關天寶以後的記載，恐為
後人附益，凡記中唐後事者，皆應為補遺之交，今所用之版本，皆已
變為六卷，於此誌之，以待明察。

　　本書所載，以高宗、武后兩代，唐人唱歌及其本事為主，每一首
歌，都有其社會或政治的背景，細觀這些歌名與其產生的原因，得以
想見唐人對政治事件或社會風俗的敏感度，常利用各種音樂的形式發
抒之，而且朝野皆然，《朝野僉載》是一部很具代表性的著作。

　　不過，有關本書記載唐太宗因不欲「番人」勝於中國，特別讓胡
人見識一下大唐帝國的高明之處，只一宮女喚羅黑黑，其彈琵琶的記
性與功力便足以讓胡國驚嘆辭去，這點，我們倒不是很在意，只是因
此謂「西國聞之，降者數十國」，恐有歌功頌德誇大其事之嫌，若真
因技壓胡人，降者數十國，怎不見其他史書明載此一大事，可見此一
記載，很可懷疑。

　　本書的特色在於將〈桑條歌〉、〈突厥鹽〉、〈楊柳楊柳漫頭馳
後〉、〈黃麞歌〉、〈芰拏兒〉、〈武媚娘歌〉等歌名的背景詳述，
如在眼前。也由此我們更進一步得知唐樂中「歌」的部分，受其社會
、政治因素影響甚深。

1. 高宗永徽年（西元656年）以後，人唱〈桑條歌〉，有桑條
韋女韋也樂，至中宗神龍年（西元705年）中，逆韋應之，
詔佞者鄭愔作桑條樂詞十餘首進之，逆韋大喜，擢之爲吏部
侍郎，賞縑百疋。（卷一）

2. 高宗龍朔（西元661年）以來，人唱歌名〈突厥鹽〉，武則
天聖歷年（西元698年）中，差閻知微和匈奴，授三品春官
尚書，送武延秀往娶默啜女，送金銀器物、錦綵衣裳以爲禮
聘，不可勝紀。突厥翻動，漢使並沒，立知微爲可汗，乃〈
突厥鹽〉之應。（卷一）

3. 高宗永淳（西元682年）之後，天下皆唱〈楊柳楊柳漫頭馳
後〉。徐敬業犯事，出柳州司馬，遂作僞，較自楊州司馬殺
長史陳敬之，據江淮反使李孝逸討之，斬業首驛馬馱入洛陽
，楊柳楊柳漫頭馳後，此其應也。（卷一）

4. 武后如意年中（西元692年）已來，始唱〈黃麞歌〉，其詞
曰：「黃麞黃麞草裏藏，彎弓射你傷」，俄而契丹反叛，殺
都督趙翽，營府陷沒，差總管曹仁師、張玄遇、麻仁節、王
孝傑，前後百萬衆，被賊敗於黃麞谷，諸軍並沒，罔有子遺
黃麞之歌斯爲驗矣。（卷一）

5. 武后垂拱（西元685年）已來，〈荔挐兒〉歌詞皆是邪曲，
後張易之小名荔挐。（卷一）

6. 高宗麟德（西元664年）已來，百姓飲酒唱歌，曲終而不盡
者，號爲〈族鹽〉。後閻知微從突厥，領賊破趙定後知微來
，則天大怒，磔於西市，命百官射之，何內王武懿宗，去七
步射三發，皆不中，其怯懦也如此。知微身上箭如蝟毛，剉
其骨肉，夷其九族，親及不相識者皆斬之。小兒年七、八歲
，驅抱向西市，百姓哀之，擲餅果，與者相爭奪以爲戲笑，
監刑御史不忍害奏舍之，其族鹽之言，於斯應也。（卷一）

7. 高宗永徽後，天下唱〈武媚娘歌〉，後立武氏爲后，大帝崩
，則天臨朝，改號大周，二十餘年武后張盛，武三王梁魏定
等，並開府自餘邵王十餘人，幾遷鼎矣。（卷一）

8.洛陽縣令張之遜，性好唱歌，出爲連州參軍，刺史陳希古者，庸人也。令之遜教婢歌，每日端笏於庭中，呦呦而唱，其婢隔窗從而和之，聞者無不大笑。（卷一）

9.明崇儼有術法，大帝試之，爲地窖遣妓奏樂，引儼至，謂曰：此地常聞絃管是何祥也，卿能止之乎？儼曰：諾。遂書二桃符於其上，釘之，其聲寂然。上笑喚妓人問，云：見二龍頭張口向上，遂怖懼不敢奏樂，上大悦。（卷三）

10.河南府立德坊及南市西坊，皆有胡祆神廟，每歲商胡祈福，烹豬羊，琵琶、鼓、笛、酣砍醉舞酹種之後，募一胡爲祆主，看者施錢，並與之，其祆主，取一橫刀，利同霜雪，吹毛不過，以刀刺腹，刃出於皆，仍亂擾腸肚，流血食頃，噴水況之，平後如故，此西城之幻法也。（卷三）

11.太宗時，西國進一胡，喜彈琵琶，作一曲琵琶，絃撥倍粗，上每不欲番人勝中國，乃置酒高會，使羅黑黑隔帷聽之，一遍而得，謂胡人曰：此曲吾宮人能之，取大琵琶遂於帷下，令黑黑彈之，不遺一字，胡人謂是宮女也驚嘆辭去，西國聞之，降者數十國。（卷五）

12.王沂者，平生不解絃管，忽旦睡至夜，乃寤索琵琶絃之成數曲，一名〈雀啅蛇〉，一名〈胡王調〉，一名〈葫瓜苑〉，人不識聞，聽之者莫不流淚，其妹請學之，乃教數聲，須臾總忘，不復成曲。（卷五）

### (二)劉肅《大唐新語》

《新唐書·藝文志》稱劉肅爲「元和中江都主簿」。而本書今本有作者於元和（憲宗）丁亥（807）年的自序。結銜題「登仕郎前守江州潯陽縣主簿」。《全唐文》卷六九五云：「肅，元和中歷江都縣主簿」，蓋兼指二者而言。本書主要記載唐代歷史人物的言行故事，上起唐初，下迄代宗大曆（766－779），多取材於唐代國史舊聞。而且收錄的性質，主要是以政治和教化內容的史事，有前序和總論可供參考，《全唐文》卷六九五亦收。

本書所收錄有關唐代音樂記錄的事蹟，在〈極諫篇〉的部分，顯

示俳優、伶人、樂工及百戲散樂的定位，一直是受爭議的對象，而唐高祖和唐高宗在處理上，顯然也極為不同；高祖不忌諱任用舞胡安叱奴為散騎侍郎，雖然李綱以《周禮》的觀點，反覆甲明樂工、舞人「終身繼代，不改其業」的傳統、但高祖李淵顯然沒有接受他的諫言、從今天的觀點言之，高祖無寧是較開明的，並未拘泥於樂工、舞人不得擔任行政官吏的傳統。但我們也由此得知唐代創始之初，許多保守的力量，仍是此起彼伏的在運作著，高宗妥協於命婦、俳優需以特殊之處對待之使是一例。

玄宗雖然已極為包容各種文化形式的存在，但仍謹守部分雅樂傳統不敢踰越，也是在「節之以雅」的約束中，唐代許多掌權者才能如此愛好音樂，而雅樂正聲的影響力，不僅限於宮廷，也反映在民間的音樂活動中。

1.高祖武德初，聞相國參軍盧牟子獻琵琶。又萬年縣法曹孫伖伽上表以三事諫高祖，其中一事云「百戲散樂，本非正聲。此謂淫風，不可不改。」（〈極諫篇〉）

2.高祖即位，以舞胡安叱奴為散騎侍郎。禮部尚書李綱諫曰：「臣按《周禮》，均工樂胥，不得參士，伍雖復才如子野，妙等師裏，皆終身繼代，不改其業。故魏武帝欲使禰衡擊鼓，乃解朝衣露體而擊之。問其故，對曰：『不敢以先王法服而為伶人也。』惟齊高緯封曹妙達為王，授安馬駒為開府。有國家者，俱為殷鑒。今天下新定，開太平之運。起義功臣，行賞未遍；高才碩學，猶滯草萊。而令舞胡致位五品，鳴玉曳組，趨馳廊廟，固非創業規模，貽厥子孫之道。」高祖竟不能從。（〈極諫篇〉）

3.袁利貞為太常博士，高宗將會百官及命婦於宣政殿，並設九部樂。利貞諫曰：「臣以前殿正寢，非命婦宴會之地；象闕路門，非偈優進御之所。望請命婦會於別殿，九部樂從東門入，散樂一色偁停省。若於三殿別所，自可備極恩私。」高宗即令移於麟德殿。至會日，使中書侍部薛元超謂利貞曰：「卿門傳忠鯁，能獻直言，不加厚賜，何以獎勵」賜綵疋，

遷祠部員外。（〈極諫篇〉）

4.景龍中，中宗嘗遊興慶池，侍宴者遞起歌舞，並唱「迴波爾持酒巵，微臣職在筬規。侍宴既過三爵，諠譁竊恐非儀。」於是宴罷。（〈公直篇〉）

5.開元七年五月己丑朔，日有蝕之，玄宗素服候變，撤樂減膳，省囚徒，多所原放，水旱州皆定賑恤，不急之務，一切停罷。（〈公直篇〉）

6.劉希夷一名挺之，汝州人。少有文華，好爲宮體，詞旨悲苦，不爲時所重，善搊琵琶。（〈聰敏〉）

7.開元中，天下無事。玄宗聽政之後，從禽自娛。又於蓬萊宮側立教坊，以習倡優蕚衍之戲。酸棗尉袁楚客以爲天子方壯，宜節之以雅，從禽好鄭衛，將蕩上心。乃引由余、太康之義，上疏以諷，玄宗納之，遷下邽主簿，而好樂如初。自周衰，樂工師散絕，迨漢制，但紀其鏗鏘，不能言其義。晉末，中原板蕩，夏音與聲俱絕。後魏、周齊，悉用胡樂奏西涼伎，慆心堙耳，極而不反。隋平陳，因清商而制雅樂，有名無實，五音虛懸而不能奏。國初，始採班宮之義，備九變之節，然承衰亂之後，當時君子無能知樂。泗濱之磬，貯於太常。天寶中乃以華原石代之，問其故，對曰：「泗濱聲下，調之不能和；得華原石，考之乃和」。因而不致。（〈釐革篇〉）

8.開元二十七年，詔冊孔子爲文宣王，其嗣褒城侯，改封文宣王。令右臣相裴熠卿攝太尉，持節就國子監州命記，有司奠祭，樂用宮懸八佾之舞。（〈褒錫篇〉）

## ㈢李肇《唐國史補》

《唐國史補》三卷，其自序云：

公羊傳曰：所見異辭，未有不因見聞，而備故實者。昔劉餗集小說，涉南北朝至開元，著爲傳記。予自開元至長慶，撰國史補。慮史氏或闕，則補之，意續傳記而有不爲。言報應、敍鬼神、徵夢卜、近帷箔，悉去之。紀事實、探物理、辨疑惑、示

　　勸戒、採風俗、助談笑、則書之，仍分為三卷。

　　本書所記，正如作者所言「言報應、敘鬼神、徵夢卜、近帷箔，悉去之」，歐陽修作〈歸田賦〉自稱以是書為式，良有以也。本書作者所記有關唐代音樂諸事，竟高達十九則之多，有李白在翰林醉酒，玄宗令撰樂辭一事；有梨園弟子胡雛在玄宗面前得寵，洛陽令崔隱甫謂玄宗「輕臣而重樂人」，因而遭杖殺一事；有王維視一奏樂圖，便瞧出其為〈霓裳羽衣曲〉第三疊第一拍之事；有韋應物之屬官得國工康崑崙琵琶一事；有李益之詩名遠播，天下亦唱其詩為樂曲一事；有李牟吹笛二事；趙璧彈五絃，自謂「不知五絃之為璧，璧之為五絃」一事；有李袞善歌，令樂人折服一事；有于頔樂事三則；可謂包羅萬象，採撫亦多。本書較可注意者有二事，一為崔隱甫遭玄宗杖殺一事，二為王維觀看奏樂圖，看出端倪一事。

　　崔隱甫在開元初為洛陽令，《舊唐書‧良吏列傳》謂隱甫「在職強正，無所迴避」，但也因直言玄宗輕視自己而重視樂工，遭玄宗杖殺。可見唐代樂工在宮廷中的地位雖然仍無法與其他官吏並論，但其影響力確實已深入皇帝心中。

　　王維此事，兩唐書俱載，唯獨宋人沈括辨其誣妄。沈括於《夢溪筆談‧書畫》云：

　　　《國史補》言客有以〈按樂圖〉示王維，維曰：此霓裳第三疊第一拍也。客未然，引工按曲乃信。此好奇者為之。凡畫奏樂止能畫一聲，不過金石管絲同用一字耳，何曲無此聲，豈獨霓裳第三疊第一拍也。或疑舞節及他舉動拍法中則有奇聲可驗此，亦不然‧霓裳曲凡十三疊，前六疊無拍，至第七疊方謂之疊遍，自此始有拍而舞作。故白樂天詩云：中序擘騞初八拍。中序即第七疊也，第三疊安得有拍？但言第三疊第一拍，即知其妄也。或說，嘗有人觀畫彈琴圖，曰：此彈廣陵散也。此或可信！廣陵散中有數聲，他曲皆無，如撥攦聲之類是也。（卷十七）

　　沈括之辯妄，可信度甚高，況兩唐書王維傳及《全唐詩》中毫無此事之蛛絲馬跡，且觀乎李肇的上下文義，因以王維的畫品為高，亦

即五維「詩中有畫，畫中有詩」之評價，至於此則傳奇，後人一笑置之可矣。

1. 李白在翰林多沈飲，玄宗令撰樂辭，醉不可待，以水澆之，白稍能動，索筆一揮十數章，文不加點，後對御引足，令高力士脫鞋（靴），上命小閹排出之。（卷上）

2. 梨園弟子有胡雛者，善吹笛，尤承恩寵，嘗犯洛陽令崔隱甫，已而走入禁中，玄宗非時託以他事召隱甫，對胡雛在側指曰：就卿乞此得寵否？隱甫對曰：陛下此言是輕臣而重樂人也。臣請休官，再拜將出，上遽曰：朕與卿戲耳，遂令曳出，才至門外，立杖殺之。俄頃有敕釋放，已死矣，乃賜隱甫絹百四。（卷上）

3. 王維畫品妙絕，於山水平遠尤工，今昭國坊庾敬休屋壁有之人，有畫奏樂圖，維熟視而笑，或問其故，維曰：此是〈霓裳羽衣曲〉第三疊第一拍，好事者集樂工驗之，一無差謬。（卷上）

4. 李翰文雖宏暢，而思甚苦澀，晚居陽翟，常從邑令皇甫曾求音樂，思涸則奏樂，神全則綴文。（卷上）

5. 韋應物爲蘇州刺史，有屬官因建中亂，得國工康崑崙琵琶，至是送官表奏入內。（卷中）

6. 李益詩名早著，有〈征人歌且行〉一篇，好事者畫爲圖陣，又有云：「回樂峰前沙似雪，受降城外月如霜，不知何處吹蘆管，一夜征人盡望鄉」，天下亦唱爲樂曲。（卷下）

7. 宋沇爲太樂令，知音，近代無比，太常久亡徵調，沇乃考鍾律而得之。（卷下）

8. 李汧公雅好琴，常斲桐，又取漆桶爲之，多至數百張，求者與之，有絕代者，一名「響泉」，一名「韻磬」，自寶於家。（卷下）

9. 京師又以樊氏、路氏琴爲第一，路氏琴有房太尉石枕損處，惜之不理。（卷下）

10. 蜀中雷氏斲琴，常自品第，第一者以玉徽，次者以瑟瑟徽，

又次者以金徽之，又次者，螺蚌之徽。（卷下）

11.張相弘靖少時，夜會名客，觀鄭宥調二琴至切，各置一榻，
動宮則宮應，動商則商應，稍不切，乃不應，宥師董庭蘭，
尤善汎聲，祝聲。（卷下）

12.韓會與名輩，號爲四夔，會爲夔頭，而善歌妙絕。（卷下）

13.李舟好事，嘗得村舍煙竹，截以爲笛，堅如鐵石，以遺李年
。年吹笛，天下第一，月夜泛江，維舟吹之，寥亮逸發，上
徹雲表，俄有客獨立於岸，呼般請載，既至，請笛而吹，甚
爲精壯，山河可裂，年乎生未嘗見，及入破呼吸，盤擗其笛
，應聲粉碎，客散不知所之，舟著記疑，其蛟龍也。（卷下
）

14.李年秋夜吹笛於瓜洲，舟檝甚隘，初發調，群動皆息，及數
奏，微風颯然而至，又俄頃，舟人客，皆有怨歎悲泣之聲。
（卷下）

15.趙璧彈五絃，人問其術，答曰：吾之於五絃也，始則心驅之
，中則神遇之，終則天隨之。吾方浩然，眼如耳，目如鼻，
不知五絃之爲璧，璧之爲五絃也。（卷下）

16.李袞善歌，初於江外，而名動京師。崔昭入朝密載而至，乃
邀賓客請第一部樂，及京吧之名倡以爲盛會，紿言表弟請登
末坐，令袞弊衣以出，合坐嗤笑，頃命酒昭曰：欲請表弟歌
，坐中又笑，及囀喉一發，樂人皆大驚曰：此必李八郎也，
遂羅拜階下。（卷下）

17.于頻司空，嘗令客彈琴，其嫂知音，聽於簾下曰：三分中，
一分箏聲，二分琵琶聲，絕無琴韻。（卷下）

18.于司空頻，因韋太尉〈奉聖樂〉，亦撰〈順聖樂〉以進，每
宴必使奏之，其曲將半，行綴皆伏，獨一迓舞於其中，幕客
韋綬笑曰：何用窮兵獨舞，言雖詼諧，一時亦有謂也。頻又
令女妓爲六佾舞，聲態壯妙，號〈孫武順聖樂〉。（卷下）

19.于司空　以樂曲有〈想夫憐〉其名不雅，將改之，客有笑者
曰：南朝相府，曾有瑞蓮，故歌〈相府蓮〉，自是後人語訛

相承不改耳。（卷下）

### ㈣無名氏之《大唐傳載》

《大唐傳載》，一卷，不著撰人名氏，文中所記，俱爲唐初至憲宗元和間雜事，唐宋藝文志俱無載此書。《四庫全書》列爲〈子部·小說家類〉，前有自序云：「八年夏，南行極嶺嶠，暇日瀧舟，傳其所聞而載之，故曰：『傳載』。」考憲宗後，惟文宗太和、宣宗大中、懿宗咸通有八年，本書不著其紀元之號，所云八年者，亦不知其在何時也。但從其記事中提及康崑崙一事及建中年間數事看來，其成書年代，應不致晚於宣宗、懿宗時代，書也不載文宗太和間事，所以筆者原將本書的成書年代暫定爲憲宗元和八年。不過，由於本書曾記載「韓太保皋，生知音律」一事，遂便筆者否定了先前的想法。

據《舊唐書·韓皋列傳》云：

> 元和八年六月，（韓皋）加檢校吏部尚書。……元和十一年三月，皇太后王氏崩，以皋充大明宮使。十五年閏正月，充憲宗山陵禮儀使。……長慶元年正月，正拜尚書右僕射。二年四月，轉左僕射。……其年，以本官東都留守，行及戲源驛暴卒，年七十九。贈太子少保。太和元年，諡曰貞。

韓皋於死後，方受贈太子少保，所以作者自序云「八年」，不可能是元和八年，所以文宗太和八年應是本書成書年代較合理的推論。

> 1.天寶中，樂章名以邊地爲名，若〈涼州〉、〈甘州〉、〈伊州〉之類是焉。其曲遍繁，聲名入破，後其地盡，爲西番所沒，其破兆矣。
>
> 2.李龜年、彭年、鶴年、兄弟三人，開元中皆有才學盛名。鶴年詩尤妙唱渭城，彭年善舞，龜年善打羯鼓。玄宗問卿打多少杖，對曰：臣打五千杖訖，上曰：汝殊未我打卻三豎櫃也。後數年有閒打一豎櫃，因賜一拂杖羯鼓。後捲流傳至建中三年，任使君又傳一弟子，使君今取江陵，漆盤底瀉水捲中，竟日不散，以其至平。又云：捲人鼓只在調豎慢，此捲一調之後，經月如初，今不知所存。
>
> 3.漢中王瑤爲太常卿，早起朝聞永興里人吹笛，問是太常樂人

否；曰：然。已後因聞樂而撻之，問曰：何得某日臥吹笛。
又見康崑崙彈琵琶云：琵聲多，琶聲少，亦未可彈五十四絲
大絃也。自下而上謂之琵，自上而下謂之琶。

4.獨孤常州，及末年，尤嗜鼓琴，得眼疾，不理，意欲專聽也
。

5.韓太保皋，生知音律，嘗觀客彈琴，爲止息，乃歎曰：妙哉
，嵇生者也，爲是曲也。其當魏晉之際。止息，與〈廣陵散
〉同出而異者也，其音主商，商爲秋聲，天將肅殺，草木搖
落，其歲之晏乎！此所以爲魏之季也。慢其商德，與宮同音
，是臣奪其君之位乎。此所以知司馬氏之將篡也。廣陵維揚
之地，散者流亡之謂也。揚者，武帝后之姓也。言揚后與其
父駿之傾覆晉祚也。止息者，晉雖興，終止息於此。其音哀
憤，而殺，慼而懰痛，永嘉歐亂，其應乎此。叔夜撰此，將
貽後代知音，且避晉禍，託之鬼神，史氏非知味者，安得不
傳其謬也歟。

㈤李德裕《次柳氏舊聞》

《次柳氏舊聞》爲唐代牛李黨爭中李派領袖李德裕所撰，書中所
載之事僅一則有關唐代音樂故實，即安祿山之亂後，玄宗於花萼樓上
置酒，四顧悽愴，命人拿來未嘗使用並以黃帕覆蓋之「玉環琵琶」，
樂工賀懷智負責調音，僧段師彈奏之，並使從者一人歌〈水調〉，其
後並有一年少樂工以李嶠所作之詩詞歌〈水調〉，玄宗聞之，潸然淚
下，不待曲終而去。玄宗於安祿山叛變奔亡的同時，仍將「玉環琵琶
」交予隨從保管，其愛樂習樂如此，也無怪乎史書對其洞曉音律，躬
親指點教坊梨園弟子一事，多加點墨；唐代音樂的全面深植人心，此
又一例。

興慶宮上，潛龍之地，聖曆初（按：西元698年），五王宅也
。上（按：唐玄宗）性友愛，及即位，立樓于宮西南垣署曰：
花萼樓。朝罷與諸王遊，或置酒爲樂，時天下無事，號太平者
，垂五十年。及祿山犯闕，上欲遷幸，復登樓置酒，四顧悽愴
，乃命進玉環琵琶，琵琶者，睿宗所御琵琶也，異時上張樂殿

中，常置之別榻，以黃帕蓋之，不以他樂雜，而未嘗持用。至
是得工賀懷智，取調之，又命禪定僧段師彈，時美人善歌，從
者三人，使其中一人歌〈水調〉，畢奏上將去，復眷眷因視樓
下，問有樂工歌〈水調〉者乎，一年少心悟上意，自言頗工歌
，兼善〈水調〉，使之歌曰：「山川滿目淚沾衣，富貴榮華能
幾時，不見只今汾水上，唯有年年秋鴈飛」。上聞之，爲之
然出涕，顧侍御者，誰爲此詞，或對曰：宰相李嶠。上曰：眞
才子也。不待曲終而去。

### 化)趙璘《因話錄》

　　《因話錄》六卷，作者趙璘，《新唐書·藝文志》曰：「字澤章
，大中衢州刺史。」《四庫提要》云：「璘即德宗時宰相宗儒之從孫
，而昭應尉伉之子也。開成三年（按：838年）進士及第，宣宗大中
七年（按：853年）爲左補闕，後爲衢州刺史。」其事並見本書及《
新唐書·藝文志》。

　　本書所敘有關唐代音樂故實有三則，一則述德宗時，登勤政樓，
遇教坊樂工李尉，感動其人其事，擢用李尉一事；二則敘李汧公及其
子李約之愛好音樂，事詳於李肇《唐國史補》；三則論「音聲樹」的
　來由。

　　以德宗登勤政樓一事而言，可見中、晚唐時期，唐代內部經過幾
次較大的動亂，的確使得教坊等音樂機構中的內部經過幾次較大的變
動，的確使得教坊寺音樂機構中的樂工流散不少；玄宗天寶時的樂工
李尉，在玄宗時期，得見玄宗每登勤政樓，鵒鳥必聚集樓上，號爲「
隨駕老鵒」。自從他罷居城外，已不復見當年此景。德宗到勤政樓來
，本來不應有人得知，誰知群鵒因德宗之至亦盛集於此樓，李尉衣綠
衣乘驢戴帽，至樓下仰視，感覺宛如玄宗在位之時，久久才乘驢而去
。德宗聽完這個故事，悲喜交加，敕令盡收此輩樂工，並加以擢用。

　　這則故事，可以說是中唐時期，有關音樂文化上的一個溫馨感人
的傳奇，也可以推論玄宗與當時樂工之間，確有眞情實感，存在其間
吧！

　　1.德宗初登勤政樓，外無知者，望見一人，衣綠乘驢戴帽，至

樓下仰視，久之俛而東去，上立遣宣示京伊，令以物色求之，尹召萬年捕賊官李鎔使促求訪，李尉佇立思之曰：必得及出召幹事所由，於春明門外，數里内應有諸司舊職事伎藝人，悉搜羅之，而綠衣者果在。其中詰之，對曰：某自罷居城外更不復見，今群鷗盛集，又覺景象，宛如昔時，心知聖人在，上悲喜且欲泣下，以此奏聞，敕令盡收此葷，卻係教坊李尉，亦爲京尹所擢用，後至郡守。（卷一）

2.李司徒汧公，鎮宣武戎事之際，以琴書爲娛，自造琴，聚新舊桐材，扣之合律則裁，而膠綴不中者棄之，故所蓄二琴殊絕，所謂「響泉」、「韻磬」者也。性不喜琴兼箏聲，惟二寵妓曰：秀奴、七七，皆聰慧善琴兼箏，與歌時令奏之，自撰琴譜。兵部員外郎約，汧公之子也，以近屬宰相子，而雅度玄機，蕭蕭沖遠，德行既優，又有山林之致琴道酒德詩調皆高絕，一生不近粉黛，性喜接引人物，不好俗譚，晨起草裹頭，對客靄融，便過一日。多蓄古器，在湖州嘗得古鐵一片，擊之清越，又養一猿名「山公」，嘗以之隨逐，月夜泛江，登金山擊鐵鼓琴，猿必嘯。（卷二）

3.都堂南門東道，有古槐垂陰至廣•相傳夜深聞絲竹之音，省中即有入相者，俗謂之「音聲樹」，祠部呼爲「冰廳」，言其清且冷也。（卷五）

## ㈦鄭處誨《明皇雜錄》

《明皇雜錄》二卷，補遺一卷，作者鄭處誨，據《舊唐書》卷一百五十八載云：「字延美，於昆仲間文章拔秀，早爲士友所推。太和八年（按：834年）登進士第，……處誨方雅好古，且勤於著述，撰集至多。爲校書郎時，撰次《明皇雜錄》三篇，行於世。」《新唐書》卷一百六十五則謂「先是，李德裕《次柳氏舊聞》，處誨謂未詳，更撰《明皇雜錄》，爲時盛傳。」

處誨撰此書之旨甚明。將著述的重點放在玄宗一人身上，確有所發揮，除李龜年、鶴年、彭年之事已見於《大唐傳載》且稍嫌簡略外，其餘有關玄宗之樂事，皆事詳於前，且有補於後。

　　玄宗大酺於五鳳樓、勤政樓，極盡其豪華之能，於此又見其例
。甚至安祿山亦因常觀看勤政樓歌舞昇華的盛況，心甚愛之。

　　也只有如玄宗般，才會有如此心情訓練「舞馬」，這些舞馬，因
安祿山之叛亂，散落在民間，且有與戰馬相雜而人莫知之者。豈知某
日軍中為享土，於是音樂大作，雜於戰馬中的舞馬，此時此刻，舞不
能已，人以為妖，竟遭擊斃，時人雖知舞馬之由來，亦不敢言之。玄
宗若地下有知，不知作何感想？我們也從《明皇雜錄》中得知，玄宗
時期「舞馬」教習的盛況。而玄宗製〈雨霖鈴〉一曲，亦因感動時人
，復著錄於《樂府雜錄》中。

1.唐玄宗在東洛，大酺於五鳳樓下，命三百里內縣令刺史，率
　其聲樂來赴闕者，或謂令較其勝負而賞罰，焉時河內邵守樂
　工數百人，於車上皆衣以錦秀，伏廂之牛以虎皮及為犀象形
　狀，觀駭目，時元魯山遣樂工數十人，聯袂歌〈于蒍〉，〈
　于蒍〉，魯山之文也，玄宗聞而異之，徵其詞，乃曰歎曰：
　「賢人之言也」。其後上謂宰臣曰：河內之人，其在塗炭乎，
　促命徵還而授以散秩，每錫宴設酺會，則上御勤政樓，金
　吾及四軍兵士未明陳仗，盛列旗幟，皆帔黃金甲衣，短後繡
　袍，太常陳樂衛尉張幕，後諸蕃酋長，就食府縣教坊，大陳
　山車旱船，尋橦走索，九劍角抵，戲馬鬥雞，又令宮女數百
　，飾以珠翠，衣以錦繡，自惟中出擊雷鼓，為〈破陣樂〉、
　〈太平樂〉、〈上元樂〉，又列大象、犀牛入場，或拜舞動
　中音律，每正月望夜，又御勤政樓觀作樂，貴臣戚里官設看
　樓，夜闌即遣宮女於樓前，歌舞以娛之。（卷下）

2.唐開元中，樂工李龜年、彭年、鶴年，兄弟三人，皆有才學
　、盛名，彭年善舞，鶴年、龜年能歌，尤妙製〈渭川〉。（
　卷下）

3.玄宗嘗命教舞馬四百蹄，各為左右，分為部目，為某家寵、
　某家驕，時塞外亦有善馬來貢者，上俾之教習，無不曲盡其
　妙，因命衣以文繡，絡以金銀、飾其鬃鬣、間珠玉，其曲謂
　之〈傾盃樂〉者，數十回奮首鼓尾、縱橫應節，承施三層板

床，乘馬而上，旋轉如飛，或命壯士舉一榻馬，舞於榻上，樂工數人，立左右前後，皆衣淡黃衫文玉帶，必求少年而姿貌美秀者，每千秋節，命舞於勤政樓下，其後上既幸蜀，舞馬亦散在人間。祿山常觀其舞而心愛之，自是因以數匹賣於范陽，其後轉爲田承嗣所得，不之知也，雜之戰馬，置之外棧。忽一日軍中享士樂作，馬舞不能已，廄養皆謂其爲妖，篲以擊之馬，謂其舞不中節，抑揚頓挫，猶存故態，吏遽以馬怪白承嗣命篲之甚酷，馬舞甚整，而鞭撻愈加，竟斃於櫪下。時人亦有知其舞馬者，懼暴而終不敢言。（補遺）

4. 至德中，明皇復幸華清宮，父老奉迎，壺漿塞路，時上春秋已高，常乘步輦，父老進曰：前時上皇過此，常逐從禽，今何不爲？上曰：「吾老矣，豈復堪此！」父老士女聞之，莫不悲泣。新豐市有伶曰：謝阿蠻善舞凌波曲，常入宮中，楊貴妃遇之甚厚，亦遊於國忠及諸姨宅，明皇既幸蜀，西南行初入斜谷，屬霖雨涉，旬於棧道，雨中間鈴音與山相應，上既悼念貴妃，採其聲爲〈雨霖鈴〉曲以寄恨。焉時梨園子弟善觱篥者，張野狐爲第一，此人從至蜀，上因以其曲授野狐。洎至德中車駕復幸清華宮，從宮嬪御多非蒨人，上於望京樓下，命野狐奏〈雨霖鈴〉曲，未半上四顧淒涼，不覺流涕，左右感動與之歔欷，其曲今傳於法部。（補遺）

## (八)韋絢《劉賓客嘉話錄》

　　《劉賓客嘉話錄》一卷，作者韋絢，《新唐書・藝文志》載云：「絢，字文明，執誼子也，咸通義武軍節度使。劉公，禹錫也。」兩唐書皆謂劉禹錫與韋執誼相善，其著此書，這大概也是遠因之一。其自序云：

　　絢少陸機入洛之，三歲多重耳在外之，二年，自襄陽負笈，至江陵挐葉舟升巫峽，抵白帝城，投謁故贈兵部尚書賓客，中山劉公，二十八，丈求在左右學問。是歲長慶元年春，蒙丈人許，措笈侍立，解衣推食，晨昏與諸子起居，或因宴命坐與語論，大抵根於教誘，而解釋經史之暇，偶及國朝文人劇談、卿相

新語、異常夢話、若諧謔、卜祝、童謠之類，即席聽之，退而默記，或梁翰竹簡，或簪筆書紳，其不暇記因而遺忘者，不知其數。在掌中梵夾者，百存一焉。今悉依當時日夕所話而錄之，不復編次號曰：《劉公嘉話錄》，傳之好事，以爲談柄也。

　　時大中十年二月，朝散大夫江陵少尹上柱國京兆韋絢序。

　　韋絢所記諸事，口耳相傳居多，所以其所錄者，應爲當時較廣爲流傳的故事，觀乎其內文有關音樂典故者，如貞觀年間彈琵琶的方法廢撥用手，至於爲何韋絢稱「撥琵琶」爲「搯琵琶」、成爲抄錄所誤，或爲版本誤抄所致，未知何故？今當以「撥琵琶」爲準。〈踏搖娘〉一事，《敎坊記》中已載，只是《敎坊記》的〈踏謠娘〉至韋絢身處的晚唐已俗稱做〈談娘〉亦可了。比較有趣的記載是有關曹紹夔以鍾磬合律之法，治癒洛陽僧人一事。曹紹夔，兩唐書無傳，亦不知何許人也。但從曹氏從容笑談之間，大致可以看出，音律的了解與使用，在唐代民間而言，並非是高深莫測之術，而且曹氏與僧人稍加點醒，僧人便大喜過望，這也表示唐樂敎育的普遍性發展。

　　1.貞觀中彈琵琶，裴洛兒始廢撥用手，今俗爲「搯琵琶」是也。

　　2.洛陽有僧，房中磬子，日夜輒自鳴，僧以爲怪，懼而成疾，求術士百方，禁之終不能已。曹紹夔素與僧善，乃笑曰：明日設盛饌，余當爲除之。僧雖不信，紹夔言異或有效，乃力置饌以待紹夔，食訖，出懷中錯鑢磬數處而去，其聲遂絕。僧問其所以，紹夔曰：此磬與鍾律合，故擊彼應此，僧大喜，其疾便愈。

　　3.隋末有河間人麄鼻酗酒，自號郎中，每醉必毆擊其妻，妻美而善歌，每爲悲怨之聲，輒搖頓其身，好事者乃爲假面，以寫其狀，呼爲〈踏搖娘〉，今謂之〈談娘〉。

（九）張固《幽閒鼓吹》

《幽閒鼓吹》二十五篇，作者張固，宣宗大中年間曾爲桂管觀察使，《全唐詩》卷五六三有詩二首。

是書乃張固在懿僖間採摭宣宗遺事爲主，其中提及元伯和勢傾中

外，連國工康崑崙都常出入其門下，並記載段和尙製琵琶曲〈西梁州〉；後傳〈道調梁州〉一事，頗有參爲價值。

1. 元載子伯和，勢傾中外，福州觀察使寄樂妓十人，既至半載不得送，使者窺伺門下出入頻者，有琵琶康崑崙最熟，厚遺求通，即送妓，伯和一試奏，盡以遺之。先有段和尙善琵琶，自制〈西梁州〉，崑崙求之，不與，至是以樂之半贈之，乃傳焉，〈道調梁州〉是也。

### ㈩王仁裕《開元天寶遺事》

《開元天寶遺事》四卷，五代王仁裕所撰。《四庫提要》云：

> 仁裕，字德輦，天水人，唐末爲秦州節度判官。後仕蜀，爲翰林學士。唐莊宗平蜀，復爲秦州節度判官。廢帝時，以都官郎中，充翰林學士。晉高祖時，爲諫議大夫，漢高祖時，復爲翰林學士。承旨遷戶部尚書，罷爲兵部尚書，太子少保。周顯德三年卒。事跡具五代史襟傳。晁公武讀書志曰：蜀亡，仁裕至鎬京，採摭民言，得開元天寶遺事，一百五十九條，分爲四卷。洪邁容齊隨筆，則以爲托名仁裕。摘其中舛謬者四事，一爲姚崇在武后時，已爲宰相，而云開元初作翰林學士；一爲郭元振貶死後十年，張嘉乃爲宰相，而云元振少時宰相張嘉貞納爲婿；一爲張九齡去位十年，揚國忠始得官，而云九齡不肯及其門；一爲蘇頲爲宰相時，張九齡尚未達，而云九齡覽其文卷，稱爲文陣雄師。所駁詰皆爲確當，然蘇軾集中有讀開元天寶遺事鈿絕句，司馬光作《通鑑》亦採其中張象指楊國忠爲水山語，則其書在二人以前，非《雲仙散錄》《龍城錄》之流，晚出於南采者，可比益，委巷相傳，語多失實。仁裕採摭於遺民之口，不能證以國史，是即其失必以爲依託，其名則事無顯證。劉義慶世說新語，劉孝標註，往往摘其牴牾，要不以是謂不出義慶手也。故今仍從舊本，題爲仁裕撰焉。

本書所載，俱爲玄宗時事蹟，有關音樂方面的記錄，有三則是關於玄宗所寵愛的宮妓及寧王宮中樂妓諸事，宮妓念奴不只眼色媚人，且歌喉之聲，雖鐘鼓笙竽嘈雜而莫能過焉；宮妓永新，爲唐代相當知

名歌者，最受玄宗寵愛，玄宗謂謂左右「此女歌直千金」，其特愛永新可見一般，寧王宮中有樂妓寵姐，美姿色、善謳唱，客莫能見之，李白乘酒興方至，欲使寧王讓寵姐出現，寧王則設花障，召寵姐於障後歌之，李白也只好說「雖不許見面，聞其聲亦幸矣！」唐代宮廷中所豢養的宮妓、樂妓，一般而言，都有不錯的待遇，但那也僅限於太平盛世、歌舞昇華之時方有之；一次安史之亂，一個黃巢之亂，使足以使前述盛況，一夜間消失殆盡。話雖如此，但玄宗一代，特重音樂之發展，至此是可以肯定的。

1.眼色媚人

　念奴者，有姿色，善歌唱，未嘗一日離帝左右。每執板當席顧盯，，帝謂妃子曰：此女妖麗眼色媚人，每囀聲歌喉，則聲出於朝霞之上，雖鐘鼓笙竽嘈雜，而莫能遏宮，妓中，帝之鍾愛也。（卷一）

2.乞巧樓

　宮中以錦結成樓，殿高百尺，上可以勝數十人，陳以瓜果酒炙，設坐具以祀牛女二星，嬪妃各以九孔針、五色線，向月穿之過者，為得巧之候。動清商之曲，宴樂達旦，士民之家皆效之。（卷四）

3.歌直千金

　宮妓永新者，善歌，最受明皇寵愛，每對御奏歌，則絲竹之聲，莫能遏帝嘗謂左右曰：此女歌直千金。（卷四）

4.隔障歌

　寧王宮有樂妓寵姐者，美姿色，善謳唱，每宴外客，其諸妓女盡在目前，惟寵姐客莫能見。飲及半酣，詞客李太白恃醉戲曰：白久聞王有寵姐善歌，今酒殽醉飽，群公宴倦，王何忙此女示於眾。王笑謂左右曰：設七寶花障召寵姐於障後歌之，白起謝曰：雖不許見面，聞其聲亦幸矣。（卷四）

5.樓車載樂

　楊國忠子弟，恃后族之貴，極於奢侈，每遊春之際，以大車結綵帛為樓，載女樂數十人，自私第聲樂，引出遊園苑中，

　　長安豪民貴族皆效之。（卷四）

　㈩段成式《酉陽雜俎‧卷六‧樂》

　　段成式（約803－863年），即《樂府雜錄》作者段安節之父。《新唐書‧藝文志》列爲子部小說家類，《四庫全書總目》則謂此書是「小說之翹楚」。其生平，兩唐書皆有簡短小傳，在晚唐之世曾與溫庭筠、李商隱齊名。

　　本書所載之唐代音樂故實，都很特殊。如咸陽宮中銅人十二枚，坐於筵上，各執琴、筑、笙、竽等樂器的記載，若屬實，則晚唐之時，首度出現非由眞人所奏出的音樂。這種由多種樂器所合奏的音樂，必定有其機械操作之原理，而且以十二銅人的規模置於咸陽宮中，必爲常設之制，以晚唐音樂走向大衆化的性質而言應有展示與觀光之功能，此爲推類之言，未知其實況爲何。再如以猿臂之骨製笛，其聲之清脆圓潤竟勝於絲竹，其趣味性有之，亦未知其可信否，成式所記，也約略反映唐代音樂故實之多樣面貌。

　　1.咸陽宮中有鑄銅人十二枚，坐皆三五尺，列在一筵上。琴筑笙竽，各有所執，皆組綬花彩，儼若生人。筵下有銅管，吐口高數尺，其一管空，內有繩大如指，使一人吹空管，一人紐繩，則琴瑟朱筑皆作，與眞樂不異。有琴長六尺，安十三絃，二十六徽，皆七寶飾之，銘曰璵璠之樂。至笛長二尺三寸，二十六孔，吹之則見車馬出山林，隱隱相次，息亦不見，銘曰昭華之管。

　　2.魏高陽王雍美人徐月華，能彈臥箜篌，爲明妃出塞之聲。

　　3.有田（一作由）僧超能吹笳，爲壯士歌、項羽吟。將軍崔延伯出師，每臨敵，令僧超爲壯士聲，遂單馬入陣。

　　4.古琵琶絃用鶤雞筋。開元中，段師能彈琵琶用皮絃，賀懷智破撥彈之，不能成聲。

　　5.蜀將軍皇甫直，別音律，擊陶器能知時月好彈琵琶，元和中，嘗造一調，乘涼臨水池彈之，本黃鐘而聲入蕤賓，因更絃再三奏之，聲猶蕤賓也。直甚惑，不悅，自意爲　不祥。隔日，又奏於池上，聲如故，試彈於他處，則黃鐘也。直因調

蕤賓，夜復鳴彈於池上，覺近岸波動，有物淚水如魚躍及下絃則沒矣。直遂集客，車水竭池，窮池索之。數日，泥下丈餘得鐵一片，乃方響蕤賓鐵也。

6.王沂者，平生不解絃管。忽旦睡，至夜乃寤，索琵琶絃之，成數曲：一名〈雀啅蛇〉，一名〈胡王調〉，一名〈胡瓜苑〉。人不識聞，聽之莫不流涕。其妹請學之，乃教數聲，須臾總忘，後不成曲。

7.有人以猿臂骨爲笛，吹之，其聲清圓，勝於絲竹。

8.琴有氣，嘗識一道者，相琴知吉凶。

# 第三章 唐人的音樂思想 與音樂美學

## 第一節 緣物設教禮樂並濟下的音樂思想

### 一、唐太宗李世民（西元599－649年）

太常少卿祖孝孫於貞觀二年（西元628年）奏其所定之新樂（即雅樂）後，太宗有感而發曰：「禮樂之作，是聖人緣物設教以爲樽節，治政善惡，豈此之由。」〔註1〕因御夫大夫杜淹言「前代興亡，實由於樂」〔註2〕太宗不以爲然的表示「夫音聲豈能感人，歡者聞之則悅，哀者聽之則悲，悲悅在於人心，非由樂也。」〔註3〕時尙書右丞魏徵進曰：「樂在人和，不由音調」〔註4〕唐太宗深以爲然。

將禮、樂之作，視爲聖人緣物設教以爲樽節這個想法由來已久，《左傳，昭公元年》記載春秋時秦國良醫醫和一段話：「……先王之樂，所以節百事也。」〔註5〕禮樂之設，起初是爲宗廟祭祀及宮廷朝會饗宴所用，後來才逐漸強調其政教功能，尤其是音樂的教化功能，在中國傳統樂論中尤爲突出。〔註6〕唐太宗對音樂的思考架構基本上並沒有超出此一範疇。

值得注意的是杜淹與唐太宗的一段對話。

杜淹曰：「陳將亡也，爲《玉樹後庭花》；齊將亡也，而爲《伴侶曲》，行路聞之，莫不悲泣，所謂亡國之音。以是觀之，（前代興亡）實由於樂。

太宗曰：「將亡之故，其人心苦，然苦心相感，故聞而則悲耳，何樂聲哀能使悅者悲乎？今《玉樹》，《伴侶》之曲，其聲具存，朕能爲公奏之，知公必不悲耳。

唐太宗將人的主體突顯於音樂之外，是很清楚的，事實上，唐太宗強調「教化樽節」、「樂在人和」的觀念，和《禮記·樂記》中的

思想是相去不遠的。《樂記》中所揭櫫的音樂本質，等於是一個「和
」字，如「樂以和其聲」、「樂和民聲」、「樂又同，則上下和矣」
、「大樂與天地同和」，「樂者，天地之和也」；此外又說「禮、樂
、刑、政，其極一也，所以同民心而出治道也」、「治世之音安，以
樂其政和；亂世之音怨，以怒其政乖；亡國之音哀，以思其民困。聲
音之道，與政通矣。」除了強調「樂與政通」外，也十分重視禮和樂
的配合作用，說「大樂與天地同和，大禮與天地同節」。《樂記》中
所反映的音樂思想，和我國傳統社會的發展過程是相照應的，《樂記
》重雅頌之聲（雅樂）而輕鄭衛之音（俗樂）的想法，和唐初的音樂
發展也幾乎完全相同。唐太宗自己也曾作〈帝京篇〉〔註7〕直接反
映了這種想法：

> 鳴笳臨樂館，眺聽歡芳節。急管韻朱絃，清歌凝白雪。彩鳳蕭
> 來儀，玄鶴紛成列。去茲鄭衛聲，雅音方可悅。

質言之，太宗以為禮樂的作用仍在教化樽節，至於「政與樂通」
對太宗而言，是政通人和或政亂人苦而後音樂始反映出來的一種現象
，不承認哀樂之作是亡國之兆這種說法，可見太宗是極為肯定人心在
發動悲悅之情的主體性；嚴格說來，按照太宗的想法，根本就沒有哀
樂或歡樂這種音樂〔註8〕因為悲悅之情在人心的發不發動，但大宗
恐怕無法解的諸如〈玉樹〉、〈伴侶〉諸曲，有無法可能使」歡者聞
之則悅」，而唐太宗時代有名的〈秦王破陣樂〉，原是歌頌戰功之用
，它有沒有可能使「哀者聞之則悲」，這恐怕是兩不感應的對象。但
太宗前言乃針對杜淹而發，此觀念可點到為止，論其梗概可也。

《全唐文》中有收錄兩篇有關唐太宗論禮樂的作品，一篇是其所
頒佈的〈頒示禮樂詔〉〔註9〕，一篇是王福時所撰之〈錄唐太宗與
房魏論禮樂事〉〔註10〕；前者基於「樂由內作，禮自外成」的觀點
，重申雅樂思想之重要；後者以魏徵、房玄齡、杜如晦等人與太宗論
禮樂諸事為主，其談論之基礎亦為《周禮》。

> 先王之辨方正位，體國經野，象天地以制法，通神明以施化。
> 樂由內作，禮自外成，可以安上治民，可以移風易俗，揖讓而
> 天下治者，其惟禮樂乎。固以同節同和，無聲無體，非飾玉帛

之容，豈崇鐘鼓之奏。日往月來，朴散淳離，淫愿以興，流洒忘本，魯昭所習，惟在折旋。魏文所重，止於鄭衛，秦氏縱暴，載籍咸亡，漢朝循緝，典章不備，時更戰國，多所未遑，雅道淪喪，歷茲永久。朕恭承明命，嗣膺寶歷，懼深馭朽，情切納隍，憑宗廟之靈資股肱之力，上下交泰，遐邇又安，率土阽危。既拯之於塗炭，群生遂性，思納之於軌物，興言正本。夕惕在懷，蓋知禮樂之情者能作，識禮樂之文者能述，作者之謂聖，述者之謂明。朕雖德謝前王，而情深好古。傷大道之既隱，懼斯文之將墜，故廣命賢才，旁求遺逸，探六經之奧旨，採三代之英華。古典之廢於今者，咸擇善而修復。新聲之亂於雅者，並隨違而矯正。莫不本之人心，稽乎物理，正情性而節事宜，窮高深而歸簡易。用之邦國，彝倫以之攸敘。施之律度，金石於是克諧。今修撰既畢，可頒天下，俾富教之方。有符先聖，人倫之化，貽厥後昆。（〈頒示禮樂詔〉）

　　這篇〈頒示禮樂詔〉等於將唐初太宗與眾賢臣間討論禮樂的心得，作一政策性的宣示。它不僅代表唐初禮樂制度的基礎的部分，也顯現出唐太宗「清深好古」的一面。

　　根據《周禮》中「惟王建國，辨方正位，體國經野，設官分職，以為人極」的精神，太宗這篇詔示，有幾處重要的觀點——

1. 樂由內作，禮自外成：如此方可以安上治民、移風易俗。太宗以為揖讓而天下治的基礎是在禮樂。他甚至認為唐以前各朝代之所以動軏改朝換代之因，就是逐末而忘本。「魯昭所習，惟在折旋；魏文所重，止於鄭衛；秦氏縱暴，載籍咸亡；漢朝循緝，典章不備；時更戰國，多所未遑；雅道淪喪，歷茲永久。」太宗也有鑑於歷史的教訓，不得不對傳統禮樂施行的狀況作一深思〔註11〕。

2. 聖明觀：知禮樂之情者能作，作者之謂聖，識禮樂之文者能述，述者之謂明。聖，是知禮樂之情且能實踐其情的行動家；明，是識禮樂之文且能者述其文的理論家。兩者缺一不可。太宗自知他所面臨的時代是「大道既隱，斯文將墜」，於是廣命賢人達士，

儘量採集前代之遺文菁華，凡「古典之廢於今者，咸擇善而修復
；新聲之亂於雅者，並隨違而矯正。」太宗在此，是有其危意識
產生的道理，這點也是基於歷史經驗使然。

3.禮樂之施行，皆本於人心，合乎物理：太宗將禮樂的作用定位在
「正情性而節事宜」，這也是「樂由內作，禮自外成」的道理所
在；至於為何說「窮高深而歸簡易」，窮高深的部分，自然是那
些「聖明」者來做的事，歸簡易自然是為了施行教化的方便。但
觀乎唐代禮樂制度繁複的一面，唐太宗原欲「窮高深歸簡易」的
思想，當然可以打一個問號。

〈錄唐太宗與房魏論禮樂事〉是一篇有關探討唐太宗禮樂思想成
形背景上，非常重要的一篇著作，作者王福時乃隋代儒者王通（即文
中子）的幼子，其仲父王凝於貞觀十九年將《中說》交給他，又告訴
他魏徵等人與唐太宗對話之事，王福時因敘其事，當時已是貞觀二十
年九月了。

貞觀年間，魏徵身體不適（按《舊唐書・魏徵列傳》記載，此應
為貞觀十六年），王福時的仲父王凝特別前往問候，並且留宿於魏徵
宅中。魏徵至半夜直嘆氣，王凝問其所歡，魏徵回憶著說，隋煬帝大
業年間，自己也曾與許多賢能之士一起，文中子王通告訴魏徵及杜如
晦、房玄齡說「先輩雖聰明特達，然非董、薛、程、仇之比，雖逢明
王，必愧禮樂」當時魏徵臉露不平之色，文中笑著告訴他說「久久臨
事，當自知之」。到了太宗貞觀之始，魏徵、房玄齡、杜如晦、溫彥
博等人，獲得太宗的賞識拔擢，朝廷大事，未嘗不參預。有一次太宗
在平臺上謂群臣曰「朕自處藩邸，及當宸極，卿等每進諫正色，咸云
嘉言良策，患人主不行，若行之，則三皇不足四，五帝不足六；朕誠
虛薄，然獨斷亦審矣。」唐太宗告訴群臣若有長治久安之策，應一一
陳述，無所隱瞞。沒想到房玄齡、杜如晦等人一開始仍保守的秉持官
場傳統，頌揚太宗英明而已，太宗心知這些人一時之間不會坦誠以告
，於是阻止他們發言，並引領他們至內殿宴會，酒才開始要喝，唐太
宗利用機會說出了他的想法，他說：「設法施化，貴在經久，秦漢以
下，不足襲也；三代損益，何者為當，卿等悉心以對，不患不行！」

太宗一番話，仍得不到回應，當時每個人都不敢對太宗的話語有所對應，房、杜兩人看著在下坐的魏徵，魏徵心知肚明，遂越席對太宗說道：「夏殷之禮，既不可詳，忠敬之化，空聞其說。孔子曰：『周監於二代，郁郁乎文哉，吾從周！』周禮，公旦所裁；詩書，仲尼所述；雖綱紀頹缺，而節制具焉。荀孟陳之於前，董賈伸之於後，遺談餘義，可舉而行。若陛下重張皇墳更造帝典，則非駑劣所能議及也。若擇前代憲章，發明王道，則臣請以周典，唯所施行。」魏徵這番諫言，說得頭頭是道，既符合太宗不欲大張旗鼓、改絃易轍的性格，也與自己「清深好古」的內心相應，所以非常高興。

第二天，他特別又召見房、杜及魏徵三人，看著他們說昨天夜讀《周禮》，感覺眞是聖人之大作，首篇就說到「惟王建國，辨方正位，體國經野，設官分職，以為人極」太宗以為這段話說得很深，過了好一會兒，就對著魏徵說「朕思之，不井田，不封建，不肉刑，而欲行周公之道，不可得也。大易之戰，隨時順人，周任有言，陳力就列，若能一一行之，誠朕所願，如或不及，強希大道，畫虎不成，為將來所笑。公等可盡慮之。」太宗因此詔示中書省，會議數日，卻都沒有什麼定論、共識，不久，魏徵也請退而下。太宗經過這一番波折後，雖然不再如往昔般信誓旦旦，但在閑宴之時，仍然憂心忡忡的告訴魏徵，禮壞樂崩，他實在是很擔心憐憫這種狀況。「昔漢章帝眷眷於張純，今朕急急於卿等，有志不就，古人攸悲。」魏徵聽到太宗這麼說，心中一急，就跪在太宗面前說：「非陛下不能，蓋臣等無素業爾，何愧如之。」魏徵並列舉了許多歷代君王各有其政治敎化上的特色，希望太宗在禮樂度數方面，應慢慢思考所當做之事，且敎化的工作，何慮晚也。太宗則感歎的說「時難得而易失，朕所以遑遑也！卿退，無有後言。」魏徵與房、杜等人慚惶害怕，再拜而出。房玄齡此時就告訴魏徵說，他們竭立輔佐國事，但是談到設計規劃國家整體的禮樂制度，則不是他們能力所及，得以向皇上提出任何建設性且能付諸實踐的計劃啊！以前文中子不以禮樂賜敎給自己，是有他的道理，如果董、薛等人在世的話，當不至如此。並感歎「有元首，無股肱」的缺憾！魏徵因病重在貞觀十七年過世，王凝非常哀慟，將這一段往事

，告訴了王福時。

從這段史事看來，唐太宗雖然從貞觀之初便在禮樂制度上進行不少改革的工作，但他的心中一直不滿意自己的成績。唐太宗在貞觀元年，始奏〈秦王破陣樂〉；在貞觀二年奏祖孝孫所定之雅樂，並有「大唐雅樂」的作為；在貞觀六年詔褚亮、虞世南、魏徵等人，分制樂章，並於是年作〈功成慶善樂〉；七年前制〈破陣舞圖〉，後更名為七德之舞；貞觀十一年，太宗因著人和則樂和的道理，不許張文收重新修正餘樂，張文收只好將其既定之樂，藏之太樂署；十四年，唐太宗頒佈〈定樂敕〉，十六年，伐高昌，收其樂，至此，唐樂才增為十部位，並分立、坐二部；十七年六月，奏〈慶善破陣樂〉。

太宗之所以仍憂心於禮樂大事，一方面可能是前述所作，幾乎談不上有什麼「安上治民，移風易俗」之作為；再者，對太宗而言，他的禮樂思想基礎是在《周禮》，除了想如周公般制禮作樂外，他也希望能見到在自己手上建立一分特殊的禮樂制度和內容出來，否則，他何必有「時難得而易失」之歎。

唐太宗的音樂思想，整體而言，其基礎在《周禮》，他自己也說「秦漢以下，不足襲也」。此外，聖明觀是太宗禮樂思想中的理想國，尋求一個知禮樂之情、識禮樂之文的國度。對太宗而言，他是相信音樂在教化樽節，移風易俗上的作用，而且他極為看重「本於人心，合乎物理」的禮樂，也唯有如此，才能彰顯「樂在人和」的真諦。

唐太宗在其所撰之《帝範‧崇文篇》〔註12〕中謂：

> 夫功成設樂，治定制禮，禮樂之興，以儒為本。宏風導俗，莫尚於文，敷教訓人，莫善於學，因文而隆道，假學以光身。不臨深溪，不知地之厚；不遊文翰，不識智之源。

研究唐太宗的音樂思想，不得不以其禮樂思想並重的背景中考察，而且仍可將其主要思想，放在儒家的系統中看待，筆者以為，這應該是很恰當理解太宗音樂思想的進路；不僅看待太宗如此，唐代較有發揮的音樂思想，幾乎皆是如此，觀者可以明察焉。

〔註釋〕：

〔註 1 〕《貞觀政要》，卷七，論禮樂。北大書局。

〔註 2 〕同前引。

〔註 3 〕同前引。

〔註 4 〕同前引。

〔註 5 〕《禮記・樂記》亦云：「是故先王之制禮也以節，修樂以道志，故觀禮樂而治亂可知也。」此時「禮樂」是同一組並稱的概念。

〔註 6 〕《禮記・樂記》云：「樂也，聖人之所樂也，而可以善民心，其感人深，其移風易俗，故先王著其教焉。」《左傳》：「天子省風以作樂。」《呂氏春秋》：「俗定而音樂化之矣，故有道之世，觀其音而知其俗矣。」《老子》亦云：「故聽其音則知其風，觀其樂即知其俗，見其俗即知其化。」《周禮》中更以樂德教國子中和祇庸孝友，以樂語教國子興道諷誦言語，以樂舞教國子舞雲門、大卷、大咸、大磬、大夏、大濩、大武。音樂的教化功能一直是非常綿延的影響著中國人對音樂的思考。

〔註 7 〕《全唐詩》，卷一。

〔註 8 〕這個想法，和嵇康的確是相當接近，唯一不同的是，嵇康根本不去碰觸音樂的社會政治或教化功能，太宗則兩者都有所承認，這個特色是唐太宗頗爲獨特的一面。因爲他一方面認爲禮樂之制作，是先聖先賢緣物設教，撙節百事之由，二方面又以爲樂的作用和目的是「人和」而非「音調」，他從這兒把音樂和人之悲悅之情分別說開。

〔註 9 〕《全唐文》，卷六。

〔註10〕《全唐文》，卷一六一。

〔註11〕《貞觀政要》敍述了太宗貞觀七年，太常卿蕭瑀奏言破陣樂舞既爲天下所傳頌，但其美德盛容猶有未足之處，蕭瑀自願詳圖其戰勝攻取之軍容，太宗則說了一段意義深長的話，婉拒了這個建議。他說：「朕當四方未定，因爲天下救焚極溺，故不獲已，乃行戰伐之事，所以人間遂有此舞，國家因茲亦制其曲。然雅樂之容，止得陳其梗概，若委曲寫之，則其狀易識。朕以見在將相，多有曾經受彼驅使者，既經爲一日君臣，今若重見其被獲之勢，必

當有所不忍，我爲此等，所以不爲也。」蕭瑀聽完太宗一席話，
自知此事非其思慮所及。蕭瑀雖由隋入唐，但卻以忠貞之誠參預
政事，並且受到極高的重視，太宗還曾賜瑀詩曰：「疾風知勁草
，版蕩識誠臣。」（《舊唐書》，卷六十三，蕭瑀列傳）（按：
《後漢書・王霸傳》：「光武謂霸曰：穎川從我者皆逝，而子獨
留努力，疾風知勁。」）從太宗委曲寫雅樂樂容的觀念來看，太
宗的確是對禮樂之作有過深思。

〔註12〕請參見粵雅堂叢書唐太宗所撰之《帝範》。

## 二、杜佑（西元735－812年）

杜佑，字君卿。德宗、憲宗兩朝，兩攝冢宰，封岐國公，以太保
致仕。其主要的音樂思想主要表現在《通典・樂序》中，在第二章第
二節裡，筆者曾提及這篇樂序的重要觀點，分別是1.將歌、舞、樂的
關係整合起來，2.將人心與音樂的關係分別說開；3.簡要的說明古樂
淪缺與胡樂興起之間的關係；4.重申樂教的重要性。

這篇樂序雖文僅三百四十四字，由於杜佑所編撰的《通典》的音
樂部分，史料來源大部取自當時流傳的群經諸史和歷代文集，有高度
的參考價值，其〈樂序〉等於總結了憲宗朝前唐人普遍的音樂思想和
觀念，全文如下：

夫音生於人心，心慘則音哀，心舒則音和，然人心復因和，亦
感而舒慘，則韓娥曼聲哀哭，一里愁悲；曼聲長歌，眾皆喜忭
，斯之謂矣。是故哀、樂、喜、怒、敬、愛六者，隨物感動，
播於形氣，協律呂，諧五聲。舞也者，詠歌不足，故手舞之，
足蹈之，動其容，象其事，而謂之爲樂。樂也者，聖人之所樂
，可以善人心焉。所以古者天子、諸侯、卿大夫，無故不徹樂
；士無故不去琴瑟，以平其心，以暢其志，則和氣不散，邪氣
不干，此古先哲后立樂之方也，周衰政失，鄭衛是興；秦漢以
還，古樂淪缺。代之所存，〈韶〉、〈武〉而已。下不聞振鐸
，上不達謳謠，俱更其名，示不相襲。知音復寡，罕能制作，

而況古雅莫尚，胡樂荐臻，其聲怨思，其狀促遽，方之鄭衛，又何遠乎？爰自永嘉戎羯迭亂，事有先兆，其在於茲。聖唐貞觀初，作〈破陳樂〉，舞有發揚蹈厲之容，象其威武也歌有麤和嘽發之音，〈破陣樂〉表興王之盛烈，何讓周之文武，豈近古相習，所能關思哉？而人間胡戎之樂，久習未革，古者因樂以著教，其感人深，乃移風俗。將欲閑其邪，正其頹，唯樂而已矣。

杜佑這篇樂序在《全唐文》卷四七七作〈改定樂章論〉，而且樂序所敘，僅佔〈改定樂章論〉的三分之一强的篇幅，但其後所論，為太宗後，唐代雅樂內容的發展作一舖陳，大致上與其音樂思想無關，故存而不論〔註1〕。要注意者，大概也僅限於他說「孝孫始為旋宮之法，造十二和之樂，令四十八曲，八十四調。至開元中，又造三和樂，又製文舞、武舞；文舞，朝廷謂之九功舞；武舞，朝廷謂之七德舞。樂用鐘、磬、柷、敔、晉鼓、琴、瑟、筝、竽、笙、簫、笛、篪、塤、錞于、鐃、鐸、舞拍、舂牘等，謂之雅樂。」他很簡單的將「雅樂」的主要內容敘述如上。

關於杜佑在《通典》樂序中主要呈現的想法，我們不難找出與中國傳統樂論上的關係。

第一，是有關他將歌、舞、樂的關係整合起來。

杜佑很清楚古代歌、舞、樂合一的情形，儘管從中國古代有樂教思想產生以來，歌、舞、樂合一的現象並非各家所特別重視的現象〔註2〕，中國傳統樂教的觀點，一直是以雅、俗之辨，或拿音樂和人心、社會、政治、教育及其本身的意義為討論重點，但杜佑能特別重視此一普遍性的認知，應該有他的道理。漢高帝之孫，淮南王劉安所撰之《淮南鴻烈解・本經訓篇》云：

凡人之性，心和欲得則樂，樂斯動，動斯蹋，蹋斯蕩，蕩斯歌，歌斯舞，歌舞節則禽獸跳矣。

漢人班固在其《白虎通德論》（或曰《白虎通義》）中的〈禮樂〉篇云：

歌者在堂上，舞在堂下為何？歌者象德，舞者象功，君子上德

而下功。《郊特牲》曰：「歌者在上」。《論語》曰：「季氏
八佾舞于庭」；《書》曰：「下管、鞀、鼓、笙、鏞以問」。

　　既然歌、舞、樂合一的現象是普遍的，那麼杜佑的說法又有什麼
特別之處呢？這就要注意其上下文義的關係了。他先說「舞也者，詠
歌不足」，歌言心聲，舞象其容，這個道理很容易明白，所以接著他
說「故手舞之，足蹈之，動其容，象其事，而謂之爲樂」，在杜佑的
想法裡，這個「樂」字，是包含了歌、舞和音樂的，所以在他敘述雅
樂的內容時，有音樂有舞蹈，歌的部分只是略而不提罷了，這是我們
研究杜佑的音樂思想時，首先應注意到的。

　　第二，這個已經融合過歌、舞、樂的「樂」是如何一種樂呢？他
說這是「聖人之所樂」，而且其作用在「可以善人心焉」〔註3〕。
正因爲音樂之音生於人心，人心與音樂的關係，在杜佑看來是有其層
次關係的——

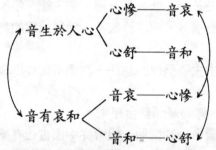

　　況且人心在哀舒之中，亦有喜、怒、哀、樂、敬、愛的變化和分
別，其「隨物感動，播於形氣，協律呂，諧五聲」，以歌詠舞蹈配合
樂器之樂，這些統合起來，就是「樂」了。杜佑就直接根據「樂可以
善人心」的道理，直接說出「古者天子、諸侯、卿大夫，無故不徹樂
，士無故不去琴瑟，以平其心，以暢其志」。至於「樂」爲何可以善
人心，杜佑沒說，但是說如此一來「和氣不散，邪氣不干」，並且認
爲這是先哲先后之所以立樂之方。平心暢志是樂的積極面，和氣不散
，邪氣不干是樂的消極面，但也唯有先創造積極的一面，才能保守住
消極的一面，這是我們研究其音樂思想中次要的重點。

　　第三，杜佑一方面將歌、舞、樂統合而論，一方面又將人心與音

樂分別來說，這是表現其對「樂之所以爲樂」的理解及觀點。但在他的歷史知識和經驗中「周衰政失，鄭衛是興；秦漢以還，古樂淪缺。代之所存，〈韶〉、〈武〉而已。」杜佑在樂篇中有云「秦始皇平天下，六代廟樂，唯〈韶〉、〈武〉有焉」〔註４〕不僅如此，雅樂的保存狀況「下不聞振鐸，上不達謳謠，俱更其名，示不相襲，知音復寡，罕能制作」，也就是說在雅樂保存狀況最不妥當之時，胡樂卻在同時興起，並且大量湧入，在杜佑眼裡，胡樂「其聲怨思，其狀促遽」和鄭衛俗樂比較起來根本沒有差別。他才說「爰自永嘉我羯迭亂，事有先兆，其在於茲」。在杜佑心中，胡樂和鄭衛俗樂是沒什麼兩樣的，不滿意這種狀況，卻又不得不承認其影響力，不得不去記錄它的影響力，這也是我們理解杜佑音樂思想中的一個小發現。

　　第四，杜佑畢竟是不服輸的，《舊唐書・杜佑列傳》〔註５〕云：

> 初開元末，劉秩採經史百家之言，取《周禮》天官所職，撰分門書三十五卷，號曰《政典》，大爲時賢稱賞，房琯嘆以爲才過劉更生。佑得其書，尋味厥旨，以爲條目未盡，因而廣之，加以開元禮樂，書成二百卷，號曰《通典》。……其書大傳於時，禮樂刑政之源，千載如指諸掌，大爲士君子所稱。

　　杜佑以爲以唐太宗貞觀初年所作之〈破陣樂〉，其樂舞有發揚蹈厲之容，其樂歌有靁和嘽發之音，代表一代興盛的狀況，不讓周代專美於前，而且也不是唐以前所能做到的。但畢竟胡樂的興起和盛行也不是一朝一夕之事，杜佑以「胡戎之樂，久習未革」爲批評的出發點，點明「古者因樂以著敎，其感人深，乃移風俗。將欲閑其邪，正其頹，唯樂而已矣。」此樂仍爲杜佑所謂可以善人心的聖人之樂。杜佑所要求的移風易俗的樂敎是很清楚的，與唐太宗相同的是，周代的禮樂思想，尤其是《周禮》，對他們的影響都很深，杜佑在〈三朝行禮樂制議〉〔註６〕、〈三朝上壽有樂議〉〔註７〕、〈徹食宜有樂議〉〔註８〕中都顯現出如此的傾向，茲舉〈徹食宜有樂議〉作說明：

> 《周官》云：「王大食，三侑皆合鐘鼓。」漢蔡邕云：「王者食舉以樂」。今但有食舉樂，食畢則無樂。按膳夫職，以樂侑

　　食。《禮記》云：「客出，以雍徹，以振羽」《論語》云：「
　　三家者以雍徹」子曰：相維辟公，天子穆穆，奚取於三家之堂
　　。如此徹食應有樂，不容同用食舉也。

　　不但君主用餐前有樂之奏，杜佑根據周代禮儀，認爲食畢亦當有
樂，而且應與前樂不同，可見杜佑心中所欲實踐的禮樂思想，仍是復
古居多；觀乎《通典・樂》中所收錄的唐代樂議，也盡皆以復古爲先
，擷取三代菁華爲要。所以基本上，杜佑的音樂思想也是較儒家式的
。

〔註釋〕：

〔註１〕〈改定樂章論〉後段云：「太宗文皇帝留心雅正，厲精文敎，命
　　　　考隋氏所傳南北之樂。梁、陳盡吳楚之聲，周、齊皆胡虜之音。
　　　　乃命太常卿祖孝孫正宮調，起居呂才習音韻，協律郎張文收考律
　　　　呂，平其散濫，爲之折衷。……。」

〔註２〕劉向在《說苑・修文》中云：「詩言其志，歌詠其聲，舞動其容
　　　　。三者本於心，然後樂氣從之。」中國古時詩（歌）、舞、樂合
　　　　一的現象，其實不如我們想像中那麼「合一」，孔子說：「吾自
　　　　衛返魯，然後樂正，〈雅〉，〈頌〉各得其所。」〈雅〉、〈頌
　　　　〉是詩的六義中的兩種，孔子以「雅頌各得其所」說「樂正」，
　　　　可見詩樂在此是一體的概念。詩是樂的語言辭藻，樂是詩的聲音
　　　　節奏。（見張蕙慧所著《中國古代樂散思想論集》，頁二十三。
　　　　）音樂的兩個基本要素是音高及節奏，而中國詩歌也有其外在聲
　　　　調及內在的韻律，而中國詩歌中最具有音樂性的就是節奏感（韻
　　　　律）。因爲中國語音是一個單音代表一個概念，聯綴成詞的時候
　　　　，有的音節在文義或詞義中意義較重要，需要加強，有的音節雖
　　　　然居次要意義，但仍爲表達辭意時不能缺少的要素，也就是在這
　　　　強弱的意義間，產生了節拍的概念。在音樂裡，曲調的主音通常
　　　　是放在強拍上，次要的音則作爲經過音帶過，但也不能因此去除
　　　　或任意更動。次要音的恰當應用，加強了樂曲的表現力和張力。
　　　　在這層意義上，詩歌與音樂常是一致的。也就是說，節奏的支配

力成爲詩詞與音樂能並肩合一進行的主幹。孔子又說「樂則韶舞
」（《論語・衛靈公》），樂舞一體的現象，在中國古代幾乎是
普遍而必然的，嚴格點說，有樂不必有舞，但有舞必有樂；樂是
舞的聲音節奏，舞則是樂的形容動作。正由於詩樂合一，樂舞也
合一，在「樂」成爲媒介或並行不悖的前提下，詩（歌）舞樂合
一的情形，才能得到合理而可能的依據。

〔註３〕這個說法，早見於《禮記・樂記》中。

〔註４〕〈韶〉，亦作〈大韶〉，爲周代「六舞」（又稱「六樂」）之一
，由九段樂章組成，即所謂「簫韶九成」（《書・益稷》）。相
傳爲虞舜時的樂舞，孔子稱其爲盡善盡美的樂舞。〈武〉，亦作
〈大武〉，亦爲「六舞」之一，全舞分成擊鼓出師、經戰伐而滅
商、周師南征、鞏固南疆、周公、召公分職而治、頌周王之盛威
軍容等六段，周代用以祭祀祖先（詳見《禮記・樂記・賓牟賈》
及《周禮・春官・大司樂》）。

〔註５〕《舊唐書》，卷一四七。

〔註６〕《全唐文》，卷四七七。文曰：

晉司律中郎將陳頎云・昔杜夔傳舊雅樂四曲・一曰鹿鳴・二曰騶
虞・三曰伐檀・四曰文王皆古聲辭・太和中・左延年改夔騶虞伐
檀文王三曲・更作聲節・其名雖存・而聲實異・惟夔鹿鳴今不改
易也・魏代正朝大會・太尉奉群后行禮・東廂雅常作者也・後有
三篇・第一曰於赫篇・詠武帝・聲律與古鹿鳴同・第二曰巍巍篇
・詠文帝・用左延年所改騶虞聲・第三曰洋洋篇・詠明帝・亦用
左延年所改文王聲・第四復用鹿鳴之聲・重用而除古伐檀・及晉
初・食舉亦用鹿鳴・按左傳穆叔如晉・晉侯享之・工歌鹿鳴之三
・三拜曰・鹿鳴所以嘉寡君也・敢不拜嘉・毛詩云・鹿鳴燕群臣
嘉賓也・既飲食之・又實其幣帛筐篚・以將其厚意・然後忠臣嘉
賓得盡其心也・詩傳並無行禮・及叔孫通所制漢儀・復無別行禮
事・荀氏云・魏氏行禮食舉・再取周鹿鳴又以宴嘉賓・無取於朝
・考之舊聞・未知所應・荀勗乃除慶鳴舊制・更作行禮詩四篇・
先陳三朝朝祭之義・食舉歌詩十二篇・元肇群后奉璧・趨步拜起

．莫非行禮．豈容別設一樂．謂之行禮耶．苟譏鹿鳴之失．似屬
誤謬．還制四篇．復襲前軌．

〔註7〕《全唐文》，卷四七七。文曰：

　　禮記但有獻酬．無上壽文．惟詩雅云．再拜稽首．天子萬壽．豳
　　風云．爲此春酒．以介眉壽．雖非灼然明文．要是髣髴其實．古
　　者詩工皆歌之．故可得而言也．漢興．叔孫通定禮儀．七年長樂
　　宮成．諸候朝禮畢．復置酒．侍坐殿上．皆伏．尊卑以次起上壽
　　．漢故事上壽四會曲．注言但有鐘鼓．無有歌詩．魏初作四會．
　　有琴筑．但無詩雅樂．郭瓊云．明帝青龍二年．以長笛食舉第十
　　二古置酒曲代四會．又易古詩名曰羽觴行．用爲上壽曲．施用最
　　在前．鹿鳴已下十二曲名食舉樂．而四會之曲遂廢．漢故事鄧吳
　　及瓊等食舉之曲．與時增損．張華上雅樂詩表云．魏上壽食舉時
　　及漢代所施用．其文句長短不齊．皆未合於古雅．漢故事則云．
　　上壽四曲．華亦言有歌辭．會其注當是闕文．晉代歌詩．傅元述
　　具存。

〔註8〕《全唐文》，卷四七七。


# 三、白居易（西元772-846年）
## ——兼論其音樂美學

　　白居易可以說是唐代文人中與音樂關係最深的代表，《舊唐書》
〔註1〕對其音樂生活的描述尤詳，他個人對音樂（或者說禮樂）的
看法，絕大部分都可在《白氏長慶集》〔註2〕中尋獲，他在詩作中
與音樂的關係更是密不可分，尤其在詩作中可見其如何愛好音樂，茲
舉數首以爲例：

　　絲桐合爲琴，中有太古聲。古聲淡無味，不稱今人情。
　　正徽光彩滅，朱弦塵土生。廢棄來已久，遺音尚冷冷。
　　不辭爲君彈，縱彈人不聽。何物使之然？羌笛與秦箏。（〈廢
　　琴〉）

金磬玉笙調已久，空床獨枕睡常遲。

朦朧閒夢初成後，宛轉柔聲入破時。

樂可理心宜不謬，酒能陶性又無疑。

起嘗殘酌聽餘曲，斜背銀缸半下幃。（《臨臥聽法曲霓裳》）

古琴無俗韻，奏罷無人聽。寒松無妖花，枝下無人行。

春風十二街，軒騎不暫停。奔車看牡丹，走馬聽秦箏。

眾目悅芳豔，松獨守其貞。眾耳喜鄭衛，琴亦不改聲。

懷哉二夫子，念此無自輕。（《鄧魴張徹落第》）

置琴曲几上，慵坐但含情。

何煩故揮弄，風弦自有聲。（《琴》）

本性好絲桐，塵機聞即空。一聲來耳裡，萬事離心中。

情暢堪銷疾，恬和好養蒙。尤宜聽三樂，安慰白頭翁。（《好聽琴》）

古人唱歌兼唱情，今人唱歌惟唱聲。

欲說向君君不會，試將此語問揚瓊。（《問揚瓊》）

信意閒彈秋恩時，調清聲直韻疏遲。

近來漸喜無人聽，琴格高低心自知。（《彈秋思》）

　　儘管白居易所作「琴詩」甚多，宋朱長史在《琴史》中，則形容樂天謂「樂天之於琴，其工拙未可較，蓋高情所好，寫情於此。樂以亡憂，亦可尚也。」〔註３〕觀其音樂生活及詩作，相去不遠矣。

　　白居易對音樂的思考，主要都集中在文集中〈策林〉的部分，在〈策林四‧救學者之失〉中，他說：

　　　　國家……張禮樂而厚國風，……何則學《詩》、《書》者，拘
　　　　於文而不通其旨，習禮、樂者，滯於數而不達其情；故安上之
　　　　禮未行，化人之學將落。

　　基本上，白居易是基於對國家整體的考量，將禮、樂、詩、書四術並舉而談，並希望「萬人相從而化」。對於樂，白居易很少離禮而

談，因他認爲「安上尊君，禮爲本焉」。他又說：

> 太常工祝，執禮、樂之器，而不識禮、樂之情。……

失其情，則合敬同愛之誠不著。所謂去本而從末，棄精而得粗。
《救學者之失》

> 學樂者以中和友孝爲德，不專於節奏之變，綴兆之度也。（同前
> ）

白居易一方面深知如「樂」一般之器物，必有其外在的節奏等技
術性的學習，一方面又擔心使用器樂的專業人才，只知有器，不知有
情，情者，就是樂天所謂內在於人心中的「合敬同愛之誠」，所以他
才會提出「學樂者，以中和友孝爲德」的說法；質言之，內在於學樂
者心中的，應該就是「合敬同愛」及「中和友孝」，根據如此，欲救
學者之失。

白居易在〈議禮樂〉中提了三個問題：1.禮樂並用，其義安在？
2.禮樂共理，其效何徵？3.禮之崩也，何方以救之？樂之壞也，何術
以濟之乎？

白居易將前三個問題，作了以下的申述，首先他說：

> 臣聞：序人倫，安國家，莫先於禮；和人神，移風俗，莫尚於
> 樂。二者所以並天地，參陰陽，廢一不可也。

爲什麼說廢一不可呢，白居易直截了當的說：

> 禮者，納人於別而不能和也；
>
> 樂者，致人於和而不能別也。

在白居易的想法裡，禮以濟樂，樂以濟禮這種相輔相成的關係是
很明白的，也唯有如此，才能「和而無怨，別而不爭」，這也是先王
並用禮樂之道理所在。嚴格說來，白居易在這個階段的想法，與孔子
以來儒家傳統上對禮、樂的思考如生一轍〔註4〕。接下來他又說：

> 《志》曰：「六經之道同歸，而禮樂之用爲急。」故前代有亂
> 亡者，由不能知之也；有知而危敗者，由不能行之也；有行而
> 不至於理者，由不能達其情也，能達其情者，其唯宗周乎？

禮、樂之用，是現實上一種共榮共生的關係，在「共理」的基礎
上，其效力如何來驗徵？白居易也是通過有周一代來說明：

周之有天下也，修禮達樂者七年，刑措不用者四十年，負扆垂
拱者三百年，龜鼎不遷者八百年：斯可謂達其情，臻其極也。
故孔子曰：「吾從周。」

白居易以古鑑今，雖然提出有周一代制禮作樂的成效說明，但是
他的反省是接踵而至的，他自問「然則繼周者，其唯皇家乎？」這是
對禮、樂傳承一個立即而直接的思考。

臣伏聞：禮減則銷，銷則崩；樂盈則放，放則壞。故先王減則
進之，盈則反之；濟其不及，而洩其過。用能正人道，返天性
，奮至德之光焉。

白居易深感唐代承齊、梁、陳、隋之弊，許多遺風尚未消弭，故
「禮稍失於殺，樂稍失於奢（殺）」，他才說：

伏惟陛下：慮其減削，則命司禮者大明唐禮；防其盈放，則詔
典樂者少抑鄭聲。如此，則禮備而不偏，樂和而不流矣。

一言以蔽之，「少抑鄭聲」，原來就是「樂壞」以後的濟之之術
。白居易常被後世視為文學民間化的代表人物，其生前文名藉藉，天
下皆知。鄉校堠墻寺壁，逆旅行舟所至，無不題其詩；士庶僧通、商
婦歌妓、童馬走之口，無不誦其詩。（按：施學習先生用語）其致力
通俗文學的努力，也是眾人皆知。為何獨獨對俗樂般的鄭聲，也如傳
統般採取貶抑的態度．這恐怕得再從白居易論樂的態度說起，在〈沿
革禮樂〉中，白居易不同意「禮莫備於三王，樂莫盛於五帝，非殷周
之禮，不足以理天下；非堯舜之樂，不足以和神人。」這種看法，並
謂「失其本，得其末，非通儒之達識也。」他接著引申曰：

夫禮樂者，非天降，非地出也；蓋先王酌於人情，張為通理者
也。……苟可以和人心，厚風俗，是得作樂之本情矣。……善
變樂者，變其數，不變其情。……失其情，則王莽屑屑習古，
適足為亂矣。

居易性格，本既好詩，旁則好碁、好酒、又好琴也，其〈廬山草
堂記〉云：「漆琴一張，儒道佛書各三兩卷者」可窺居易生平。他也
充分的在生活中反映他對音樂真實的感情，對於時人對音樂的評論，
他也常表不以為然的態度，他說：「行禮樂之情者王，行禮樂之飾者

亡」並總結他對音樂整體的看法，他說：

> 樂者，以易直子諒爲心，以中和孝友爲德，以律度鏗鏘爲飾，
> 以綴兆舒疾爲文。飾與文可損益也，心與德不可斯須失也。（
> 〈沿革禮樂〉）禮本於體，樂本於聲。文物名數，所以飾其體
> ；器度節奏，所以文其聲。聖人之理也，禮至則無體，樂至則
> 無聲。然則苟至於理也，聲與體猶可遺，況於文與飾乎？則本
> 末取捨之宜，可明辨矣。（同前）

從白居易強調「心、德」爲本，「文、飾」爲末的觀點看來，他
當是有感而發，有唐一代，無論在樂器、樂曲上均受西域的影響極大
，從宮廷到民間，都處處充滿著新奇而多元化的氣氛；從琵琶的流行
狀況而言，必然同時帶來一波又一波新的器樂彈奏技巧的學習，惶論
唐代器樂之多，演奏技巧變化之大了。驗證有唐一代文人的創作傾向
而言，幾乎也脫離不開這股潮流，居易之嘆，良有以也。

《全唐文》中亦有收錄兩篇白居易論時人樂事的批評，看得出其
重」心、德」的音樂觀：

> 喪則思哀，見必存敬，樂惟飾喜，舉合從宜。夫婦所貴同心，
> 吉凶固宜異道。景室方在疚，庭不徹懸，鏗鏘無倦於鼓鐘，好
> 合有傷於琴瑟。既怨夫義，是棄人喪。儙麻縗之在躬，是吾憂
> 也。也調絲竹以盈耳，於汝安乎？如賓之敬頗乖，若往之哀斯
> 瀆，逐使唱和不應憂喜相干，道路見縗，猶聞必變。鄰里有殯
> ，亦爲不歌，誠無惻隱之心，宜受庸奴之責。〈得景妻有喪景
> 於妻側奏樂妻責之不伏〉〔註5〕器不假人，易而生亂，樂惟
> 節事，過則有刑。禮既異於古今，法且禁其鐘磬，景苟求飾喜
> ，罔念速尤。竊筍虡以陳，樂由奢失，僭金石而奏，罪以聲聞
> ，雅當犯貴之辜，難許徹懸之訴。然恐賜同魏絳，僭異於奚。
> 且彰北闕之恩，何爽南鄰之擊，是殊國禁，無告家藏。〈得景
> 於私家陳鐘磬鄰人告其僭云無故不徹懸〉〔註6〕

從白居易批評這兩則用樂不當之例來看，他是非常重視音樂的使
用，在各種場合、時間得不得當的。「樂惟飾喜，舉合從宜」，是他
覺得遇喪之人應有的惻隱之心；「器不假人，易而生亂，樂惟節事，

過則有刑」是他痛陳唐人用樂不當，徒求飾喜，不知節制下應有的懲罰。

基本上，白居易肯定音樂反映政治，嚴格來說，他更直指政治改革的績效可以反映在音樂上，這也是他所謂「少抑鄭聲」的具體內容。

在〈策林‧復樂古器古曲〉中，他說：

> 問：時議者或云：樂者，聲與器遷，音隨曲變。若廢今器，用古器，則哀淫之音息矣。若拾今曲，奏古曲，則正始之音興矣。其說若此，以為如何：

白居易一改先前禮樂並濟，以古鑑今的論樂方式，直接以政治上的成敗，來駁斥這種時下的議論，他說：

> 臣聞：樂者本於聲，聲者發於情，情者繫於政。蓋政和則情和，情和則聲和；而安樂之音，由是作焉。政失則則情失，情失則聲失；而哀淫之音，由是作焉。斯所謂音聲之道，與政通矣。

在白居的音樂與政治相通的思想中，也有個順序、層次之別。

1.「樂」—本於「聲」—發於「情」—繫於「政」。

2.政和→情和→聲和→安樂之音作。

　政失→情失→聲失→哀淫之音作。

也就是說樂之安樂、哀淫，其關鍵是在政和、政失當中的。樂與政通的思想，在唐代是很普遍的，其中以張階和獨狐申叔的〈審樂知政賦〉為代表，茲錄如下：

> 昔先王省風作樂，象物制典，賓讌服禮，神歆降歆，六代各異，五音相演，盛衰感召而自生，理亂區分而可辨。列國殊化，化形於聲，淫正難分，分之者善，於是師曠陳樂而立，伯牙注耳而聽。鐘師擊鐘，磬師擊磬，考振革，撰土木以相宣，懸匏裁笙，發絲竹而遞鋆。審正聲之發，防奸聲之徑，俾夫鄭不干雅，正不近俊，混音者澄醉歌者醒。集九成而儀羽自降，立六變而致物斯定。惟政在人，惟聲無私，興亡繫焉。逆順應之，天將是戀，神告勿疑，卜商之告文侯，古則如此。端賜之問師

乙，歌如何其，堂上堂下，既獻既酢，百拜終禮，八音合樂，
天地潛會，鬼神相索。遂使浹洽充塞，馨臭上登，和樂無親，
惟德是宏。忐忑無準，惟惡是明。聲雖無常，聽其有恒，蓋致
理者妙非習樂者能。惡可鑒誡，德可奮興，惟周后棄，播種黍
稷，惟文王昌不遍聲色。雅頌廢於後昆，幽厲驟於正直，觀聖
人之備樂，知天子之深識。既而緩有餘，其樂只且，聲之感化
，浸潤相於，審音達性，飛沈翔泳，自上化下，敢告執政。（
張階〈審樂知政賦〉）〔註7〕

　　張階，兩唐書無傳，《全唐文》中僅謂其天寶時人而已。張階所
謂的審樂知政觀，與白居易是有差異性的，張階基於「列國殊化，化
形於聲，淫正難分，分之者善。……審正聲之發，防奸聲之徑，俾夫
鄭不干雅，正不近佞，混音者澄，醉歌者醒。……惟政在人，惟聲無
私，興亡繫焉。」謂「觀聖人之備樂，知天子之深識」，他將聖人天
子之備樂，作一政治性的思考，並略帶神秘主義色彩，「天將是懲，
神告勿疑」正是此意。

　　張階雖然也採取正奸之別，鄭雅之辨，來說明爲政者「自上化下
」的重要性，如此看來，音樂上雖有正奸、鄭雅之區分，但音樂仍被
視爲教化及統治的工具，他才會說「蓋致理者妙，非習樂者能」。

　　反觀獨孤申叔，其審樂知政觀則較清晰，他說「爲政之善否，實
由樂之張弛。」表面上，他這種觀點有點復古的味道，但他也非單純
的以樂觀政者，他說：

樂之爲樂也，布五氣，和八風；政之爲大也，包有截，被無窮
，雖尋源泝異，而致用是同。故政行而樂作，而樂在其中。…
…故將亡之音哀以思，至理之感柔而寬。是故君子審音以知樂
，存亡必見乎未兆，理亂亦在乎先覺。其道亂也，焦殺作而嘽
慢；其世理也，乘麒麟而棲鵷鸞，則是政之所以，樂亦依於，
苟聽五聲以悖矣，諒八音而忽諸。〔註8〕

獨孤申叔是在音樂與政治「源異用同」的認知下，去舖陳其所謂
審樂知政之理，至少，在論述的過程中，比張階清楚而直接。

　　白居易爲何對時議中用古器、奏古曲的想法，頗表不以爲然。他

說：

> 夫器者所以發聲，聲之邪也，不繫於器之今古也。曲者所以名
> 樂，樂之哀樂，不繫於曲之今古也。何以考之？若君政驕而荒
> ，人心動而怨；則雖捨今器，用古器，而哀淫之聲不散矣。若
> 君政善而美，人心平而和；則雖奏今曲，癈古曲，而安樂之音
> 不流矣。〔註9〕

白居易畢竟是懂樂知政之人，其實政治之成敗，與音樂之安樂哀
淫豈有一絕對關係。所以他說：

> 是故和平之代，雖聞桑間濮上之音，人情不淫也，不傷也。亂
> 亡之代，雖聞咸護，韶武之音，人情不和也，不樂也。〔註10
> 〕

和平之世，也會有鄭衛、哀淫之音；亂亡之代，也可聽聞雅正、
安樂之聲；但大時代總有其普遍的教化力量，所以和平之世中的鄭衛
之音，無傷大雅；亂亡之代中的雅正之聲，無益大局，道理昭明。

但白居易似乎對抑制鄭衛之聲，一直未能忘懷。

> 故臣以為銷鄭衛之聲，復正始之音者，在乎善其政，和其情；不
> 在乎改其器，易其曲也。故曰，樂者不可以偽，唯明聖者能審而述作
> 焉。〔註11〕

白居易提出「銷鄭聲，復正始之音」，不是直接去打擊鄭衛之音
，而是希望為政之人「善其政，和其情」，這點，倒是看出白氏人文
精神的一面。

> 又聞：若君政和而平，人心安而樂；則雖援蕢桴，擊野壤，聞
> 之者必和樂融融洩洩矣。若君政驕而荒，人心困而怨；則雖撞
> 大鐘，伐鳴鼓，聞之者適足慘慘戚戚矣。故臣以為諧神人和風
> 俗者，在乎善其政，歡其心；不在乎變其音，極其聲也。〔註
> 12〕

至此，我們可以將白居易的音樂思想作一綜述：

㈠執禮樂之器者，應識禮樂之情：這個「情」字，就是合敬同愛
之誠，並應以中和友孝為德。

㈡禮以濟樂，樂以濟禮：如此才能和而無怨，別而不爭。而禮樂

並濟，在現實上是一種共榮共生的關係。

㈢銷抑鄭聲，必善其政：因為和人心厚風俗是得作樂之本情，為政者應酌於此人之本情，方能政通人和。

㈣「心、德」為本，「文、飾」為末，本末應有所取捨：這是白居易面臨有唐一代，音樂在形式繁複發展過程中的諫言與洞見。其實他本人並非全然排斥鄭衛俗樂，對當時宮廷中的御用樂工也頗有微詞。

㈤政治之成敗與音樂之安樂哀淫相通：白居易是相對的說，而非絕對的判斷。

㈥盛世亦有鄭聲、亂世亦有雅音；但皆以政治措施之得當與否作為判斷樂與政通的主要趨勢。

總的來說，白居易的音樂思想，一方面肯定音樂反映政治的客觀性，並不以唯美或純技術的觀點看音樂；另一方面，他對當時唐人形式主義式的復古思想，表示相當程度上的否定態度，但誠如揚蔭瀏先生所說，儘管如此，其音樂思想,對當時的音樂發展並不能興起及少推進改革的作用。

最後，筆者根據（《白氏長慶集》），輯錄其與音樂諸多面貌有關的作品，以供參考，若於其分類下無列詩作，就表示該類之中無相關作品，為免掛萬漏一，特比說明，以待有識之士。其後並兼論白居易的音樂美學。

諷諭一　古調詩五言
　〈癈琴〉
　〈鄧魴、張徹落第〉
諷諭二　古調詩五言
　〈五絃〉
　〈歌舞〉
諷諭三　新樂府
　〈七德舞〉　陳王業也。
　〈法曲歌〉　正華聲也。

〈立部伎〉　　刺雅樂之替也。

〈華原磬〉　　刺樂工非其人也。

〈胡旋女〉　　戒近習也。天寶末，康居國獻之。

〈五絃彈〉　　惡聲之奪雅也。

〈驃國樂〉　　欲王化之先邇後遠也。貞元十七年來獻之。

諷諭四　新樂府

　〈西涼伎〉

閑適一　古調詩

　〈聽彈《古淥水》〉　　琴曲名

閑適二　古調詩五言

閑適三　古調五言

　〈夜琴〉

閑適四　　古調詩五言

　〈琴〉

感傷一　古調詩五言

感傷二　古調五言

　〈夜聞歌者〉　　居易宿鄂州

感傷三　古體五言

感傷四　歌行曲引雜言

　〈江南遇天寶樂叟〉

　〈畫竹歌〉

　〈長恨歌〉

　〈琵琶引〉

　〈醉歌〉　　示妓人商玲瓏

律詩　五言七言

　〈感故張僕射諸妓〉

律詩　五言七言

　〈江上笛〉

律詩　五言七言

　〈聽崔七妓人箏〉

〈醉後題李馬二妓〉
〈盧侍御小妓乞詩座上留贈〉

律詩　五言七言
〈聽李士良彈琵琶〉

律詩　五言七言
〈春聽琵琶兼簡長孫司戶〉
〈吳宮詞〉

律詩　五言七言
〈太平樂詞二首〉
〈小曲新詞二首〉
〈後宮詞〉

律詩　五言七言
〈夜箏〉
〈梨園弟子〉
〈聽夜箏有感〉
〈琵琶〉
〈和殷協律琴思〉
〈聽彈湘妃怨〉

律詩　五言七言
〈清明日觀妓舞聽客詩〉

格詩行雜體
〈霓裳羽衣歌〉　和微之
〈小童薛陽陶吹觱篥歌〉　和浙西李大夫作
〈和微之聽妻彈《別鶴操》〉　因解釋其義依韻加四句格詩雜體
〈問楊瓊〉

格詩雜體
〈和順之琴者〉

律詩
〈醉戲諸妓〉
〈聞歌妓唱嚴郎中詩因以絕句寄之〉

〈柘枝妓〉

〈看常州柘枝贈賈使君〉

〈好聽琴〉

律詩

〈贈楊使君〉

〈船夜援琴〉

〈郡中夜聽李山人彈《三樂》〉

〈喚笙歌〉

〈江上對酒〉

〈聽琵琶妓彈《略略》〉

律詩

〈琴茶〉

〈松下琴贈客〉

〈柘枝詞〉

律詩　五言七言

〈對琴待月〉

〈聽田順兒歌〉

〈聽曹剛琵琶兼示重蓮〉

〈南園試小樂〉

〈琴酒〉

〈聽《幽蘭》〉

〈臥聽法曲《霓裳》〉

〈題周家歌者〉

〈聞樂感鄰〉

律詩　五言七言

〈嵩陽觀夜奏霓裳〉

律詩　五言七言

〈夜調琴憶崔少卿〉

〈王子晉廟〉

律詩

〈短歌行〉

格詩

〈對琴酒〉

律詩

〈箏〉

〈問支琴石〉

〈聞歌者唱微之詩〉

〈秋夜聽高調涼州〉

〈楊柳枝詞八首〉

律詩

〈詩酒琴人例多薄命予酷好三事雅當此科而所得已多爲幸斯甚偶成
　狂詠聊寫愧懷〉

〈寄明州于駙馬使君三絕句〉

〈代琵琶弟子謝女師曹供奉寄新調弄譜〉

〈楊柳枝二十韻〉

律詩

〈雨中聽琴者彈別鶴操〉

〈嘗酒聽歌招客〉

〈獨醉獨吟，偶題五絕〉

〈和令狐僕射小飲聽阮咸〉

律詩

〈醉後聽唱桂華曲〉

〈與牛家妓樂雨夜合宴〉

〈夢得相過援琴命酒因彈《秋思》詠所懷，兼寄繼之待價二相府〉

〈聽歌〉

律詩

〈夜聞箏中彈《瀟湘送神曲》感舊〉

〈聽歌六絕句〉：

　　〈聽都子歌〉　詞云：試問常娥更要無？

　　〈樂世〉　一名〈六么〉

　　〈水調〉　　第五遍乃五言調，調韻最切。

　　〈想夫憐〉　　王維右丞詞云：「秦川一半夕陽開。」此句尤佳。

　　〈何滿子〉　　開元中，滄州有歌者何滿子，臨刑，進此曲以贖死，上竟不免。

　　〈離別難詞〉

半格詩　律詩附

　　〈灘聲〉

詩賦

　　〈敢諫鼓賦〉

書序

　　〈新樂府詩序〉

　　〈琵琶引序〉　　兩序皆列在本詩篇首

奏狀一

　　〈論于頔所進歌舞人事宜狀〉

奏狀二

　　〈三月三日謝恩賜曲江宴會狀〉

　　〈九月九日謝恩賜宴曲江會狀〉

策株四

　　〈救學者之失〉

　　〈議禮樂〉

　　〈沿革禮禮〉

　　〈復樂古器古曲〉

判

　　〈得景妻有喪景於妻側奏樂妻責之不伏〉

　　〈得景於私家陳鐘磬鄰人告其僭云無故不徹懸〉

外集卷上　詩詞

　　〈聽蘆管〉

　　〈吹笙內人出家〉


**兼論白居易的音樂美學**

　　嚴格說來，白居易在百餘首有關描寫音樂歌舞的作者品中，並沒有建立一套嚴格的音樂審美觀點或理論，他愛好音樂，彈樂聽樂，都如他自己所說「本性好絲桐，塵機聞即空。一聲來耳裡，萬事離心中。清暢堪銷疾，恬和好養家。尤宜聽《三樂》〔註13〕，安慰白頭翁。」（〈好聽琴〉）他對音樂的基本審美態度是自得自適、高情所好，常以琴（古）論情（今），並強調琴樂使人心和平之意。如：

　　　　「古聲淡無味，不稱今人情。」（〈廢琴〉）

　　　　「入耳淡無味，愜心潛有情。」（〈夜琴〉）

　　　　「嗟嗟俗人耳，好今不好古。」（〈五絃〉）

　　　　「自弄還自罷，亦不要人聽。」（〈夜琴〉）

　　　　「何煩故揮弄，風絃自有聲。」（〈琴〉）

　　　　「聞君古渌水，使我心和平。」（〈聽彈（古渌水）〉）

　　　　「古琴無俗韻，奏罷無人聽。

　　　　「眾耳喜鄭衛，琴亦不改聲。」（〈鄧魴、張徹落第〉）

　　這是白居易作品中，最常出現的審樂取向。也是研究其美學態度上，最需先掌握的基調。另外，白居易在其詩文集中的「諷諭」類，有題為「新樂府並序」者，謂「總而言之，為君、為臣、為民、為物、為事而作，不為文而作也。」這類詩作，雖有關音樂歌舞，但都為白居易用來描寫或諷諭唐代樂風；雖說如此，在這個部份，仍然可明顯看出他「少抑鄭聲」思想中的審樂態度，如：

　　　　「乃知法曲本華風，苟能審音與政通。」（〈法曲歌〉）

　　　　「願求牙曠正華音，不令夷夏相交侵。」（〈法曲歌〉）

　　　　「華原磬，華原磬，古人不聽今人聽。

　　　　泗濱石，泗濱石，今人不擊古人擊。

　　　　今人古人何不同，用之捨之由樂工。

　　　　樂工雖在耳如壁，不分清濁即為聾。

　　　　華原磬與泗濱石，清濁兩聲誰得知？」（〈華原磬〉）

　　　　「遠方士，爾聽五絃信為美；吾聞正始

　　　　之音不如是。正始之音其若何？朱絃

　　　　疏越清廟歌。一彈一唱再三歎，曲淡

　　　　節稀聲不多。融融曳曳召元氣，聽之

　　　　不覺心平和。人情重今多賤古，古琴

　　　　有絃人不撫。更從趙璧藝成來，二十

　　　　五絃〔註14〕不如五。（〈五絃彈〉）

　　從嚴辨華夏與九族之樂風，到諷刺樂工不知器樂之好壞，仍一再強調古琴、古樂之美，並謂爲「正始之音」。他所描寫的「正始之音」之美，先是「朱絃疏越清廟歌」。據《樂記》云：「清廟之瑟朱弦而疏越，一倡而三嘆，有遺音者矣。」〔註15〕鄭玄注曰：「朱弦，練朱弦，練則聲濁。越，琴底孔也，畫疏之使聲遲也。倡，發歌句也，三嘆，三人從而嘆之耳。」〔註16〕孔穎達則注曰：「清廟之瑟，謂歌清廟之詩所彈之瑟；朱弦，謂練朱絲爲弦，練聲聲濁也；疏越，疏通底孔使聲遲，聲濁又遲，是質素之聲，非要妙之響。初發首一倡之時，吐有三人嘆之，是人不愛樂；雖然，有遺餘之音，以其貴在於德，念之不忘也。」〔註17〕白居易論「正始之音」之基礎便在於此。意思是說，清廟〔註18〕裡面祭祀時所用之瑟，琴底下的孔都疏通過，琴弦染成朱紅色，發出低沈而莊重的質素之聲。白居易形容「正始之音」在音樂的表現上是「曲淡節稀聲不多」，而且樂音和諧無比，使人聽之感到平和。他對於古代音樂之美的執著，可見一般。

　　在白居易筆下，又有多少種器樂或音樂本身的形容呢？如描寫趙璧彈（調）五絃，他說：「第一第二絃索索，秋風拂松疏韻落，第三第四絃冷冷，夜鶴憶子籠中鳴。第五絃聲最掩抑，隴水凍咽流不得。五絃並奏君試聽，……水寫玉盤千萬聲。」（〈五絃彈〉）這是描寫境界之美。憲宗元和十年（西元六一五年），白居易左遷九江郡司馬，與一長安倡女邂逅，聽其琵琶曲藝與生平，頗爲感慨，因爲〈琵琶行〉，歌以贈之。〔註19〕詩云：「轉軸撥絃三兩聲，未成曲調先有情。絃絃掩抑聲聲思，似訴平生不得意。低眉信手續續彈，說盡心中無限事。」至此乃居易聽樂感傷倡女生平而生出的感受。「大絃嘈嘈如急雨，小絃切切如私語。嘈嘈切切錯雜彈，大珠小珠落玉盤。」至此爲純粹的樂音之美。「曲終收撥當心畫，四絃一聲如裂帛。東舟西舫悄無言，唯見江心秋月白。」前段描寫之生動，如神來一筆，後段

則將音樂結束的當下，與客觀環境作一對比，突顯其驚心動魄，大開大合之勢。白居易自己則謂「今聞君彈琵琶語，如聽仙樂耳暫明」，但聽到倡女彈奏第二曲時，「淒淒不似向前聲，滿座重聞皆掩抑」，哭得最厲害的人，就是白居易自己了。〈琵琶行〉是白居易描寫音樂之美的作品中，極爲突出的一首。有器樂之美，有境界之美，有人樂感通之美，事雖感傷，樂則美矣。

同樣是聽琵琶之樂，〈聽李士良彈琵琶〉云：「聲似胡兒彈舌語，愁如塞月恨邊雲。」〈春聽琵琶兼簡長孫司戶〉云：「四絃不似琵琶聲，寫眞珠細撼鈴。指底商風悲颯颯，舌頭胡語苦醒醒。如言都尉思京國，似訴明妃厭虜庭。遷客共君相勸諫，春腸易斷不須聽。」〈琵琶〉云：「絃清撥刺語錚錚，背卻殘燈就月明。賴是心無惆悵事，不然爭奈子絃聲？」〈聽琵琶妓彈《略略》〉云：「腕軟撥頭輕，新教《略略》成。四絃千遍語，一曲萬重情。法向師邊得，能從意上生。莫欺江外手，別是一家聲。」〈聽曹剛琵琶兼示重蓮〉云：「撥撥絃絃意不同，胡啼蕃語兩玲瓏。」〈代琵琶弟子謝女師曹供奉寄調弄譜〉云：「一紙展看非舊譜，四絃翻出是新聲，蕤賓掩抑嬌多怨，散水玲瓏峭更清。」〔註20〕

至於其他有關聆樂時之感受，以愁字、愁緒居多，如：

「江上何人夜吹笛，聲聲似憶故園春。此時聞者堪頭白，況是多愁少睡人。」（〈江上笛〉）

「花臉雲鬟坐玉樓，十三絃裡一時愁。」（〈聽崔七妓人箏〉）

「分明曲裡愁雲雨，似道蕭蕭郎不歸。」（〈聽彈湘妃怨〉）

「寫之在琴曲，聽者酸心髓。況當秋月彈，先入憂人耳。」（〈和微之聽妻彈《別鶴操》〉）

「一聲腸一斷，能有幾多腸。」（〈題周家歌者〉）

「老去親朋零落盡，秋來絃管感傷多。」（〈聞樂感鄰〉）

「移愁來手底，送恨入絃中。」（〈箏〉）

「時向歌中聞一句，未容傾耳已傷心。」（〈聞歌者唱微之詩〉）

「莫教遷客孀妻聽，嗟嘆悲啼泥殺君。」（〈雨中聽琴者彈《

別鶴操》〉）

「此是世間腸斷曲，莫教不得意人聽。」（〈醉後聽唱桂華曲〉〉）

「誠知樂世聲聲樂，老病人聽未免愁。」（〈樂世〉）

「一曲四詞歌八疊，從頭便是斷腸聲。」（〈何滿子〉）

「不會當時翻曲意，此聲腸斷爲何人？」（〈水調〉）

「金刀已剃頭然髮，玉管休吹腸斷聲。」（〈吹笙內人出家〉）

　　愁、腸斷、酸、感傷、恨、傷心、悲啼等，都是白居易在描寫聆聽音樂時低調之氣息，最常使用的一組文字，這個傾向，可以稍加留意。

　　我們先前在論及白居易論〈復樂古器古曲〉時，曾提及居易以爲樂器的聲之邪正，不繫於器之今古，樂之哀淫，不繫於曲之今古。他將聲之邪正與樂之哀淫，歸結於政治措施的良善與否而定。這個思想背景卻很難充分的反映在他的音樂生活中。如〈船夜援琴〉云：「身外都無事，舟中只有琴。七絃爲益友，兩耳是知音。心靜即聲淡，其間無古今。」居易以「心靜即聲淡」來說明聆樂時，沒有古今之別的含義。「心靜、聲淡」便成爲其對音樂的審美態度中，最主要的判語。與「心和平」的感受，都在同一個審美的範疇中；所以他說「琴裡知聞唯〈淥水〉」（〈琴茶〉）、「琴資緩慢情」（〈江上對酒二首〉）、「幽音待清景，唯是我心知」（〈對琴待月〉），音樂之美與人心的發動，關係就密切些，而且對他而言，「欲得身心俱靜好，自彈不及聽人彈」（聽〈幽蘭〉）。

　　白居易愛琴亦愛酒詩中常琴（樂）酒對舉，如：

　　「耳根得所琴初暢，心地忘機酒半酣」（〈琴酒〉）

　　「樂可理心應不謬，酒能陶性信無疑」（臥聽法曲〈霓裳〉）

　　「酒助疏頑性，琴資緩慢情」（〈江上對酒〉）

　　「自古有琴酒，得此味者稀。只應康與籍，及我三心知。」（〈對琴酒〉）

　　「愛琴愛酒愛詩客，多賤多窮多苦辛」（〈詩酒琴人，例多薄命……〉）

　　在白居易的相關作品中，〈灘聲〉是比較能看出他超越器樂之樂的一面，詩云：「碧玉班班沙歷歷，清流決決響泠泠。自從造得灘聲後，玉管朱絃可要聽？」雖然這只是詩人一時之感，但也符合他「得此味者稀」的主觀感受。

　　此外，白居易於〈霓裳〉一曲（舞），也有特別的偏好，在〈法曲歌〉中，他說：「法曲法曲舞霓裳，政和世理音洋洋，開元之人樂且康。」在〈長恨歌〉中云：「風吹仙袂飄飄舉，猶似霓裳羽衣舞。」在〈臥聽法曲《霓裳》〉中云：「朦朧閑夢初成後，宛轉柔聲入破時。樂可理心應不謬，……。」在〈嵩陽觀夜奏《霓裳》〉中云：「開元遺曲自淒涼，況近秋天調是商。……子晉少姨聞定怪，人間亦便有《霓裳》。」在〈霓裳羽衣（舞）歌和微之〉中，他更以〈霓裳舞〉貫串全詩，第一部分敘述憲宗元和年間，陪內宴時在長安昭陽宮所見〈霓裳舞〉，謂「千歌百舞不可數，就中最愛霓裳舞。」第二部分是敘述在杭州新任時，曾教伎學〈霓裳曲〉，謂「清絃脆管纖纖手，教得〈霓裳〉一曲成」。第三部分是敘述在蘇州時，寫信問元稹有無〈霓裳舞〉者，元稹回答云「答云七縣十萬戶，無人知有〈霓裳舞〉」，但元稹有寄贈〈霓裳羽衣譜〉（歌）給白居易。最後則說到自己準備教習蘇伎學此舞，謂「若求國色始翻傳，但恐人間廢此舞。」全詩雖以〈霓裳舞〉事貫串兼寫個人遭遇，但論及對此法曲的審美立場時，最可注意者，應為第一部分敘述憲宗時期所見之〈霓裳舞〉。與音樂有關者，僅「繁音急節十二遍，跳珠撼至何鏗錚。翔鸞舞了卻收翅，唳鶴曲終長引聲。」白居易自注云：「凡曲將畢，皆聲拍促速；唯〈霓裳〉之末，長引一聲也。」並謂「當時作見驚心目，凝視諦聽殊未足，一落人間八、九年，耳冷不曾聞此曲。」〔註21〕他對〈霓裳舞〉中音樂方面的描寫，還不如〈小童薛陽陶吹觱篥歌〉，詩云：「剪削乾蘆挿寒竹，九竹漏聲五音足。……翕然聲作疑管裂，詘然聲盡疑刀截；有時婉軟無筋骨，有時頓挫生稜節。急聲圓轉促不斷，轢轢轥轥似珠貫，緩聲展引長有條，有條直直如筆描。下聲作墜石沈重，高聲忽舉雲飄蕭。……碎絲細竹徒紛紛，宮調一聲雄出群；眾音現縷不落道，有如部伍隨將軍。」對於音樂之美的描述，白居易之所以

能有別於唐代一般詩家之處，正在於他能對音樂具體的美的價值予以描述，而不只是想像和移情作用而已，他偶而會以較精確的文字和專業的眼光、描述及分析音樂本身。就以唐代詩人聽觱篥〔註22〕之樂的感受與描述而言，如李頎〈聽安萬善吹觱篥歌〉〔註23〕云：「南山截竹爲觱篥，此樂本身龜茲出。……傍鄰聞者多歎息，遠客思鄉皆淚垂，世人解聽不解賞，長颷風中自來往。」至此俱爲觱篥之樂外在環境的描述，點出「解聽不解賞」的普遍狀況；而李頎自己則續道「忽然更作〈漁陽摻〉，黃雲蕭條白日暗，變調如聞楊柳春，上林繁花照眼新。」李頎也只做到聽得出此樂之調名，並略言其狀而已，亦無進一步就音樂本身作一積極的描述。

　　杜甫有〈夜聞觱篥〉〔註24〕云：「夜聞觱篥滄海上，衰年側耳情所響。鄰舟一聽多感傷，寒曲三更欻悲壯。」劉禹錫有〈和浙西李大夫霜夜對月聽小童吹觱篥歌依本韻〉〔註25〕云：「沖融頓挫心使指，雄吼如風轉如水。思婦多情珠淚垂，仙禽欲舞雙翅起。」張祜有〈觱篥〉〔註26〕云：「併揭聲猶遠，深含曲未央。坐中知密顧，微笑是周郎。」溫庭筠有〈觱篥歌李相妓人吹〉〔註27〕云：「含商咀徵雙幽咽，軟穀疏羅共蕭屑。」羅隱有〈薛陽陶觱篥歌〉〔註28〕云：「左篁揭指徵羽吼，煬帝起坐淮王愁。高飄咽滅出滯氣，下感知己時橫流。」詩人間聆聽觱篥之樂，雖不至「解聽不解賞」，但基本上都不屬於純粹音樂上的認知；假如我們能測量音樂，那麼上述詩人們可能對於音樂之美，有類似的感情反應，但是在美感價值上則有顯然的不同。就好像一般人賞花木，但多僅就其形態、顏色之美而抒發己意，對於雄蕊或雌蕊的存在，並非很在意。植物學家同樣也欣賞花木之美，但植物學家知道雄蕊與雌蕊的存在與區別、功用，並對於花木進化時，對自然界的適應性感到興奮。同樣的區分方法，植物學家家會更進一步對於根、莖、葉等部分的自然適應性感到驚奇；他不是整體的去觀察，而是對於花木內部的無數要素，加以細察。這是一種較科學性的態度、方法。同樣的道理，科學對於音樂的基本貢獻，在於它給予音樂較精確，永存且可證實的術語奠定了基礎，由此便可分析並評價音樂的美醜〔註29〕。

　　白居易的音樂美學正是介於上述兩種態度之間，既非單純的如一般詩人描述音樂的整體美（常失之移情與空洞）。；亦非如唐代琴家般有較純粹嚴謹的科學性描述。但同時我們也應了解科學的觀點與藝術及哲學的觀點，並非一衝突性的關係，雖然後二者可能永遠無法探究音樂本身內在的全部意義。

　　根據上述，白居易在音樂美學上的特徵，可歸結作七點分述如下：

　　㈠其審美心情的基調雖建立在自得自適之中，但「心靜即聲淡」是他用來說明樂無古今之別的主要術語，這也是聆樂之時使人覺心中和平的基礎。並且說「欲得身心俱靜好，自彈不及聽人彈」，這也是其聆樂時的審美特徵之一。

　　㈡正始之音是音樂之美的典型。其特性為「曲淡節稀聲不多」（音樂表現上的特性）、「融融曳曳召元氣」（和諧的境界—器樂之和諧與人樂之間的和諧）、「聽之不覺心平和」（審美的感受及作用），其來源雖來自《樂記》，居易已將此種具有質素之聲般的音樂，視為音樂美的典型。

　　㈢音樂有器樂之美，有境界之美，有人樂感通之美。就算演奏者當時的心情與背景多麼令人感傷，但都無法掩抑音樂本身的純美。

　　㈣「愁緒」是他在描述聆樂之時，最易引起的普遍感受，雖然人的愁緒並非聆樂之時，唯一的感受。

　　㈤在白居易的音樂思想中，雖曰樂無古今之別，但在他的審美態度上，仍有古今之別及雅俗之分，這些分別，是基於當時社會愛好鄭衛樂之客觀環境而言，並非有矛盾之處。而古聲的「淡無味」與古琴的「無俗韻」是其主要的用語。

　　㈥關於音樂之美的具體描述，白居易仍是唐代的詩人中的佼佼者，除了如「轢轢轔轔」般的聲化文字外，他對於音樂的節奏與旋律，始奏與終奏之間的變化，都有其較專業的角度，而不只是隱喻或簡單的譬喻（明喻）而已。嚴格說來，這類作品，都有其樂理可尋。

　　㈦在特定的情境之下，自然界的聲音之美，是可以超越器樂之美的，如〈灘聲〉之作。

〔**註釋**〕：

〔註１〕詳見《舊唐書》,卷一六六,白居易列傳。

〔註２〕《舊唐書》云：「長慶四年（按：西元八二四年），樂天自杭州
　　　　刺史以右庶子召還，予時刺會稽，因得盡徵其文，手自排纘，成
　　　　五十卷，凡二千二百五十一首。前輩多以前集、中集爲名，予以
　　　　爲陛下明年當改元，長慶訖於是矣，因號《白氏長慶集》。」

〔註３〕《琴史》,卷四。

〔註４〕楊蔭瀏先生認爲白居易雖然看到音樂內容的重要性及當時宮廷「
　　　　雅樂」的毫無價值等等，比起當時空談復古的「雅樂」家們已進
　　　　步許多，但他仍只能站在統治者的立場來看這些問題。一方面音
　　　　樂生活的親身體驗使他能不同於一般士人，毫無條件地接受「雅
　　　　樂」派極端的復古鬼想；但另一方面，身爲文人，又使他看不清
　　　　民間音樂的發展道路。楊先生並且以爲白居易從好古的心情出發
　　　　，嫌當時的某些音樂不夠古，並批評當時的藝人太不懂得古代音
　　　　樂。楊生總結白居易的音樂想是揭穿「雅樂」的腐朽性，在一定
　　　　程度上對當時已冒出頭的唯美主義、純技術觀點施予打擊，與極
　　　　端的復古主義有著一定的距離。但在他自己的思想中，仍有保守
　　　　的一面，且樂天的理論落在時代後面，也有部分與現實脫節（《
　　　　中國古代音樂史稿》，第二冊，第十章）。嚴格說來，楊先生在
　　　　唐代音樂的研究上，貢獻雖多，但可能限於對個別作家了解之不
　　　　足與其對「雅樂」的成見，造成了他對白居易的音樂思想有諸多
　　　　誤解之處。第一，白居易並非只站在統治者的立場來看問題：白
　　　　居易寫〈立部伎〉詩，的確是諷刺當時對音樂無性識者，則選入
　　　　雅樂部，雅樂的水準可想而知。它寫〈華原磬〉詩，也的確是諷
　　　　刺當時梨園樂工「不知樂與時政通、知新聲之美而不知古樂之美
　　　　」。這是他就音樂興替，古今之樂之理，
　　　　說明當時雅樂衰疲，樂工不辨何謂古今而已，豈有所謂站在統治
　　　　者的立場來看問題之理。第二，從何處說白居易看不清民間音樂
　　　　的發展道路：楊先生先說明了唐代統治看對民歌與曲子的憎恨，
　　　　再說明如今唐代的曲子的資料，僅有歌辭，沒有其他說明，特別

是音樂方面的，楊生也想當然耳般設想唐代曲子的運用狀況，也就是說，連楊先生自己都不甚清楚唐代統治者對民歌與曲子的憎恨，再說明如今唐代的曲子的資料，僅有歌辭，沒有其他說明，特別是音樂方面的，楊先生也想當然耳般設想唐代曲子的運用狀況，也就是說，連楊先生自已都不甚清楚唐代曲子的發展，他又如何批評白居易看不清他自己也看不清的部分呢？況且，楊先生從宋人王灼所撰之《碧雞漫志》中，說明如李白、元稹、白居易、李賀，李益所寫的詩與民間音樂的密切，也就是說配樂的唐代文人歌詞，在民間有一定的影響力，以白居易如此豐富的人生經歷與創作量而言，他是不會對楊先生所謂的民間音樂的道路全然無知的。第三，白居易僅是諷刺當時雅樂不振之因及樂工用非得人，沒有所謂揭穿「雅樂的腐朽性」的問題，白居易自己也說「禮得其本，樂達其情，雖沿襲損益不同，同歸於理矣」，他愛好周代禮樂，又豈有上述「揭穿」之理。第四，白居易的音樂理論落在時代後面之說，實在不知所云。如果說白居易「夫器者所以發聲，聲之邪正，不繫於器之今古也。曲者所以名樂，樂之哀樂，不繫於曲之今右也。」是落後於當時的想法，如果說白居易以為要諧和神人風俗者，重點是善其政，歡其心，不在乎變其音，極其聲的想法，是唐代音樂想中落伍的想法，那麼大概全唐的詩人十之八、九全落在時代後頭了。我們實在不敢苟同楊先生對於唐人音樂思想所採取的批評途徑和理解內容。筆者以為楊先生對唐代音樂史料的掌握仍可利用學習，但他對唐人的音樂思想的理解，包括對所謂「比白居易進步」的元稹，都充滿了太多不恰當的描述，不符學術研究中態度謹嚴的基本要求，特此駁之以為鑑戒。

〔註 5〕《全唐文》，卷六七二。

〔註 6〕同前引。

〔註 7〕《全唐文》，卷四〇五。

〔註 8〕《全唐文》，卷六一七。

〔註 9〕《策林四・復樂古器古曲》。

〔註10〕同前引。

〔註11〕同前引。

〔註12〕同前引。

〔註13〕白居易有〈郡中夜聽李山人彈《三樂》〉云。:「傳聲千古後，得意一時間。卻怪鍾期耳，唯聽水與山。」見《白居易集》，卷二十四，頁五三五，里仁書局。

〔註14〕二十五絃，即瑟，關於其形制考證，請參見《中國音樂史‧樂器篇》，頁六八〇～七〇七。薛宗明著，商務印書館。

〔註15〕《禮記集解，樂記第十九》，頁九〇〇，孫希旦編撰，文史哲出版社。

〔註16〕同前引，頁九〇一。

〔註17〕同前引。

〔註18〕清廟，是《詩經‧周頌》的篇名，是〈周頌〉的首篇，也是〈頌〉詩的第一篇。詩中乃歌頌周文王及群臣。相傳爲周天子祭祀祖先時所用的樂歌，而二十五絃（瑟）則爲主要器樂。

〔註19〕〈琵琶行〉之序。

〔註20〕古琴之樂，在白居易筆下，以虛寫居多，但對於如琵琶，觱篥等樂，則實寫爲多。其音樂生活，也以聆聽古琴與琵琶爲其最愛。

〔註21〕可見此法曲的流行，亦集中在太平盛世之時。

〔註22〕尉遲青、王麻奴、李龜年皆爲當時之能手。陳暘《樂書》（卷一三〇）云:「觱篥，一名悲篥，一名笳管，羌胡龜茲之樂也，以竹爲管，以蘆爲首，狀類胡笳而九竅，所法者角音而已，其聲悲栗，胡人吹之以驚中國馬焉。唐天后朝，有陷冤獄者，其室配入掖庭，善吹觱篥，撰〈別離難曲〉以寄哀情，亦號人「怨回鶻〉焉。」

〔註23〕《全唐詩》，卷一三三。

〔註24〕《全唐詩》，卷二二二。

〔註25〕《全唐詩》，卷三五六。

〔註26〕《全唐詩》，卷五一〇。

〔註27〕《全唐詩》，卷六六五。

〔註28〕《全唐詩》，卷五七五。

〔註29〕請參見《音樂美學》，第十章至第十八章，頁一四五——一六九，
　　　　卡爾西蕭著，郭長揚譯，大陸書店。

## 第二節　定神絕慮情意專注中的音樂美學

### 一、音樂美學研究與中國音樂

　　研究唐代音樂文化，音樂美學角度的嘗試是一特殊的進路。究竟
音樂美學這一門學問的具體內容爲何？它同一般美學、音樂技術理論
、音樂史學、音樂評論、甚至音樂思想等都有或多或少，深淺不一的
內在關聯。但是基本上音樂美學在研究的對象上，卻與上述諸領域有
差異性。一般美學將藝術視爲人類審美意識的集中表現，從總體上研
究藝術的本質和普遍規律；而音樂美學則把音樂視作藝術的一個特殊
種類，它既是關於音樂的作用的學問，也是通過對審美經驗，研究音
樂與人類感官及心智間的特殊本質和規律。

　　但無論我們如何劃分，音樂美學都是以美學的態度來解決音樂中
美學問題的知識性工作。況且，任何美學研究若僅限於經驗的方法，
而缺少哲學的抽象高度，都有損美學的本質和特殊性。就如同音樂美
學和音樂理論的研究就有很大的不同，後者所探討的對象，廣泛的映
照在各個作品的構造、製作或技術層次（如和聲學、對位法、曲式學
、配樂法）上，前者則是對於已完成的作品，即音樂本身，給我們感
受到美、醜、崇高、魅力等範疇中，將之視爲對人的審美意識與精神
上的反映來研究。

　　當然，對音樂這門藝術進行哲學的、心理學的、社會學的以及音
樂作品本身的美學特性的研究，是近來最常被學者提起的四個進路，
甚至近代以來，以科學的方法研究音樂或音樂美學也已成爲二十世紀
的特色。

　　曾有學者根據音樂美學的來源，把它分爲哲學家的音樂美學音樂

家的音樂美學，前者從全體之探究而達到音樂，後者從音樂本身之探究而達到全體，兩者都有其不足之處。事實上，哲學家與音樂家，甚至加上想像力和音樂生活豐富的文學家或藝術家，對音樂的審美經驗或研究，是罕能一致的。就以叔本華來說，他算得上是哲學家中頗有深度的音樂思想家，但當他論及音樂技巧上的問題時，卻往往犯錯；而音樂家中頗富盛名的華格納，其一生創作的歌劇作品都深深影響世人，但他在哲學的思考上，往往難免犯獨斷的論理或論理的超越與不連續等毛病。雖然如此，兩者並不因其不足之處，而稍掩其哲學與音樂理論上的光輝。〔註1〕

筆者以為，音樂美學的研究，至少可視為在音樂審美活動中研究人與音樂的關係，它應超越經驗式的思考與欣賞，進而研究音樂的本質及人在音樂審美活動中的普遍規律。

在古代及中古時期的中國，從文獻、史料中，我們可看出有關音樂的審美意識的產生，及其他有關音樂的起源與功能等種種想像性思維。但一開始，音樂的審美經驗，並非是中國人思考音樂的重點，將音樂與國家政治、社會風氣、個人修養、教育、宗教、道德並論已佔去中國音樂思想發展史上一大部分的空間；也就是說，音樂美學在中國音樂的歷史發展中，尚能持續漸進，保留中國人對音樂的審美經驗，更顯得難能可貴。〔註2〕

《周禮・春官》云：

> 以禮樂合天地之化，百物之產，以事鬼神，以諧萬民，以致百物。

音樂除了具有為政治服務的功能外，還具有上述多種效應，「和諧」的觀念，更是在先秦時代以來，取得相當重要的地位。

但自周文解體以來，先秦諸子對禮樂價值的思索，就儒、墨、法、道四家而言，好像只有儒家仍然肯定禮樂在諸多層面上的意義與價值。尤其是孔子以「仁」為中心的「正樂」思想，更深深主導了儒家音樂思想的發展。孔子說：「吾自衛反魯，然後樂正，雅頌各得其所」（《論語・子罕》）孔子認為樂的真諦，應超越在鐘鼓之上，仁是孔子的中心思想，是他一切行為的出發點，仁也是他所有學說核心。

本節所欲尋找的是，中國音樂中的音樂美學究竟存在何處？李正浩師曾從「型態」的觀點，探討先秦諸子禮樂思索的正反諸型〔註３〕，並謂孔子是「以仁貫禮」型的禮樂思索者，孟子是「禮根於心」型的禮樂思索者，荀子是「禮義之統」型的禮樂思索者（孔、孟、荀三家為正三型），墨子是「以義反禮」型的禮樂思索者，老子是「超禮歸道」型，莊子是「超禮遊道」型，韓非是「以法代禮」型（四家為反四型）。又說，先秦諸子禮樂思索內容的基本特徵，顯現在禮樂思索內容構造的兩個基本要件：一是對禮樂正反思索的差異內容。二是思想家根據什麼批評禮樂的價值。

這種研究的方法，基本上必涉及禮樂思想的內部研究，而且試圖把思想內部足以和其他思想區辨的特殊性抉發出來。筆者以為，若欲進一步從「型態」觀的研究範疇中，析離出先秦諸子的審美意識與經驗，倒不失為一種方法。因為「型態」方法的研究，已大部分含括了其研究對象的審美經驗，特別是在音樂上。

譬如，孔子的音樂審美經驗何在？

　　　子在齊聞韶，三月不知肉味，曰：「不圖為樂之至於斯也。」
　　　（《論語‧述而》）子謂韶，盡美矣，又盡善也。謂武，盡美
　　　矣，未盡善也。（《論語‧八佾》）

「三月不知肉味」，正是描述孔子個人在聆聽音樂時，一種久久不能釋懷的感動，這種感動，一方面是韶樂的美——音樂表現的藝術境界，一方面是韶樂之善—音樂表現的道德境界。這段經驗，朱熹注曰：「美者，聲容之盛；善者，美之實也。」那麼孔子對音樂藝術的聆賞態度又是如何呢？他曾和魯國的太師論樂云：

　　　樂其可知也，始作，翕如也；從之，純如也，皦如也，繹如也
　　　，以成。

孔子所論是一種繁複的音樂過程，由熱烈洋洋盈耳的五音合奏開始，中間經過和諧的抑揚頓挫的聲調，層次清晰，節奏分明，直到餘音相續不絕，音樂才得以完成〔註４〕。孔子首度以較邏輯且理性的描述，打破了以往音樂觀中常摻雜的宗教或其他神秘色彩的因素，語約意足。他在〈泰伯〉篇中云：「師摯之始，關睢之亂，洋洋乎盈耳

哉！」又說「關睢樂而不淫，哀而不傷。」這些都是他實際聆賞音樂的經驗，以及批評。孔子之所以「惡鄭聲之亂雅樂也」，我們也可以從其審美經驗中，找出其反對的理由。

至於孟子，從典籍史料中，雖難以得見其個人對音樂的審美經驗，但在《孟子・告子章句上》中，我們可以看出孟子對人性普遍流向的了解，他說：

> 至於味，天下期於易牙，是天下之口相似也，惟耳亦然。至於
> 聲，天下期於師曠，是天下之耳相似也，惟目亦然。至於子都
> ，天下莫不知其姣也。不知子都之姣者，無目者也。故曰：口
> 之於味也，有同嗜焉。耳之於聲也，有同聽焉。目之於色，有
> 同美焉。

孟子說「耳之於聲，有同聽焉」，正是通過人類一般對音樂的審美經驗，所規範出的一種較普遍的規律；孟子此說，雖已粗具美學的態度，但畢竟僅限於經驗的層次，並無抽象的哲學高度來繼續加以申論。至少他能說出「師曠之聰，不以六律，不能正五音」，可見他也深知師曠的音樂能得世人喜好，那個背後的技術與音律上的要求。

在討論荀子的音樂美學之前，我們先看一下墨子非樂思想中的審美經驗與審美觀，因為荀子最重要的〈樂論〉，乃專門針對墨子非樂的言論而作。

在孔子後的戰國思想界中，墨學以異軍突起的姿態，與儒家學派分庭抗禮，交相辯難。在禮樂問題的思索上，墨子所持的是否定態度，與儒家批判的肯定傾向正好背道而馳。故李師稱正治墨子為「以義反禮」型的禮樂思索者，良有以也。雖然墨子在「兼愛」、「節攻」、「非攻」、「非樂」的理路上展開其「以義反禮」型的禮樂思索，但我們仍不禁要問：在墨子「非樂」的觀念中，還會有審美意識可言嗎？墨子說：

> 仁之事者，必務求天下之利，除天下之害。將以為法乎天下，
> 利人乎即為，不利人乎即止。且夫仁者之為天下度也，非為其
> 目之所美，耳之所樂，口之所甘，身體之所安。以此虧奪民衣
> 食之財，仁者弗為也。是故墨子之所以非樂者，非以大鐘、鳴

鼓、琴、瑟、竽、笙之聲以爲不樂也；雖身知其安也，……，
耳知其樂也，然上考之不中聖王之事，下度之不中萬民之事。
是故曰：爲樂，非也。（〈公孟〉）

墨子一開始是以「樂」不中聖王之事、不中萬民之事的角度否定
「樂」，但並不否定「樂之爲樂」的道理。

因爲墨子針對儒家雅樂之「樂」，以其耗費資財，荒廢政事，又
無補國家社會之治平，以致「爲樂不樂」，尙且亡國敗家，「嗚呼！
舞佯佯，黃言孔章，上帝弗常，九州以之，上帝不順，降之百洋，其
家必壞喪。察九州之所以亡者，徒從飾樂也。」（〈非樂上〉）「古者
三代暴亡，桀、紂、幽、厲、蘚爲聲樂，不顧其民，是以身爲刑僇，
國爲戻虛者，皆從此道也。」（〈公孟〉）「弦歌鼓舞，習爲聲樂，
此足以喪天下！」（〈公孟〉）

這樣看來，墨子非樂思想的緣由，並非否定「音樂」在現在的存
在意義，基於墨子所處的時代背景、當時樂風，階層立場及其人格特
質等，否定儒家批判式的肯定禮樂思想，墨子等於是根據所有「樂」
的負面作用，否定「樂」表面上的積極作用，所以他說：「今天下君
子，請將欲求興天下之利，除天下之害，當在樂之爲物，將不可不禁
而止也。」（〈非樂上〉）

墨子基本上是非常反對繁複過度的「樂」，在他對歷史的了解裡
，周成王治理天下，不如周武王，武王又不如成湯，成湯又不如堯舜
；可是歷代之樂制、樂風，一代卻繁複過一代，政治之績效卻一代不
如一代，「其樂愈繁者，其治愈寡。自此觀之，樂非所以治天下也。
」墨子因爲以天下國家之治平與否爲首要考慮，而且音樂（雅樂）的
興盛與否，也與國家的治平無關，反倒從愈趨繁複的樂風，看出亂世
之負面，所以墨子不只「以義反禮」，也「以義非樂」，這種刻苦自
勵，勤誠世人的思索，就在一定程度上，遮掩了墨子面對「樂」時，
其自身審美意識的發展和審美經驗的產生。

嚴格說來，審美意識與經驗，對墨子而言，是被迫壓抑下來了。

荀子則在墨子之後（按：相隔已約百年），以一篇〈樂論〉，重
新肯定音樂在導正人類情性上的價值。首先，荀子說：

> 夫樂其，樂也，人情之所必不免也。故人不能無樂，樂則必發
> 於聲音，形於動靜。而人之道，聲音動靜，性術之變盡是矣。

人情是內在於人的，在荀子的觀念中，先王先賢也不是不了解亂世之特徵，「先王惡其亂也，故制雅頌之聲以道之，便其聲足以樂而不流，……，使其曲直、繁省、廉肉、節奏，足以感動人之善心，使夫邪汙之氣無由得接焉。是先王立樂之方也，而墨子非之，奈何！」

對荀子而言，人對音樂的需求和快樂之情之發抒，是可以因勢導的，雅頌之樂的創作，正是爲疏導人情，平息亂象，且感動人之善心（去人性之惡）而起。但我們仔細體會荀、墨兩家對雅樂制作之正、反評價，幾乎是不相應的，荀子所肯定敍述的，並非是墨子所否定的，此話意說，因爲荀子先就人情之不能免說樂，再就先王制作雅樂之說反駁墨子的「樂」的理解，但事實上，墨子基本上並不絕對性的否定「樂之爲樂」的道理，它只是相對性的否定「樂」之制作（尤其是繁複好樂）對國家社會的助益，況且荀子並未針對墨子所言「其樂愈繁者，其治愈寡」，提出相對應的有力批評，荀子也是根據他自己對先王制作雅頌之聲的理解，舖陳其說，但求自我圓融亦足矣。所以學者不必拘泥於荀、墨之間，強求異同。〔註5〕

荀子本身的審美意識與經驗何在？

> 聲樂之象：鼓大麗，鐘統實，磬廉制，竽笙簫和，笛簧發猛，
> 塤箎翁博，瑟易良，琴婦好，歌清盡，舞意天道兼。鼓其樂之
> 君邪！故鼓似天，鐘似地，磬似水，竽笙簫和笛簧似星辰日月
> ，鞉柷、拊隔、椌楬似萬物。（〈樂論〉）

荀子對各種樂器的性質，雜而言之，且廣爲比喻，雜糅了陰陽家的觀念，與傳統儒家論樂的風格不太一致。他又說「君子以鐘鼓道志，以琴瑟樂心，動以干戚，飾以羽旄，從以磬管。故其清明象天，其廣大象地，其俯仰周旋有似於四時。」（〈樂論〉）表面上看起來，荀子這類陰陽家式的語言，只是他象徵性的手法，但荀子樂論的主要成就在於以音樂的社會、政治、教育功能說與中和（平）的審美標準爲中心，並提出了以理（禮）節情說。所以荀子樂論所論之「樂」，仍是與「禮」有密切關係的禮樂之樂，仍非獨立而談。「爲之鐘、鼓

、管、磬、琴、瑟、竽、笙，使足以辨吉凶，合歡定和而已，不求其餘。」（〈富國篇〉）荀子所強調的音樂的象徵性，在美學思想上具有一定的意義。

在中國古代，比較充分地體現儒家音樂美學思想的著作，以《呂氏春秋》和《禮記・樂記》為代表。

《樂記》中最著名的論點就是「凡音之起，由人心生也，人心之動，物使之然也，感於物而動，故形於聲，聲相應，故生變，變成方謂之音，比音而樂之，及於干戚羽旄謂之變。」及「君子之聽音，非聽其鏗鏘而已，彼亦有所合也。」《樂記》闡述了音樂的內容與形式，聆樂感於心，以及美與善的關係問題。對孔子「盡善盡美」之說有更進一步的發揚，等於是集前人之大成，開後人之視野的著作。

《呂氏春秋》是介於上述先秦諸子與《樂記》中的一環，由呂不韋門客所撰，論音樂之由來則謂「生於度量，本於太一。……形體有處，莫不有聲，聲出於和，和出於適。先王定樂，由此而生。天下太平，萬物安寧，皆化其上，樂乃可成。」《呂氏春秋》將中國樂論中「和」的觀念，又往上推了一層曰「適」。在〈適音〉中又云：「心必和然後樂；心必樂，然後耳、目、鼻、口有以欲之。故樂之務，在於和心；和心，在於行適。夫樂有適，心亦有適。……夫音亦有適，……太鉅、太小、太清、太濁、皆非適也。何謂適？衷，音之適也。何謂衷？大不出鈞，重不過石，小大輕重之衷也；黃鐘之宮，音之本也，清濁之衷也。衷也者，適也。」《呂氏春秋》介定音樂的美質就是和、適、衷。這是其中最需拿捏的術語，《呂氏春秋》的美學基礎便是和諧適衷（中）。此外，《呂氏春秋》中的樂律之學也很可注意。〔註6〕

在先秦時期，老、莊、韓非的音樂美學的特殊性也很可注意。

老子講「大音希聲」，但我們不能從經驗事物的認知方式去把握？也無法純音樂的觀點看待。他說「天下皆知美之為美，斯惡矣；皆知善之為善，斯不善矣。故有無相生，難易相成，長短相形，高下相傾，音聲相合，前後相隨。」（二章）老子所反對的並非只是經驗界對音樂的喜好和欲求，甚至就「正言若反」詭辭觀點而言，音樂在其

本質之處即已被決定了，即郭象注莊子謂「彰聲而聲遺」者，這是音樂作爲時間藝術的一員，已早早被決定者。

莊子說「至樂無樂」，乃是超越世俗之樂的至樂，他說「天下有至樂，無有哉？…今俗之所爲，與其所樂，吾又未知樂之果樂邪，果不樂邪？吾觀夫俗之樂舉群趣者，誙誙然如將不得已；而皆曰樂者，吾未之樂也，亦未之不樂也。果有樂，無有哉？吾以無爲誠樂矣，又俗之所大苦也。故曰至樂無樂，至譽無譽，天下是非果未可定也。」（〈至樂〉）又說「中純實而反乎情，樂也；信行容體而順乎文，禮也。禮樂偏行，則天下亂矣。」（〈繕性〉）莊子以爲音樂的規律和「道」的規律之間是相通且一致的，樂乃世俗之樂，不能安人性命之情，而至樂則是樂的本然。老莊事實上是在道境中涵容音樂的存在，並且也有其音樂生活。老子可聽之不聞，莊子可坐忘之，這是先秦美學思想中比較具有哲學高度的思考。

韓非的主要樂論，大致都在〈十過〉中可找著，其中有一過曰「不務聽治而好五音，則竊身之事也」在〈解老〉又云：「禍莫大於可欲，是以聖人不引五色，不淫於聲樂，明君賤玩好而去淫麗」韓非舉晉平公好新聲、好音，致晉國大旱，赤地三年之例說明其理。他並非反對音樂，但他因試圖以法作爲重建國家秩序的基礎，並不主張「以禮治國」，儒家向來禮樂並濟，所以他也不主張「以樂治國」韓非在敘述晉平公與師曠的對話中，有兩點可注意者，一是當師曠以平公德薄，不足以聽德義之君方可聞之清徵音樂時，不得已援琴而鼓一事；二是師曠再度提醒平公德薄，聽清角琴音，恐有禍敗之事，平公不聽，師曠不得已又援琴鼓之一事。韓非是荀子的學生，身處戰國末期，可以說在禮樂制度已失去既有的憑藉與影響力的同時，音樂美學的發展自然會較消沈下去，觀乎韓非，實不知其對音樂的具體審美態度何在，唯一可得者，即藉師曠之口，說出有德者（有政績者）才配聽清徵、清角類的琴音，德薄者，還是以國爲重吧。

兩漢時代，有陸賈「節奢侈，正風俗，通文雅」（《新語、道基》）之說。有賈誼謂五聲調和而成理謂之音，及「樂者，《書》、《詩》、《易》、《春秋》、禮五者之道備，則合於道笑，合則歡然大

樂矣。故曰：樂者此之謂樂者也。」（《新書・道德說》）之說。有董仲舒「作樂之法，必反本之所樂。周人德已洽，天下反本以爲樂，謂之〈大武〉。…故凡樂者，作之於終，而名之以始，重本之義也。」（《春秋繁露・楚莊王第一》）之說。有劉安「樂者，所以救憂。……樂者所以致和，非所以爲淫也」（《淮南鴻烈・本經訓》）之說；又說「樂生於音，音生於律，律生於風，此聲之宗也」（〈主術訓〉）。有司馬遷「樂者，通於倫理者也。……是故審聲以知音，審音以知樂，審樂以知政，而治道備矣」（《史記・樂書》）之說。有劉向「樂者，聖人之所樂也，而可以善民心，其感人深，其移風易俗，故先王其著教焉。……德者性之端也，樂者德之華也，金石絲竹，樂之器也。……樂者德之風」（《說苑・修文》）之說，並謂詩歌舞三者本於心，然後樂氣從之，而樂者，又是心之動也（同前引）。有桓譚「八音廣播，琴德最優」、「大聲不振華而流漫，細聲不煙滅而不聞」、「琴七絲，足以通萬物而考治亂」（《新論・琴道篇》）之說。有班固「樂者樂也，君子樂得其道，小人樂得其欲」（《白虎通義・禮樂》）之說。有王充「情有好惡喜怒哀樂，故作樂以通其敬」（《論衡・本性篇》）、「樂能亂陰陽，則亦能調陰陽也」（《論衡・感虛篇》）之說。

　　魏晉以後，中國音樂美學的發展出現了一個轉折，這個轉折便是眞正進入對音樂自身的規律進行較深入的研究，而不是在重覆出現的起源說與功能說中纏繞。這個轉折的最初代表，便是嵇康和他的兩篇名作——〈琴賦〉和〈聲無哀樂論〉。同時期和南北朝時期則還有阮籍的〈樂論〉和葛洪、張湛、王僧虔、劉勰、陳仲儒、祖珽、劉子等人的論樂之作。但以嵇康最爲突出。

　　嵇康的主要觀點是以哲學的抽象思維，追求聲音在藝術上的純粹性，以肯定並獨立出聲音本身的純美。一則將聲音與人情感上的哀樂分別說開，「聲音自當以善惡爲主，則無關哀樂，哀樂自當以情感而後發，則無係於聲音，則盡然可見矣。」音樂是一客觀的存在，其本質僅在於聲音的單、復、高、埤、舒、疾等所構成的形式，音樂美即由樂音所組成的形式美，「心之與聲，明爲二物」，感情爲一主觀的

存在與感受，是內在於人的。嵇康的樂論，引發了不少音樂美學中的大問題。這些問題由隋至唐也未獲得真正的解決，論及唐代音樂美學，自得由宋人朱長文所撰的《琴史》中的唐代琴家談起，其中首推薛易簡、司馬承禎等人。

〔**註釋**〕：

〔註1〕請參見周理俐所著《音樂美學》，頁三。樂韻出版社。

〔註2〕在中國音樂美學的發展中，中國人不擅於，也不喜好談論純粹音樂中的音高、節奏；也就是說，科學性意義的音樂審美態度與方法，是很難在中國音樂美學中尋著，特別是在唐宋之前。

〔註3〕請參見《春秋戰國禮樂思索的正反諸型》，李師正治著，台大中研所博士論文。

〔註4〕《中國古代樂教思想論集》，頁十一～十二。文津出版社。

〔註5〕荀子和墨子對「雅樂」的形式和內容評價不一，對音樂與政治之間應有的關係論點不一；許多學者也都批評墨子有矯枉過正、刻苦過度之流弊，以致於矇蔽了他對音樂及其他制度正面積極的了解。墨子少談先王立樂之良意是實，所以在儒家思想中音樂疏導人情、平息亂源、感動善心、移風易俗的效用，墨子幾乎是視而不見。時局與個性影響墨子之深可見一般。

〔註6〕王光祈先生說我國古籍記載「五聲」以數相求之法者，以《管子》一書為最早。紀載「十二律」以數相求之法者，以《呂氏春秋》一書為最古。其後《淮南子》、《史記》兩書所述，即基於上述兩書之上。詳見王氏所著《中國音樂史》，頁十，臺灣中華書局。

## 二、薛易簡（開元、天寶時期）
### ——定神絕慮，情意專注

薛易簡的活動年代，可考的大概在唐玄宗天寶年間（西元742—756年）〔註1〕，曾著《琴訣》七篇，一部分見於宋朱長文的《琴史

》•卷四，一部分見於明代蔣克誠（一作謙）所編撰的《琴書大全•卷十，彈琴》，茲錄文如下：

> 琴之為樂，可以觀風教，可以攝心魂，可以辨喜怒，可以靜神慮，可以壯膽勇，可以絕塵俗，可以格鬼神，此琴之善者也。鼓琴之士，志靜氣正，則聽者易分；心亂神濁，則聽者難辨矣。常人但見用指輕利，取聲溫潤，音韻不絕，句度流美，但賞為能。殊不知志士彈之，聲韻皆有所主也。夫正勇毅者聽之則壯氣益增，孝行節操者聽之則中情感傷，貧乏孤苦者聽之則流涕縱橫，便佞浮囂者聽之則斂容莊謹。是以動人心，感神明者，無以加以琴。蓋其聲正而不亂，足以禁邪止淫也。今人多以雜音悅樂為貴，而琴見輕矣。夫琴士不易得，而知音亦難也。（《琴史》卷四）

> 彈琴之法，必須簡靜。非謂人靜，乃手靜也。手指鼓動謂之喧，簡要輕穩謂之靜。又須兩手相附，若雙鸞對舞，兩鳳同翔，來往之勢，附弦取聲，不須聲外搖指，正聲和暢，方為善矣。故古之君子，皆因事而制，或怡情以自適，或諷諫以寫心，或幽憤以傳志。故能專精注種，感動神鬼，或只能一兩弄而極精妙者。今之學者，惟多為能。故曰：多則不精，精則不多。知音君子，詳而察焉。（《琴書大全》卷十•〈彈琴〉）〔註2〕

薛易簡為唐代琴家，天寶年間以琴藝待詔翰林。九歲學琴，十二歲就能彈雜曲三十及〈三峽流泉〉等三弄，到了十七歲彈〈胡笳〉及〈別鶴〉、〈白雪〉等名曲。而後為了學習各家長處，遂周遊四方，「聞有解者，必往求之」。為了使演奏者「定神絕慮，情意專注」，還特別從彈琴姿態中反映出精神不集中（心亂神濁）的七種毛病，而謂之「七病」。《琴史》中謂易簡曰：

> 凡所彈離調三百，大弄四十，善者存志精之，否者旋亦廢去。今所彈者，皆研精歲久，並師傅勘譜，親授指法，猶未敢言妙。每以授人聲數，句度用指法，則毫寸不差，如指下妙音，亦出人性，分不可傳也。嘗覽操弄之名，凡數百首，然自古琴者，祗工三兩弄，便有不朽之名，或自制雜弄，或傳習舊聲，固

不以彈多爲妙也。今人皆不知，志惟務多，爲故云：多則不精，精則不多也。夫鼓琴之時雖無人，須畏懼如對長者，則音韻雅正，可以感動幽冥。攬琴在膝，身須卓然，乃定神絕慮，情意專注，指不虛發，絃不誤鳴。凡打絃輕重，相似往來，不得不調，用指兼以甲肉、甲多則聲乾，肉多則聲濁，甲肉相半，清利美暢矣。左右手於絃，不可太高，亦不可低絃，不疾不徐，平臂調暢，暗用其力，戒於露見。夫琴之甚病有七：彈琴之時目觀於他，瞻顧左右，一也；搖身動首，二也；變色慚怍，開口怒目，三也；眼色疾遽，喘息粗悍，進退失度，形神支離，四也；不解用指，音韻雜亂，五也；調絃不切，聽無眞聲，六也；調弄節奏，或慢或急，任己去古，七也。此皆所甚病，病去則可以爲能也。觀易簡之意，亦可謂善其事者矣。（《琴史》卷四）

薛易簡首先以琴樂爲例，說明其有七善：觀風敎、攝心魂、辨喜怒、靜神慮、壯膽勇、絕塵俗、格鬼神。這樣泛論琴樂，我們當然未明所以。薛易簡本人既爲琴家，也就鼓琴之人的諸多狀況作一說明，他以爲彈琴之人，若心志定靜、氣息平正，則聆聽琴樂者，就容易聽出其所彈琴樂之精神所在；但彈琴之人，若心志忿亂、精神混濁不清，則聆聽琴樂的人就難以分辨所彈爲何？在薛易簡舖陳的音樂美學中，彈琴之人與聽琴之人經常並舉而論，既照明音樂彈奏者本身彈琴當下的全人格與技巧，也兼顧聆聽者的審美感受。所以他根據專業的觀點，說一般人只看見彈琴者彈琴時「用指輕利，取聲溫淵，音韻不絕，句度流美」就讚美欣賞彈琴者的才能。卻不知道心志定靜的彈琴者，所彈出的一聲一韻，都有它音樂意義上的歸屬。

薛易簡並未特指有哪些性質的琴曲，就直接說：

正直勇毅者聽到琴樂，則壯氣益增；

孝行節操者聽到琴樂，則中情感傷；

貧乏孤苦者聽到琴樂，則流涕縱橫；

便佞浮囂者聽到琴樂，則斂容莊謹。

具有什麼樣人格特質或生活屬性的人，聽到琴樂，就會自然而然

，由內而外的流露其受感動的表現。正因為聆聽琴樂的人，會有這麼多感動的層境，所以薛易簡認為，沒有一種音樂會比琴樂更感動人心與神明了。

聆聽琴樂的人，其美感的感受經驗與感動，薛易簡是說得夠簡明了。但彈琴者的部分，薛易簡則有更深入的申論。

前面，薛易簡提出彈琴者的「志靜」；後面，他又提出「簡靜」觀，「志靜」是針對內心境界而言，「簡靜」是針對彈琴技法而言，他說「簡靜」不是「人靜」，而是「手靜」，這個靜字，質言之，就是簡要輕穩（手指鼓動之狀則叫做「喧」）。他形容彈琴時的最佳狀況是「兩手相附，若雙鸞對舞，兩鳳同翔，來往之勢，附弦取聲，不須聲外搖指，正聲和暢，方為善矣」前手段是形容彈琴者的肢體語言，後者則強謂彈琴之時，無需賣弄技巧，以簡靜取繁喧，才是使琴樂得其所以的正途。

「志靜」與「簡靜」是薛易簡音樂美學中的重要觀點，因為它將彈琴者與音樂間的特殊關係點明出來，也相對證明善鼓琴者與音樂之間的普通規律。

薛易簡以為古之君子，皆能因事制宜，所以也能夠專注精神，感動神鬼，雖然所彈奏的琴曲不多，但卻彈得極為精妙；而唐代學琴之人，惟多為能，他提出「多則不精，精則不多」的觀點，希望知音的人，能體察其意。

以薛易簡對琴樂的闡述而言，他的音樂美學可以分幾點作說明：

1. 彈琴之人心志神情的變化，會影響聆聽者的審美意識。
2. 彈奏者應清明自我的當下情境，以兼顧聆樂者的審美感受。
3. 「志靜」（內在）與「手靜」（外在）是善彈琴者的基本美學態度與形式、內容上的要求。
4. 定神絕慮，情意專注的音樂美學觀。唯有如此，琴樂方能感通神人，改變一般人以雜音悅樂為貴的審美態度。

〔註釋〕：

〔註1〕《琴史》曰：」薛易簡以琴待詔翰林，蓋在天寶中也。嘗制《琴

訣》七篇。」（卷四）《全唐文》則謂「易簡，僖宗時人，官待
詔衡州陽尉，所著《琴訣》、《琴說》，《宋史》、《通志》、
《通考》，俱見著錄。

〔註2〕《琴書大全》，二十二卷。是現存收錄古代琴學文獻最多的一部
類書。前二十卷收錄歷代有關琴學的記載，不少失傳的琴學專書
，專論賴以保存，末二卷收有琴曲六十二首。現有版本有明萬曆
刊本（缺卷九）。


# 三、司馬承禎（子微）（638－726）
## ——事簡理直，德在樂中

《舊唐書》卷一百九十二的隱逸列傳云：

> 道士司馬承禎，字子微，河內溫人。……事潘師正，傳其符錄
> 及辟穀導引服餌之術。……承禎固辭還山，（睿宗）仍賜寶琴
> 一張及霞紋帔而遣之，朝中詞人贈詩百餘人。

《全唐詩》卷八百五十二，存詩一首〈答宋之問〉：

> 時既暮兮節欲春，山林寂兮懷幽人。
> 登奇峰兮望白雲，悵緬邈兮象欲紛。
> 白雲悠悠去不返，寒風颼颼吹日晚。
> 不見其人誰與言，歸坐彈琴思逾遠。

司馬承禎的道士身分及酷愛琴樂一事，都可在朱長文收錄的〈素
琴傳〉〔註1〕中見其梗概，《全唐文》卷九二四亦載其文，其全文
如下：

> 桐琴字清素，臨海桐柏山靈墟之木也。其先自開闢之初，稟角
> 星之精，舍少陽之氣，昭生厚土，挺出崇嶽，得水石之靈，育
> 清高之性。擢幹端秀，抽枝扶疏，盤根幽阜，藏標散木，經億
> 萬歲，人莫之識。唯鳳從之遊，以棲蔭焉。茂靈嗣子孫彌遠，
> 承先冑之喬者，聚於魯郡嶧山之陽，分株徙植，略遍諸嶽，既
> 因地受氣，赤殊體異材。雲和空桑，冬夏異奏，繞梁焦尾，世
> 代奇聲。昔伏羲氏之王天下也，以諧八音，皆相假合。思一器

而備於律呂者，編斷眾木，得於梧桐，製爲雅器，體名曰琴。琴者，禁也。以禁邪僻之情，而存雅正之志，修身理性，返其天眞。夫琴之制度，上隆象天，下平法地，中虛含無，外響應暉，暉有十三，其十二法，六律六呂，其一處中者，元氣之統，則一陰一陽之謂也。而律管有長短，故暉間有賒促，當暉則鳴，差則否，亦猶氣至灰飛，時移景正，神理不測，其在茲乎。上爲人頸人肩，取其發聲之位也；中爲鳳翅，取其來儀之音也；末爲龍斷，取其幽吟之感也。其餘刑製；各因用立名，施以五絃，繩繅有差，品以五音，調韻成弄，於是奏之通神明之德，合天地之和。黃帝作清角於西山，用會鬼神；虞舜以南風之詩，而天下理。此皇王以琴道致和平也。故曰：琴者，樂之統，君臣之恩矣。師曠爲晉平公奏清徵、玄鶴二八、降於廊門。再奏之，引頸而鳴，舒翼而舞，瓠巴鼓琴，則飛鳥集舞；潛魚出躍，師文各叩一絃，乃變節候、改四時。總諸絃，則景風翔、慶雲浮、甘露降、醴泉涌，此明閑音律者，以琴聲感通也。黃老君彈雲和流素之琴，眞人拊雲和之琴，內經號琴心，文涓子著〈琴心論〉，此靈仙以琴理和神也。孔子窮於陳蔡之間，七日不火食，而絃歌不輟。原憲居環堵之室，蓬戶甕牖，褐塞匡坐而絃歌，此君子以琴德安命也。許由高上讓王，彈琴箕山，榮啓期鹿裘帶索，攜琴而歌，此隱士以琴德而興逸也。伯牙鼓琴，鐘子期聽，知峨峨洋洋山水之意，此琴聲導人之志也。有撫琴見螳螂捕蟬，蔡雝聞之，知有殺音，此琴聲顯人之情也。是知琴之爲器也，德在其中矣。琴之爲聲也，感在其中矣。無成與虧，雅量貞固，有操而作，響應通變。至於五性有殊，習之而愈勵，則箕子以全忠，子夏以明孝，六情有偏，聽之而更切。則景公之酣樂，漢桓之傷心，與夫冥寂之士，怡閑之居者，希音通於反聽，太和沖於浩然，則孫登之神遊宇外，稷公之道長邱中。猗歟，夫子之所翫也，弘矣深矣。予以癸卯歲居，靈墟至丙午載，有桐生於階前，迨壬子祀，得七歲而材成端偉，枝葉秀茂，松竹爲林，堅貞益其雅性。飆澗爲友，清冷

協其虛心，意欲留之棲鳳，而鳳鳥未集，不若採以爲琴，而琴德可久。候瓊霜之既降，俟珪葉之凋去，定陰陽之向背，揆長短之尺寸爾。乃取其元幹，不暇待其孫枝，以甲寅年，手操斤斧，自勤斲削，重其清虛，外運力思，然琴之體，既有人肩，而無其首，尚象之義，將爲未備，斯所以圓其首、曲其翅、方其肩、短其足，自維改制，頗殊舊式。七月丙戌朔七日壬辰造畢，於是施軫珥，調宮商，叩其音韻，果然清遠。故知群山之常材，此台嶽之秀氣，用白賁之全質，施綠綺之華彩，遁世無悶，有託心之所。寂慮怡神，得導和　之致，與共遊靈溪，登華峰，坐皓月，凌清飆，先奏〈幽蘭〉、〈白雪〉，中彈〈蓬萊操〉、〈白雲引〉，此二弄，自造者，其木聲也，則琅琅鏘鏘，若球琳之並振焉。諸絃合附，則采采粲粲，若雲雪之輕飛焉；眾音諧也，則嗜嗜嘈嘈，若鸞鳳之清歌焉。因時異態，變化不窮，觸類通神，幽興無已。非絲桐之奇致，何感會之若是。取聲之入神者，清角清徵，體之全眞者，素也。故云：見素，字以厥義，式表其德，敬而友之，期乎益矣。夫木之爲用也，多矣。樂之爲聲也，眾矣。未若以桐制琴之爲妙也。何者？咸池率舞，資八音之協，蕭韶來儀，假九成之奏。而桐樹自延於丹鳳，琴聲乃降諸玄鶴，爲感通之所致。斯在樂之特優，豈不以其象法天地，其音諧律呂，導人神之和，感情性之正者哉。自古賢人君子莫不操之不以無悶，玩之而無斁。左琴右書蓋有以也，清素者，以山名桐柏，而桐樹生焉；地號靈墟，而靈氣出焉。故有將遽長佳材，則成雅器，調高方外，弄送丘中，同心之言，得意於幽蘭矣。歲寒之操，全貞於風松矣。相與爲寞寂之友者，淡交於琴乎！

　　這篇長達一千三百七十餘字的〈素琴傳〉，除了將一由桐木所製名曰「清素」的琴的由來作一敘述外，最重要的就是承禎在文中對琴及琴樂的作用，透過不同的角度，建構其音樂美學。

　　首先，他說：「琴者，禁也。以禁邪僻之情，而存雅正之志，修身理性，返其天眞。」〔註2〕

這是就琴本身的性質而言。

至於琴身的製作，也有它與人及音樂之間相應的道理，他說：「上為人頸人肩，取其發聲之位也；中為鳳翅，取其來儀之音也〔註3〕；末為龍斷，取其幽吟之感也〔註4〕。」以今日我們對琴的了解而言，琴較寬闊的一端是琴首（上），狹窄的一端是琴尾（末），從肩起往下漸漸收狹，至琴身太約三分之二處，兩邊作極微的直凹，名為「腰」（中），腰以下就是琴尾了。

他也以黃帝作「清角」於西山，用會鬼神，虞舜以〈南風〉之詩，而天下理，謂「此皇王以琴道和平也。」〔註5〕並接著說「琴者，樂之統，君臣之恩矣。」〔註6〕他究竟根據什麼道理來界定琴樂的地位。他本人的美學觀點如何，這是我們所關注的；正如同我們在前面所言，音樂美學既是通過審美經驗，研究音樂與人類感官及心智間的本質和規律，我們自然也要採取這樣的美學態度來探究。綜論司馬承禎在〈素琴傳〉中所描述的諸多情境，他有幾個觀點是值得我們注意的：

1.明閑音律者，以琴聲感通。

2.靈仙者，以琴理和神。

3.君子，以琴德安命。

4.隱士，以琴德而興逸也。

5.琴聲，導人之心志。

6.琴聲，顯人之情。

他綜合了上述六種琴樂的作用、面向作一結論：

琴之為器也，德在琴中矣。琴之為聲也，感在其中矣。

他一方面就琴作為一項樂器而言，蘊含著一種「德」，此「德」可使君子安命、使隱士興逸；一方面就琴樂之聲，說明其感通之作用，可導入心志、顯人之情。

司馬承禎的音樂美學，有其較特殊的一面，此話怎說？第一，他以為以桐木制琴是最恰當的，不斷反覆強調桐木天生具有的清高之性，這也是他談論素琴的重要基調。第二，他強調音樂的感通作用，在他的音樂美學中，有三種主要的描述用語，分別是琴理、琴德和琴聲

，都有不同性質的感通作用，第三，琴身含德、琴聲含感的器聲美學
。也就是說，可馬承禎通過製造琴身的桐木之美，談及琴本身作爲一
樂器之美，終結於琴德、琴理、琴聲之美。

但也由於其道士的背景，〈素琴傳〉末云：

　　歲寒之操，全貞於風松矣。

　　相與爲寞寂之友者，淡交於琴乎！

觀乎其所撰之〈坐忘論〉、〈信敬〉、〈斷緣〉、〈收心〉、〈
簡事〉、〈眞觀〉、〈泰定〉、〈得道〉諸文〔註7〕，當更可知其
宗教背景中事簡理直的音樂美學觀。

〔註釋〕：

〔註1〕陳暘《樂書》卷一百四十一，〈素琴〉一條云：「昔人祥之曰，
　　　　常彈素琴、素瑟矣。陶隱居不解音聲，而畜素琴一張，每有酒適
　　　　，輒撫弄以寄其意，可謂達君子無故不徹琴瑟之意矣。」陳暘並
　　　　列舉〈清角〉、〈鳳凰〉、〈號鐘〉、〈繞梁〉、〈綠綺〉、〈
　　　　清英〉、〈焦尾〉、〈玉床〉、〈怡神〉、〈塞玉石〉、〈和志
　　　　〉、〈六合〉、〈石枕〉、〈落霞〉等十一種琴瑟樂器名。

〔註2〕班固《白虎通義》曰：「琴者，禁也，所以禁止淫邪，正人心也
　　　　。」許慎《說文解字》云：「琴，禁也，神農所作，洞越練朱，
　　　　五絃，周加二絃。」

〔註3〕琴聲引來了鳳凰，翩翩起舞，儀態優美，形容音樂感染力的強大
　　　　。《尙書・益稷》：「簫韶九成，鳳凰來儀。」明人馮夢龍《警
　　　　世通言・俞伯牙摔琴謝知音》云：「此琴乃伏羲氏所琢，見五星
　　　　之精佩墜梧桐，鳳凰來儀……令人伐之。」曹雪芹在《紅樓夢》
　　　　第十七回中藉賈寶玉說道：」這太板了，莫若『有鳳來儀』四個
　　　　字。」

〔註4〕在琴的底板上通常有兩個出音孔，大的叫龍池，小的叫鳳沼。宋
　　　　人趙希鵠《洞天清景集・雷張槽腹法》云：」雷（文）張（越）
　　　　制槽有妙訣，於琴底悉洼，微含如仰瓦，蓋謂於龍池鳳沼之弦，
　　　　微全有唇，餘處悉洼之。」古人常以龍吟象徵琴聲的響亮，唐人

盧仝〈風中琴〉云：「五音六律十三徽，龍吟鶴響思庖羲。」（
　　《全唐詩》，卷三八七）

〔註5〕東漢應邵《風俗通義》：「謹按《世本》、神農作琴，《尚書》
　　：『舜彈五絃之琴、歌南風之詩，而天下治』，《詩》云：『我
　　有嘉賓，鼓瑟鼓琴』，雅琴者，樂之統也，與八音並行，君子所
　　常御，以其大小得中而聲音和，大聲不喧譁而流漫，小聲不湮滅
　　而不聞，足以和人意義、感人善心，故雅之為言正也，琴之為言
　　禁也，言君子守正以自禁也，和樂而作者，其曲曰暢，言其道暢
　　美也，憂愁而作者，其曲曰操，言不失其操也。」值得注意的是
　　，從漢代以來，諸如《風俗通義》中的觀點，一直被不斷引用申
　　述且引以為談論琴樂的典範，至唐代的音樂美學的討論中，也很
　　少會有例外。

〔註6〕同前引5・。

〔註7〕見《全唐文》，卷九二四。


## 四、《琴史》中其他有關唐代琴家的音樂美學

　　宋人朱長文所編撰的這部《琴史》，在唐代部分，除了上述薛易
簡、司馬承禎兩人的音樂美學觀，較有系統且明晰外，其餘諸家可合
併於此節探究之。

　　《琴史》中，除薛、司馬二氏之論外，尚有東皋子（王績）、呂
才、趙耶利、盧藏用、趙元、元德秀、房琯、韓滉、韓杲、獨孤憲公
。白居易、崔晦叔、衛次公、郭虛舟、蕭祐、董庭蘭、李氏女、王氏
女、陳康士、宋霽、賀若夷、甘讜、孫希裕、陳拙二十四人。其事蹟
或詳或略，未必得見其音樂觀，更惶論其音樂美學，筆者只能就相關
資料，竭力說明之。

　　東皋子王績（隋末—644），字無功，是隋末大儒文中子王通之
弟，棄官不仕，耕於東皋，故自號「東皋子」。

　　兩唐書皆記載王績與李播、呂才為莫逆之交〔註1〕。棄宦還鄉
後，與鄰渚隱士仲長子先相近，但因仲長子是啞吧，所以不曾和王績

交談，平日兩人只以琴酒自樂。王績的床頭只見《周易》、《老子》
、《莊子》等書，他書則罕讀。《琴史》謂其「善琴，加減舊弄，作
〈山水操〉，爲知音者所賞。」〔註2〕

　　根據前引《風俗通義・聲音》：「其遇閑塞慢愁而作者，命其曲
曰操」來看，王績恐有不得志之感，但也未嘗不能以「山水有清音」
〔註3〕的觀點看待之。至於其音樂觀，從兩唐書見其重「眞素」及
行跡來看，應是將音樂視爲自娛及自適的作用而已，因史料不足，未
便想像其審美態度。〔註4〕

　　呂才（600？－655）〔註5〕，是初唐音樂家，曾任太常博士、
大常丞、太子司更大夫等職。在唐太宗貞觀年間，曾受召參論樂事。
時任侍中的王珪、魏徵稱呂才「製尺八凡十二枚，長短不同，與律諧
契」〔註6〕，因此受召。高宗顯慶二年，呂才寫了一篇〈進白雲歌
奏〉，《全唐文》卷一六○亦收錄之，全文如下：

　　　謹按《樂記》云：舜彈五絃之琴，歌南風之詩。此古之琴，操
　　心與歌合也。又張華《博物志》云：大帝使素女鼓五十絃瑟曲
　　，名曰〈白雪〉。宋玉對襄王云：有客於郢中歌陽春白雪，國
　　中和者數十人。蓋白雪琴曲，本合歌聲，爲其調高，世俗罕知
　　。自宋玉以後，迄今千祀，未有能歌白雪者。臣全被詔，依琴
　　中舊曲，定其宮商，然後教習，并合於歌，輒以御製雪詩爲白
　　雪歌辭。又按古今樂府，奏正曲之後，皆有送聲，君唱臣和，
　　事彰前史，輒取待臣等，奉和雪詩以爲送聲，各十六節，並已
　　諧韻。〔註7〕

　　〈陽春〉、〈白雪〉，原指楚的歌曲，如呂才所引宋玉〈對楚王
問〉：「客有歌於郢中者，其始曰〈下里〉、〈巴人〉，國中屬而和
者數千人……其爲〈陽春〉、〈白雪〉，國中屬而和者不過數十人。
」可見〈白雪〉歌，原先曲調和寡之狀。後又指爲琴曲，一說是春秋
時晉國音樂家師曠所作；一說是齊國劉涓子所作。〈白雪〉琴曲，最
早於明人朱權所輯之《神奇秘譜》，列〈陽春〉於上卷宮調，列〈白
雪〉於中卷商調。其解題題稱〈陽春〉取萬物知春，和風淡蕩之意；
〈白雪〉取凜然清潔，雪竹琳琅之音。〈陽春〉、〈白雲〉古時每連

稱爲一曲。現則泛指深奧而不易爲一般人所了解的音樂作品和文學藝術作品。

呂才是根據舊琴曲，定其宮商之調，並合於歌，也就是重新製作了〈白雪〉琴曲及〈白雪〉琴歌，並且用高宗所作的〈雪詩〉爲〈白雪〉琴歌的歌辭，呂才並列舉過去的史料，謂在彈奏琴曲之後，皆有琴歌，君唱臣和之事說明，就採用太尉長孫無忌〔註 8〕、僕射于志寧〔註 9〕、侍中許敬宗〔註10〕等〈奉和雪詩〉以爲送聲，合十六節，並皆合韻。

唐高宗後來雖因大悅，付太常編於樂府，顯慶六年呂才又奏造琴歌〈白雪〉等曲，高宗亦製歌辭十六首，編人樂府。朱長文自己形容自己才知樂者，其所作宜近古，而世不復傳，有所懷疑而不知其故？想亦曲高和寡耳。

雖然如今已無呂才製〈白雪〉曲的實質內容，但可知其欲藉此以明「心與歌合」之音樂觀，他也知曲高和寡之缺，而另製琴曲、琴歌，他是否在新作中有世俗化的努力，如今已不復得知，但從其依舊曲，取御製雪詩，採侍臣奉和雪詩（按：皆屬應制之流）等作爲看來，他的音樂觀應屬復古型，其音樂審美態度，依於古且應於時，卻無所作爲。其受時人所譽者，殆爲「製尺」及以〈秦王破陣樂〉舞圖敎樂工二事。他專業的音樂才能應無問題，可惜的是他欲恢復古琴樂的方法和美學態度，畢竟被歷史遺忘了，其影響力自然以宮中爲主。

趙耶利，（563-639），兩唐書無傳〔註11〕，《全唐文》、《全唐詩》皆無其作品，朱長文卻謂其「慕道自隱、能琴無雙，當世賢達，莫不高之，謂之趙師。」並謂趙氏所正錯謬者五十餘弄，削俗歸雅，傳之譜錄，每云：吳聲清婉，若長江廣流，綿延徐逝，有國土之風；蜀聲急躁，若激浪奔雷，亦一時之俊。又言肉甲相和，取聲溫潤，純甲，其聲傷慘；純肉，其聲傷純。〔註12〕

關於趙耶利之音樂觀，可注意者有二：

1.他對吳、蜀兩琴派的評價。

2.他對彈琴時甲肉相和取聲溫潤之觀點。

關於第一點，牽涉到琴派的評價。本來在若干具有共同藝術風格

的琴家所形成的流派，除稱「派」外，或稱「聲」，或稱「家」、或稱「譜」，或稱「操」。稱「派」之始，應是自明末的虞山派（琴川派、熟派，地處江蘇常熟），和清代的廣陵派（江蘇揚州古稱廣陵）。各個琴派之間的差異，主要決定於地區、師承和傳譜等條件。趙氏謂吳聲清婉，有國土之風；蜀聲急噪，亦一時之俊。從其贊成「取聲溫潤」的美學態度來看，他對吳聲的評價應該是稍高些。

　　關於第二點，對於指法的使用上，「甲肉相和」一直是中國彈琴、箏等弦樂理論中，非常重要的觀念之一。他說彈琴時，純粹用指甲撥弄琴弦，則其碰觸之聲，傷於「慘」，這個慘字，就是一種不諧和的悽厲之聲；若純用指肉彈絃，則傷「純」，這個純字，就是一種太過純粹的音聲，以琴樂的觀點言之，這個純字，可能應讀作屯音，是聚而包之之義；以肉撥弦，其聲本就不易如指甲撥弦聲般有顆粒狀的感覺，音聲有時會失之悶散。無論如何，趙耶利的確是從「甲肉相和、「取聲溫潤」這個基本的審美觀點，看待琴樂，也由此處評價當時的琴派。

　　獨孤及（字至之），以文章名於肅宗，代宗之世，亦好鼓琴，曾抱琴登馬退山，作〈初晴抱琴登馬退山對酒望遠醉後作〉，詩中云「舉酒勸白雲，唱歌慰頹年。微風度竹來，韻我號鐘（朱長文作鍾期）絃。一彈一引滿，耳熱知心宣。曲終余亦酣，起舞山水前」朱長文謂其頗有曠達之度。《新唐書》（卷一百六十二）謂其「為文彰明善惡，長於議論。晚嗜琴，有眼疾，不肯治，欲聰之專也。」這點，倒是唐代琴士中特有的音樂審美觀點。

　　《全唐文》中有獨孤及〈洪州大雪寺銅鐘銘並序〉〔註13〕及〈鹿泉本願寺銅鐘銘並序〉〔註14〕二文，可得其另一方面的樂論。

　　白居易對琴樂的愛好，朱長文在《琴史》中總評曰：「蓋高情所好，寓情於此樂，樂以亡憂，亦可尚也。」〔註15〕長文之論，良有以也。其文云：

　　　　不自云嗜酒、耽琴、淫詩，凡酒徒、琴侶、詩客、多與之游。
　　　　每良辰美景，或雪朝月夕，好事者相遇，必為之先拂酒罍，次
　　　　開詩篋，酒既酣，乃自援琴，操宮聲，弄〈秋思〉一遍，若興

發，命家僮調法部，絲竹合奏〈霓裳羽衣〉一曲，放情自娛酩
酊而後已。肩舁適野舁中，置一琴、一枕、陶謝詩數卷，竿左
右懸，雙酒壺，尋水望山，率情便去，抱琴引酌，興盡而返其
曠適如此。又嘗云：博陵崔晦叔，與琴韻甚清，蜀客姜發，授
秋思聲甚淡。夫樂天之於琴，其工拙未可較。

白氏之音樂思想與音樂美學已見於前節論述中，此處可略而不說
。

韓臯（字仲聞），韓滉之子。《新唐書》（卷一百二十元）云：

生知音律，常曰：「長年後不願聽樂，以門內事多逆知之。」
聞鼓琴，至〈止息〉，歎曰：「美哉，嵇康之為是曲，其當晉
、魏之際乎。其音主商，商為秋秋天將搖落肅殺其歲之晏乎
？晉承金運，商又金聲，此所以知魏方季而晉將代也。緩其商
絃，與宮同音臣奪君之義，知司馬氏之將簒也。王陵、毋丘儉
、文欽、諸葛誕繼為揚州都督，咸謀興復皆為司馬懿父子所殺
。康以揚州故廣陵地，陵等皆魏大臣，故名其曲曰〈廣陵散〉
，言魏亡散自廣陵始。〈止息〉者，晉雖暴興，終止息於此。
哀憤、噪　惜痛、迫脅之音，盡於是矣。永嘉之亂，其兆乎！
康避晉、魏之禍，託以鬼神，以俟後世知音去。

《琴史》亦錄此事，並於其後曰：

蓋〈廣陵〉之作，叔夜寓深意於其間，故其將死，猶恨不傳。
後之人難粗得其音，而不知其意。更歷千載而後得，韓臯可以
無憾矣、然叔夜知魏、晉之禍，而不知身之禍命矣夫。或云叔
夜傳〈廣陵〉於杜夔之子，蓋與論樂耳，非授此曲也！

對韓臯而言，琴曲〈廣陵散〉給他的影響算是很深的了。他在理
解〈廣陵散〉時有個基本觀點，〈廣陵散〉的調子是主商音，他又說
商為秋，「商為秋」的觀念是來自五音與四時的關係而言，《禮記‧
月令》云：「孟秋之月，其音商」。秋天是天將搖落肅殺之際，晉國
是乘金時興起，《漢盡‧李陵傳》：「聞金聲而止」高誘注曰：「金
謂征也」，商又為金聲，這是晉將代魏之先兆。再則，緩其商絃，與
宮同音，乃是臣奪君之義，由此乃知司馬氏之將簒也，韓臯深信這種

音樂與四時五行運行關係中的政治含義，史書稱其晚年後不願聽樂，因「門內事多逆知之」，殆爲此義。

陳康士〔註16〕，字安道，《琴史》謂其篤好雅琴，名聞上國，所制調弄，綴成編集，並嘗作〈琴調自序〉云：

> 余學琴，雖因師啓聲，後乃自悟，遍尋正聲，九弄廣陵散二胡笳。可謂古風不泯之聲也。其餘操曲，亦曠絕難繼。自元和長慶以來，前輩得名之士，多不明於調韻。或手達者傷於流俗，聲達者患於直置，皆止師傳，不從心得。予因清風秋夜，雪月松軒，佇思有年，方諧雅素，故得絃無按指之聲，韻有貫水之實，乃創調共百章，每調各有短章引韻，類詩之小序。

陳康士是晚唐僖宗時之琴家，也曾向道士梅復元學琴。他批評自憲宗元和、穆宗長慶年以來，其前輩已得琴名之士，多不明於調韻。「手達者傷於流俗，聲達者患於直置」，原因是「皆止師傳，不從心得」。陳康士強調自己是「因師啓聲，後乃自悟」，並曾創調計有百章，每種琴部都有短章引韻，類詩的小序。陳康士彈琴多年最重要的心得就是「絃無按指之聲，韻有貫水（《全唐文》作（黃冰）之實」。彈琴之時，左手按絃，右手彈絃是一般的狀況，左手按絃作韻，右手彈絃作聲，但按絃之時，有時會產生指絃接觸時的雜聲，康士以無聲爲高，故云。

陳拙（字大巧），兩唐書無傳。《琴史》云：

> 陳拙，字大巧，長安人也。授〈南風〉、〈遊春〉、〈文王操〉、〈鳳歸林〉於孫希裕，傳〈秋思〉於張巒，學〈止息〉於梅復元，嘗更古譜錄〈南風〉、〈文王操〉二弄曰：琴操雖多制，從高士聖君所作，二弄獨存，切慮其頓墜也。又作《正聲新址》，未見完本。嘗云：彈操弄者，前緩後急者妙曲之分在也。或中急而後緩者，節奏之停歇也。疾打之聲，齊於破竹緩挑之韻，穆若生風，亦有聲正，屬而遽止，響已絕而意存者。前輩妙手，每授一弄，師有明約，竭豆一升，標爲遍數。其勤如此，而後有得也，拙爲京兆戶曹。

陳拙對彈琴曲，有其基本的美學態度，可茲注意者有三：

1. 對於「妙曲」，他的定義是「前緩後急」。也就是說，速度的分配，在彈奏琴曲時的最佳佈局是先慢後快。至於彈奏琴曲的速度由急趨緩者，是代表節奏的停歇而已。

2. 彈奏時的疾打聲，他形容應「齊於破竹緩挑之韻」，破竹之勢喻順利無阻，緩挑之姿乃喻以食指甲背彈出之勢；緩慢的以食指甲背順利無阻的彈出疾打聲即其意。至於「穆若生風，亦有聲正」，也是形容彈琴時靜中有動的內在節奏。

3. 響已絕而意存者，正是孔子聞韶樂，或三月不知肉味，或餘音繞梁不已之意，其差異在於前者乃彈奏音樂者欲達成的音樂美，而後者則是聆聽音樂者的審美感受。

董庭蘭（約695－765），是盛產時開元、天寶年間的琴師。武后時鳳州參軍陳懷古善沈家聲、祝家聲，並以胡笳擅名於當時，陳懷古就將此項技藝傳給庭蘭。朱長文在《琴史》中論述庭蘭之事，倒非是其音樂觀點。但在《全唐詩》中，唐代詩人留下了不少有關資料，如李頎〈聽董大彈胡笳聲兼寄語弄房給事〉〔註17〕云：「董夫子，通神明，深山（松）竊聽來妖精。言遲更速皆應手，將往復旋如有情。」高適〈別董大〉〔註18〕云：「莫愁前路無知己，天下誰人不識君。」戎昱在〈聽杜山人彈胡笳〉〔註19〕中云：「綠琴胡笳誰妙彈，山人杜陵名庭蘭。……杜陵攻琴四十年，琴聲在差不在弦。……杜陵先生證此道，沈家祝家皆絕倒。」（按：杜陵是董庭蘭的弟子。）元稹在〈小胡笳引〉〔註20〕中云：「驟擊數聲風兩迴，哀笳慢指董家本」由此可知庭蘭琴藝之盛名及其弟子青出於藍，朱長文亦云：「有鄭宥者，師庭蘭，亦善琴。宥調二琴至切，各置一榻，動宮則宮應，動角則角應，稍不切，乃不應，尤善沈聲、祝聲。」

關於庭蘭之音樂，可注意有二，一為沈家聲、祝家聲之說。據明人方日升所撰之《韻會小補》云：「沈遼集大胡笳十八拍，世號沈家聲；小胡笳十九拍，末拍為契聲，號祝家聲。」〈大胡笳〉、〈小胡笳〉皆琴曲名，唐代著名的琴家如薛易簡、陳康士都擅彈此曲。當時與〈小胡笳〉並稱〈二胡笳〉，或〈胡笳兩本〉。這兩首作品初見於《古今樂錄》，稱〈大胡笳鳴〉和〈小胡笳鳴〉。初唐流行的沈家聲

和祝家聲，就是以這兩曲著稱。庭蘭從懷古處繼承了這兩家的傳統，並整理了傳譜。李頎在〈聽董大彈胡笳聲〉開始即云：「蔡女昔造胡笳聲，一彈一十有八拍」，應即指〈大胡笳〉；元稹〈小胡笳引〉中所謂：「哀笳慢指董家本」，應是指庭蘭所整理的譜本已在當時琴壇取得一定的地位。

第二點該注意的是戎昱在〈聽杜山人彈胡笳〉詩末云：

> 杜陵先生證此道，沈家祝家皆絕倒。
> 如今世上雅風衰，若箇深知此聲好。
> 世上愛箏不愛琴，則明此調難知音。
> 今朝促軫為君奏，不向流俗傳此心。

可見董庭蘭、杜山人等琴家，皆以沈家聲，祝家聲聞名於唐，且以琴音勝箏音的態度，自許為雅風的傳者。諸如董、杜、鄭等人，可以說是專業的琴家，平時僅專注於譜曲，授琴，所以他們的審美態度難以得知，但既以雅風之傳者自居，且多能沈聲，祝聲，想與薛易簡，司馬承禎等人相去不遠矣。

《琴史》中有關唐代琴家，以上述諸家在音樂美學上稍有可論之處，其餘諸人，或因記載太略，或因與其審美經驗關係不大，僅略述其要：

盧藏用（字子潛），與陳子昂、趙貞固善，琴奕之藝頗為思精。自隱山中，有意當世，人目為「隨駕處士」〔註21〕。

趙元（李貞固），與陳子昂善，子昂以為天下奇才也。採藥彈琴，詠堯舜而已〔註22〕。

元德秀（字紫芝），卓行之士也，於匱乏之時，彈琴著書，不改其樂，死時，其屋內僅有琴、書、簟、瓢、巾、褐杖、履而已，謚曰「卓行先生」〔註23〕。

房琯（字次律），少隱陸渾山。《舊唐書》（卷一百一十一）謂其「聽董庭蘭彈琴，大招集琴客筵宴，朝官往往因庭蘭以見琯，自是亦大招納貨賄，姦臧頗甚。……憲司又奏彈董庭蘭招納貨賄，琯入朝自訴，上叱出之，因歸私第，不敢關預人事。」《琴史》謂「或云：其造琴，新舊桐材，叩之合律者，裁而膠之，號『百衲琴』」，其「響

泉」、「韻磬」，絃一上十年不斷，其制器可謂臻妙，非深達於琴者，孰能與於此乎！稽戴以來，一人而已。」

韓滉（字太沖），開元時宰相韓休之子。幼有美名，好鼓琴〔註24〕。

崔晦叔（名玄亮），以山水琴酒自娛，及其將亡，以玉磬琴贈遺白居易，朱長文謂其深得琴中之趣者〔註25〕。

衛次公（字從周），本善琴，未顯達之時，京兆尹李齊進使子與交游，請次公教授琴藝，爲次公所拒，朱長文謂「因終身不復鼓，其節尙，終始完潔，蓋自重也。」〔註26〕

郭虛舟乃江南道士，白居易有詩一首贈別云：「專心在鉛汞，餘力工琴碁，靜彈絃歌聲，閑飲酒一　。」〔註27〕

蕭祐精於書畫，兼別音律，唐憲宗元和年間，撰〈無射商〉、〈九調子〉，指法殊異，其譜序曰：「以引小胡笳四指」，世稱其妙。朱長文謂時任丞相的李夷簡（字易之）有詩云：「行年七十十彈秋，始覺胡笳兒女情，世上何人會此意，濮陽太守是同聲。」《舊唐書》卷一百六十八謂其「閑澹貞退，善鼓琴賦詩，書畫盡妙，遊心林壑，嘯詠終日，而名人高士，多與之遊」。

李氏女，潁陽人也，朱長文謂其「年十五，遘疾，七日不食，魂飛賓賓如登上景在雲霧中於仙女授琴，彈〈清風弄〉之類，凡五十曲」玄宗天寶年間，玄宗度爲女道士。

王氏女，琅琊王王淹之兄女也。未及笄，忽然能彈〈廣陵散〉，朱長文謂「不從地出，不從天降，如有宗師存焉。」顧況爲此事記曰：「衆樂琴之臣妾也，〈廣陵〉散曲之師表也」。

甘讜（字正詞），兩唐書無傳，其母好琴，讜九歲學琴，受業於羅興宗。性好山水，晚無定居，長安人張巒授琴於讜，尤精調子。

宋霽，兩唐書無傳。《琴史》云：

> 宋霽，善琴。文宗朝，霽私入學士院會帝，至得召見，帝問：彈琴幾何，對曰：一弄三調。帝曰：甚少！對曰：是臣之所精者。帝曰：然少則得，多則惑！即詔霽彈。帝曰：彈琴無思，何也？對曰：然願陛下賜臣！無畏帝，可之。乃就一榻仰臥，

趫一足彈之，帝甚悅，乃令待詔。

在唐代的音樂美學中，一直保留著「精則不多，多則不精」的觀念，唐文宗謂「少則得，多則惑！」即此意也。

賀若夷（一作存），兩唐書無傳。《琴史》云若夷善琴，「宣宗時得待詔，對帝彈一調，帝嘉之，賜以緋袍，後人曰此調為『賜緋調』」。

孫希裕，（字偉卿），兩唐書無傳。《琴史》謂其父杲為道士，善琴。而希裕則博精雜弄，教授陳拙，唯不傳〈廣陵散〉。陳拙以琴譜請希裕教誨，沒想到希裕卻將它燒毀，並謂「〈廣陵散〉乃嵇叔夜憤歎之詞，吾不欲傳者，為傷國體也。」朱長文說他耽琴嗜酒，頹然自適，時人皆重之。

〈廣陵散〉又名〈廣陵止息〉。是漢、魏時期相和楚調但曲之一，既可合奏，也可獨奏。相傳乃嵇康因反對司馬氏專政而遭殺害，臨刑前曾從容彈奏此曲以為心志之寄託。明人宋濂跋《太古遺音》謂「其聲忿思躁集，不可為訓。」由此想見其曲在歷史意義中一定程度的反抗性，希裕之不欲授〈廣陵散〉，也符合琴樂美學和平定靜的風格。

〔註釋〕：

〔註1〕見《舊唐書》卷一百九十二，《新唐書》卷一百九十六及元・辛文房《唐才子傳》卷一。

〔註2〕呂才有〈東臬子後序〉一文，朱長文所引或出於此，見《全唐文》卷一六〇。

〔註3〕西晉・左思之〈招隱〉：「非必絲與竹，山水有清音」。山水之間本來就存在著清新的音樂，又何必絲竹器樂之奏呢。伯牙用琴聲描寫高山則「峨峨兮」，流水則「洋洋乎」。

〔註4〕未便談論之因只是純就其有無具體的文字著述而言，也不是不能談，唐代如王績一類的文人隱士，僅以音樂自娛自適，流連山林者比比皆是，由此想見唐代音樂與人文之間的關係，是有很多種可能性的。無文字著述可見其樂觀，但有其人之生活行跡可為見

證，這未嘗不是唐人以生活之實見證音樂之美的方式。

〔註 5 〕呂才之行誼事蹟，請參見《舊唐書》卷七十九及《新唐書》卷一
　　　　○七。

〔註 6 〕見前引〔註 5 〕。

〔註 7 〕本節所錄乃據《琴史》，與《舊唐書》及《全唐文》所載稍有出
　　　　入，但無損其義，特此誌之。

〔註 8 〕《全唐詩》，卷三十。有長孫無忌〈新曲二首〉，未見〈奉和雪
　　　　詩〉。

〔註 9 〕《全唐詩》，卷三十三。僅存詩一首，未見〈奉和雪詩〉。

〔註10〕《全唐詩》，卷三十五。存〈奉和喜雪應制〉詩一首。

〔註11〕《舊唐書·經籍志·樂部》卷四十六，收有趙耶律（利）撰《琴
　　　　敘譜》九卷。《新唐書·藝文志·樂部》卷五十七，另收有《琴
　　　　手勢譜》一卷。今均佚。

〔註12〕朱長文謂趙耶律「嘗以琴誨邑宰之子，遂作譜兩卷以遺之，今傳
　　　　焉，其序者，稱耶利云：弱年穎悟，藝業多通，束髮自修，行無
　　　　二過。清虛自處，非道不行，筆妙窮乎鐘張，琴道方乎馬蔡，貞
　　　　觀十三年卒。於曹年七十六。當文皇與樂之時，而邪利不見收擢
　　　　，蓋不求聞達故也。或云：蔡雕撰〈遊春〉、〈淥水〉、〈幽居
　　　　〉、〈坐愁〉、〈秋思〉，以傳太史令單颺，自颺十七傳而至耶
　　　　利。耶利傳濮人馬氏，又傳宋孝臻，孝臻亡，師資遂絕。」

〔註13〕《全唐文》，卷三八九。文曰：「參變化、孕律呂，和神人，莫
　　　　疾於聲。故天地以雷震萬物，聖人以樂節八風。佛土以鐘警六時
　　　　。……作銘曰：『我鐘乃懸，是訓是崇；世界有極，大音無窮。
　　　　』」

〔註14〕同前引。文曰：「八音之列數者，金為長；金聲之動物者，鐘為
　　　　大。相彼創制，本乎無心，隨輕重之所考，遇洪纖而必應。其體
　　　　妙乎，其幾神乎。故帝用之以和樂，梵宇作之而助道，其有旨哉
　　　　。……銘曰：『靈鐘上空儀法天，體道內虛含至圓。……虛空有
　　　　盡福無邊，神用廣大莫與先。』」

〔註15〕白居易的音樂美學卻不如其愛好琴樂這麼簡單，請參見前節〈白

居易的音樂思想及其音樂美樂〉。

〔註16〕兩唐書無傳。《全唐文》（卷八一八）云：「僖宗時人，有《宋
　　　　史》俱見著錄。《新唐書・藝文志・樂類》云：「陳康士《琴譜
　　　　》十三卷，字安道，僖宗時人。」

〔註17〕《全唐詩》，卷一三三。

〔註18〕《全唐詩》，卷二一四。

〔註19〕《全唐詩》，卷二七〇。

〔註20〕《全唐詩》，卷四二一。

〔註21〕其傳，見《舊唐書》，卷九十四；《新唐書》，卷一二三。

〔註22〕其傳，見《新唐書》，卷一〇七。

〔註23〕其傳，見《舊唐書》，卷一九〇下；《新唐書》，卷一九四。

〔註24〕其傳，見《舊唐書》，卷一二九；《新唐書》，卷一二六。

〔註25〕其傳，見《舊唐書》，卷一六五；《新唐書》，卷一六四。

〔註26〕其傳，見《舊唐書》，卷一五九；《新唐書》，卷一六四。

〔註27〕請參見〔附錄二〕。


## 五、唐代詩人對音樂的審美態度與經驗

　　音樂，作為一種審美對象，在各個不同時期或不同領域中，始終
存在著一個根本性質的問題：音樂，作為一種聲音的藝術，它的具體
內容究竟為何？譬如說音樂在我們心情上產生旋律、律動、聯想的現
象與作用，它的根源力量究竟在哪裡？譬如音樂美的定義問題以及作
曲者、演奏者、聆聽者的心理過程與審美態度，能不轉移到具體的意
志上來了解音樂的問題。我們很難去否認音樂美學在其根基裡，難免
有經驗主義的傾向，但它也不否定抽象的哲學高度，在經驗感受和哲
學高度之間，就會有一些辯證性的發展空間。

　　本節之旨，是試圖透過唐代詩人的創作，探究其對音樂（或雅樂
）的審美態度或經驗層境，既看全體之同，也看個體之異。

　　首先，我們先看看唐詩中的音樂世界〔註1〕。

㈠俗樂鄭聲雖興，仍心儀於雅樂、正聲、古曲、古樂、古調。

　　唐代詩人的作品中經常流露出這種普遍的態度，即使身在民間或目睹宮廷間雅樂、正聲、古曲之不振，仍多所感概或有所堅持。如：

　　「正聲消鄭衛，古狀掩笙簧。」（司空曙〈同張參軍喜李尙書寄新琴〉）

　　「千年曲譜不分明，樂府無人傳正聲。……幾時天下復古樂，此瑟還奏雲門曲。」（張籍〈廢琴詞〉）

　　「正聲感元化，天地清沈沈。」（白居易〈清夜琴興〉）

　　「至道不可聞，正聲難得聞。」（李宣古〈聽蜀道七琴歌〉、王玄〈聽琴〉）

　　「古調俗不樂，正聲君自知。」（王元〈聽琴〉）

　　「綠琴製自桐孫枝，十年窗下無人知。清聲不與歌樂雜，所以屈受塵埃欺。」（趙摶〈琴歌〉）

　　「萬物都寂寂，堪聞彈正聲。」（齊己〈秋夜聽上人彈琴〉）

　　「鄭聲久亂雅，此道稀能尊。」（吳筠〈聽尹鍊師彈琴〉）

　　「古調何人識，初聞滿座驚。」（白居易〈和令狐僕射小飲聽阮咸〉）

　　「好將宮徵陪歌扇，莫遣新聲鄭衛侵。」（羅鄴〈題笙〉）

　　「工師小賊牙曠稀，不辨邪聲嫌雅正。正聲不屈古調高，鍾律參差管絃病。」（元稹〈華原磬〉）

　　㈡或感新聲四起，或歎知音難尋。其中仍有雅俗意識中的古今之辨。

　　「月上重樓絲管秋，佳人夜唱鄉〈古梁州〉。滿堂誰是知音者，不惜千金與莫愁。」（武元衡〈聽歌〉）

　　「古人唱歌兼唱情，今人唱歌唯唱聲。」（白居易〈問楊瓊〉）

　　「調古清風起，曲終涼月。沈卻應筵上客，未必是知音。」（王貞白〈歌〉）

　　「欲唱〈玄雲曲〉，知音復誰是。」（陳陶〈有所思〉）

　　「鍾期久已沒，世上無知音。」（李白〈月夜聽盧子順彈琴〉）

　　「知音難再逢，惜君方年老。」（岑參〈秋夕聽羅山人彈〈三峽流泉〉）

「世人愛箏不愛琴，則明此調難知音。今朝促軫爲君奏，不向流俗傳心。」（戎昱〈聽杜山人彈胡笳〉）

「今古聲澹無味，不稱今人情。……不辭爲君彈，縱彈人不聽。何物使之然，羌笛與秦箏。」（白居易〈廢琴〉）

「七絃爲益友，兩耳是知音。」（白居易〈船夜援琴〉）

「曲終情不盡，千古仰知音。」（白行簡〈夫子鼓琴得其人〉）

「七條弦上五音寒，此藝知音自古難。」（崔玨〈席間詠琴客〉）

「所彈非新聲，俗耳安肯聞。……如傳我心苦，千里蒼梧雲。」（司馬札〈彈琴〉）

「罕有知音者，空勞流水聲」（楊希道〈侍宴賦得起坐彈鳴琴二首〉）

「代乏識微者，幽音誰論。」（吳筠〈聽尹鍊師彈琴〉）

「挾瑟爲君撫，君嫌聲太古。」（陸龜蒙〈挾瑟歌〉）

「知音如見賞，雅調爲君傳。」（朱灣〈箏柱子〉）

「人情重今多賤古，古琴有弦人不撫。」（白居易〈五弦彈〉）

「華原磬，華原磬，古人不聽今人聽。泗濱石，今人不擊。古人今人何不同，用之舍之由樂工。……梨園弟子調律呂，知有新聲不如古。」（白居易〈華原磬〉）

「嗟嗟俗人耳，好今不好古。所以綠窗前，日日生塵土」（白居易〈五弦〉）

㈢聆樂時的審美感受：情之發動、欲求，曲盡意不盡。

「聲自肉中出，使人能透隨」（韓愈〈辭唱歌〉）

「清歌不是世間音，玉殿嘗聞稱主心」（劉禹錫〈田順郎歌〉）

「聞君〈古淥水〉，使我心和平」（白居易〈聽彈古淥水〉）

「欲得身心俱靜好，自彈不及聽人彈」（白居易〈聽幽蘭〉）

「管妙弦清歌入雲，老人合眼醉醺醺。試知不及當年聽，猶覺聞時勝不聞」（白居易〈聽歌〉）

「五言一遍最殷勤，調少情多似有因。不會當時翻曲意，此聲腸斷爲何人」（白居易〈水調〉）

「流水音常在，青霞意不傳。獨悲形解後，誰聽廣陵絃」（李德裕〈房公舊竹亭聞琴緬慕風流神期如在因重題此作〉）

「兒郎漫說轉喉輕，順待情來意自在。只是眼前絲竹和，大家聲裡唱新聲」（張祐〈聽歌〉）

「曲盡不知處，月高風滿城」（許渾〈聞歌〉）

「一曲聽初徹，幾年愁暫開」（劉得仁〈聽歌〉）

「莫奏開元舊樂章，樂中歌曲斷人腸」（薛逢〈開元後樂〉）

「無端夢得鈞天樂，盡覺宮商不是音」（薛能〈偶題〉）

「若解聞韶知肉味，朝歌欲到肯回頭」（胡曾〈朝歌〉）

「玉指朱絃軋復清，湘妃愁怨最難聽。初疑颯颯涼風勁（動），又似蕭蕭暮雨零」（孫氏〈聞琴〉）

「初疑憤怒含雷風，又似嗚咽流不通。……憶昔阮公爲此曲，能令仲容聽不足」（李治〈從蕭叔子聽琴賦得〈三峽流泉歌〉）

「一聲已動物皆靜，四座無言星欲稀（李頎〈琴歌〉）

「杜陵攻琴四十年，琴聲在音不在弦。……豈無父母與兄弟，聞此哀情皆斷腸」（戎昱〈聽杜山人彈胡笳〉）

「禪思何妨在玉琴，眞僧不見聽時心」（楊巨源〈僧院聽琴〉）

「自聞穎師彈，起坐在一旁。推手遽止之，濕衣淚滂滂。穎乎，爾誠能無以冰炭置我腸！」（韓愈〈聽穎師彈琴〉）

「聞彈一夜中，會盡天地情」（孟郊〈聽琴〉）

「自覺弦指下，不是尋常聲。須臾群動息，掩琴坐空庭，直至日出後，猶得心和平。惜哉意未已，不使崔君聽」（白居易〈寄崔少監〉）

「入耳澹無味，愜心潛有情。自弄還自罷，亦不要人聽」（白居易〈夜琴〉）

「心靜即聲淡，其間無古今」（白居易〈船夜援琴〉）

「一聽清心魂，飛絮春紛起」（殷堯藩〈席上聽琴〉）

「玉律潛符一古琴，哲人心見聖人心」（張祐〈聽岳州徐員外彈琴〉）

「有如驅逐太古來，邪淫辟蕩貞心開」（李宣古〈聽蜀道士琴歌

〉〉

　　「曲中聲盡意不盡，月照竹軒紅葉明」（司馬札〈夜聽李山人彈琴〉）

　　「萬物都寂寂，堪聞彈正聲。人心盡如此，天下自和平」（齊己〈秋夜聽業上人彈琴〉）

　　「神理誠難測，幽情詎可量。至今聞古調，應恨滯三湘」（莊若納〈湘靈鼓瑟〉）

　　「寸心十指有長短，妙入神處無人知」（顧況〈李湖州孺人彈箏歌〉）

　　「有時輕弄和郎歌，慢處聲遲情更多」（盧綸〈宴席賦得姚美人拍箏歌〉）

　　「弦凝指咽聲停處，別有深情一萬重」（白居易〈夜箏〉）

　　「淒淒切切斷腸聲，指滑音柔萬種情」（殷堯藩〈聞箏歌〉）

　　「十二三弦共五音，每聲如截遠人心」（薛能〈京中客舍聞箏〉）

　　「琵琶絃中苦調多，蕭蕭羌笛聲相和」（劉長卿〈王昭君〉）

　　「大抵曲中皆有恨，滿樓人自不知君」（羅隱〈聽琵琶〉）

　　「千悲萬恨四五弦，弦中甲馬聲駢聞」（無名氏〈琵琶〉）

　　「今朝聞奏〈涼州曲〉，使我心神暗超忽。勝兒若向邊塞彈，征人淚血應闌干」（劉景復〈夢爲吳泰伯作勝兒歌〉）

　　「佳客聞此聲，形神若無主。行客聞此聲，駐足不能舉」（白居易〈五弦〉）

　　「融融洩洩召元氣，聽之不覺心平和」（白居易〈五弦彈〉）

　　「曲終滿席悄無語，巫山冷碧愁雲雨」（王轂〈吹笙引〉）

　　「盧舜調清管，王褒賦雅音。參差橫鳳翼，搜索動人心」（李嶠〈簫〉）

　　「傍鄰聞者多歎息，遠客思鄉皆淚垂」（李賀〈聽安萬善吹觱篥歌〉）

　　「君不聞，胡笳聲最悲」（岑參〈胡笳歌送顏眞卿使赴河隴〉）

　　「此夜曲中聞折柳，何人不起故園情」（李白〈春夜洛城聞笛〉

）

　　「方響聞時夜已深，聲敲著客愁心」（雍陶〈夜聞方響〉）

　　「能令聽者易常性，憂人忘憂躁人靜」（僧皎然〈戛銅碗爲龍吟歌並序〉）

　　㈣描述性的音樂之美，點明器樂或歌曲自身的本質。

　　「急彈好，遲亦好；宜遠聽，宜近聽；左手低，右手舉，易調移音天賜與。大弦似秋雁，聯聯度隴關。小絃似春燕，喃喃向人語。……弄調人間不識名，彈琴天下崛奇曲。胡曲漢曲聲皆好，彈著曲髓曲肝腦」（顧況〈李供奉彈箜篌歌〉）

　　「趙璧知君入骨愛，五弦一一爲君調。第一第二弦索索，秋風拂松疏韻落。第三第四弦冷冷，夜鶴憶子籠中鳴。第五弦聲最掩抑，隴水凍咽流不得。五弦並奏君試聽，淒淒切切錚錚。……曲終聲盡欲半日，四坐相對愁無言。……遠方士，爾聽五弦信爲美，吾聞正始之音不如是。正始之音其若何，朱弦疏越清廟歌。一彈一唱再三歎，曲澹節稀聲不多。……更從趙璧藝成來，二十五弦不如五」（白居易〈五弦彈〉）

　　「大聲粗若散，颯颯風和雨。小聲細欲絕，切切鬼神語。……十指無定音，顛倒宮徵羽」（白居易〈五弦〉）

　　「大聲嘈嘈奔湢湢，浪蹙波翻倒溟渤。小弦切切怨颸颸，鬼哭神悲秋窸窣」（〈夢爲吳泰伯作勝兒歌〉）

　　「輕攏慢撚抹復挑，初爲霓裳後六么。大弦嘈嘈如急雨，小弦切切如私語。嘈嘈切切錯雜彈，大珠小珠落盤。……曲終收撥當心畫，四弦一聲如裂帛」（白居易〈琵琶行〉）

　　「琵琶宮調八十一，旋宮三調彈不出。……曲名無限知者鮮，霓裳羽衣偏宛轉。涼州大遍最豪嘈，六么散序多籠撚。我聞此曲深賞奇，賞著奇處驚管兒。……因茲彈作〈雨霖鈴〉，風雨蕭條鬼神泣」（元稹〈琵琶歌〉）

　　「長短參差十六片，敲擊宮商無不遍。此樂不教外人聞，尋前只向堂前奏」（牛殳〈方響歌〉）

　　「何滿能歌能宛轉，天寶年中世稱罕。……犯羽含商移調態，留

情度意拋弦管」（元稹〈何滿子歌〉）

　　「一曲四調歌八疊，從頭便是斷腸聲」（白居易〈何滿子〉）

　　誠如美國指揮、作曲家伯恩斯坦（Bernstein, Leonard）在其《音樂欣賞》〔註2〕（The Joy of Music）中所言，音樂裡的「意義」（meaning），幾世紀以來把美學家、音樂家和哲學纏得心神恍惚。他並將音樂裡的「意義」分為敘述式、描繪式、感情的渲染及反應、純粹的音樂（絕對音樂）四種類型。他認為我們如要「解釋」音樂，我們便須解釋「音樂」的本身，而不是欣賞家們創造年來的那套像寄生物似的環繞著音樂的觀念。對他而言，要想真正能夠談論音樂，只有去創作音樂。

　　研究唐人的音樂思想或音樂美學，我們所遭遇到的第一層困境，便是我們幾乎無法從具體的音樂作品中，得見其思想或美學內容的根據所在。文人雅士的音音樂的審美態度，我們一方面可從中國傳統的樂論中尋著大部分的根源，一方面也只能從其敘述、描繪、感動式的文字中探究並想像人和音樂間的關係；專業樂工或音樂家的音樂思想和美學態度，雖比較能得後人的信任，但仍不掩無法得見具體作品的遺憾。於是研究唐樂者，只得從文學作品及有限的史料中，儘量採取積沙成塔、層層探析的方法，冀望對唐代音樂文化的了解，有積水成淵之效。

　　從唐詩中所敘述、描繪的音樂層境來看，大都停留在經驗層面的敘述、描繪與感動，他們雖然無法就音樂中的旋律、節奏、調性、音律給予精確而專業的形容，畢竟文學家的立場和角度本不能和音樂家相提並論，他們整體對音樂的審美態度和經驗，甚至還不能建構出一套較嚴謹的音樂美學領域，也比較缺乏哲學的抽象高度。

　　譬如唐代的詩、文人們在可見的作品中，仍以雅樂、正聲、古曲、古調為美，新聲對他們而言就不是所欲審美的對象；對音樂的感受和感動，形容的文字不少，也有較普遍的規律和喜好的傾向，但比較無法超越經驗式的思考與欣賞，文學家中的白居易、元稹、顧況等人算是對音樂比較深入些的，但如白居易之輩，仍是「高情所好，寓情於此樂」而已（按：《琴史》的評語）。也許就一個音樂家的立場而

言，他們常會覺得奇怪，爲什麼文學家總會把音樂想到音樂以外的事情，像山啦、精靈啦，銀色的胡蘿蔔啦等等〔註3〕。但當我們了解到關於的美的媒介的諸多可能性時，我們自可以理解文學家和音樂家處理「意義」的差異。我們總不能要求所有的文學家，在描述音樂時，都像以下這段敘述吧：

> 在中音部一拍延長的起拍（像大提琴的A絃）渴望地向上伸展一個八度，它的意義由於伴奏的進入而變得明朗了。伴奏是由一連串重複而堅持的E小調主三和絃造成，它在延緩的半音希冀著的旋律線下跳動著（旋律踟躕於B和C音間），伴奏的中低音部以它的延音和倚音，更增加了全曲痛苦呻吟的感覺——〔註4〕

正如同風雨、流水之聲，就音樂的表現而言，再怎麼相像，都無法與自然界的聲音完全相同，事實上也沒有這個必要，想聽風雨、流水之聲，又何必從音樂中獲得。在音樂中，交織著許多物化的情與情化的物，這情是人文的情。畢竟音樂不只是聲音的單一表現，它也不是爲模擬什麼而來的；文學亦然，文學中所描繪的音樂感受，就是人的感受，這種感受，也許永遠不會在音樂家的身上發生，但卻是有關審美經驗文字化的主要媒介。

唐人有心儀於雅樂正聲者，也有愛好俗樂新聲者；有歎知音難尋者，亦有與知音共賞者；對於音樂的感受，有以百千文字欲詳述者，亦有以「愁」、「悲」一字道盡者；我們通過唐人對音樂的審美經驗，研究音樂與唐人感官及心智間的影響層境和規律，正在說明其美學態度或經驗的特殊或普遍的表現爲何。將音樂家與文學家的音樂美學區格開來，也就可立見其異同，不至於混淆其層境。

可以這麼說，音樂既是人的一種審美要求，也是人的一種審美結果，也是人的一種藝術創造，從唐人對音樂的審美態度與過程中，我們至少肯定科學方法的美學態度，在唐代是尙未成熟的階段，但這種階段，並不能掩抑唐人全面在音樂審美經驗上的反映。雖然我們不願用「階級性」來形容唐人的審美態度，但雅俗之別、正邪之分，仍然客觀的對立在唐人對音樂的審美經驗中，能如顧況般說出「胡曲漢曲

聲皆好」已是唐人中較包容的看法，聲音本身的純美和積極價值，雖然得到進一步的肯定，但我們似乎應更注意絕對音樂在唐代音樂文化中的影響力。

　　〔**註釋**〕：

〔註１〕本節所錄唐詩，請參閱本文〔附錄二〕

〔註２〕林聲翕譯，自華書局。

〔註３〕《音樂欣賞》，第二章，頁三十四。

〔註４〕同前引，頁三十八。

# 第四章　唐代音樂與文學、舞蹈、劇曲之關係

## 第一節　相得益彰的音樂文學

### 一、探討的方向及樣本

　　本節的重點不在探討唐代音樂與唐代文學之間繁複的關係。而是試圖通過唐以後的詩集或選集，就其分類的觀點與特殊性，如何反映唐代「音樂文學」的相得益彰。

　　歷來對音樂與文學之關係研究，文獻及近代著作實在不少，如朱謙之先生在《中國音樂文學史》〔註1〕中，首先就音樂與文學的關係作一說明，並列表以說明音樂與文學同屬時間藝術，且從文學與音樂之心理關係，說音樂和詩歌，本都不受空間支配，完全是人類心理中「想像」的產物。在〈中國文學與音樂之關係〉一節中，朱先生的意思是，中國文學的進化，與音樂的進化路徑相同，而最近未來的文學，便是建設一種最好聽的抒情的歌唱的「音樂文學」。朱先生反對胡適「廢曲用白」的白話文學觀點，他以為白話文學就是平民文學，是與歌唱、音樂有關的文學。

　　另外一種研究音樂與文學關係的方法，就是「語言音樂學」，如楊蔭瀏先生的〈語言音樂學初探〉〔註2〕、李殿魁先生的〈從詞曲的格律探討詩詞的吟唱〉〔註3〕，基本上都是採取此一進路。

　　學者之論皆頗有可觀之處，但本節所側重的是唐代以後對唐代「音樂文學」創作的「輯錄型」思考；所謂「輯錄型」，也就是指涉唐以後的詩集或選集的編者，其輯錄唐代與音樂有關的文學作品，究竟其輯錄的狀況與標準為何？這個側重面，最重要的工作就是資料（詩作）的整理、分類和分析。

　　本節所探討的樣本是宋人郭茂倩的《樂府詩集》、宋人計有功的《唐詩紀事》、宋人李昉等人所編的《文苑英華》及清康熙敕編的《

佩文齋詠物詩選》。當然，有關唐代「音樂文學」中最豐富且全面的
選集，自屬《全唐詩》及《全唐文》無疑，但兩種選集皆屬一代詩文
總集之性質，不易就其類別作全面而深入的分析，但筆者已於文末附
錄兩篇《全唐詩》及《全唐文》中有關唐代音樂文化之作品輯錄，稍
補此節所憾，若有遺漏不足之處，盼有識之士補正之。

〔**註釋**〕：

〔註１〕請參見本書，第一、二、五章，學藝出版社。

〔註２、３〕均收錄於《語言與音樂》，丹青圖書公司。大陸亦有收錄，
　　　　　　見《語言與音樂》，人民音樂出版社。

## 二、《樂府詩集》中的唐代音樂文學及其分類

　　《樂府詩集》一百卷，由宋人郭茂倩所編撰，這部書不僅提供了
豐富的樂府詩，也是研究樂府詩的重要著作〔註１〕。這一百卷樂府
詩共分十二類，每類還都有一篇題解，而且這十二篇題解都寫得極精
審扼要，將各類樂府詩的來龍去脈都寫得很好。由於本節是側重郭茂
倩所收集的樂府詩中，關於唐代的狀況，所以《樂府詩集》雖編集了
陶唐氏至五代的樂府詩，但本節將專論其中的唐代音樂文學。

　　首先我們先看看郭茂倩十二種分類的性質爲何？

　1.郊廟歌辭──是祭祀用的。在題解中有關唐代的部分，他說：

　　　唐高祖受禪，未遑改造，樂府尚用前世舊文。武德九年，乃命
　　　祖孝孫修定雅樂，而梁、陳盡吳、楚之音，周、齊雜胡戎之伎
　　　。於是斟酌南北，考以古音，作爲唐樂，貞觀二年奏之。按郊
　　　祀明堂，自漢以來，有夕牲、迎神、登歌等曲。宋、齊以後，
　　　又加祼地、迎牲、飲福酒。唐則夕牲、祼地不用樂，公卿攝事
　　　，又去飲福之樂。安、史作亂，咸、鎬爲墟，五代相承，享國
　　　不永，制作之事，蓋所未暇。朝廷宗廟典章文物，但按故常以
　　　爲程式云〔註２〕。

　2.燕射歌辭──是宴饗用的。在題解中有關唐代的部分，他說：

唐武德初，讌享承隋舊制，用九部樂。貞觀中，張文收造讌樂，於是分爲十部。後更分讌樂爲立坐二部。天寶已後，讌樂西涼、龜茲部著錄者二百餘曲，而清樂天竺諸部不在焉〔註3〕。

3.鼓吹曲辭——是用短簫鐃鼓的軍樂。關於唐代的部分，僅聊聊數語：

隋制列鼓吹爲四部，唐則又增爲五部，部各有曲。唯〈羽葆〉諸曲，備敍功業，如前代之制。……（其他制度）唐因之〔註4〕。

4.橫吹曲辭——是用鼓角在馬上吹奏的軍樂。關於唐代的部分，他說：

唐制，太常鼓吹，令掌鼓吹。施用調習之，節以備鹵簿之儀，而分五部。一曰鼓吹部，其樂器如隋棡鼓部而無大角。棡鼓一曲十疊，大鼓十五曲，嚴用三曲，警用十二曲，金鉦無曲以爲鼓節。小鼓九曲，上馬用一曲，嚴警用八曲。長鳴一曲三聲，上馬、嚴警用之。中鳴一曲三聲，用與長鳴同。二曰羽葆部，其樂器如隋鐃鼓部而加錞于，凡十八曲。三曰鐃吹部，其樂器與隋鐃鼓部同，凡七曲。四曰大橫吹部，其樂器與隋同，凡二十四曲。黃鍾角八曲，中呂宮二曲，中呂徵一曲，中呂商三曲，中呂羽四曲，無射二曲。五曰小橫吹部，其樂器與隋同。其曲不見，疑同用大橫吹曲也。凡大駕行幸，則夜警晨嚴。大駕夜警十二曲，中警七曲，晨嚴三通。皇太子夜警九曲，公卿已下夜警七曲，晨嚴並三通。夜警眾一曲，轉次而振也〔註5〕。

5.相和歌辭——以絲竹樂器相和，執節者歌。根據《宋書‧樂志》的說法，相和歌辭爲漢代舊曲，屬於街陌謳謠之類。關係唐代的部分，郭茂倩僅引《唐書‧樂志》謂：

平調、清調、瑟調，皆周房中曲之遺聲，漢世謂之三調。又有楚調、側調。楚調者，漢房中樂也。高帝樂楚聲，故房中樂皆楚聲也。側調者，生於楚調，與前三調總謂之相和調〔註6〕

。

6.清商曲辭——源始即相和三調（平調、清調、商調），大都古調及曹操、曹丕、曹叡所作，後遭梁、陳亡亂，存者蓋寡，隋代雖有增補，但亦因喪亂，日益淪缺。郭茂倩謂：

> 唐貞觀中，用十部樂，清樂亦在焉。至武后時，猶有六十三曲。其後歌辭在者有〈白雪〉〈公莫〉〈巴渝〉〈明君〉〈鳳將雛〉〈明之君〉〈鐸舞〉〈白鳩〉〈白紵〉〈子夜吳聲四時歌〉〈前溪〉〈阿子及歡聞〉〈團扇〉〈懊　〉〈長史變〉〈丁督護〉〈讀曲〉〈烏夜啼〉〈石城〉〈莫愁〉〈襄陽〉〈（西）〔樓〕烏夜飛〉〈估客〉〈楊伴〉〈雅歌驍壺〉〈常林歡〉〈三洲〉〈採桑〉〈春江花月夜〉〈玉樹後庭花〉〈堂堂〉〈泛龍舟〉等三十二曲，〈明之君〉〈雅歌〉各二首，〈四時歌〉四首，合三十七首。又七曲有聲無辭，〈上柱〉〈鳳雛〉〈平調〉〈清調〉〈瑟調〉〈平折〉〈命嘯〉，通前為四十四曲存焉。長安已後，朝廷不重古曲，工伎寖缺，能合於管弦者唯〈明君〉〈楊伴〉〈驍壺〉〈春歌〉〈秋歌〉〈白雪〉〈堂堂〉〈春江花月夜〉等八曲。自是樂章訛失，與吳音轉遠。開元中，劉貺以為宜取吳人，使之傳習，以問歌工李郎子。郎子北人，學於江都人俞才生。時聲調已失，唯雅歌曲辭，辭典而音雅。後郎子亡去，清樂之歌遂闕。自周、隋已來，管弦雅曲將數百曲，多用西涼樂。鼓舞曲多用龜茲樂。唯琴工猶傳楚、漢舊聲及清調。蔡邕五弄，楚調四弄，謂之九弄。雅聲獨存，非朝廷郊廟所用，故不載。〈樂府解題〉曰：「蔡邕云：『清商曲，又有〈出郭西門〉〈陸地行車〉〈夾鐘〉〈朱堂寢〉〈奉法〉等五曲，其詞不足采著。』」〔註7〕

7.舞曲歌辭——大致分雅舞及雜舞二部，雅舞用於郊廟、朝饗，雜舞用之於宴會。關於唐代的部分，題解中無特別提及，僅於開頭引杜佑《通典》謂：

> 《通典》曰：「樂之在耳者曰聲，在目者曰容。聲應乎耳，可以聽知，容藏於心，難以貌觀。故聖人假干戚羽旄以表其容，

發揚蹈厲以見其意，聲容選和而後大樂備矣。」〔註8〕

8.琴曲面歌辭——郭茂倩以爲古琴曲有五曲、九引、十二操、他於此處綜論曰：

五曲：一曰〈鹿鳴〉，二曰〈伐檀〉，三曰〈騶虞〉，四曰〈鵲巢〉，五曰〈白駒〉。九引：一曰〈烈女引〉，二曰〈伯妃引〉，三曰〈貞女引〉，四曰〈思歸引〉，五曰〈霹靂引〉，六曰〈走馬引〉，七曰〈箜篌引〉，八曰〈琴引〉，九曰〈楚引〉。十二操：一曰〈將歸操〉，二曰〈猗蘭操〉，三曰〈龜山操〉，四曰〈越裳操〉，五曰〈拘幽操〉，六曰〈岐山操〉，七曰〈履霜操〉，八曰〈朝飛操〉，九曰〈別鶴操〉，十曰〈殘形操〉，十一曰〈水仙操〉，十二曰〈襄陵操〉。自是已後，作者相繼，而其義與其所起，略可考而知，故不復備論。」〈樂府解題〉曰：「琴操紀事，好與本傳相違，存之者，以廣異聞也。」〔註9〕

他並引述《唐書・樂志》曰：「琴，禁也，夏至之音，陰氣初動，禁物之淫心也。」〔註10〕

9.雜曲歌辭——郭茂倩先以傳統「古風」、「雅樂」的觀念論「新聲」之弊。題解中間一段才謂：

「雜曲者，歷代有之，或心志之所存，或情思之所感，或宴游歡樂之所發，或憂愁憤怨之所興，或敘離別悲傷之懷，或言征戰行役之苦，或緣於佛老，或出自夷虜。兼收備載，故總謂之雜曲。」〔註11〕並無專論唐代的部分。

10.近代曲辭——也是雜曲的一種，因偏重隋、唐雜曲，故稱近代。關於唐代的部分，他說：

唐武德初，因隋舊制，用九部樂。太宗增高昌樂，又造讌樂，而去禮畢曲。其著令者十部：一曰讌樂，二曰清商，三曰西涼，四曰天竺，五曰高麗，六曰龜茲，七曰安國，八曰疏勒，九曰高昌，十曰康國，而總謂之燕樂。聲辭繁雜，不可勝紀。凡燕樂諸曲，始於武德、貞觀，盛於開元、天寶。其著錄者十四調二百二十二曲。又有梨園，別教院法歌樂十一曲，雲韶樂二

十曲。肅、代以降，亦有因造。僖、昭之亂，典章亡缺，其所存者，概可見矣。〔註12〕

11.雜歌謠辭——都是徒歌、謠、讖、諺語一類的作品。並無專論唐代的部分。

12.新樂府辭——嚴格說來，皆唐代新歌，但僅是辭擬樂府而未配樂。這個部分，郭茂倩的題解說：

> 樂府之名，起於漢、魏。自孝惠帝時，夏侯寬爲樂府令，始以名官。至武帝，乃立樂府，采詩夜誦，有趙、代、秦、楚之謳。則採歌謠，被聲樂，其來蓋亦遠矣。凡樂府歌辭，有因聲而作歌者，若魏之三調歌詩，因弦管金石，造歌以被之是也。有因歌而造聲者，若清商、吳聲諸曲，始皆徒歌，既而被之弦管是也。有有聲有辭者，若郊廟、相和、鐃歌、橫吹等曲是也。有有辭無聲者，若後人之所述作，未必盡被於金石是也。新樂府者，皆唐世之新歌也。以其辭實樂府，而未常被於聲，故曰新樂府也。元微之病後人沿襲古題，唱和重複，謂不如寓意古題，剌美見事，猶有詩人引古以諷之義。近代唯杜甫〈悲陳陶〉〈哀江頭〉〈丘車〉〈麗人〉等歌行，率皆即事名篇，無復倚旁。仍與白樂天、李公垂輩，謂是爲當，遂不復更擬古題。因劉猛、李餘賦樂府詩，咸有新意，乃作〈出門〉等行十餘篇。其有雖用古題，全無古義，則〈出門行〉不言離別，〈將進酒〉特書列女。其或頗同古義，全創新詞，則〈田家〉止述軍輸，〈捉捕〉請先螻蟻。如此之類，皆名樂府。由是觀之，自風雅之作，以至于今，莫非諷興當時之事，以貽後世之審音者。儻採歌謠以被聲樂，則新樂府其庶幾焉。〔註13〕

這十二類的分法，自然有可議之處，但是我們如今將研究的重心放在兩個方向上，1.本書收了合樂及不合樂的樂府詩，不合樂的像雜歌謠辭和新樂府辭，在全書的比例上還不算太高，合樂的部分，編集的狀況在隋唐以前可能稍嫌浮濫了些，隋、唐的部分還大致可信。2.唐人的創作，特別是可合樂的音樂文學，在《樂府詩集》中佔有多少份量，這個份量又顯示了什麼意義？

我們統計了《樂府詩集》中唐人的創作數量，統計如下：

郊廟歌辭　1～12卷　　395首

燕射歌辭　13～15卷　　0首

鼓吹曲辭　16～20卷　　66首（包括作者未詳的凱樂歌舞四首）

橫吹曲辭　21～25卷　　113首

相和歌辭　26～43卷　　326首

清商曲辭　44～51卷　　114首

舞曲歌辭　52～56卷　　38首

琴曲歌辭　57～60卷　　76首

雜曲歌辭　61～78卷　　373首

近代曲辭　79～82卷　　253首

雜歌謠辭　83～89卷　　56首（包括作者未詳的京師謠一首及

　　　　　　　　　　　　　　童謠十七首）

新樂府辭　90～100卷　429首

以上共計二千二百三十九首唐人樂府詩，合樂的部分計有一千七百五十四首，不合樂的部分計四百八十五首〔註14〕，這就是先前為何說不合樂的唐人樂府詩比例不算太高的原因；但這合樂的一千七百五十四首，扣除專為祭祀用的郊廟歌辭三百九十五首，也只剩一千三百五十九首合樂的樂府詩了。這個數量在《樂府詩集》中還是佔有最重要的地位。

那麼究竟是哪些詩人在《樂府詩集》中最受青睞？筆者仍先摒除祭祀用的郊廟歌辭三百九十五首，就其他的一千八百四十四首〔註15〕作一統計並於表後分析。

統計結果按作品數量多寡列表如下：

| 李　白 | 157 | 白居易 | 98 | 劉禹錫 | 76 | 溫庭筠 | 60 |
|---|---|---|---|---|---|---|---|
| 李　賀 | 56 | 王　建 | 53 | 張　籍 | 53 | 僧貫休 | 53 |
| 張　祜 | 48 | 薛　能 | 35 | 元　稹 | 34 | 孟　郊 | 34 |
| 陸龜蒙 | 28 | 元　結 | 27 | 令孤楚 | 27 | 張仲素 | 26 |
| 杜　甫 | 25 | 王　維 | 24 | 顧　況 | 22 | 鮑　溶 | 22 |
| 王昌齡 | 21 | 趙　瑕 | 20 | 李　端 | 20 | 韋渠牟 | 19 |

| | | | | | | | |
|---|---|---|---|---|---|---|---|
| 皮日休 | 19 | 柳宗元 | 18 | 沈佺期 | 18 | 僧皎然 | 18 |
| 王涯 | 17 | 劉長卿 | 17 | 崔國輔 | 17 | 高適 | 16 |
| 戎昱 | 16 | 僧齊己 | 16 | 李益 | 15 | 崔顥 | 15 |
| 盧綸 | 14 | 施肩吾 | 14 | 盧照鄰 | 14 | 楊巨源 | 14 |
| 韓愈 | 14 | 聶夷中 | 14 | 李商隱 | 12 | 李廓 | 11 |
| 劉希夷 | 11 | 郭元振 | 11 | 吳筠 | 10 | 岑參 | 9 |
| 韋應物 | 9 | 虞世南 | 8 | 于濆 | 7 | 戴叔倫 | 7 |
| 劉方平 | 7 | 劉駕 | 6 | 翁綬 | 6 | 耿湋 | 6 |
| 于鵠 | 6 | 沈彬 | 6 | 李涉 | 6 | 王勃 | 6 |
| 羅隱 | 5 | 莊南傑 | 5 | 馬戴 | 5 | 儲光羲 | 5 |
| 周朴 | 5 | 李頎 | 5 | 李暇 | 5 | 賀蘭進明 | 5 |
| 張說 | 5 | 孫魴 | 5 | 張志和 | 5 | 徐彥柏 | 4 |
| 郎大家宋氏 | 4 | 劉希夷 | 4 | 喬知之 | 4 | 胡曾 | 4 |
| 王翰 | 4 | 皇甫松 | 4 | 李百藥 | 4 | 陳陶 | 4 |
| 孟雲卿 | 4 | 皇甫冉 | 3 | 盧仝 | 3 | 李約 | 3 |
| 宋之問 | 3 | 駱賓王 | 3 | 東方虬 | 3 | 長孫左 | 3 |
| 李群玉 | 3 | 王叡 | 3 | 劉言史 | 3 | 李嶷 | 3 |
| 崔塗 | 3 | 陳羽 | 3 | 謝偃 | 3 | 杜審言 | 3 |
| 杜牧 | 3 | 劉氏雲 | 2 | 韓翃 | 2 | 董思恭 | 2 |
| 崔湜 | 2 | 王偃 | 2 | 張文琮 | 2 | 王無競 | 2 |
| 賈至 | 2 | 歐陽詹輔 | 2 | 袁暉 | 2 | 劉商 | 2 |
| 李希仲 | 2 | 鄭渥 | 2 | 譚用之 | 2 | 陶翰 | 2 |
| 唐太宗 | 2 | 吳少微 | 2 | 薛奇童 | 2 | 張泌 | 2 |
| 劉氏月華 | 2 | 雍陶 | 2 | 高蟾 | 2 | 劉氏媛 | 2 |
| 韓琮 | 2 | 吳融 | 2 | 趙微明 | 2 | 薛逢 | 2 |
| 滕潛 | 2 | 李嶠 | 2 | 秦韜玉 | 2 | 鄭谷 | 2 |
| 郎士元 | 2 | 楊衡 | 2 | 閻朝隱 | 2 | 張束之 | 2 |
| 張子容 | 2 | 柯宗 | 2 | 薛維翰 | 2 | 司馬曙 | 2 |
| 崔液 | 2 | 長孫無忌 | 2 | 韋莊 | 2 | 梁氏瓊 | 2 |
| 杜易簡 | 2 | | | | | | |

以下俱爲1首之作者。

| | | | |
|---|---|---|---|
| 鄭世翼 | 常　建 | 李宣遠 | 張　喬 |
| 陳　昭 | 朱光弼 | 余延壽 | 畢　耀 |
| 袁　朗 | 劉　叉 | 劉氏瑤 | 張若虛 |
| 張循之 | 李彥遠 | 魏　徵 | 王之奐 |
| 鄭　愔 | 朱　放 | 崔　融 | 張　碧 |
| 僧子蘭 | 徐賢妃 | 嚴識玄 | 賀知章 |
| 褚　亮 | 梁　獻 | 賈　馳 | 劉　灣 |
| 張氏琰 | 盧　弼 | 鮑氏君徽 | 程氏長文 |
| 李昌符 | 裴交泰 | 張　烜 | 鄒紹先 |
| 楊師道 | 上官儀 | 竇　威 | 曹　松 |
| 許　渾 | 韋承慶 | 于武陵 | 厲　言 |
| 陳子良 | 劉　阜 | 王　沈 | 崔　鴻 |
| 劉慎虛 | 顧朝陽 | 陳子昂 | 劉　憲 |
| 吳　燭 | 衛　萬 | 堯　客 | 杜　頠 |
| 徐　堅 | 李　華 | 王　諲 | 王貞白 |
| 丁仙芝 | 丁　稜 | 張易之 | 劉元淑 |
| 姚　合 | 歐陽瑾 | 秦韜玉 | 王紹宗 |
| 劉元濟 | 齊　澣 | 薛　耀 | 李康成 |
| 王　轂 | 張　熾 | 高　駢 | 王　訓 |
| 王　縉 | 獨孤及 | 蘇　○ | 陸長源 |
| 萬　楚 | 張　繼 | 常楚老 | 李景伯 |
| 權德輿 | 張　潮 | 雍裕之 | 虞羽客 |
| 盧　貞 | 李　章 | 姚　係 | 辛弘智 |
| 賈　島 | 紀唐夫 | 李嘉祐 | 常　理 |
| 唐德宗 | 鄭　錫 | 李　錡 | 田　娥 |
| 王　適 | 司空圖 | 李中孚妻張氏 | 李季蘭 |
| 章懷太子 | 孟賓于 | 武平一 | 戴師顏 |
| 江　爲 | 杜荀鶴 | 孟浩然 | 張九齡 |
| 張修之 | 無名氏10 | | |

　　這個統計表有幾點可供分析的參考點（按：暫不考慮不知幾許人的無名氏10首及京師謠1首、童謠17首）：

1. 創作量在十首以上者共計四十七人、一千三百七十九首；在二至九首之間的共計九十四人、三百二十首；僅有一首創作的共計一百三十三人。

2. 創作量在五十首以上的計有八人：李白一五七首、白居易九十八首、劉禹錫七十六首、溫庭筠六十首、李賀五十六首、張籍、王建、僧貫休各五十三首，共佔六〇六首，等於佔有一八一二首中的三分之一強。

3. 前述八人在「雜歌謠辭」、「新樂府辭」中出現的作品數量，僅溫庭筠、白居易有較大影響外，劉禹錫、張籍、李白等人的數量影響有限，也就是說，在《樂府詩集》中，這二五四人、一八一二首作品中，編集收錄的範疇，仍有相當程度的客觀性。

4. 跟同時代計有功所編集的《唐詩紀事》比較起來，雖然二書在性質上不盡相同，但從《樂府詩集》中更可看出唐代創作可合樂的音樂文學的普遍盛況。

　　〔註釋〕：

〔註1〕本書並錄有大量的古代樂書佚，這些失傳的樂書佚文，是研究五代以前雅樂、燕樂、鼓吹、橫吹、相和歌辭、清商樂、舞曲、琴曲以及隋、唐大曲的重要資料。如漢代揚雄之《琴清英》、蔡邕之《琴頌》，晉以後謝希逸之《琴論》、王僧虔之《宴樂技錄》、釋智匠《古今樂錄》及《琴歷》、《歌錄》，唐人所著則有鄴昂之《樂府解題》、李勉之《琴說》、李良輔之《廣陵止息譜·序》及不知何許人所著之《琴書》、《琴集》、《琴議》等樂書。這些專門樂書俱存（部分）於《樂府詩集》之中，這也是本文欲以此書為樣本的重要依據之一。

〔註2〕《樂府詩集》，卷一，頁二。里仁書局。

〔註3〕同前引，卷十三，頁一八二。

〔註4〕同前引，卷十六，頁一二四。

〔註5〕同前引，卷二一，頁三一。

〔註6〕同前引，卷二六，頁三七六。

〔註7〕同前引，卷四四，頁六三八～六三九。

〔註8〕同前引，卷五二，頁七五二。

〔註9〕同前引，卷五七，頁八二二。

〔註10〕同前引。

〔註11〕同前引，卷六一，頁八八五。

〔註12〕同前引，卷七九，頁一一〇七。

〔註13〕同前引，卷九十，頁一一六二。

〔註14〕這個算法是去掉「雜歌謠辭」五十六首，及「新樂府辭」四百二十九首所得之結果，雖符合郭氏之基本觀點，但恐有疑慮，可再申究之。

〔註15〕這一千八百四十四首，就包括了「新樂府辭」。

## 三、《唐詩紀事》中的音樂文學及其紀事觀點

　　《唐詩紀事》爲南宋計有功（敏夫）所撰，共計八十一卷，詩人一千一百五十家。計氏編纂此書，乃感於唐人以詩名家，姓氏著於後世，殆不滿百；其餘僅有聞焉一時名輩，滅沒失傳，不可勝數。計氏爲保存較完整的唐代詩歌文獻，因而閑居尋訪，舉凡唐代「三百年間，文集、雜說、傳記、遺史、碑誌、石刻，下至一聯、一句，傳誦口耳，悉搜採繕錄。」〔註1〕全書以人爲綱，將同一詩人的生平行錄、名篇麗句、前人評論等資料匯集在一起，使「讀其詩，知其人」。其間少有自己的評論，唐人詩集不傳於世者，多賴本書以存。

　　《唐詩紀事》與《樂府詩集》雖然都能普遍反映唐代音樂文學與盛之況，但兩者最大的不同在於《樂府詩集》的編集稍嫌浮濫，且僅錄詩詞之作，無其背景之說明，在十二類分類的題解上，才正發揮郭茂倩對整體樂府詩的理解，他所理解的，是唐代音樂文學背後較大的歷史背景與文化制度，他是宏觀式的解讀法；計有功則於唐詩人身上竭盡所能採擷繁富，或錄名篇麗句，或兼記本事，詩人可考者，即略

記大節，以詳其世系爵里。也就是說，閱讀《唐詩紀事》，可在讀詩的同時，理解其相關背景，他所掌握的，是從繁雜的採集聽聞中，將唐代詩人的詩作與「詩本事」關聯起來，他的角度是較微觀的，所以研究《唐詩紀事》，便時時有小小發現的真趣。尤其是其紀事的部分，等於是提供了唐人音樂文學創作上的背景研究資料，有些是純粹詩人個人化的創作，心理的因素重於社會因素；有些則因應制之考慮、社會因素影響下，才會有描繪唐代音樂諸多面貌的作品產生，不一而足。以下之例，皆足以明詩人之志。

1. 唐太宗云：「釋實求華，以人從欲，亂於大道，君子恥之。故述〈帝京篇〉，以明雅志云爾。」此外，〈功成慶善樂〉也是因為唐太宗於貞觀六年九月，至其出生故宅「慶善宮」，有感而作，並使童子八佾為九功之舞，在大宴會中，與〈破陣舞〉偕奏於庭。

2. 李行言為隴西人，兼文學幹事。《唐詩紀事》與《全唐詩》僅錄其詩一首，名〈秋晚度廢關〉。但紀事中特別提及唐中宗時，李行言為給事，能唱〈步虛歌〉。曾於御前長跪三洞道七音，詞歌數曲，貌偉聲暢，中宗頻嘆美之一事。

3. 劉希夷作〈悲代白頭翁〉，詩云：「公子王孫芳樹下，清歌妙舞落花前」，計氏便於本事中引唐人劉肅之《大唐新語》謂：「少有文章，好為宮體詩，詞旨悲苦，不為時人所重，善彈琵琶，嘗為〈白頭翁詠〉。後孫翌撰《正聲集》，以希夷為集中之最，由是大為人所稱〔註2〕。

4. 李嶧〈喜逢宋之問詩〉云：「醉後長歌畢，餘聲繞吹臺」，計氏便引宋之問〈答李司戶嶧〉〔註3〕云：「弄琴宜在夜，傾酒貴逢春」以詩人間彼此作詩問侯為旨，更加顯明唐代音樂在文人生活及文學作品中的重要性。

5. 安祿山大會凝碧池，梨園弟子，因而欷歔泣下。樂工雷海清，因擲樂器，西向大慟，被支解於試馬殿，時王維被拘於菩提寺，便作詩曰：「萬戶傷心生野煙，百僚何日更朝天，秋槐落葉深宮裡，凝碧池頭奏管絃。」後王維有罪，也以此詩獲免。計氏在紀事

中所引證之詩，常不明其詩題爲何，《全唐詩・卷一百二十八》
載此詩名〈菩提寺禁裴迪來相看說逆賊等凝碧池上作音樂供奉人
等舉聲便一時淚下私成口號誦示裴迪〉〔註４〕，以詩獲免一事
，應來自《新・舊唐書》的記載〔註５〕。由此可見計氏在紀事
的使用上頗爲依賴正史。

6.王維與裴迪唱和之事，計氏引王維〈竹里館〉云：「獨坐幽篁裡
，彈琴復長嘯。深林人不知，明月來相照。」裴迪詩云：「來過
竹裡館，日與道相親。出入惟山鳥，幽深然世人〔註６〕。」計
氏於本事中云：「王維〈輞川集〉中有云，餘別業在輞川山谷，
與裴迪閑暇各賦絕句」《全唐詩・卷一百二十九》記載裴迪初與
王維、崔興宗居終南，一同唱和。天寶後爲蜀州刺史，與杜甫、
李頎友善，有詩二十九首，其中輞川集便佔了二十首，裴迪詩作
〈竹里館〉亦爲其中之一。計氏偏愛詩人唱和之事亦明矣。

7.崔宗之與李、杜以文相交，贈李白詩句云：「酌酒並素琴，霜風
氣（一作正）凝結」（按：崔宗之名成輔，以字行）。

8.唐玄宗賜宴樂遊園，胡皓應制詩云：「綺羅含草木（一作樹），
絲竹吐郊衢。銜盃不能罷，歌舞樂唐虞」（按：《全唐詩・卷一
百〇八》載此詩名〈奉和聖製同二相以下群官樂遊圖宴〉）。
唐人作應制詩之風氣異常興盛，從應制詩類的文學作品中，最可
看出宮廷中皇帝與詩人對絲竹之樂的愛好，並且大量的反映在文
學作品。

9.計氏常藉詩題發揮，如蕭穎士有詩〈重陽日陪元魯山德秀登北城
矚對新齋因以贈別〉，計氏則謂：「穎士重陽陪魯山登北城贈別
，時元有掛冠之意」故成詩如下：「賴茲琴堂暇，傲倪傾菊酒。
人知歲已登，從政復何有。」在〈仰答韋司業五首〉中云：「詞
賦豈不佳，盛名亦相因。爲君奏此曲，此曲多苦辛。千載不可誣
，孰言今無人。」嚴格說來，計有功藉詩題發揮詩意之法，雖然
取巧，但立意甚佳。

10.鄭嵎（字賓先），唐宣宗大中五年進士，並序有〈津陽門詩〉一
首，長句七言，凡一千四百字，成一百韻。其中有詩句云：「三

　　郎紫笛弄煙月，怨如別鶴呼離雌。玉奴琵琶龍香撥，倚歌促酒聲
嬌悲」計氏於詩句下自注云：「上皇善吹笛，常寶一紫玉管，貴
妃妙彈琵琶，其樂器聞於人間者，有邏逤、檀龍香柏，為撥者，
上每執酒卮，必令迎娘歌水調曲遍，而太眞輒彈弦倚歌。」後《
全唐詩》亦引此事，並略加修正〔註7〕。

　　以上十例，僅為《唐詩紀事》之部分，但大致可看出其於舖陳音
樂文學外，有關紀事之觀點。其紀事觀點的處理大致有幾類：

　　1.面臨客觀環境之轉變，特別是音樂或文學的層次，欲借詩以明志
　　　。如唐太宗〈帝京篇〉。

　　2.文人唱和之作，此類紀事甚多，如李嶠與宋之問的唱和、王維與
　　　裴迪的唱和。

　　3.純粹為應制之作，如胡皓應制詩。

　　4.因詩題以發揮者，如蕭穎士詩。

　　5.有詩句牽涉音樂上的典故或軼事者，加以自註或引經據典說明者
　　　，如鄭嵎〈津陽門詩〉，劉希夷的〈悲代白頭翁〉亦屬此類。

　　6.較難歸類者（意即可個別說明），如崔宗之、李行言詩，前者雖
　　　勉強亦屬唱和之事，但本書不錄李白之作品；後者乃根據作者所
　　　採之資料，稍加證明詩人與音樂之關係，所以暫可不強行歸類。

　　值得注意的是，計有功在本書第六十六卷詩人趙牧（按：不知何
許人也，兩唐書無傳，僅知其為大中、咸通年間的部分活動）事後，
有一段對唐詩的總評曰：〔註8〕

　　　唐詩自咸通（按：懿宗年號）而下，不足觀矣。亂世之音怨以
　　　怒，亡國之音哀以思，氣喪而語偷，聲煩而調急，甚者忿目褊
　　　吻，如戟手交罵。大抵王化習俗，上下俱喪，而心聲隨之，不
　　　獨士子之罪也。其來有源矣。司空圖輩，傷時思古，退已避禍
　　　，清音冷然，如世外道人，所謂變而不失正者也。余故盡取晚
　　　唐之作，庶知律師末伎，初若虛文，可以知沿之盛衰。

　　計有功謂咸通以下之唐詩不足觀矣，也反映在本書中，從趙牧而
後，雖說離唐代結束的時間尚有四十年左右，但可在本事上發揮的詩
家已寥寥可數，特別是詩作中所反映的音樂面貌也充滿著低調消沈的

氣息，與晚唐前詩作中的詠樂盛況，不可同日而語。

　　筆者從《唐詩紀事》一千百五十詩家中，針對與唐代音樂面貌有關的詩作與紀事者，共計二百詩家。這二百詩家中，其詩作與唐代音樂面貌有關者，大都爲一～二首而已，這與本書紀事性質頗爲相關。此外，本節所收錄的詩人雖與《樂府詩集》中頗有重疊之處，但其收錄的詩作及本事，則大不相同，故列表以供參照之用。表分人物、詩作、紀事、卷數四類。

〔註釋〕：
〔註1〕《唐詩紀事・自序》，頁三。藝文書局。
〔註2〕劉肅《大唐新語・文章》（卷八）則謂「由是稍爲時人所稱」，計有功之言，恐誇大也。
〔註3〕《全唐詩》，卷五十二。
〔註4〕詩題不明，是《唐詩紀事》之缺失之一。
〔註5〕《舊唐書・王維傳》，卷一九〇。《新唐書・王維傳》，卷二〇二。
〔註6〕《全唐詩》作「幽深無世人」。
〔註7〕《全唐詩》，卷五六七，於此詩句下的自注云：「有邏逤檀爲槽，龍香柏爲撥者。上每執酒巵，必令迎娘歌水調曲遍。而太眞輒彈弦倚歌，爲上送酒，內中皆以上爲三郎，玉奴乃太眞小字也。」
〔註8〕本書，頁一〇三一。

## 《唐詩紀事》中的音樂文學紀事輯錄

| 人　物 | 詩　　　云 | 事　　　云 | 卷　數 |
|---|---|---|---|
| 唐太宗<br><br>唐太宗 | 去茲鄭衛聲，雅音方可悅。（〈帝京篇〉其四） | 釋實求華，以人從欲，亂於大道，君子恥之。故述〈帝京篇〉，以明雅志云爾。正觀六年九月，帝幸慶善宮，帝生時故宅也。因與貴臣宴，賦詩，起居郎請平宮商，被之管絃，命曰：〈功成慶善樂〉。使童子八佾爲九功之舞，大宴會與破陣舞，偕奏於庭。 | 第一卷<br><br>第一卷 |
| 唐德宗 | 中流簫鼓誠堪賞，詎假橫汾發棹歌。（〈九日絕句〉） | | 第二卷 |
| 唐宣宗 | | 舊制，盛春內殿賜宴三日，帝妙音律，每先裁製新曲，俾禁中女伶，佚相教授，至是出宮女數百，分行連袂，而歌其曲。（出令孤澄正陵遺事） | 第二卷 |
| 上宮昭容 | 攜琴待叔夜，負局訪安期。（〈昭君怨〉）<br>風篁類長笛，流水當鳴琴。（〈五言九首〉其四）<br>預彈山水調，終擬從鍾期。（〈五言九首〉其八） | 中宗正月晦日，幸昆明池賦詩，群臣應志百餘篇，殿帳前結綵樓，命昭容選一首爲新翻製曲，從臣悉集其下，須臾紙落如飛，各認其名而懷之。 | 第三卷 |
| 董思恭 | 琵琶馬上彈，行路曲中難。（〈昭君怨〉）<br>促節縈紅袖，清音滿翠帷。駛彈風響急，緩曲釧聲遲。（〈詠琵琶〉） | | 第三卷 |
| 陳叔達 | 本身龍門桐，因妍入漢中。香由羅袖裡，聲逐朱絃中。爲將金谷引，添令曲未終。（〈聽鄰人琵琶詩〉） | | 第三卷 |
| 薛　收 | 帷茲器之爲宗，總群樂而居妙。<br>應清角之高節，發號鐘之雅調。<br>處躁靜之中權，執疏密之機要。 | | 第三卷 |

| | | | |
|---|---|---|---|
| | 遏浮雲而散彩，揚白日以垂耀。<br>爾其狀也，龍腹鳳頭，熊據龍旋。<br>戴曲履直，破斛成圓。虛心內受。<br>勁質外宣。磅礴象地，穹崇法天。<br>候八風而運軸，感四氣而鳴絃。<br>金華徘徊而月照，玉桂的歷以星懸。（〈琵琶賦〉） | | |
| 褚　亮 | 笙歌簫舞蜀年韶，鼙鼓鼕鐘展時豫。<br>（〈祀五方用舒和歌〉）<br>金笳催別景，玉管切離聲。<br>（〈奉和禁苑餞別應令詩〉） | | 第四卷 |
| 虞世南 | 吹簫入吳市，擊筑遊燕肆。<br>（〈賦結客少年場〉）<br>香銷翠羽帳，絃斷鳳凰琴。<br>鏡前紅粉歇，階上綠苔侵。<br>誰言掩歌扇，翻作白頭吟。<br>（〈怨歌行〉） | | 第四卷 |
| 劉孝孫 | 涼秋夜鳴笛，流風詠九成。<br>調高時慷慨，曲變成淒清。<br>征客懷離緒，鄰人思舊情。<br>幸以知音顧，千載有高聲。<br>（〈詠笛詩〉） | | 第四卷 |
| 楊師道 | 調弦發清徵，蕩心祛褊吝。<br>變作離鴻聲，還入思歸引。<br>（〈彈鳴琴詩〉）<br>齊娥初發弄，趙女正調聲。<br>嘉客勿遽反，繁弦曲未成。<br>（〈詠琴詩〉）<br>短長挿鳳翼，洪細摹鸞音。<br>能令楚妃歎，復使荊王吟。<br>切切孤竹管，來應雲和琴。 | 字景猷，正觀十年拜侍中，參預朝政。後為太常卿，每興文七宴，歌詠自適。 | 第四卷 |
| 李百藥 | 始酌文君酒，新吹弄玉簫。<br>少年不歡樂，何以盡芳朝。<br>（〈少年詞〉） | | 第四卷 |
| 杜正倫 | 湛露晞堯日，薰風入舞絃。<br>（〈侍宴北門詩〉） | 相州人，嘗與中書舍人董思恭夜直論文，思恭歸謂人曰 | 第四卷 |

| 李義府 | 鏤月爲歌扇，裁雲作舞衣。自憐迴雪影，好取洛川歸。 | ：與杜公評文，今日覺吾頓進。顯慶初爲相。有棄强尉張懷慶，好偷竊名士文章，乃爲詩曰：生情鏤月爲歌扇，出性裁雲作舞衣。照鑑自憐迴雲影，來時好取洛川歸。時人爲之語曰：活剝張昌齡，坐吞郭正一。 | 第四卷 |
|---|---|---|---|
| 杜之松 | 不辭攀折苦，爲入管絃聲。（〈和衛尉寺柳詩〉）蔭丹桂，藉白茅。濁酒一杯，清琴數弄，誠足樂也。（〈答王續書〉） | | 第四卷 |
| 王　績 | 月夜橫寶琴，此外將安欲。……前彈〈廣陵〉罷，後以〈明光〉續。百金買一聲，千金傳一曲。…世無鐘子期，誰知心何屬。（〈古意〉） | 字無功，絳州人，兄王通，大儒也。以周易老子置床頭，他書罕讀也，著〈五斗先生傳〉、〈醉鄉記〉無心子傳，豫知終日，自誌其墓，自號東　子。 | 第四卷 |
| 王　勣 | 早時歌扇薄，今日舞衫長。不應令曲誤，持此試周郎。（〈詠妓詩〉） | | 第五卷 |
| 上官儀 | 琴悲桂條上，笛怨柳花前。（〈王昭君〉） | | 第六卷 |
| 喬知之 | 石家金谷重新聲，明珠十斛買聘聘。昔日可憐君自許，此時歌舞得人情。君家閨閣不曾聞，好將歌舞借人看。（〈綠珠篇〉） | | 第六卷 |
| 杜審言 | 攦琴遶碧沙，搖筆弄青霞。（〈和韋承慶過義陽公山莊池〉） | | 第六卷 |
| 劉友賢 | 春來日漸賒，琴酒逐年華。（〈晦日林亭〉） | | 第七卷 |
| 陳子昂 | | 字伯玉，梓州人。爲〈感遇詩〉三十八篇，王適曰：是必爲海內文宗。《獨異》記載，子昂初入京，不爲人知，有賣胡琴者，價百萬，豪貴傳視無辯者。子昂突出， | 第八卷 |

| | | 謂左右曰：輦千緡市之。衆驚問，答曰：余善此樂。皆曰：可得聞乎？曰：可集宣揚里。如期偕往，則酒肴畢具，置胡琴於前，食畢，捧琴語曰：蜀人陳子昂，有文百軸，馳走京轂，碌碌塵土，不爲人知，此樂賤工之役，豈宜留心。舉而碎之，以其文軸，遍贈會者。一日之內，聲華溢郡。時武攸宜爲建安王，辟爲書記。 | |
|---|---|---|---|
| 劉樟之 | 管聲依折柳，琴韻動流波。（〈奉和別越王詩〉） | | 第八卷 |
| 袁恕己 | 山對彈琴客，溪流垂釣人。請看車馬客，行處有風塵。（〈詠屏風〉） | | 第八卷 |
| 徐彥伯 | 鳳辰憐簫曲，鸞闈念掌珍。（〈送金城公主〉） | 兗州人，爲蒲州司軍兵參。時司戶韋暠善判，司士李亙工書，彥伯屬辭，號河東三絕。 | 第九卷 |
| 李迴秀 | 鷺羽鳳簫參樂曲，荻園竹逕接帷陰。手舞足蹈方無已，萬年千歲奏薰琴。（〈安樂公主山莊〉） | | 第九卷 |
| 岑　羲 | 泉聲迴入吹簫曲，山勢遙臨獻壽杯。（〈安樂公主山莊〉）一奉恩榮歡在鎬，空知率舞聽薰絃。（〈應制〉） | | 第九卷 |
| 崔日用 | 新年宴樂坐東朝，鐘鼓鏗鍠大樂調。（〈正月七日宴大明殿詩〉）洛陽桴鼓命不鳴，朝野咸推重太平。（〈餞唐永昌〉）咸英調正樂，香梵遍秋空。（〈慈恩寺九日應制〉） | | 第十卷 |
| 盧藏用 | 故人琴與詩，可存不可識。識心向可親，琴詩非故人。無復平原賦，究餘鄰笛聲。 | 字子潛，幽州人。初隱終南少室二山，時有意當世，人目爲「隨駕隱士」。 | 第十卷 |

| 馬懷素 | 謬參西液霑堯酒，願沐南薰解舜琴。（〈望春宮迎春應制〉） | | 第十卷 |
|---|---|---|---|
| 薛　稷 | 坐中香氣排花出，扇後歌聲逐酒來。（〈宴安樂公主新宅〉） | 善書畫。畫宗閻立本，書師褚河南，時稱「買褚得薛不落節」。 | 第十卷 |
| 劉允濟 | 昔在龍門側，誰想鳴鳳時。雕琢今爲器，宮商不自持。巴人緩疏節，楚客弄繁絲。欲作高張引，翻成下調悲。（〈詠琴詩〉） | | 第十卷 |
| 李　嶠 | 誰言七襄詠，重入五絃歌。（〈七夕應制〉） | 字巨山，爲兒時，夢人遺雙筆，自是有文詞。與駱賓王、劉光業齊名。相中宗。 | 第十卷 |
| 鄭　愔 | 邊聲亂朔馬，秋色引胡笳。折柳悲春曲，吹笳斷夜聲。邊聲入鼓吹，霜氣下旌干。（〈塞外三篇〉）誰堪牧馬思，正是胡笳吟。曲斷江山月，聲悲雨雪陰。（〈胡笳曲〉）軒蓋終朝集，笙竽此夜吹。（〈年少行〉） | | 第十一卷 |
| 宋之問 | 春風艷楚舞，秋月綿胡笳。（〈浣沙篇贈陸上人〉） | | 第十一卷 |
| 李行言 | | 隴西人，兼文學幹事。中宗時，爲給事，能唱〈步虛歌〉。曾於御前作三洞道士音，詞歌數曲，貌偉聲暢，上頻嘆美。景龍中，中宗引近臣宴集，令各獻伎爲樂。……行言唱〈駕東西河〉。 | 第十一卷 |
| 韋元旦 | 琴曲悲千里，簫聲戀九天。（〈送金城公主〉）壺觴既卜仙人夜，歌舞疑停織女秋。（〈主第夜宴〉） | | 第十一卷 |
| 竇希玠 | | 八月，中宗令學士尋勝，同宴於禮部尙書竇希玠林亭，張說製序云：召絲竹於伶官，借池亭於貴族。 | 第十二卷 |

| 楊　廉 | 蕭鼓諧仙曲，山河入畫屏。<br>（〈九日侍宴應制〉） | | 第十二卷 |
|---|---|---|---|
| 崔　液 | 最憐長袖風前弱，更當新絃暗裡調。（〈上元詩〉其五）<br>猶惜道傍歌舞處，踟躕相顧不能歸。（〈上元詩〉其六） | | 第十三卷 |
| 劉希夷 | 公子五孫芳樹下，清歌妙舞落花前。<br>（〈悲代白頭翁〉） | 《唐新語》云：希夷，一名庭芝，汝州人。少有文華，好爲宮體詩，詞旨悲苦，不爲時人所重。善彈琵琶，嘗爲〈白頭翁詠〉。後孫翌撰《正聲集》，以希夷詩爲集中之最，由是大爲人所稱。 | 第十三卷 |
| 王　熊 | 絲管清且哀，一曲傾一盃。<br>（〈張燕公宴別贈詩〉） | | 第十三卷 |
| 盧崇道 | 褰幌納鳥侶，罷琴聽猿啼。<br>（〈亨別郭大元振詩〉） | | 第十三卷 |
| 邵士彥 | 調琴欲有弄，畏作斷腸聲。<br>（〈秋閨詩〉） | | 第十三卷 |
| 李　夔 | 醉後長歌畢，餘聲繞吹臺。<br>（〈喜逢宋之問詩〉） | 宋之問答曰：弄琴宜在夜，傾酒貴逢春。 | 第十三卷 |
| 司馬承禎 | 不見其人誰與言，歸坐彈琴思逾遠。（〈答宋之問〉） | 字子微，事潘師正。傳辟穀導引術，無不通。 | 第十三卷 |
| 張　說 | 空彈馬上曲，詎減鳳樓悲。<br>（〈送金城公主〉）<br>忽有南風至，吹君堂上琴。<br>（〈岳州山城〉）<br>天文日月送，朝賦管弦新。<br>（〈將赴朔方軍應制〉） | 字道濟，洛陽人。相明皇，爲文屬思精壯，長於碑誌。謫岳州後，詩益悽婉，人謂得江山助云。 | 第十四卷 |
| 王　丘 | 北土分堯俗，南風動舜歌。<br>一聞天樂唱，恭逐萬人和。<br>（〈奉和明皇答張說南出雀鼠谷詩〉） | | 第十四卷 |
| 崔　翹 | 笳吟中嶺樹，伏入半峰雲。<br>（〈奉和明皇答張說南出雀鼠谷詩〉） | | 第十四卷 |
| 裴光庭 | 雜　陳簫鼓，歡娛洽縉紳。 | | 第十四卷 |

| | | | |
|---|---|---|---|
| | （〈奉和御製三相同日上官<br>　詩〉） | | |
| 崔　尚 | 花催相國飲，鳥和樂人彈。<br>（〈恩賜樂遊宴〉） | | 第十四卷 |
| 崔泰之 | 聞琴幽谷裡，看弈石巖前。<br>落月低幃帳，歸雲遶管絃。<br>（〈酬韋嗣立龍門北溪作〉） | 泰之時以禮部居洛，故與嗣<br>立說日知。數有酬唱。 | 第十四卷 |
| 王　灣 | 虛室有秦箏，箏新月復清。<br>絃多弄委曲，柱促語分明。<br>曉怨凝繁手，春嬌入慢聲。<br>近來唯此樂，傳得美人情。<br>（〈觀插箏〉） | | 第十五卷 |
| 崔國輔 | 淨掃黃金階，飛霜厚如雪。<br>下簾彈箜篌，不忍見秋月。<br>（〈古意〉） | | 第十五卷 |
| 王　維 | 萬戶傷心生野煙，百僚何日<br>更朝天。秋槐落葉深宮裡，<br>凝碧池頭奏管絃。 | 祿山大會凝碧池，梨園弟子<br>欷歔泣下。樂工雷海清，擲<br>樂器西向大慟，賊支解於試<br>馬殿。維時拘於菩提寺，有<br>詩如左。 | 第十六卷 |
| 裴　迪 | 獨坐幽篁裡，彈琴復長嘯。<br>深林人不知，明月來相照。<br>（王維〈竹里館〉）<br>來過竹里館，日與道相親。<br>出入惟山鳥，幽深然世人。<br>（裴迪） | 王維輞川集中有云，餘別業<br>在輞川山谷，與裴迪閑暇各<br>賦絕句如左。 | 第十六卷 |
| 趙多曦 | 鳴琴有眞氣，泥已沬清風。<br>（〈和燕山岳州山城〉）<br>攜琴仙洞中，置酒江湖上。<br>芳景忝行樂，諭居忽如忘。<br>（〈酬燕公出湖見寄〉） | | 第十七卷 |
| 崔成甫 | | 李白詩「崔侍御」是也。開<br>元末，長安令韋堅，兼水陸<br>轉運使，鑿潭望春樓下。先<br>時，民間唱俚歌曰：「得本<br>紇那邪。」其後得寶符於桃<br>林。時成甫爲陝縣尉，更得<br>體歌，爲得寶洪農野，堅命<br>舟人歌之，成甫又廣爲之歌<br>辭十闋。白衣缺後綠衣錦， | 第十七卷 |

| | | 半臂紅抹額，立第一船，爲號頭以唱。集兩縣婦女百人，鮮服靚粧，鳴鼓吹笛以和之。 | |
|---|---|---|---|
| 李　昂 | 閨中歌舞未終曲，天下死人如亂麻。珠簾夕殿開鐘鼓，白日秋天憶鼓鼙。君楚兮變楚舞，脈脈相看兩心苦。曲未終兮袂更揚，君流涕兮妾斷腸。（〈昂賦戚夫人楚舞歌〉） | | 第十七卷 |
| 李　白 | 〈烏棲曲〉、〈宮中行樂詞〉、〈東武吟〉。 | 禁中木芍藥開，上賞之，妃子從，帝曰：賞名花，對妃子，爲用舊樂詞爲。命李龜年持金花牋，賜白爲清平樂詞三章。梨園弟子，撫絲竹，李龜年歌之。上親調玉笛以倚曲，每曲遍，將換，則遲其聲以媚之。太眞以頗梨七寶盃，酌西涼葡萄酒，笑飲。 | 第十八卷 |
| 崔宗之 | 酌酒並素琴，霜風氣凝潔。 | 與李、杜以文相知，贈李白詩句如左。宗之，爲侍御史，謫官金陵，與白詩酒唱和，月夜乘舟，自採石達金陵 | 第十九卷 |
| 鄭　虔 | 嗜酒益疏放，彈琴視天壤。（〈子美詩〉） | 滎陽人，天寶初，爲協律郎。或告其私撰國史，坐謫，十年還京，爲廣文博士。 | 第二十卷 |
| 嚴　武 | 堂上指畫圖，軍中吹玉笙。虛無馬融笛，悵望龍驤壘。（〈子美八哀詩〉） | | 第二十卷 |
| 李　頎 | 美酒清歡曲房下，文昌空中賜錦衣。（〈緩歌行〉）顧謂侍女董雙成，酒闌可奏雲和笙。（〈王母歌〉）〈聽董大彈胡笳，兼語弄寄房給事〉 | | 第二十卷 |
| 陶　翰 | 請君留楚調，聽我逐燕歌。玉蟾還趙妹，瑤瑟付齊娥。（〈燕歌行〉） | 潤州人，開元中爲禮部員外郎，以〈冰壺賦〉得名。 | 第二十卷 |

| 顏　舒 | 擣衣明月夜，吹管白雲秋。（〈鳳樓怨〉） | | 第二十卷 |
|---|---|---|---|
| 胡　皓 | 綺羅含草木，絲竹吐郊衢。銜盃不能罷，歌舞樂唐虞。 | 明皇錫宴樂遊圖，皓應制如左。 | 第二十卷 |
| 息夫牧 | 有琴斯鳴，于宰之庭。君子苾止，其心孔子。政既告成，德以永貞。鳴琴有術，于穎之畔。……鳴琴其怡，于穎之湄。…琴既鳴矣，霄既清矣。 | | 第二十卷 |
| 蕭穎士 | 賴茲琴堂暇。傲倪傾菊酒。人知歲已登，從政復何有。詞賦豈不佳，盛名亦相因。爲君奏此曲，此曲多苦辛。 | 穎士重陽陪魯山登北城贈別時元有掛冠之意，成詩如左一。與李華齊名，世號蕭李。 | 第廿一卷 |
| 李　華 | 文候耽鄭衛，一聽一忘餐。白雪燕姬舞，朱絃趙女彈。淫聲流不返，惱蕩日無端。獻歲受朝時，鳴鐘醮百官。兩床陳管磬，九奏殊未闌。對此唯恐臥，更能整衣冠。（〈詠史詩〉） | | 第廿一卷 |
| 王　翰 | 飪餗調元氣，歌鐘溢雅聲。（〈恩賜樂遊園宴應制〉） | | 第廿一卷 |
| 儲光羲 | 洪崖吹蕭管，素女飄飄來。（〈古意〉） | | 第廿二卷 |
| 張　均 | 風傳琴上意，遙向日華紛。（〈奉和燕公山城〉）伶官詩必誦，夔樂典猶稽。（〈杜子美贈太常張卿〉） | | 第廿二卷 |
| 高　適 | 子孫成長滿眼前，妻能管絃妾歌舞。（〈行路難〉） | | 第廿三卷 |
| 岑　參 | 上將擁旄西出征，小胡吹笛大軍行。（〈輪臺歌奉送封大夫出師西征〉）中軍置酒飲歸客，胡兒琵琶與羌笛。（〈白雪歌送武判官〉）試舞一曲天下無，此曲胡人傳入漢。（〈田使君美人如 | | 第廿三卷 |

| | 蓮花舞北釘歌〉） | | |
|---|---|---|---|
| 王昌齡 | 有一遷客登高樓，不言不寐彈箜 。（〈箜篌引〉） | | 第廿四卷 |
| 周　萬 | 爲貪盧女曲，用盡沈郎錢。（〈送沈芳謁李觀察求仕進詩〉） | | |
| 韓　滉 | 萬事傷心對管絃，一身含淚向春煙。<br>黃金用盡教歌舞，留與他人樂少年。<br>（〈聽樂悵然自述〉） | | 第廿四卷 |
| 劉　灣 | 未醉恐天旦，更歌促繁絃。<br>懽娛不可逢，請君莫言旋。<br>（〈元次山作劉侍御月夜讌會〉） | | 第廿五卷 |
| 孟雲卿 | 幸因弦歌末，得上君子堂。<br>眾樂互喧奏，獨余被笙簧。<br>（〈傷懷酬故友詩〉） | | 第廿五卷 |
| 盧　象 | 漢使開寡幕，胡笳送酒卮。（〈趙都護宴別〉） | | 第廿六卷 |
| 王之渙 | 羌笛何須怨楊柳，春光不度玉門關。（〈出塞詩〉） | | 第廿六卷 |
| 劉長卿 | 考滿孤琴在，家移五柳成。（〈過張明府別業〉） | | 第廿六卷 |
| 姚　係 | 故人清和客，默會琴心微。 | | |

## 四、《佩文齋詠物詩選》中的音樂文學及其分類

　　在唐熙四十二年開始編纂《全唐詩》不到幾年的光景，也就是在《全唐詩》編成的前一年（康熙四十五年），清人張玉書、汪霦等人又奉敕編集一部詠物詩選，這部詩選就是《御定佩文齋詠物詩選》。這部詩選列在《四庫全書・集部》中的總集類，共四百八十六卷，其中有關音樂文學的部分集中在一百八十五卷至一百九十一卷中；本詩選可以說是自宋代《樂府詩集》、《唐詩紀事》、《文苑英華》以來，有關唐人詠樂詩中較專門性的著作。因為它在詠物詩的基礎上，根據詩題及詩作內容，作一詳細的分類，它的分類不是像《樂府詩集》般的十二類分法，也迥異於《唐詩紀事》的收錄性質，《文苑英華》雖然已有專門「樂部」的分類，但一則本論文的研究中已將《全唐文》中有關討論或歌詠音樂的作品附錄於後，二則《文苑英華》的分類性質和方法，沒有這部詠物詩選簡明精緻，故本論文的寫作並未專論《文苑英華》，僅將其分類概要附錄於文末以供參考。

　　在分類上，這部詠物詩選的整體概況如下：

㈠樂律類──詩體分五言古詩、五言律詩、五言排律、七言律詩、五言絕句、七言絕句。共計三十二人、四十七首詩。

㈡鐘　類──詩體如上。共計十一人、十三首詩。

㈢鼓　類──詩體如上。共計四人、四首詩。

㈣磬　類──詩體如上。共計六人、六首詩。

㈤簫　類──詩體如上。共計六人、六首詩。

㈥管　類──詩體如上。共計七人、七首詩。

㈦笙　類──詩體如上。共計十二人、十三首詩。

㈧笛　類──詩體如上。共計十四人、十八首詩。

㈨琴　類──詩體如上。共計四十六人、六十二首詩。

㈩琴石類──詩體如上。共計三人、四首詩。

㈤瑟　類──詩體如上。共計七人、七首詩。

㈥箏　類──詩體如上。共計八人、九首詩。

㈦琵琶類──詩體如上。共計七人、九首詩。

㈎箜篌類——詩體如上。共計五人、六首詩。

㈏笳　類——詩體如上。共計四人、五首詩。

㈐角　類——詩體如上。共計五人、五首詩。

㈑觱篥類——無。

㈒方響類——詩體如上。共計六人、六首詩。

㈓雜樂器類——詩體如上。共計三人、四首詩。

　　本書所收錄的詩作，當然談不上完整，譬如 1.琴類—無顧況〈彈琴谷〉、楊巨源〈僧院聽琴〉、殷堯藩〈席上聽琴〉；2.瑟類—無陸龜蒙〈挾瑟歌〉、李益〈古瑟怨〉；3.箏類—無顧況〈箏〉、〈鄭女彈箏歌〉、〈李湖州孺人彈箏歌〉，楊巨源〈雪中聽箏〉、殷堯藩〈聞箏歌〉；4.琵琶類—無唐太宗（或曰董思恭）〈琵琶〉、羊士諤〈夜聽琵琶三首〉、元稹〈琵琶〉、〈琵琶歌〉；5.箜篌類—無張祜〈箜篌〉、顧況〈李供奉彈箜篌歌〉；6.笙類—無沈佺期〈鳳笙曲〉、顧況〈笙〉、張仲素〈夜聞洛濱吹笙〉；7.簫類—無李嶠〈簫〉、沈佺期〈鳳簫曲〉、張祜〈簫〉；8.笳類—無白居易〈聽蘆管〉、張祜〈聽薛陽陶吹蘆管〉、鄭谷〈江宿聞蘆管〉9.觱篥類—詩選中唐人皆無，其實李頎有〈聽安萬善吹觱篥歌〉、杜甫有〈夜聞觱栗〉、張祜及溫庭筠皆有〈觱篥〉；10.笛類—無宋之問〈詠笛〉、李白〈觀（一作聽）胡人吹笛〉、高適〈和王七玉門關聽吹笛〉；11.鼓類—無李郢〈畫鼓〉、崔道融〈羯鼓〉、宋齊丘〈陪華林園試小妓羯鼓〉；12.方響類—無李沈〈方響歌〉、方干〈新安殿明府家樂方響〉；13.磬類—無施肩吾〈安吉天寧寺聞磬〉、元稹及白居易之〈華原磬〉；14.鐘類—無宋之問〈詠鐘〉。

　　以上的枚舉性說明，主旨是在顯示本書的選輯分類，並非鉅細靡遺式的收集，而是概括性的選錄。事實上本書中有關唐代的部分僅有一二二人，二百三十一首。白居易一人就佔了二十六首（十分之一強），大部分詩人也僅收錄一首而已。可見有關本書的研究上，並不能將整個重點放在其所收錄的詩作上。但這是否表示這部詠物詩選的收錄沒有其代表性呢？答案應該是否定的。從其分類中的詠物詩來看，編者固然沒有全盤式的搜羅，但卻顧及了性質上的確定，換言之，嘗

試替音樂類的詠物詩選再度尋找出一套分類的方法，才是本書的重點。觀乎本書中琴類、笛類、鐘類、笙類、箏類、琵琶類的排名在前，皆大致符合我們研究唐人詩歌創作中的主要傾向，這也是一個研究唐代音樂文化諸多命題上的重要指標。

　　這個參考指標的意義在於它純粹以樂器的考量上出發，摒除諸如唐代大量的郊廟歌辭和應制酬酢之作，更集中了唐詩中以樂器爲主題的角度；雖然我們無法從這部詠物詩選中窺得唐代音樂文化之全貌，但卻得到了其特殊面，頗有局部特寫之妙。

| 詩　人 | 詩作量 | 詩　人 | 詩作量 | 詩　人 | 詩作量 | 詩　人 | 詩作量 |
|---|---|---|---|---|---|---|---|
| 唐太宗 | 2 | 闕　名 | 5 | 許　渾 | 1 | 盧景亮 | 1 |
| 謝　偃 | 1 | 徐元弼 | 2 | 盧照鄰 | 1 | 李嘉祐 | 1 |
| 李　嶠 | 9 | 胡直鈞 | 1 | 賈　至 | 2 | 韓　翃 | 2 |
| 李　白 | 4 | 石　倚 | 1 | 蓋嘉運 | 2 | 劉言史 | 3 |
| 令狐峘 | 1 | 白居易 | 26 | 熊孺登 | 1 | 皮日休 | 1 |
| 顧　況 | 2 | 儲光羲 | 1 | 武元衡 | 1 | 潘　咸 | 1 |
| 陸　贄 | 1 | 杜　甫 | 2 | 沈　約 | 1 | 韋應物 | 5 |
| 滕　玲 | 1 | 張仲素 | 2 | 王　建 | 6 | 李商隱 | 2 |
| 張　濛 | 1 | 劉禹錫 | 4 | 章孝標 | 1 | 張　說 | 1 |
| 王　起 | 1 | 王　涯 | 3 | 司空圖 | 1 | 李建勳 | 1 |
| 呂　炅 | 1 | 裴延 | 1 | 鄭　絪 | 1 | 盧　綸 | 2 |
| 呂　溫 | 2 | 鮑　溶 | 1 | 羊士諤 | 1 | 李咸用 | 2 |
| 范傳正 | 1 | 楊希道 | 2 | 張　喬 | 2 | 錢　起 | 3 |
| 王昌齡 | 4 | 劉希夷 | 1 | 鄭　畋 | 1 | 賈　島 | 1 |
| 丘　丹 | 1 | 厲　元 | 1 | 崔　魯 | 1 | 潘　緯 | 1 |
| 李迥秀 | 1 | 羅　鄴 | 1 | 孟浩然 | 1 | 僧貫休 | 3 |
| 施肩吾 | 4 | 郎士元 | 1 | 常　建 | 5 | 司空曙 | 1 |
| 杜　牧 | 6 | 殷堯藩 | 1 | 劉長卿 | 1 | 白行簡 | 1 |
| 曹　唐 | 4 | 卓英英 | 1 | 孟　郊 | 1 | 方　干 | 3 |
| 令狐楚 | 1 | 丁仙芝 | 1 | 吳　筠 | 1 | 韋　莊 | 1 |
| 陸龜蒙 | 2 | 崔道融 | 1 | 僧　彪 | 1 | 孫　氏 | 1 |
| 沈佺期 | 1 | 張　祜 | 8 | 李　頎 | 2 | 王　績 | 1 |
| 劉　商 | 1 | 李　益 | 3 | 韓　愈 | 2 | 王　勃 | 1 |
| 王　元 | 1 | 僧隱巒 | 1 | 楊巨源 | 2 | 王　灣 | 1 |
| 陸　暢 | 2 | 柳宗元 | 1 | 薛　濤 | 1 | 李　端 | 1 |
| 盧　仝 | 1 | 陳　季 | 1 | 李　涉 | 1 | 陳叔達 | 1 |
| 裴夷直 | 1 | 王　邕 | 1 | 僧子蘭 | 1 | 張　籍 | 1 |
| 項　斯 | 1 | 溫庭筠 | 2 | 牛　夋 | 1 | 薛逢 | 1 |
| 陳　陶 | 1 | 王　諲 | 1 | 朱　灣 | 1 | 李　賀 | 1 |
| 段成式 | 1 | 司馬札 | 1 | 曹　鄴 | 1 | 雍　陶 | 2 |
| 吳仁璧 | 1 | 崔 | 1 | | | | |

| 類　別 | 詩　體 | 詩　人 | 詩　　　　　作 |
|---|---|---|---|
| 樂律類 | 五言古 | 唐太宗<br>謝　偃 | 〈帝京篇〉<br>〈踏歌詞〉 |
| | 五言律 | 唐太宗<br>李　嶠<br>李　嶠<br>李　白 | 〈三層閣上置音聲〉<br>〈歌〉<br>〈舞〉<br>〈宮中行樂詞〉 |
| | 五言排律 | 令狐峘<br>顧　況<br>陸　贄<br>滕　玲<br>張　濛<br>王　起<br>呂　炅<br>闕　名<br>徐元弼<br>徐元弼<br>胡直鈞<br>石　倚<br>闕　名 | 〈釋奠日國學觀禮聞雅頌〉<br>〈樂府〉<br>〈曉過南宮聞太常清樂〉<br>〈釋奠日國學觀禮聞雅公自〉<br>〈曉過南宮聞太常清樂〉<br>〈貢舉人謁先師聞雅樂〉<br>〈同上〉<br>〈聽郢客歌陽春白雪〉<br>〈太常寺觀舞聖壽樂〉<br>〈冊上公太常奏雅樂〉<br>〈太常觀閱驃國新樂〉<br>〈賦得舞干羽兩階〉<br>〈郊壇聽雅樂〉 |
| | 七言律 | 白居易<br>白居易 | 〈南園試小樂〉<br>〈臥聽法曲霓裳〉 |
| | 五言絕句 | 儲光羲<br>杜　甫<br>張仲素<br>劉禹錫<br>白居易<br>王　涯<br>裴　延<br>許　渾 | 〈長安道〉<br>〈即事〉<br>〈宮中樂〉　　有兩首<br>〈路傍曲〉<br>〈小曲新詞〉<br>〈太平詞〉<br>〈隔壁聞奏伎〉<br>〈聞歌〉 |
| | 七言絕句 | 盧照鄰<br>賈　至<br>杜　甫<br>顧　況<br>蓋嘉運<br>熊孺登<br>武元衡 | 〈登封大酺歌〉<br>〈勤政樓觀樂〉<br>〈贈花卿〉<br>〈宮　詞〉<br>〈編進樂府詞〉<br>〈甘子堂陪宴上韋大夫〉<br>〈春日偶作〉 |

| | | 沈　　約 | 〈觀祈雨〉 |
|---|---|---|---|
| | | 王　　建 | 〈霓裳詞〉　有兩首 |
| | | 王　　建 | 〈宮　　詞〉　有兩首 |
| | | 王　　建 | 〈元太守同遊七泉寺〉 |
| | | 白居易 | 〈秋夜聽高調涼州〉 |
| | | 王　　涯 | 〈宮詞〉 |
| | | 章孝標 | 〈贈陸嵒〉 |
| | | 司空圖 | 〈楊柳枝壽杯圖〉 |
| 鐘類 | 五言古 | 張　　說 | 〈山夜聞鐘〉 |
| | | 韋應物 | 〈煙際鐘〉 |
| | 五言律 | 李　　嶠 | 〈鐘〉 |
| | 五言排律 | 鄭　　絪 | 〈寒夜聞霜鐘〉 |
| | | 盧景亮 | 〈同上〉 |
| | | 闕　　名 | 〈曉聞長樂鐘聲〉 |
| | 五言絕 | 李嘉祐 | 〈遠寺鐘〉 |
| | 七言絕 | 韓　　翃 | 〈題玉眞觀李秘書院〉 |
| | | 劉言史 | 〈夜泊潤州江口〉 |
| | | 劉言史 | 〈冬日峽中旅泊〉 |
| | | 劉言史 | 〈贈成鍊師〉 |
| | | 皮日休 | 〈寺鐘暝〉 |
| | | 潘　　咸 | 〈送僧〉 |
| 鼓類 | 五言律 | 李　　嶠 | 〈詠鼓〉 |
| | 五言絕 | 韋應物 | 〈寒食後北樓作〉 |
| | | 李商隱 | 〈聽鼓〉 |
| | 七言絕 | 張　　說 | 〈蘇摩遮〉 |
| 磬類 | 五言古 | 李建勳 | 〈泗濱得石磬〉 |
| | 七言古 | 盧　　綸 | 〈慈恩寺石磬歌〉 |
| | 五言排 | 呂　　溫 | 〈終南精舍月中聞磬〉 |
| | | 范傳正 | 〈范成君擊銅磬〉 |
| | 五言絕 | 王昌齡 | 〈擊磬老人〉 |

| | 七言絕 | 陸　暢 | 〈夜到泗州酬崔使君〉 |
|---|---|---|---|
| 簫類 | 五言絕句 | 丘　丹 | 〈答韋蘇州〉 |
| | 七言絕句 | 李迴秀<br>施肩吾<br>杜　牧<br>李商隱<br>曹　唐 | 〈夜宴安樂公主宅〉<br>〈同諸隱者夜登四明山〉<br>〈望少華〉<br>〈相思〉<br>〈小遊仙詩〉 |
| 管類 | 五言古 | 韋應物 | 〈樓中聞清管〉 |
| | 五言絕句 | 令狐楚<br>陸龜蒙 | 〈遊春詞〉<br>〈雙吹管〉 |
| | 七言絕句 | 沈佺期<br>劉商<br>鮑溶<br>施肩吾 | 〈春曉太平公主小樓聞吟雙管〉<br>〈夜聞鄰管〉<br>〈贈楊鍊師〉<br>〈贈鄭倫吹鳳管〉 |
| 笙類 | 五言古 | 楊希道<br>劉希夷 | 〈笙〉<br>〈嵩嶽聞笙〉 |
| | 五言律 | 李　嶠 | 〈笙〉 |
| | 五言排律 | 厲　元<br>闕　名 | 〈緱山月夜聞王子晉吹笙〉<br>〈笙磬同音〉 |
| | 七言律 | 羅　鄴 | 〈題笙〉 |
| | 七言絕句 | 王昌齡<br>郎士元<br>劉禹錫<br>殷堯藩<br>曹　唐<br>卓英英 | 〈殿前曲〉<br>〈聽鄰家吹管〉<br>〈秋夜安國觀聞笙〉<br>〈吹笙歌〉<br>〈小遊仙〉　有兩首<br>〈理笙〉 |
| 笛類 | 五言古 | 李　白 | 〈金陵聽韓侍御吹笛〉 |
| | 五言律 | 李　嶠<br>丁仙芝 | 〈笛〉<br>〈剡谿館聞笛〉 |
| | 七言律 | 杜　牧 | 〈寄灃州張舍人笛〉 |

| | 五言絕句 | 崔道融 | 〈江夕〉 |
|---|---|---|---|
| | 七言絕句 | 李　白 | 〈春夜洛城聞笛〉 |
| | | 蓋嘉運 | 〈水調歌〉 |
| | | 張　祜 | 〈李牟笛〉 |
| | | 張　祜 | 〈塞上聞笛〉 |
| | | 李　益 | 〈觀石將軍舞〉 |
| | | 李　益 | 〈從軍北征〉 |
| | | 羊士諤 | 〈汎舟入後谿〉 |
| | | 施肩吾 | 〈夜笛詞〉 |
| | | 張　喬 | 〈笛〉 |
| | | 杜　牧 | 〈寄泥笛與宇文居人〉 |
| | | 鄭　畋 | 〈初秋寓直〉 |
| | | 崔　魯 | 〈華清宮〉 |
| | | 闕　名 | 〈破笛〉 |
| 琴類 | 五言古 | 楊希道 | 〈詠琴〉 |
| | | 王昌齡 | 〈琴〉 |
| | | 王昌齡 | 〈聽彈風入松闋贈楊補闕〉 |
| | | 孟浩然 | 〈聽鄭五愔彈琴〉 |
| | | 賈　至 | 〈贈裴九侍御昌江草堂彈琴〉 |
| | | 常　建 | 〈江上琴興〉 |
| | | 常　建 | 〈張山人彈琴〉 |
| | | 劉長卿 | 〈幽琴〉 |
| | | 韋應物 | 〈琴〉 |
| | | 白居易 | 〈清夜琴興〉 |
| | | 白居易 | 〈和順之琴者〉 |
| | | 白居易 | 〈聽彈古淥水〉 |
| | | 呂　溫 | 〈僚友〉 |
| | | 孟　郊 | 〈夜集汝州郡齋聽陸僧辨彈琴〉 |
| | | 吳　筠 | 〈聽尹鍊師彈琴〉 |
| | | 僧　彪 | 〈寶琴〉 |
| | 七言古 | 李　頎 | 〈琴歌〉 |
| | | 韓　愈 | 〈聽穎師彈琴〉 |
| | | 李咸用 | 〈水仙操〉 |
| | 五言律 | 李　嶠 | 〈琴〉 |
| | | 李　白 | 〈聽蜀僧濬彈琴〉 |
| | | 常　建 | 〈聽琴秋夜贈寇尊師〉 |
| | | 錢　起 | 〈送彈琴李長史往洪州〉 |
| | | 白居易 | 〈對琴待月〉 |
| | | 白居易 | 〈松下琴贈客〉 |

| | | | |
|---|---|---|---|
| | | 白居易 | 〈郡中夜聽李山人彈三樂〉 |
| | | 白居易 | 〈船夜援琴〉 |
| | | 賈　島 | 〈秋夜仰懷錢孟二公琴會〉 |
| | | 張　喬 | 〈聽琴〉 |
| | | 潘　緯 | 〈琴〉 |
| | | 僧貫休 | 〈秋夜聽業上人彈琴〉 |
| | 五言排律 | 司空曙 | 〈同張參軍喜李尙書寄新琴〉 |
| | | 白行簡 | 〈詠夫子鼓琴得其人〉 |
| | 七言律 | 白居易 | 〈繼之待價二相府〉 |
| | | 方　干 | 〈聽段楚士彈琴〉 |
| | | 韋　莊 | 〈聽趙秀才彈琴〉 |
| | | 孫　氏 | 〈琴〉 |
| | 五言絕句 | 王　績 | 〈山夜調琴〉 |
| | | 王　勃 | 〈夜興〉 |
| | | 劉禹錫 | 〈和遊房公萬竹亭聞琴〉 |
| | | 白居易 | 〈琴〉 |
| | | 王　元 | 〈聽琴〉 |
| | 七言絕句 | 盧　綸 | 〈湖口逢江州朱道士因聽琴〉 |
| | | 陸　暢 | 〈贈賀若少府〉 |
| | | 白居易 | 〈彈秋思〉 |
| | | 白居易 | 〈夜調琴憶崔少卿〉 |
| | | 白居易 | 〈贈譚客〉 |
| | | 白居易 | 〈聽幽蘭〉 |
| | | 王　建 | 〈聽琴〉 |
| | | 盧　仝 | 〈風中琴〉 |
| | | 裴夷直 | 〈贈美人琴絃〉 |
| | | 項　斯 | 〈涇州聽張處士彈琴〉 |
| | | 陳　陶 | 〈送謝山人歸江夏〉 |
| | | 段成式 | 〈嘲飛卿〉 |
| | | 司馬札 | 〈夜聽李山人彈琴〉 |
| | | 曹　鄴 | 〈聽劉尊師彈琴〉 |
| | | 雍　陶 | 〈訪友人幽居〉 |
| | | 吳仁璧 | 〈秋日聽僧彈琴〉 |
| | | 崔　珏 | 〈席間贈琴客〉 |
| | | 僧貫休 | 〈聽僧彈琴〉 |
| | | 僧隱巒 | 〈琴〉 |
| | 七言絕句 | 僧貫休 | 〈風琴〉 |
| 琴石類 | 五言古 | 韋應物 | 〈司空主簿琴席〉 |

| | 七言古 | 白居易 | 〈問支琴石〉 |
|---|---|---|---|
| | 五言律 | 白居易 | 〈酬謝〉 |
| | 七言絕句 | 柳宗元 | 〈李西川薦琴石〉 |
| 瑟類 | 五言律 | 李　嶠 | 〈詠瑟〉 |
| | 五言排律 | 錢　起<br>陳　季<br>王　邕 | 〈湘靈鼓瑟〉<br>〈同上〉<br>〈同上〉 |
| | 七言絕句 | 杜　牧<br>曹　唐<br>溫庭筠 | 〈瑤瑟〉<br>〈小遊仙詩〉<br>〈瑤瑟吟〉 |
| 箏類 | 五言古 | 常　建 | 〈高樓夜彈箏〉 |
| | 七言古 | 王　諲 | 〈夜坐看掃箏〉 |
| | 五言律 | 王　灣 | 〈觀掃箏〉 |
| | 五言絕句 | 李　端 | 〈聽箏〉 |
| | 七言絕句 | 劉禹錫<br>白居易<br>白居易<br>王　涯<br>張　祜 | 〈夜聞商人船上箏〉<br>〈夜箏〉<br>〈戲答思黯有能者以此戲之〉<br>〈宮詞〉<br>〈聽箏〉 |
| 琵琶類 | 五言古 | 陳叔達 | 〈聽鄰人琵琶〉 |
| | 五言律 | 李　嶠<br>白居易 | 〈琵琶〉<br>〈聽琵琶伎彈略略〉 |
| | 七言律 | 白居易 | 〈代琵琶弟子謝女師曹供奉寄新調弄譜〉 |
| | 七言絕句 | 張　祜<br>張　籍<br>常　建<br>白居易<br>薛　逢 | 〈王家琵琶〉<br>〈蠻中〉<br>〈宮詞〉<br>〈琵琶〉<br>〈聽曹剛彈琵琶〉 |

| 箜篌類 | 七言古 | 李　賀 | 〈李憑箜篌引〉 |
| --- | --- | --- | --- |
| | 五言絕句 | 韓　翃 | 〈漢宮曲〉 |
| | 七言絕句 | 張　祜<br>施肩吾<br>楊巨源 | 〈楚州韋中丞箜篌〉<br>〈贈女道士鄭玉華〉<br>〈聽李憑彈箜篌〉　有兩首 |
| 笳類 | 五言古 | 溫庭筠 | 〈邊笳曲〉 |
| | 七言絕句 | 李　益<br>張　祜<br>薛　濤 | 〈夜受降城聞笳〉　一作聞笛<br>〈聽李簡上人吹蘆管〉　有兩首<br>〈聽僧吹蘆管〉 |
| 角類 | 五言律 | 李咸用 | 〈邊城聽角〉 |
| | 七言絕句 | 李　涉<br>張　祜<br>杜　牧<br>僧子蘭 | 〈晚泊潤州聞角〉<br>〈瓜洲聞曉角〉<br>〈聞角〉<br>〈晚景〉 |
| 觱篥類 | 無 | 無 | 無 |
| 方響類 | 七言古 | 牛　殳 | 〈方響〉 |
| | 七言絕句 | 錢　起<br>杜　牧<br>陸龜蒙<br>方　干<br>雍　陶 | 〈夜泊鸚鵡洲〉<br>〈方響〉<br>〈方響〉<br>〈商明府家學方響〉<br>〈夜聞方響〉 |
| 雜樂器類 | 五言律 | 朱　灣 | 〈拍板〉 |
| | 五言排律 | 白居易 | 〈和令狐僕射小飲聽阮咸〉 |
| | 七言律 | 方　干 | 〈李戶曹小伎天得善擊越器以成曲章〉 |
| | 七言絕句 | 白居易 | 〈雲和〉 |

## 五、《文苑英華·樂部》音學文學分類概況

　　本書爲宋太宗時李昉、扈蒙、徐鉉、宋白等人奉敕編纂，共一千卷。全書上起南朝梁末，下迄晚唐五代，選錄作家近二千二百人，作品近兩萬篇，分賦、詩、歌行等三十八類，其中以唐代作品爲最多，是一部上繼《文選》的總集。

　　本書所選錄的文學作品，與反映唐代音樂面貌有關的部分，集中在下類幾處：

1. 《文苑英華·賦類·樂部》（71—80卷）共計九十四首作品，唐人佔九十二首。

2. 《文苑英華·詩類·省州五部》（184卷）共計四十四首作品，都是唐人所作。

3. 《文苑英華·詩類·音樂部》（212—217卷）共計一百五十三首，唐人佔九十九首。

4. 《文苑英華·歌行類·音樂部》（334-335卷）共計四十一首，唐人佔三十八首。

　　此外《文苑英華》也收錄了樂府詩，集中在192—211卷，共計一千零五十首樂府詩，唐人佔了近千首。

　　本書所收錄之唐人樂賦已在論文末的《全唐文》有關的附錄重覆，故不予統計。其他各類概況請詳見下列統計。表後並附本書與《佩文齊詠物詩選》的比較表。

| 類別 | 部門 | 性質 | 詩　人 | 詩　　　作 |
|------|------|------|--------|-----------|
| 詩 | 音樂一 | 樂 | 孔德紹<br>卜　斌<br>（一作孫萬壽）<br>唐太宗 | 〈觀太常奏新樂〉<br>〈觀太常奏新樂〉<br><br>〈三層閣上置音聲〉 |
| | | 琴 | 劉　溉<br>楊希道<br><br>劉允濟<br>劉希夷<br><br>唐釋彪<br><br>王昌齡<br><br>岑　參<br>司空曙<br>楊巨源<br><br>孟　郊<br><br>白居易<br><br><br><br>方　干<br>張　喬<br>羅　隱 | 〈秋夜詠琴〉<br>〈賦得坐彈鳴琴〉<br>〈詠琴〉<br>〈詠琴〉<br>〈夏彈琴〉<br>〈琴〉<br>〈寶琴〉<br>〈張山人彈琴〉<br>〈琴〉<br>〈聽琴彈風入松贈楊補闕〉<br>〈秋夕聽羅山人彈三峽流泉〉<br>〈同張參軍喜李尙書寄新琴〉<br>〈冬夜陽丘侍御先輩聽崔校書彈<br>〈宿藏公院聽齊孝若彈琴〉<br>〈夜集汝州邵齊聽陸僧辨彈琴〉<br>〈聽琴〉<br>〈好彈琴〉<br>〈夜調琴憶崔少卿〉<br>〈聽琴〉<br>〈廢琴〉<br>〈聽段處士彈琴〉<br>〈聽琴〉<br>〈聽琴〉 |
| | | 箏 | 張九齡<br>朱　灣<br>白居易<br>溫庭筠 | 〈聽箏〉<br>〈箏柱子〉<br>〈箏〉<br>〈贈彈箏人〉 |
| | | 笙 | 楊希道<br>劉希夷 | 〈笙〉<br>〈嵩嶽開笙〉 |
| | | 琵琶 | 唐太宗<br>陳叔達<br>劉長卿 | 〈琵琶〉<br>〈聽鄰人琵琶〉<br>〈鄂渚聽杜別駕彈胡琴〉 |

| | | | | |
|---|---|---|---|---|
| | | 箜篌 | | （按：無唐人作品） |
| | | 簫 | | （按：無唐人作品） |
| | | 笛 | 劉孝孫 | 〈詠笛〉 |
| | | | 李　嶠 | 〈詠笛〉 |
| | | | 李　白 | 〈清溪半夜聞笛〉 |
| | | | 李　白 | 〈與史郎中飲聽黃鶴樓吹笛〉 |
| | | | 李　白 | 〈觀胡人吹笛〉 |
| | | | 王昌齡 | 〈江中聞笛〉 |
| | | | 高　適 | 〈塞上聽吹笛〉 |
| | | | 李　益 | 〈聞笛〉 |
| | | | 杜　牧 | 〈寄岷笛與宇文舍人〉 |
| | | | | 〈寄灃州張舍人〉 |
| | | | 李　益<br>（一作戎昱） | 〈（夜上受絳城）聞笛〉 |
| | | 雜樂 | 李　嶠 | 〈詠鏟〉 |
| | | | 杜　甫 | 〈夜聞觱篥〉 |
| | | | 梁　鍾 | 〈窟磊子〉 |
| | | | 韋應物 | 〈樓中羯清管〉 |
| | | | 朱　灣 | 〈詠拍板〉 |
| | | | 戎　昱 | 〈聽杜山人彈胡笳〉 |
| 詩 | 音樂二 | 歌 | 李　嶠 | 〈歌〉 |
| | | | 張　說 | 〈口號踏歌詞〉 |
| | | | 杜　甫 | 〈聽楊氏歌〉 |
| | | | 李　益 | 〈夜上西城聽梁州二首〉 |
| | | | 李　益 | 〈聽赤白桃李花〉 |
| | | | 韓　滉 | 〈聽樂悵然自述〉 |
| | | | 劉禹錫 | 〈與歌者何戡〉 |
| | | | 劉禹錫 | 〈聽舊宮中樂人穆氏唱歌〉 |
| | | | 劉禹錫 | 〈與歌者米嘉榮〉 |
| | | | 劉禹錫 | 〈與歌者田順郎〉 |
| | | | 白居易 | 〈夜聞歌者〉 |
| | | | 白居易 | 〈臨臥聽法曲霓裳〉 |
| | | | 白居易 | 〈聽歌〉 |
| | | | 于武陵 | 〈王將軍宅夜聽歌〉 |
| | | | 李商隱 | 〈聞歌〉 |
| | | | 薛　逢 | 〈醉問聞甘州〉 |
| | | | 薛　能 | 〈贈歌者〉 |
| | | | 鄭　谷 | 〈席上贈歌者〉 |
| | | | 司空圖 | 〈歌二首〉 |

| | | | 王貞白 | 〈歌〉 |
|---|---|---|---|---|
| | | 舞 | | （按：無唐人作品） |
| | | 歌妓 | 陳子良 | 〈詠妓〉 |
| | | | 弘執恭 | 〈和平涼公觀趙郡王妓〉 |
| | | | 王　勣 | 〈詠妓〉 |
| | | | 王　勣 | 〈益州城西城張超亭觀妓〉 |
| | | | 王　勣 | 〈辛司法宅觀妓〉 |
| | | | 駱賓王 | 〈天津橋上美人〉 |
| | | | 杜審言 | 〈戲贈趙使君美人〉 |
| | | | 張　諤 | 〈觀妓詠和舞〉 |
| | | | 萬　楚 | 〈五日觀妓〉 |
| | | | 李　白 | 〈在水軍宴韋司馬樓船觀妓〉 |
| | | | 李　白 | 〈邯鄲南亭觀妓〉 |
| | | | 李　白 | 〈攜妓登梁王栖霞山孟氏桃園中〉 |
| | | | 李　白 | 〈出妓金陵子呈盧六〉 |
| | | | 李　白 | 〈同上〉 |
| | | | 常非月 | 〈詠歌容娘〉 |
| | | | 崔　顥 | 〈王家小婦〉 |
| | | | 崔　顥 | 〈岐王席觀妓〉 |
| | | | 劉長卿 | 〈陪辛大夫西亭宴觀妓〉 |
| | | | 張　謂 | 〈揚州雨中張十七宅觀妓〉 |
| | | | 盧　綸 | 〈開府席上賦得詠美人名解愁〉 |
| | | | 楊　白 | |
| | | | 于　鵠 | 〈總目有名無詩〉 |
| | | | 王　建 | |
| | | | 白居易 | |
| | | | 溫庭筠 | 〈和王秀才傷歌妓〉 |
| | | | 張　祜 | 〈周員外出雙舞柘枝妓〉 |
| | | | 沈　光 | 〈同上〉 |
| 歌行 | 音樂上 | 方響 | 李　沈 | 〈方響歌〉 |
| | | | 牛　殳 | 〈方響歌〉 |
| | | 磬 | 白居易 | 〈華原磬〉 |
| | | | 盧　綸 | 〈慈恩寺石磬歌〉 |
| | | 琴 | 張　說 | 〈送尹補闕元凱琴歌〉 |
| | | | 司馬逸客 | 〈雅琴篇〉 |
| | | | 顧　況 | 〈宜城放琴客歌〉　並序 |
| | | | 趙　搏 | 〈琴歌〉 |
| | | | 李　頎 | 〈聽董庭蘭彈琴兼寄房給事〉 |

| | | | 李　頎<br>李季蘭 | 〈琴歌送別〉<br>〈聽從叔琴彈三峽流泉歌〉 |
|---|---|---|---|---|
| | | 箏 | 顧　況<br>顧　況<br>盧　綸<br>釋皎然 | 〈李湖州孺人彈箏歌〉<br>〈鄭女彈箏歌〉<br>〈宴席賦得姚美人搊箏歌〉<br>〈觀李丞美人軋箏歌〉 |
| | | 琵琶 | 顧　況<br>白居易<br>牛　殳 | 〈劉禪奴彈琵琶歌〉<br>〈琵琶引〉　並序<br>〈琵琶行〉 |
| 歌行 | 音樂下 | 箜篌 | 顧　況<br>李　賀 | 〈李供奉彈箜篌歌〉<br>〈箜篌引〉 |
| | | 瑟 | 劉禹錫 | 〈調瑟詞〉並序 |
| | | 五絃 | 白居易<br>韋應物 | 〈五絃彈〉<br>〈五絃行〉 |
| | | 笛 | 劉禹錫<br>陳　陶 | 〈武昌老人說笛歌〉<br>〈小笛弄〉 |
| | | 觱篥 | 白居易<br>李　頎<br>羅　隱 | 〈小童薛陽陶吹觱篥歌〉<br>〈聽安萬善吹觱篥歌〉<br>〈薛陽門觱篥歌〉 |
| | | 笙 | 秦韜玉<br>王　轂 | 〈吹笙歌〉<br>〈吹笙引〉 |
| | | 鼓 | 顧　況<br>韋應物 | 〈丘少府小鼓歌〉<br>〈擊鼓行〉 |
| | | 舞 | 杜　甫<br>李　賀<br>白居易<br>白居易<br>陳　陶 | 〈觀公孫大娘弟子舞劍器行〉並序<br>〈拂舞歌詞〉<br>〈霓裳羽衣歌答微之〉<br>〈胡旋女〉<br>〈獨搖手〉 |
| | | 歌 | 陳　陶 | 〈西川座上聽金五雲唱歌〉 |
| 詩 | 省州五 | 滕 | 滕　珦<br>令孤岫 | 〈釋奠日國學觀禮聞雅頌〉<br>〈同上〉 |

| | | | 呂炅 | 〈貢舉人謁先師聞雅樂〉 |
|---|---|---|---|---|
| | | | 王起 | 〈同上〉 |
| | | | 徐元弼 | 〈太常寺觀舞聖壽樂〉 |
| | | | | 〈朋上公太常奏雅樂〉 |
| | | | 陵贄 | 〈曉過南宮聞太常清樂〉 |
| | | | 張濛 | 〈同上〉 |
| | | | 胡直鈞 | 〈太常觀羯鼓國新樂〉 |
| | | | | 〈郊壇聽雅樂〉 |
| | | | 石倚 | 〈舞干羽兩階〉 |
| | | | 楊衡 | 〈朱絲絃〉 |
| | | | 白行簡 | 〈夫子鼓琴得其人〉 |
| | | | 張仲素 | 〈夜聞洛濱吹笙〉 |
| | | | 厲玄 | 〈緱山月夜聞王子晉吹笙〉 |
| | | | 鍾輅 | 〈同上〉 |
| | | | 魏璀 | 〈湘靈鼓瑟〉 |
| | | | 錢起 | 〈同上〉 |
| | | | 陳季 | 〈同上〉 |
| | | | 莊若訥 | 〈同上〉 |
| | | | 王邕 | 〈同上〉 |
| | | | 李肱 | 〈霓裳羽衣曲〉 |
| | | | 鄭絪 | 〈寒夜聞霜鍾〉 |
| | | | 盧景亮 | 〈同上〉 |
| | | | 戴叔倫 | 〈曉聞長樂鍾聲〉 |
| | | | | 〈聽霜鍾〉 |
| | | | | 〈聽霜鍾〉 |
| | | | 裴元 | 〈律中應鍾〉 |
| | | | | 〈笙磬同音〉 |
| | | | 范傳正 | 〈范成君擊洞陰磬〉 |
| | | | 呂溫 | 〈終南精舍月中聞磬〉 |
| | | | 獨孤申叔 | 〈同上〉 |
| | | | 李勳 | 〈泗濱得石磬〉 |
| | | | 鮑溶 | 〈風箏〉 |
| | | | 歐陽袞 | 〈聽郢客歌陽春白雪〉 |
| | | | 張少博 | 〈尚書郎上直聞春漏〉 |
| | | | 周徹 | 〈同上〉 |
| | | | | 〈同上〉 |
| | | | 張少博 | 〈雪夜觀象闕待漏〉 |
| | | | 嚴巨川 | 〈太清宮聞滴漏〉 |
| | | | 莫宣卿 | 〈百官乘月早朝聽殘漏〉 |
| | | | 李程 | 〈春臺晴望〉 |
| | | | 鄭賁 | 〈同上〉 |
| | | | 喬弁 | 〈同上〉 |

|  | 《文苑英華》 | 《佩文齋詠物詩選》 | 備　　　　註 |
|---|---|---|---|
| 樂律 | 14 | 47 |  |
| 鐘 | 5 | 13 | 三同 |
| 鼓 | 2 | 4 | 所收不同 |
| 磬 | 6 | 6 | 四同 |
| 簫 | 0 | 6 |  |
| 管 | 0 | 7 |  |
| 笙 | 8 | 13 | 四同 |
| 笛 | 13 | 18 | 三同 |
| 琴 | 34 | 62 |  |
| 琴石 | 0 | 4 |  |
| 瑟 | 1 | 7 | 不同 |
| 箏 | 9 | 9 | 不同 |
| 琵琶 | 6 | 9 | 一同 |
| 箜篌 | 2 | 6 | 一同 |
| 笳 | 0 | 5 |  |
| 角 | 0 | 5 |  |
| 觱篥 | 3 | 0 |  |
| 方響 | 2 | 6 | 一同 |
| 雜樂 | 6 | 4 | 《文苑英華》有鍾 1 觱篥 1 管 1 柏板 1 胡笳 1 |
| 共計 | 111 | 231 |  |

從本表可看出《佩文齊詠物詩選》所選錄的詩作，大都與《文苑英華》不同，所以讀者可以得知，這兩部選集可互補有無。

## 第二節　蔚爲大宗的大唐樂舞

### 一、樂舞在唐代的發展概況

樂舞，作爲音樂與舞蹈結合的一種基本形式，有時也配合著歌曲、歌辭，並行不悖。有學者謂古代稱「樂」，多半包括舞而言〔註1〕；筆者以爲按常理及歷史經驗而言，應該是恰好倒過來說才較符合實況，有樂不一定有舞，但有舞必有樂。我們當然不必否定「樂」的含義中，的確在古代樂論中常含括了舞、歌及音樂自身〔註2〕，但這樣籠統的說，還是不如根據詩（歌）、樂、舞的不同結合形式，分別說開，釐清其差異性好些。

唐代樂舞的發展和唐代音樂及唐代舞蹈的發展，當然是息息相關、密不可分；另一方面，隋統一天下後，暫時結束了東漢以後動亂的局面，把南北朝時期所遺留下的樂舞及百戲集中起來，而唐代又進一步繼承且融合了南朝的漢族傳統樂舞及北朝各民族樂舞。但武德初，並未適時的改制，宮廷宴享，仍隨舊制，到了太宗貞觀十四年，唐代始制燕樂，列爲諸樂之首，同時平高昌，盡收其樂，合隋九部而爲十部，廢去〈禮畢〉，每部均附舞人。正因爲一方面繼承了前代之遺，同時也不斷再從西方和一些少數民族吸收新的樂曲和舞蹈，進行融合和創新的工作，才逐漸形成了坐部伎和立部伎的規模。而且每部伎都有舞，舞的規模有大有小，性質也不盡相同。例如立部伎〈破陣樂〉的舞者較多，坐部伎〈破陣樂〉的舞者較少，〈小破陣樂〉是玄宗所造，規模就更小了，舞者只有四人。

二部伎雖與十部伎、四部樂、梨園等制度大都相同，但坐、立部伎之內容有一特點，質言之，二部伎的內容，概可大別爲舞曲與樂器兩類，儘管樂調的使用仍吸收大量外來樂舞的成分，但已不如十部伎般使用地名或國名作爲樂部名稱，二部使用的都是樂曲的名稱，其內

容都是歌頌當時執政者的豐才偉蹟，舞蹈形式也多富麗華美，多採用傳統舞蹈，當然其中也有輕歌妙舞，此外還有一類娛樂性或藝術性較強的樂舞出現。傳統如〈明君〉、〈白紵〉、少數民放如〈柘枝〉、〈胡旋〉，創作舞曲如〈霓裳羽衣〉、〈春鶯囀〉、〈綠腰〉等。

　　事實上，除去帝王個人的喜好及政治（統一）、社會（安定）、經濟（繁榮）等因素外，專業藝人和民間藝人的辛勤耕耘及創作，也是推動唐代樂舞高度發展的主要因素，加上專門樂舞機構的設置和中西文化交流等因素，也進而影響到唐代樂舞戲及唐後戲曲的發展。

　　唐代詩人白居易和元稹各有一首〈胡旋女〉詩，詩中將樂舞之狀和唐代內部的轉變絃絃相扣，娓娓道出。他們寫〈胡旋女〉的意圖，不只是單純的描摹舞姿之美或樂舞合一的景像；詩作的背景主要是安祿山叛變，玄宗倉皇奔蜀，貴妃死於馬嵬坡一事，詩人欲借詩以明事也。

　　唐代樂舞在高度發展的過程中，一方面就促成了各種形式的舞曲及樂舞詩的大量出現，另一方面，在宮廷內部也設置了各種專門的樂舞機構，如教坊、梨園、太常寺等，集中了大批專業的歌舞藝人。

　　唐代教坊的樂舞中有健舞和軟舞兩種，大多是外來的樂舞，其中也有少數創作的樂舞。

　　舞風偏向英武剛勁的健舞，據《教坊記》，健舞曲有〈阿遼〉、〈柘枝〉、〈黃麞〉、〈拂林〉、〈大渭州〉、〈達磨支〉。《樂府雜錄》中所記載的健舞曲則有〈稜大阿連〉、〈柘枝〉、〈劍器〉、〈胡旋〉、〈胡騰〉。《唐音癸籤》中則收錄了〈拂林〉（按：西域國名）、〈黃麞〉、〈柘枝〉、〈大渭州〉、〈達磨支〉、〈大杆阿連〉（按：大杆，一作稜大）、〈阿遼〉、〈劍器〉、〈胡旋〉、〈胡騰兒〉。去其重覆，則唐教坊中約有十首健舞曲。

　　軟舞則是與健舞風格迥異的一種舞蹈，它的特點是舞姿優美柔婉，樂曲節奏舒緩。據《教坊記》，軟舞曲有〈垂手羅〉、〈回波樂〉、〈蘭陵王〉、〈春鶯囀〉、〈半社㯚〉、〈借席〉、〈烏夜啼〉。據《樂府雜錄》，則有〈涼州〉、〈綠腰〉、〈蘇合香〉、〈屈柘〉、〈團圓旋〉、〈甘州〉。據《唐音癸籤》，軟舞曲共有〈垂手羅〉

（按：古舞曲有大垂手、小垂手，此其遺也）、〈蘭陵王〉、〈回波樂〉、〈春鶯囀〉、〈烏夜啼〉、〈半社渠〉、〈借席〉、〈涼州〉、〈屈柘枝〉（按：柘枝，主羽調，屈柘枝，主商調也）、〈團亂旋〉（即〈團圓旋〉）、〈甘州〉、〈綠腰〉、〈蘇合香〉等十三首。

　　胡震亨在《唐音癸籤》中也整理收錄了十六支雜舞曲，分別是〈打毬樂〉〔註３〕、〈玉免渾脫〉〔註４〕、〈英王石州〉〔註５〕、〈婆羅門舞〉〔註６〕、〈霓裳羽衣舞〉〔註７〕、〈伊州〉、〈五天〉〔註８〕、〈鼓舞曲〉〔註９〕、〈凌波曲〉〔註10〕、〈蓮花鋌舞〉〔註11〕、〈字舞〉〔註12〕、〈嘆百年舞〉〔註13〕、〈新霓裳羽衣舞〉〔註14〕、〈菩薩蠻舞〉〔註15〕、〈河傳舞〉〔註16〕、〈兒童解紅舞〉〔註17〕等。並謂：

> 唐舞惟文、武二舞，憲古佾數，而歌雅歌。自太宗復製七德、九功，佾數較古有倍，而聲容亦漸多可議矣。其後歷朝相沿，各製樂舞，臣下更多撰獻。雖名託雅正，而事歸矜侈，具在前簡，概無足識。此則零雜舞名，純遠乎雅者，然以考其曲題，而求其聲度，不可廢而無纂。其〈霓裳〉、〈柘枝〉二曲，唐人多所歌詠，故備釋焉。

　　樂舞的數量自太宗以後，快速成長，不但每支舞曲中的舞人增加，連樂舞中的行列變化也增加不少。據《新唐書·禮樂志》云：「初，隋有文舞、武舞，至祖孝孫定樂，更文舞曰治康，武舞曰凱安，舞者各六十四人。」又云：「唐之自製樂凡三：一曰七德舞，二曰九本R，三曰上元舞。」〔註18〕

　　根據《新唐書》的記載，文舞〈治康〉，左籥右翟，與執纛而引者二人，皆貌冠，黑素、絳領、廣袖、白綺、革帶、烏皮履。武舞〈凱安〉，左干右戚，執旌居前者二人，執鼗執鐸皆二人，金錞二，輿者四人，奏者二人，執鐃者二人，執相者在左，執雅者在右，皆二人夾導，服平冕。其餘與文舞相同。

　　七德舞，本名〈秦王破陣樂〉，九功舞，本名〈功成慶善樂〉；上元舞，高宗所作，舞者一百八十人。唐高宗曾於麟德二年（六六五）下令文舞改用〈九功〉，武舞改用〈七德〉；到了儀鳳二年（六七

七）之時，時任太常少卿的韋萬石上奏云：「但以慶善不可降神，〈神功破陣樂〉又未入雅樂，雖改用器服，其舞曲依舊，迄今不改，事既不安，恐須別有處分。」〔註19〕以樂言，稱曰〈神功破陣〉、〈功成慶善〉，以舞言，則名之曰〈七德〉、〈九功〉。破陣樂和慶善樂，本是用於宴會，並非雅樂之系，自難用於降神；二舞之於二樂，舞曲既仍用治康、凱安，則七德、九功二舞，與曲不合，所以韋萬石主張重新考慮其不當之處。韋萬石又上奏云：「每見享祭日，三獻已終，〈上元舞〉猶自未畢。」〔註20〕祭祀之典，獻爵凡三次，三獻已終，舞猶未畢，是樂與舞不相合也。故上元舞於儀鳳二年亦停而不用。加上武后毀太廟，七德、九功之舞皆亡，唯其名存，自後復用隋代文舞、武舞而已。除上述諸舞外，唐宮廷中還有廟舞、廟既有別，舞自不同。〔註21〕

宮廷中的樂舞雖日趨式微，但民間的樂舞卻隱然成爲大宗，絲毫沒有受到宮廷樂舞式微的影響。以唐詩中形容諸多形式的樂舞而言，都說明了唐代在音樂和舞蹈的結合下，各種樂舞的高度發展。

〔註釋〕：

〔註 1 〕《中國舞蹈史》第一章〈唐代舞蹈總論〉，頁六。歐陽予倩主編，蘭亭書局出版。

〔註 2 〕劉向《說苑·修文》云：「詩言其志，歌詠其聲，舞動其容。三者本於心，然後樂氣從之。」阮籍在〈樂論〉中謂「鐘磬、鞞鼓、琴瑟、歌舞，樂之器也。」皆是將樂含括詩、歌、舞甚至樂器來說。

〔註 3 〕《唐音癸籤》：「舞衣四色，窄繡羅襦，銀帶簪花，折上巾，順風腳，執毬杖。貞觀初，魏鄭公奉詔造，其調存焉。」王邕〈內人蹋球賦〉云：「毬不離足，足不離毬，弄金盤而神仙欲下，舞寶劍則夷狄來投。」（《全唐文》，卷三五六。）王讜《唐語林》卷五載「打毬，古之鞠鞠也，……開元天寶中，上數御觀打毬爲事，能者左縈右拂，盤旋宛轉，殊有可觀。然馬或奔逸，時致傷斃。……然打毬乃軍州常戲，雖不能廢，時復爲之耳。今樂人

又有蹋毬之戲，作彩畫木毬，高一二尺，女妓登躡，毬轉而行，縈回去來，無不如意，蓋古蹋鞠之遺事也。」

〔註４〕《唐音癸籤》：「舞衣四色，繡羅襦，銀帶，玉兔冠。中宗時，呂元泰嘗上書諫都市坊邑相率爲〈渾脫〉，駿馬胡服，名爲〈蘇莫遮〉，旗鼓相當，騰逐喧噪，戰爭之象，不爲雅樂云云。潑寒胡戲有〈蘇莫遮曲〉，豈〈渾脫舞〉同出海西，亦歌此曲調歟？先此，武后末年，〈劍氣〉入〈渾脫〉，始爲犯聲。〈劍氣〉，宮調。〈渾脫〉，角調。爲以臣犯君也。」〈渾脫〉，又名〈蘇摩遮〉，係印度語。〈蘇摩遮〉爲乞寒戲時歌詞的調名，玄宗天寶十三年改名爲〈萬宇清〉。唐人張說有〈蘇摩遮〉五首，茲錄其中二首云：「摩遮本出海西胡，琉璃寶服紫髯鬍。聞道皇恩遍宇宙，來將歌舞助歡娛。」「繡裝帕（拍）額寶花冠，夷歌騎（妓）舞借人看。自能激水成陰氣，不慮今年寒不寒。」從性質上來看，〈渾脫〉應屬健舞的一種，而宋代教坊有劍氣隊和玉兔渾脫隊（均爲小兒舞隊），雖承大唐遺制，但舞容及服飾已有所改變。胡震亨將〈玉兔渾脫〉列爲雜舞曲，有其因也。

〔註５〕《唐音癸籤》云：「商調，互見中宗樂曲內。」

〔註６〕《唐音癸籤》：「舞衣緋紫色，執錫環杖。開元中，西涼節度便楊敬述進。」按：楊敬述，兩唐書無傳，《全唐詩》卷八十謂楊氏於武后時爲右玉鈐衛郎將、左奉宸內供奉，有詩一首名〈奉和聖製夏日遊石淙山〉。《羯鼓錄》於太簇商有〈婆羅門〉，王溥之《唐會要》：「黃鐘商，時號越調，……〈婆羅門〉改爲〈霓裳羽衣〉。」任二北先生則說：「〈婆羅門〉是佛曲，〈霓裳〉是道曲。此〈霓裳羽衣〉既由〈婆羅門〉改名，可知其並非法曲〈霓裳〉，蓋亦同名異曲耳。」任先生所說極是。

〔註７〕詳見本文第五章第一節。

〔註８〕《唐音癸籤》：「開元《教坊記》云：『教坊諸宮人，唯舞此二曲。』〈伊州〉、〈甘州〉均爲天寶樂曲，其辭可見於郭茂倩之《樂府詩集》；〈五天〉、其曲不詳，唯陳暘《樂書》（卷一八四）云：「角調有〈五天柘枝〉。」不知是否正是〈五天〉之曲

與〈柘枝〉之舞合入角調？但也有可能是分指〈五天〉、〈柘枝〉二舞曲，陳暘將此列在〈柘枝舞〉中而論，以〈五天柘枝〉較有可能。

〔註 9 〕《唐音癸籤》：「開元時，邠王家馮正正、心兒，薛王家高大山、李不藉，岐王家江張生，俱以善鼓聞。以其鼓變輕小，取便易，調高聲尖。是時宋娘、祁娘，俱稱善鼓。宋能作曲及舞鼓，祁工落花吹笛，李阿八善鼓架。凡棚車上打鼓，非〈火袄〉即〈阿遼破〉也。〈火祈〉即〈穆護砂曲〉。此說應出於陳暘《樂書》，卷一八一，〈鼓舞〉一條所示。

〔註10〕《唐音癸籤》：「天寶中，女伶謝阿蠻善舞此曲，常入宮中，楊貴妃遇之甚厚。」

〔註11〕《唐音癸籤》：「本出北同城。」岑參有〈田使君美人舞如蓮花北鋌歌〉，詩見本節所錄。

〔註12〕《唐音癸籤》：「以舞人亞身於地，布成字，爲字舞。合成花字者，又爲花舞，則亦字舞也。」段安節《樂府雜錄・舞工部》云：「字舞，以舞人亞身於地，布成字也。花舞者，綠衣偃身，合成花字也。」王建〈宮詞〉云：「羅衫葉葉繡重重，金鳳銀鵝各一叢。每遍舞時（頭）分兩向，太平萬歲字當中。」花蕊夫人〈宮詞〉云：「新秋女伴各相逢，罨畫船飛別浦（渚）中。旋折荷花伴歌舞，夕陽斜照滿衣紅。」

〔註13〕《唐音癸籤》：「懿宗與郭妃悼念同昌公主，李可及爲嘆百年曲及舞。舞人皆盛飾珠翠，仍畫魚龍地衣以列之。曲終樂闋，珠翠覆地，調語悽惻，聞者流涕。上益厚賜之。」

〔註14〕《唐音癸籤》：「文宗時教坊進舞女三百人，舞〈新霓裳羽衣〉。」

〔註15〕《唐音癸籤》：「舞衣絳繪（按：疑作繒），窄砌衣，卷冠。李可及嘗於安國寺作此舞。」唐人蘇鶚《杜陽雜編》記載唐宣宗大中初期，女蠻國入貢，貢者高髻金冠，纓絡披體，號爲「菩薩蠻隊」，當時樂工因而制作〈菩薩蠻〉曲。但據《教坊記》所錄，則開元年間已有此曲名。進一步的考證請參見王灼之《碧雞漫志

　　　　》及任二北先生《教坊記箋訂》，頁八十九，宏業書局。

〔註16〕《唐音癸籤》：「乾符中，綿竹王俳優能腰背一船，船中載十二
　　　　人，舞〈河傳〉一曲，舞遍最長。」

〔註17〕《唐音癸籤》：「用兩童，衣紫緋繡襦，銀帶，花鳳冠，綬帶。
　　　　亦〈柘枝〉之類，五代和凝有歌。」按：和凝〈解紅歌〉：「百
　　　　戲罷，五音清。〈解紅〉一曲新教成，兩個瑤池小仙子，此時奪
　　　　卻〈柘枝〉名。」（《全唐文》，卷七三五）

〔註18〕七德舞者，本名〈秦王破陣樂〉，太宗為秦王時，破劉武周，軍
　　　　中相與作秦王破陣樂曲，及即位，宴會必奏之。其後太宗自製舞
　　　　圖，左圓右方，先偏後伍，交錯屈伸，以象魚麗、鵝鸛。命呂才
　　　　以圖教樂工百二十八人，披銀甲執戟而舞，凡三變，每變為四陣
　　　　，象擊刺往來。後令魏徵等製歌辭，名曰七德舞。九功舞者，本
　　　　名〈功成慶善樂〉。太宗生於慶善宮，貞觀六年幸之，宴從臣，
　　　　賞賜閭里，帝歡甚，賦詩，起取郎呂才被之管絃，名曰〈功成慶
　　　　善樂〉，以童兒六十四人，冠進德冠，紫褲褶，長袖，漆髻，屣
　　　　履而舞，號九才舞。上元舞，高宗作，舞者百八十人，衣盡雲五
　　　　色衣，以象元氣，甚樂有上元、二儀、三才、四時、五行、六律
　　　　、七政、八風、九宮、十洲、得一、慶雲之曲，大祠享皆用之。
　　　　（請參考《新唐書・禮樂志》）

〔註19〕請參見《全唐文》卷一八六，〈請定樂舞奏〉；或本文〈附錄三
　　　　〉，第二十八則。

〔註20〕同前引。〈定樂舞奏〉，或本文〈附錄三〉，第二十九則。

〔註21〕根據《舊唐書・音樂志》的記載，獻祖廟舞曰〈光大〉，懿祖曰
　　　　〈長發〉，太祖曰〈大基〉（後改為〈大政〉），世祖曰〈大成
　　　　〉，高祖曰〈大明〉，太宗曰〈崇德〉，高宗曰〈鈞天〉，中宗
　　　　曰〈太和〉，睿宗曰〈景雲〉，玄宗曰〈廣運〉，肅宗曰〈惟新
　　　　〉，代宗曰〈保大〉，德宗曰〈文明〉，順宗曰〈大順〉，憲宗
　　　　曰〈象德〉，穆宗曰〈和寧〉，敬宗曰〈大鈞〉，文宗曰〈文成
　　　　〉，武宗曰〈大定〉，昭宗曰〈咸寧〉，各有其曲。懿、僖二廟
　　　　舞名闕。《通典・樂》記載頗詳。

## 二、唐代的樂舞詩

唐代樂舞的發展，在十部伎、二部伎中大致可得到一制度性的全面認識，但有關樂舞此一藝術如何反映在唐代宮廷與民間，其他相關史料的輔助證明，就顯得非常重要了。這些可供參照說明的資料，以唐詩最爲可貴。

唐人所創作的樂舞詩中，記錄了唐代甚多樂舞曲名或樂舞盛行的諸多狀況，也只有從唐詩中才看出樂舞藝術的發達與流行，這個興盛的情形直至「安史之亂」之後，也如同唐代音樂及其他藝術般，遭遇了重大挫折。宮廷樂舞機構有的解散，有的裁減，大批的歌舞伎人離開宮廷、貴戚之家，走向民間，對民間樂舞的發展起了一定程度的積極作用。

首先，我們先看看健舞類型的樂舞詩。

〈柘枝〉〔註1〕：《教坊記》大曲中有〈柘枝〉，雜曲中亦有〈柘枝引〉，在唐代也是一支很流行的舞曲。〈柘枝〉是從中亞一帶傳來的舞蹈。郭茂倩《樂府詩集》中所收錄的〈柘枝詞〉引《樂苑》云：「羽調有〈柘枝曲〉，商調有〈屈柘枝〉。此舞因曲爲名，用二女童，帽施金鈴，抃轉有聲。其來也於二蓮花中藏，花芒而後見，對舞相占，實舞中雅妙者也。」宋人陳暘《樂書》述〈柘枝舞〉時，也有類似的記載。他說：「〈柘枝〉舞童衣五色繡羅寬袍，胡帽銀帶。」又說：「唐明皇時有〈那胡柘枝〉，眾人莫及。」

〈柘枝〉在唐代幾全爲雙女對舞，常見於唐代詩歌的創作中，流傳也很廣泛，文人學士如薛能、楊巨源、劉禹錫、張祜、白居易、殷堯藩、章孝標、徐凝、杜牧、許渾、李群玉、沈亞之、和凝、盧肇等〔註2〕，都有〈柘枝〉的創作及觀看經驗。上自宮廷，下至民間，南北各地，舞風不絕。茲錄章孝標〈柘枝〉，詩云：

> 柘枝初出鼓聲招，花鈿羅衫聳細腰。移步錦靴空緯約，迎風繡帽動飄颻。亞身踏節鸞形轉，背面羞人鳳影嬌。祗恐相公看未足，便隨風雨上青霄。

〈劍器〉〔註3〕：《唐音癸籤》謂此曲舞衣五色，曲中呂宮。

段安節說即公孫大娘所舞。胡震亨則懷疑唐人多有作「劍氣」者，豈字之誤歟？歐陽予倩則謂劍器有四說：一、劍器即雙劍。二、劍器乃雄裝空手而舞。三、劍器乃舞綵帛所結之毬。四、劍器兼用武器、旗幟、火炬等物。〔註4〕

　　杜甫有〈觀公孫大娘舞劍器行並序〉云：「昔有佳人公孫氏，一舞劍氣動四方。觀者如山色沮喪，天地爲之久低昂。燿如羿射九日落，矯如群帝驂龍翔。來如雷霆收震怒，罷如江海凝清光。」至此俱是描繪舞容之壯。「絳唇珠袖兩寂寞，況有弟子傳芬芳。臨穎美人在白帝，妙舞此曲神揚揚。與余問答既有以，感時撫事增惋傷。先帝侍女八千人，公孫劍器初第一。」至此點明公孫大娘在唐玄宗時侍女中舞〈劍器〉爲第一。「五十年間似反掌，風塵傾動昏王室。梨園弟子散如煙，女樂餘姿映寒日。金粟堆南木已拱，瞿唐石城草蕭瑟。玳筵急管曲復終，樂極哀來月東出。老夫不知其所往，足繭荒山轉愁疾。」將樂舞和梨園間由盛轉衰的情形道出。〈劍器〉既屬健舞，是用鼓伴奏作爲序曲的，鼓聲一停，舞蹈就開始，以雷霆震怒剛收爲喻，充分表現其雄武的氣勢。「罷如」句寫的是舞蹈收場。杜甫藉詩感懷時事及自身之晚景，頗有感傷。也顯見玄宗盛唐時期，唐代樂舞之興盛。〔註5〕

　　〈胡旋〉：是唐代最盛行的舞曲之一。此舞原出康國（即今日中亞細亞的撒馬爾罕）〔註6〕，舞者多爲女子，舞時旋轉如風，故謂之。《通典・樂・康國樂》云：「康國舞二人。緋襖、錦袖、綠綾渾襠褲、赤皮靴、白褲、雙舞急轉如風，俗云〈胡旋〉。」伴奏的樂器有「笛鼓二、正鼓一、和鼓一、銅鈸二」，也可能還有其他弦樂器伴奏。

　　白居易有〈胡旋女〉，並云：戒近習也。詩云：

　　　胡旋女，胡旋女，心應弦，手應鼓。弦鼓一聲雙袖舉，回雪飄飄轉蓬舞。左旋右轉不知疲，千匝萬周無已時。人間物類無可比，奔車輪緩旋風遲。曲終再拜謝天子，天子爲之微啓齒。胡旋女，出康居，徒勞東來萬餘里。中原自有胡旋者，鬥妙爭能爾不如。天寶季年時欲變，臣妾人人學圓轉。中有太眞外祿山

，二人最道能胡旋。梨花園中册作妃，金雞障下養爲兒。祿山胡旋迷君眼，兵過黃河疑未反。貴妃胡旋惑君心，死棄馬嵬念更深。從茲地軸天維轉，五十年來制不禁。胡旋女，莫空舞，數唱此歌悟明主。在唐代的強盛時期，大量吸收外族文化，來豐富和發展自己，但唐代王朝日趨腐化墮落，面臨家變仍不自知，詩人感世傷時，借〈胡旋〉舞，莫空舞一語，冀望在位者能記取此一深刻的歷史教訓。

〈胡騰〉：原出於中亞細亞塔什干的民間舞蹈。《唐音癸籤》云：珠帽、桐布衫、雙靴、及（反）手叉腰，應曲節舞。並謂李端詩云：「洛下詞人抄曲與」知舞曲非一矣。此舞以跳躍上騰見長，故名〈胡騰〉，舞者多爲男子。

劉言史有〈王中丞宅夜觀舞胡騰〉云：

> 石國胡兒人見少，蹲舞尊前急如馬。織成蕃帽虛頂尖，細氎胡衫雙袖小。手中抛下蒲萄盞。西顧忽思鄉路遠。跳身跳轂寶帶鳴，弄腳繽紛錦靴軟。四座無言皆瞪目，橫笛琵琶遍頭促。亂騰新毬雪朱毛，傍拂輕花下紅燭。酒闌舞罷絲管絕，木槿花西見殘月。〔註7〕

詩中形容舞者跳躍之時，腰間的寶帶發出鳴聲，伴奏的樂器有橫笛、琵琶，而且節奏頗快，這也是爲了配合舞蹈的節奏而來。

〈黃麞〉：唐人張鷟《朝野僉載》記載武后如意年中已來，始唱〈黃麞歌〉，其詞曰：「黃麞黃麞草裡藏，彎弓射你傷」。俄而契丹反叛，殺都督趙翽，營府陷沒，差總管曹仁師、張玄遇、麻仁節、王孝傑〔註8〕，前後百萬眾，被賊敗於黃麞谷，諸軍並沒，罔有孑遺黃麞之歌斯爲驗矣。」《新唐書・五行志》亦錄此事，《全唐詩》所收錄之〈黃麞歌〉亦爲上述之歌詞。

〈達摩（磨）支〉：《全唐詩》作〈達摩支曲〉，唐玄宗天寶十三年改〈達摩支〉爲〈泛蘭叢〉〔註9〕，羽調曲。

溫庭筠有〈達摩支曲〉，詞云：

> 擣麝成塵香不滅，拗蓮作寸絲難絕。紅淚文姬洛水春，白頭蘇武天山雪。君不見無愁高緯花漫漫，漳浦宴餘清露寒。一旦臣僚共囚虜

，欲吹羌管先汍瀾。舊臣頭鬢霜華（雪）早，可惜雄心醉中老。萬古春歸夢不歸，鄴城風雨連天草。但其中無描寫舞容舞姿之文，可能是根據〈達摩支〉舞曲所填寫的歌詞。

健舞曲中如〈棱大〉、〈阿遼〉、〈拂林〉、〈大渭州〉僅存名目，內容已難以詳考。

我們接下來看唐代軟舞曲類型的樂舞詩。

〈垂手羅〉〔註10〕：《唐音癸籤》謂古舞曲有〈大垂手〉、〈小垂手〉、〈垂手羅〉就是據此變化而來。

聶夷中有〈大垂手〉云：

> 金刀剪輕雲，盤用黃金嚇。裝束趙飛燕，教來掌上舞。舞罷飛燕死，片片隨風去。

這首詩沒有一句正面寫舞蹈，卻又讓人感受舞姿之美，可謂不著一字，盡得風流。

〈春鶯囀〉：崔令欽《教坊記》云：「〈春鶯囀〉，高宗曉聲律，晨坐聞鶯聲，命樂工白明達寫之，遂有此曲。」

張祜有〈春鶯囀〉〔註11〕云：

> 興慶池南柳未開，太眞先把一枝梅。內入已唱〈春鶯囀〉，花下傞傞軟舞來。

傞傞是形容醉舞無度而失其所止之意。《詩經・小雅・賓之初筵》云：「賓既醉止，載號載呶。亂我籩豆，屢舞傲傲。是曰其醉，不知其郵。側弁之俄，屢舞傞傞。」《說文解字》云：「傞，醉舞貌，從人差聲，《詩經》曰：『屢舞傞傞』」劉向《說苑・反質》云：「屢舞傞傞，言失容也。」可見〈春鶯囀〉這支軟舞曲可能略帶醉舞之姿。〔註12〕

〈烏夜啼〉：崔令欽《教坊記》於〈烏夜啼〉之曲調本事中有記載。然考諸家言此舞曲，以郭茂倩《樂府詩集》所引最詳，共引《唐書・樂志》、《教坊記》、《古今樂錄》及《樂府解題》〔註13〕。主要是敍述南朝宋文帝元嘉二十八（四五一）年，彭城王義康及衡陽王義季因故被囚，後會稽公主說服文帝要釋放兩人，傳達此旨之使者，尚未到達潯陽，衡陽的家人就扣二人所囚之院說：「昨夜烏夜啼，

官當有赦。」沒多久使者到達囚院，二人得釋，故有此曲。此曲也有琴操曲。

　　任二北先生說此曲有燕樂雜曲與雅樂琴曲兩種之分〔註14〕，琴曲曰〈烏夜啼引〉，如張籍之〈烏夜啼引〉、元稹之〈聽庾及之彈烏夜啼引〉；而〈烏夜啼〉乃指雜曲。然唐人所寫之〈烏夜啼〉，大都不見其樂舞之音容。

　　茲錄顧況之〈烏夜啼〉，詩云：

　　　　玉房掣鎖聲翻葉，銀箭添泉遶霜堞。畢逋發剌月銜城，八九雛飛其母驚。此是天上老鴉鳴，人間老鴉無此聲。搖雜佩，耿華燭，良夜羽人彈此曲，東方瞳瞳赤日旭。

　　〈回波樂〉：《舊唐書・李景伯列傳》云：「中宗嘗宴侍臣及朝集使，酒酣，令各爲〈迴波辭〉。眾皆爲諂佞之辭，及自要榮位。次至景伯，曰：『迴波爾時酒巵，微臣職在箴規。侍宴既過三爵，諠譁竊恐非儀。』中宗不悅，中書令蕭至忠稱之曰：『此眞諫官也。』開元中卒。」《北史・爾朱榮傳》謂榮「與左右連手踏地唱〈回波樂〉而出。」唐人劉餗所著《隋唐嘉話》則謂之〈下兵詞〉。「迴波」，乃曲水流觴之意。本曲爲商調曲。

　　〈涼州〉〔註15〕：涼州亦稱梁州，唐玄宗天寶年間（七四二—七五五）樂曲多以邊地爲樂曲名，如〈涼州〉、〈甘州〉、〈伊州〉之類。

　　杜牧有〈河湟〉云：

　　　　……牧羊驅馬雖戎服，白髮丹心盡漢臣。唯有〈涼州〉歌舞曲，流傳天下樂閑人。

　　〈屈柘枝〉：郭茂倩引《樂府雜錄》曰：「健舞曲有〈柘枝〉，軟舞曲有〈屈柘〉。」又引《樂苑》曰：「羽調有〈柘枝曲〉，商調有〈屈柘枝〉〔註16〕。唐人南卓於《羯鼓錄》中亦云：「凡曲有意盡聲不盡者，順以他曲解之，如〈耶婆色雞〉用〈屈柘急遍〉解，〈屈柘〉用〈渾脫〉解之類是也。」

　　溫庭筠有〈屈柘枝〉云：

　　　　楊柳縈橋綠，玫瑰拂地紅。繡衫金騕褭，花髻玉瓏璁。宿雨香

潛潤，春流水暗通。畫樓初夢斷，晴日照湘風。

〈綠腰〉〔註17〕：又名〈六么〉，亦名〈樂世〉。歐陽予倩曾以五代畫家顧閎中所繪之〈韓熙載夜宴圖〉爲例，說明其中一段王屋山舞〈綠腰〉的場面〔註18〕。

李群玉〈長沙九日登東樓觀舞〉云：

南國有佳人，輕盈〈綠腰〉舞。華筵九秋暮，飛扶拂雲雨。翩如蘭茄翠，婉若游龍擧。越豔罷前溪，吳姬停白紵。」〔註19〕

〈蘇合香〉〔註20〕：南卓《羯鼓錄》收錄屬太簇宮，乃天竺樂。《梁書‧天竺國》（卷五十四）有敍述「蘇合香」輸入中國的情形。〔註21〕

吳少微〈古意〉云：

……北林朝日鏡明光，南國微風蘇合香。可憐窈窕女，不作邯鄲娼。妙舞輕迴拂長袖，高歌浩唱發清商。歌終舞罷歡無極，樂往悲來長歎息。……今日陽春一妙曲，鳳凰樓上與君彈。

除了健舞曲、軟舞曲和雜舞曲外，在唐詩中還有不少描繪歌舞昇華、樂舞並作、歌樂舞合一的作品。

李嶠〈舞〉云：「霞衣席上轉，花岫（袖）雪前明。儀鳳諧清曲，回鸞應雅聲。」

岑參〈田使君美人舞如蓮花北鋋歌〉云：「美人舞如蓮花旋，世人有眼應未見。高堂滿地紅氍毹，試舞一曲天下無。此曲胡人傳入漢，諸客見之驚且歎。慢臉嬌娥纖復穠，輕羅金嚇花蔥蘢。回裾轉袖若飛雪，左鋋右鋋生旋風。琵琶羌笛和未匝，花門山頭黃雲合。忽作出塞入塞聲，白草胡沙寒颯颯。翻身入破如有神，前見後見回回新。始知諸曲不可比，采蓮落梅徒聒耳。世人學舞只是舞，姿態豈能得如此。

從詩中描寫的舞容來看，〈北鋋舞〉應是一種持矛表演的健舞。〈北鋋歌〉本是北方的健舞曲，在毛織的地毯上舞蹈。「翻身入破如有神」之入破乃唐代大曲中散序、中序、破三大段中「破」的第一遍，各種樂器合奏。作者以此曲爲高，並說〈采蓮曲〉（屬樂府江南弄曲）、〈梅花落〉（漢樂府橫吹曲）和此曲比較起來，顯得嘈雜難聽

而已。

王建〈尋橦歌〉云：「纖腰女兒不動容，戴行直舞一曲終。……小垂一手當舞盤，斜慘雙蛾看落日。斯須改變曲解新，貴欲（舞）歡他平地人。」

元稹〈曹十九舞綠鈿〉云：「急管清弄頻，舞衣才攬結。含情獨搖手，雙袖參差列。腰裏柳牽絲，炫轉風回雪。凝眸嬌不移，往往度繁節。」

唐詩中「歌舞」或「舞歌」之詩亦不在少數。

高嶠〈晦日宴高氏林亭〉云：「歌入平陽第，舞對石崇家。」

袁瓘〈鴻門行〉云：「寶劍中夜撫，悲歌聊自舞。此曲不可終，曲終淚如雨。」

李昂〈戚戚夫人楚舞歌〉云：「……閨中歌舞未終曲，天下死人亂如麻。……君楚歌兮妾楚舞，脈脈相看兩心苦。曲未終兮袂更揚，君流涕兮妾斷腸。……」

孟浩然〈美人分香〉云：「舞學平陽態，歌翻子夜聲。」

李賀〈公莫舞歌並序〉云：公莫舞歌者，詠項伯翼蔽劉沛公也。會中壯士，灼灼於人，故無復書。且南北樂府，率有歌引，賀陋諸家，今重作公莫舞歌云。（按：至此為序言）「……華筵鼓吹無桐竹，長刀直立割鳴箏。橫楣粗錦生紅緯，日炙錦嫣王未醉。腰下三看寶玦光，項莊掉箭欄前起。材官小臣公莫舞，座上真人赤龍子。……」

〈公莫舞〉是巾舞的一種。

白居易〈歌舞〉云：「朱門車馬客，紅燭歌舞樓。歡酣促密坐，醉煖脫重裘。」

白居易〈感故張僕射諸妓〉云：「黃金不惜買蛾眉，揀得如花三四枝。歌舞教成心力盡，一朝身去不相隨。」

許渾〈觀章中丞夜按歌舞〉云：「夜按雙娃禁曲新，東西簫鼓接雲津。舞衫未換紅鉛溼，歌扇初移翠黛嚬。」

李商隱〈歌舞〉云：「遏雲歌響清，回雪舞腰清。只要君流眄，君傾國自傾。」

陸龜蒙〈吳俞兒舞歌〉共分〈劍俞〉、〈矛俞〉和〈弩俞〉三種

舞歌、〈劍俞〉云：「枝月喉，框霜脊，北斗離離在寒碧。龍魂清，虎尾白，秋照海心同一色。……」〈矛俞〉云：「手盤風，頭背分，電光戰扇，欲刺敲心留半線。纏肩繞脰，被合眩旋，卓植赴列，奪避中節。前衝函禮穴，上指悖慧滅，與君一用來有截。」〈弩俞〉云：「牛來開弦，人為置鏃。……可以冠猛樂壯曲，抑揚蹈厲，有裂犀兕之氣者，非公與。」三種舞蹈中所舞弄的器具有劍有矛有弩，俱為陽剛力度豐滿之舞。

有歌舞樂合一者，如：

張祐〈悖拏兒舞〉云：「春風南內百花時，道唱〈梁州〉急遍吹。揭手便拈金杞舞，上皇驚笑悖拏兒。」

有描寫諸般特殊之舞態者，如：

元稹〈舞腰〉云：「裙裾旋旋手迢迢，不趁音聲自趁嬌。未知諸郎知曲誤，一時偷眼為迴腰。」

有純粹以「詠舞」為題者，如：

楊希道〈詠舞〉云：「二八如同雪，三春類早花。分行向燭轉，一種逐風斜。」

有以馬為舞者，如：

陸龜蒙〈舞馬〉云：「月窟龍孫四百蹄，驕驤輕步應金鞿。曲終似要君王寵，回望紅樓不敢嘶。」

有以諷刺、警戒為立意者，如白居易的〈法曲〉、〈立部伎〉、〈胡旋女〉；〈法曲〉之意欲正華聲，不令夷夏相交侵，〈立部伎〉之意諷刺雅樂部的衰微，〈胡旋女〉之意在警惕蔚為流行之舞中的歷史教訓。

此外，還有不少的舞曲歌詞，如：

溫庭筠〈拂舞詞〉云：「黃河怒浪連天來，大響泓泓如殷雷。……二十三（五）弦何太哀，請公勿（莫）渡立徘徊。……」

陳陶〈獨搖手〉云：「漢宮新燕矜蛾眉，春臺豔妝蓮一枝。……愁鴻連翩鷥曳絲，颺還明珠掌中移。……」

王建〈白紵歌〉云：「館娃宮中春日暮，荔枝木瓜花滿樹。城頭烏棲休擊鼓，青娥彈瑟白紵舞。」

　　還有借舞衣詠舞女者，如：

　　溫庭筠〈舞衣曲〉云：「藕腸纖嫭抽輕春，煙機漠漠嬌娥嚬。金梭淅瀝透空薄，剪落交刀吹斷雲。」蠶能吐絲，故曰藕腸。這四句由抽絲織綃寫到舞衣的剪裁製作。「藕腸纖嫭」、「煙機漠漠」，極力寫出絲嫭的纖細柔軟；「透空薄」、「吹斷雲」，則極力描寫絹綃的輕薄透明。寫舞衣之美，正是爲了寫舞姿舞容之美，舞女之美。

〔註釋〕：

〔註1〕〈柘枝〉是唐代極著名的西北少數民族舞蹈。這支舞曲，據唐人盧肇〈湖南觀雙柘枝舞賦〉云：「瀟湘二姬，姚花玉姿，獻〈柘枝〉之妙舞，佐清宴於良時。……古也郅支之伎，今也柘枝之名。因清角之繁奏，見韶華之並榮。」郅支，爲漢代古城（匈奴郅支單于的都城。見《漢書・陳湯傳》），唐名「呾邏斯」（《新唐書・西域傳》），屬安西大都護府管轄（今俄羅斯共和國境內）。可見〈柘枝舞〉應是來自郅支和呾邏斯一帶之地。

〔註2〕薛能有〈柘枝詞三首〉，楊巨源有〈寄申州盧拱使君〉云：「小船隔水催桃葉，大鼓當風舞〈柘枝〉。」，劉禹錫有〈觀柘枝舞二者〉、〈和樂天柘枝〉，白居易有〈房家夜宴喜雪戲贈主人〉云：「桑落氣薰珠翠暖，〈柘枝〉聲引管絃高。」、〈柘枝妓〉、〈看常州柘枝贈賈使君〉、〈柘枝詞〉、〈和同州楊侍郎誇柘枝見寄〉，徐凝有〈宮中曲二首〉云：「身輕入寵盡恩私，腰細偏能舞〈柘枝〉」，殷堯藩有〈潭州席上贈舞柘枝妓〉，張祜有〈李家柘枝〉、〈觀杭州柘枝〉、〈周員外席上觀柘枝〉、〈觀楊瑗柘枝〉、〈感王將軍柘枝妓居〉，杜牧有〈懷鍾陵舊遊四首〉云：「滕閣中春綺席開，〈柘枝〉蠻鼓殷晴雷」，瓶渾有〈贈蕭鍊師並序〉，序云：「鍊師，貞元初自梨園選爲內妓，善舞〈柘枝〉，宮中莫有倫比者，寵錫甚厚。」，李群玉有〈傷柘枝妓〉。以唐人觀〈柘枝〉、舞〈柘枝〉的數量看來，〈柘枝舞〉已成功的和中原風俗結合，成爲健舞曲中的主流。

〔註3〕陳暘《樂書・舞・劍器》（卷一八四）云：「〈劍器〉之舞，衣

五色、繡羅襦、折上巾、交腳絆、繡靴伏、劍執械。唐開元中有公孫大娘善舞〈劍氣〉，能爲鄰里感激，懷素見之，草書遂長，蓋狀其頓挫勢也。……今敎坊中呂宮有焉。」此舞在唐代，直接就令人想起公孫大娘，杜甫在代宗大曆二年見李十二娘舞〈劍器〉，才知道李十二娘之師原爲公孫大娘，並憶起兒時曾見公孫氏舞〈劍器〉、〈渾脫〉，並提及張旭因見公孫大娘舞西河〈劍器〉，自此草書長進一事。

〔註 4 〕《中國舞蹈史》（二編兩種），頁一四〇，蘭亭書店。

〔註 5 〕姚合七有〈劍器詞三首〉，司空圖有〈劍器〉，此外唐人於詩中描繪舞劍者亦多，如李白〈送梁公昌從倍安北征〉云：「起舞蓮花劍，行歌明月弓。」〈司馬將軍歌〉亦云：「將軍自起舞長劍，壯士呼聲動九垓。」以唐人詩中直指之劍名或氣勢而言，公孫大娘所舞或唐人所舞之〈劍器〉，應爲眞正之劍器較爲可靠。

〔註 6 〕《新唐書·西域傳》：「康者……人嗜酒，好歌舞於道，……開元初，貢鎖子鎧、水精杯……侏儒、胡旋女子」「米，或曰彌末，曰弭秣賀……開元時獻璧、舞筵、師子、胡旋女。」可見當時康國、米國等都有向唐代宮廷送胡旋舞女之事，所以其富有當地民族特色的舞風也是必然的。但唐代詩人對此舞曲，似乎都有點意見，除了白居易外，元稹〈胡旋女〉亦言「寄言旋目與旋心，有國有家當共譴。」

〔註 7 〕李端有〈胡騰兒〉云：「胡騰身是涼州兒，肌膚如玉鼻如錐。桐布輕初前後卷，葡萄長帶一邊垂。」唐代民間和宮廷喜愛中亞和中國西北各地的民族舞蹈，似乎已形成了一種風氣。但李端詩末言「胡騰兒，胡騰兒，故鄉路斷知不知」表示其深切的關心和愛憐各民族間因戰爭所造成的離別思鄉之苦。

〔註 8 〕《舊唐書·王孝傑傳》（卷九十三）云：「萬歲通天年（按：六九六—七），契丹李盡忠萬芳反叛，復詔孝傑白衣起爲清邊道總管，統兵十八萬以討之。……後軍總管蘇宏暉畏賊眾，棄甲而遁，孝傑既無後繼，爲賊所乘，營中潰亂，孝傑墮谷而死，兵士爲賊所殺及奔踐而死殆盡。」依張鷟所載武后如意年（六九二）中

已來，民間已有〈黃　歌〉流傳，並以此歌預示契丹叛變一事。

〔註9〕見《唐會要》，卷三三。

〔註10〕段成式〈戲高侍御七首〉云：「百媚城中一個人，紫羅垂手見精神。青琴仙子長教示，自小來來號阿眞。」鮑防〈歌響遏行雲賦〉亦云：「珊珊佩玉，粲粲垂羅。」如此看來，羅應指舞袖而言，垂手應指舞姿。

〔註11〕《全唐詩》，卷五一一。乃詠本調之詩，而非本調之歌辭也。

〔註12〕梁鍠〈戲贈歌者〉：「曉燕喧喉裏，春鶯囀舌邊。若逢漢武帝，還是李延年。」元稹〈法曲〉：「女爲胡婦學胡妝，伎進胡音務胡樂。火鳳聲沈多咽絕，〈春鶯囀〉罷長蕭索。」樂工白明達爲龜茲人，此曲或含有不少龜茲樂成分在內。歐陽予倩引朝鮮《進饌儀軌》云「春鶯囀……設單席，舞妓一人，立於席上，進退旋轉不離席上而舞。」任二北先生亦謂此調在日本，尙有舞圖流傳，一名〈梅花春鶯囀〉，一名〈春鶯囀大曲〉（又名「天長寶壽樂」），入壹越調，六人或四人舞，可能是唐代傳入日本後有所改變（《教坊記箋訂》，頁一八三、《中國舞蹈史》，頁一五八）。

〔註13〕見《樂府詩集・清商曲辭》，第四十七卷，頁六九〇，里仁書局。

〔註14〕同註12.所引，頁一七九。

〔註15〕涼州即今甘肅省武威一地。唐代歌舞大曲及軟舞類中都有〈涼州〉一曲的名目，原富地方色彩。王維有〈涼州郊外遊望〉，王翰有〈涼州詞二首〉，王昌齡〈殿前曲二首〉云：「胡部笙歌西殿頭，梨園弟子和〈涼州〉」，孟浩然有〈涼州詞〉，柳中庸有〈涼州曲二首〉，岑參有〈涼州館中與諸判官夜集〉云：「涼州七里十萬家，胡人半解彈琵琶」，李益有〈夜上西城驟州曲二首〉，王建〈行官詞〉云：「開元歌舞古草頭，梁州樂人世嫌舊」，張籍〈舊宮人〉云：「歌舞梁州女，歸時白髮生」，李頻有〈聞金吾妓唱梁州〉。顯示〈涼州〉一曲，在唐代是很流行的樂曲。《全唐詩・雜曲歌辭》中〈涼州歌〉序云：「涼州，宮調曲，開

元中，西涼都督郭知運進。本在正宮調中，有大遍、小遍。至貞元初，康崑崙翻入琵琶玉宸宮調，初進曲在玉宸殿，故有此名，合諸樂即黃鐘宮調也，段和尚善琵琶，自製〈西涼州〉，後傳康崑崙，即〈道調涼州〉，亦謂之〈新涼州〉。」從這段記載，我們大約可知〈涼州〉宮調曲是在西元713—741年間，由郭知運所傳入。確切的時間依《舊唐書・郭知運傳》（卷一〇三）所載，知運是在開元九年卒於軍中，始獲贈涼州都督；之前，在開元二年秋天，知運亦兼鄯州都督一職，然鄯州是後魏所置，隋改爲西平郡，唐仍爲鄯州，後陷於吐蕃之手，即今青海省樂縣都。而西涼，以國名而言，是在今天甘肅省西北部地區，以地名而言，則爲今甘肅省武威縣。所以較合理的推論，就可將〈涼州〉宮調曲傳入唐代的時間，限定在西元714—721年之間。

〔註16〕同〔註13〕所引，頁八一八。

〔註17〕〈綠腰〉和〈春鶯囀〉都是唐代創制的軟舞曲。據白居易〈樂世〉詩序所載，〈綠腰〉即〈錄要〉，乃唐德宗貞元中，樂工獻給德宗的一首曲子，德宗命樂工將其中最精彩的部分摘錄下來，所以謂之〈錄要〉，後來才稱作〈綠腰〉，並配上舞蹈。

〔註18〕見註12.所引《中國舞蹈史》，頁一六四—一六五。

〔註19〕白居易〈樂世〉云：「管急絃繁拍漸稠，〈綠腰〉宛轉曲終頭。」

〔註20〕請參見註12.所引《中國舞蹈史》，頁一二九，董錫玖先生所考。

〔註21〕請參見註12.所引《教坊記箋訂》，頁一一五。


## 三、唐代樂舞之評價

關於唐代樂舞之評價，最早也較全面的記載，應是宋人陳暘所撰之《樂書》，《樂書》在卷一七七中論歷代樂舞，在《樂書》中專論歷代樂舞的部分，都以宮廷樂舞爲主，其後才收錄其他類型的樂舞。在論及唐代樂舞部分，陳暘主要是以文舞・武舞及唐代廟舞爲主，他說：

武舞六變，豈亦做周（大武）之制與？明皇嗣位，自以獲龍池
之瑞，制〈龍池〉之舞。天寶中，奏祠太清宮，造〈紫極〉之
舞。然周用六代之樂，未嘗屢變名號之別也。唐之樂舞屢變如
此，不亦失之自衒，非所以褒崇祖宗功德之意邪。（卷一七七
）

這是批評唐代改革隋代文、武二舞之制，並非是用來敬拜祖先的
功德，反而失之誇耀。他又說廟舞的部分：

然高宗罷文德皇后〈光大〉之舞，非奉先之孝也；制〈上元〉
之舞二十九疊，祭享之日，三獻已終，而舞猶未畢，非大樂必
易之意也。

這是檢討高宗時代，對廟樂之興革，有所失當之處。先以孝道的
傳統觀念批評高宗罷〈光大〉之舞的不當，再以「大樂必易」的觀念
，批評〈上元〉之舞的繁瑣。

嚴格說來，在初、盛唐時期，唐代的確集中並發展了當時中外古
今許多種樂舞，並且塑造出比歷代規模更大、樣式更多樂舞風尚。其
中舞蹈和歌唱、詩、音樂、說唱等交叉融合的發展，又成為中國戲曲
形成的主因之一。

由於宮廷所使用的樂舞，逐漸形成裝飾性的儀式，雖然宮廷舞也
一度因政府的提倡，而促使其規模擴大、人才集中，技術層次自然也
就相對提高。但如唐代坐、立部伎及許多廟舞之制，在繁華形制的表
面下已潛伏著衰落的因素，這個在形式上富麗堂皇，實質上趨於痿疲
的大唐樂舞，實則面臨兩大考驗。一是樂舞本身有無流傳價值與條件
。二是唐代是幾次較大的內部政治危機，促使宮廷樂舞提早向時代告
別。

不只宮廷樂舞會面臨這兩種考驗，民間樂舞又何嘗不是如此。在
探究此一主題前，我們並非將宮廷與民間這兩個可以是概念的名詞嚴
格劃分開來，但基本上廟舞及文、武二舞之制本屬宮廷皇室所專有專
用，這點是比較沒有問題的。比較需要注意的是，唐朝在玄宗晚年開
始歷經了安祿山叛變（安史之亂）、藩鎮與朝廷的對峙衝突及晚唐的
黃巢之亂，宮廷的樂工也先先後後流散至各地，譬如從杜甫〈江南逢

李龜年〉詩中，我們也得知這位有名的樂工逃到江南。至此，宮廷與民間的概念更不可太嚴格劃分，因爲原先規模較大，人才集中，技術提高的樂舞景況，已漸漸打散轉移至民間，民間樂舞的規模由此得以擴充，而宮廷樂舞的規模已無恢復舊觀的可能。

　　就拿被後人尊爲大唐國歌、國舞、國樂的〈破陣樂〉而言，早已亡佚近千年之久，從史書的斷簡殘篇式的記載，完全無法看出這支大唐樂舞的實際規模，如今我們也只能看出其中之梗概，再加以推敲而已。正因爲宮廷諸多樂舞的形式，經不起政治經濟動亂因素的打擊，再加上其立意本爲象徵性的歌才頌德及誇耀式的繁瑣儀節，其藝術性相對的就大打折扣。

　　歐陽予倩先生曾就「對前代舞蹈藝術的繼承和發展」、「和外國以及少數民族舞蹈藝術交流」、「唐代的舞蹈創作」、「舞蹈藝術來自民間」及「唐代舞蹈的衰敗」總論唐代舞蹈，有可取之處，亦有可商榷之處。

　　筆者以爲，看待唐代樂舞和評價唐代樂舞，似乎不能以太單一、平面的觀點來論斷其是非才過，但從本文的研究立場而言，唐代樂舞的發展，應有下列幾點評價：

　　㈠唐代樂舞得前代制度之便，且自有創制之功。其一般特點爲規模大、形式多。

　　㈡宮廷樂舞與民間發展的樂舞性質不一，未可一概而論或等量齊觀。

　　㈢整體來說，唐代樂舞均因得西方及中國部分少數民族舞蹈樂曲的滋潤而茁壯。

　　㈣政治安定、經濟繁榮仍是影響唐代樂舞發展的主因之一，但也造成宮廷樂舞有「名託雅正，而事歸矜侈」之弊，反映了唐代宮廷好大喜誇的形式。

　　㈤內部動亂促使唐代宮廷與民間樂舞呈現兩極化的發展。

　　㈥自宮廷樂工及歌舞伎人不斷流散至唐代各地，直接豐富了民間樂舞的內容，也由此擴大了先前「民間」的概念。可見宮廷中原有之樂舞機構中的確仍有不少人才，但也想見諸如樂舞等藝術形式，根植

於民間的重要性。

　　㈦由於唐代樂舞與詩、歌、說唱等充分結合，進一步促成唐後戲曲的形成。

## 第三節　唐代音樂與戲曲

　　唐以前的中國戲曲主要有三大來源，一是自古代以來俳優的表演。二是樂舞，三是說唱藝術。春秋戰國以來，各諸候國宮廷里幾手都養有優人，他們主要的職責就是以詼諧滑稽、弄嘲逗人（尤其是國君）笑樂爲主。這種談笑滑稽常常是有諷諫的作用，久而久之，便形成一股譏諷時弊的傳統。《史記・滑稽列傳》中有許多記載，其中最著名的應該就是「優孟衣冠」和優旃的故事了。

> 　　（優孟）春秋楚樂人，多智辨，常寓諷刺於談笑之間。莊王馬死，欲葬以大夫之禮，優孟諷其賤人而貴馬；孫叔敖卒，其子甚窮，優孟著孫叔敖衣冠，抵掌談話，歲餘像孫叔敖，貝莊王作歌以動之，遂召孫叔敖子，封之寢丘。（《史記・滑稽列傳》）

> 　　（優旃）秦伶人，侏儒也，善爲笑言，而合於大道。始皇欲大苑囿，優旃曰：「善，多縱禽獸於其中，寇從東方來，令麋鹿觸之足矣。」始皇乃止。二世欲漆城，優旃曰：「佳哉！漆城蕩蕩，寇來不能上，即欲就之，易爲漆耳，顧難爲蔭室。」二世笑而罷。二世被弒，優旃歸漢，數年卒。（《史記・滑稽列傳》）

　　一般說來，俳優的表演都在宮廷內進行，但《左傳・襄公二十年》「圉人爲優」和士兵觀優的記載。當時連管馬的、當兵的都可以作優戲、觀優戲，可見它在民間有一定的地位和影響力。此外，唐顏師古在注漢史游《急就篇・倡優俳笑觀倚庭》中曾云：「《觀倚庭》者，言人來觀倡優，皆倚立於庭中也。」類似今日之露天劇場。《隋書・音樂志》也記載「每歲正月十五日，於端門外，建國門內，綿　八

里，列爲戲場。百官起棚夾路，從昏達旦，以縱觀之。故戲場亦謂之場屋。」這也是另外一種形式的演出。

俳優的演出刻了唐代，漸漸發展成爲「參軍戲」，又名「弄參軍」。一般是由兩個角色演出，一個是被戲弄的角色，叫蒼鶻；一個是戲弄他的角色，就叫參軍。《新五代史・吳世家》記載云：

> 徐氏之專政也，隆演幼懦，不能自恃，而知訓尤凌侮之，嘗飲酒樓上，命優人高貴卿侍酒，知訓爲參軍，隆演鶉衣髽髻爲蒼鶻。

這是正常情況之下，參軍是主角，蒼鶻是配角。不過有時也有將參軍作爲嘲弄的對象，最後以蒼鶻撲打參軍而演出終止。〔註 1〕

戲曲是綜合性的表演藝術，無論是音樂或唱腔輔助，都成爲不可或缺的部分。《中國文明史話・古代的戲曲》中曾有下面這段敘述：

> 唐代弄參軍表演的形象材料，有新疆吐魯番阿斯塔那初唐墓所出的絹衣木戲弄俑，以及西安幾座唐墓所出的陶戲弄俑。（按：原文有附圖）魯番木俑的表情，或歪嘴斜目，或翹唇瞪眼，明顯地表示出這是一些滑稽角色在作表演。這時，有的參軍戲還與歌舞經合並配上樂器伴奏。這些帶唱的參軍戲，開闢了俳優演出與歌舞演出相結合的方向。〔註 2〕

參軍戲的演出人物既如此單純，在音樂（伴奏）的配合上應該也不會太複雜，可惜今日已無相關證據可直接一窺參軍戲之全貌，但唐代音樂仍然適度的和戲曲搭配在一起了。

關於參軍戲，《樂府雜錄》中云：「開元年，李仙鶴善此戲，帝授韶州同正參軍，以食其祿，是以陸鴻漸撰詞言韶州，漢歸此矣。」〔註 3〕又云：「唐開元中優人黃幡綽、張野狐善弄參軍。」可見玄宗之時，參軍戲也影響了不少藝術工作者。

在佑在《通典・樂》卷一百四十六中提及唐代「歌舞戲」：歌舞戲有〈大面〉、〈撥頭〉、〈踏搖娘〉、〈窟礧子〉等戲，玄宗以其非正聲〔註 4〕，置教坊於禁中以處之。婆羅門樂用齊鼓一，教樂用橫笛一、拍板一、腰鼓三，其餘雜戲變態多端，皆不足稱也。

《教坊記》成書年代（約西元762年），早於《通典》（西元766

一801年），其中直接記錄戲曲表演的，就是〈大面〉（或謂〈蘭陵王〉）和〈踏謠娘〉。有人謂之「歌舞小戲」〔註5〕

　　余秋雨先生在對〈蘭陵王〉的研究上說：

> 中國的封建社會經過一條血與火的道路走向鼎盛。到得隋唐時期，威猛勇武的人生風格有著令人景仰的社會地位，而且確實也體現了這個刀兵不絕的歷史時期的歷史力量。但是，與此同時，人類社會畢竟已發展得相當久遠，柔弱秀婉之美也已有了充分的呈示，並獲得越來越廣泛的體認，於是，壯美和秀美產生了越越頻繁的比照。〈蘭陵王〉就是對這兩種都已發展得相當成熟了的美，進行了濃縮性的比照和選擇〔註6〕。

　　事實上，〈大面〉究竟怎麼個演法，現在已無法確知，余秋雨先生謂這齣戲在唐朝是一個很普及的節目，這個說法並非有錯，只是有待商榷。根據《北齊書·蘭陵武王孝瓘傳》中載：「蘭陵王長恭，一名孝瓘，文襄第四子也，累遷并州刺史。突厥入晉陽，長恭盡力擊之。芒山之敗，長恭為中軍，率五百騎再入周軍；遂至金墉之下。被圍甚急，城上人弗識，長恭免冑，示之面，乃下弩手救之，於是大捷。武士共歌謠之，為《蘭陵王入陣曲》是也。……武平四年五月（按：北齊後主年號，西元573年，亦為南朝陳宣帝太建五年）……飲藥而薨。……長恭貌柔心壯，音容兼美。〈大面〉之戲的記載，率皆源於此。

　　〈大面〉：出北齊。蘭陵王長恭，性膽勇而貌若婦人，自嫌不足以威敵，乃刻木為假面，臨陣著之。因為此戲，亦入歌曲。（《教坊記》）

　　〈大面〉：出於北齊。蘭陵王長恭，才武而貌美，常著假面以對敵，嘗擊周師金墉城下，勇冠三軍。齊人壯之為此舞，以效其麾擊刺之容，謂之〈蘭陵王入陣曲〉，（《通典》卷一百四十六）

　　戲有〈代面〉：始自北齊神武弟，有膽勇，善鬥戰，以其顏貌無威，每入陣即著面具，後乃百戰百勝。戲者，衣紫，腰金，執鞭也。（《樂府雜錄·鼓架部》）

　　但是杜佑的《通典》中記載了一段話，前面也已提及，那就是玄

宗以爲〈大面〉、〈撥頭〉、〈踏搖娘〉、〈窟礧子〉等戲「非正聲」，置教坊於禁中以處之。《舊唐書・音樂志》亦載此事。

「非正聲」是其戲之所以會「置教坊於禁中以處之」的主因，可見其中之舞容及情節皆無可議之處，其「非正聲」應該就是觸犯到玄宗「雅樂」心態所致；唐代雖然維持著開放的形式，無論在政治、經濟或文化上，都有一定的包容，但有包容，即表示有一定的限制，連知曉音律的唐玄宗都不能對「雅樂正聲」的傳統有所違背。

從《大面》來看〈非正聲〉之處，恐看不出所以然。這樣的情形，在《踏謠娘》中就有了一點輪廓：

《教坊記》云：「〈踏謠娘〉—北齊有人姓蘇，皰鼻，實不仕，而自號爲郎中，嗜飲酗酒，每醉輒毆其妻。妻銜悲，訴於鄰里。時人弄之。丈夫著婦人衣，徐步入場，行歌，每一疊，傍人齊聲和之云：『踏謠，和來！踏謠娘苦，和來！』以其且步且歌，故謂之「踏謠」；以其稱冤，故言「苦」、及其夫至，則作毆鬥之狀，以爲笑樂。今則婦人爲之，遂不呼「郎中」，但云「阿叔子」。調弄又加典庫，全失舊旨。或呼爲〈談容娘〉，又非。」

成書較《教坊》約晚一世紀的《劉賓客嘉話錄》，記載云：「隋末有河間人皰鼻酗酒，自號郎中，每醉必毆其妻，妻美而善歌，每爲悲怨之聲，輒搖頓其身，好事者乃爲假面，以寫其狀，呼爲〈踏搖娘〉，今謂之〈談娘〉。」

唐人常非月，在《全唐詩》中僅有詩一首，即〈詠談容娘〉：

> 舉手整花鈿，翻身舞錦筵。馬圍行處匝，人簇（或作壓）看場圓。歌要（或作索）齊聲和，情敎細語傳。不知心大小，容得瓶多憐。

這種「踏搖」式的歌舞戲，有演員的動作及舞姿，有圍成場子觀眾眾多的場景，演出時台上有歌唱，台下可應和幫腔，而且還有「說白」；「談」指說白，「容」指表演或舞姿明矣。宋代李昉等人所輯之《太平御覽・樂部・歌四》中曾引《樂府雜錄》曰：

> 踏搖娘者，生於隋末。河內有人，醜貌而好酒，常自號郎中，醉歸必毆其妻。妻色美，善歌，乃自歌爲怨苦之詞。河朔演其

曲而被仄管絃，因寫其夫妻之容。妻悲訴，每搖其身，故號「踏搖娘」。近代優人，頗改其制度，非舊制也。

比較奇怪的是，《樂府雜錄》將〈代面〉、〈体頭〉、〈踏搖娘〉等戲，列於「鼓架部」，且明指其使用的樂器為笛、拍板、答鼓（腰鼓）、雨杖鼓。「被之管絃」恐怕是後來才有的發展。

《新、舊唐書》皆載工部尚書張錫為〈談容娘舞〉一事，時為唐中宗景龍時期（西元707—710年）；而張錫於武后久視初（西元700—701年）為鳳閣侍郎，於中宗神龍中（西元705—707年），累遷工部尚書，兼修國史，東都留守。可見〈踏搖娘〉等已在中宗時期流行於宮中。

從以上的記錄來看，內容無太大出入，雖然時代有先後，但也相距不久，我們現在比較關心的是為什麼玄宗特指其為「非正聲」。歷來研究〈踏搖娘〉、〈代面〉等歌舞小戲的學者，似乎都略而不論。

難道是「且步且歌」或故事情節舞姿上出了問題？宋人毛开在《樵隱筆錄》中所云之〈蘭陵王慢〉及宋人王灼於《碧雞漫志・卷四》所云之「越調〈蘭陵王〉」已與（蘭陵王）本事無關。此曲究係雜曲聯章、抑大曲多遍，為齊言或雜曲，也不分明。從其和聲為四言與六言看來，殆已成雜言。大概也正因為此等歌舞小戲，以歌舞形式而排演故事情節，有說白，又有觀眾叫和，所以我們可以肯定的說，第一，由於玄宗的「雅樂」心態及「賞樂」的習慣，〈踏搖娘〉等戲才會「非正聲」；第二，此等歌舞小戲大概也不符合唐代宮廷中，動輒大排場的「雅樂大曲」的習慣，所以這等「非正聲」的歌舞小戲，才會為民間所樂用。但無論是〈踏搖娘〉、〈蘭陵王〉，還是各色各樣的參軍戲，在此時都還不是成熟的戲劇形態。戲曲（劇）的黃金時代在處於準備階段中，所以唐代的歌舞小戲到了宋元，其本事就幾乎已成了絕響，連其音樂的部分也不知何去何從〔註7〕。

除了〈踏搖娘〉和〈蘭陵王〉（〈大面〉、〈代面〉）外，唐代還有一些歌舞小戲。

〈鉢頭〉：這齣戲取材自西域，又叫〈拔頭〉、〈撥頭〉或〈格獸復仇〉。《樂府雜錄・鼓架部》謂：「鉢頭，昔有人父為虎所傷，

遂上山尋其父屍，山有八折，故曲有八疊，戲者被髮素衣而作啼，遶
D喪之狀也。」《舊唐書・音樂志》云：「撥頭出西域。胡人爲猛獸
所噬，其子求獸殺之，爲此舞以像之也。」

根據這樣看來，〈鉢頭〉戲有兩大主題，一是上山尋父屍，二是
求獸以殺之；用八段歌舞段落來表現其上山時經過的八個曲折處，這
個與音樂配樂的關係到了《舊唐書》已不復存在。喪失了「以歌舞演
故事」的特性。

從《樂府雜錄》來看，此戲應有爲父尋仇殺獸的悲傷或殺戮氣息
，然而詩人張祜筆下的〈容兒鉢頭〉〔註8〕詩，可不是如此：

> 爭走金車叱鞅件，笑聲唯說是千秋。兩邊角子羊門裏，猶學容
> 兒弄鉢頭。

張祜於唐宣宗大中年間（西元847—859年）死於丹陽，唐憲宗元
和、長慶年間（西元806—824年）深爲令狐文公（即令狐楚）所器瓶
，可見〈鉢頭〉戲至中晚唐時期，恐怕已非原來的面貌。

〈蘇中郎〉：取材自北周。《教坊記》謂：「〈蘇中郎〉 — 後
周士人蘇葩，嗜酒，落魄，自號「中郎」，每有歌場，輒入獨舞。今
爲戲者，著緋帽，面正赤，漢狀其醉也。」

〈窟礧子〉：也作〈魁礧子〉。《通典・卷一百四十六》云：「
作偶人以戲，善歌舞，本喪樂也。漢末始用之於嘉會，北齊後柱高緯
尤所好，高麗之國亦存之。今閭市盛行焉。若尋常享會，先一日，具
坐、立部樂名上太常，太常封上請所奏，御注而下。及會，先奏坐部
伎、次奏立部伎、次奏蹀馬、次奏散樂。（然所奏部伎並取，當時進
止無准定。）」

《樂府雜錄》於書末有「傀儡子」一節云：

> 自昔傳云：起於漢祖在平城，爲冒頓所圍，其城一面即冒頓妻
> 閼氏，兵強於三面，壘中絕食，陳平訪知閼氏妒忌，即造木偶
> 人，運機關舞於陴閒，閼氏望見，謂是生人慮下其城，冒頓必
> 納妓女，遂退軍。史家但云：『陳平以祕計免漢！』鄙其策下
> 。爾後樂家翻爲戲，其引歌舞，有郭郎者，髮正禿，善優笑，
> 閭里呼爲「郭郎」，凡戲場，必在俳兒之首也。

　　這段記載，使我們又有了兩點發現：

　　1.作木偶人以戲的出現。

　　2.樂家根據史事翻爲戲曲。

　　原來，段安節將〈代面〉、〈鉢頭〉、〈蘇中郎〉、〈踏榣娘〉等戲列爲鼓架部是有它的道理，它是否根據《通典》，我們無法得知，但如要證明上述歌舞小戲和鼓架部（即音樂）的關係，將《通典》中「尋常享會……先奏坐部伎、次奏立部伎、次奏躞馬、次奏散樂」和《樂府雜錄》對照來看，就比較容易理解了。

　　「散樂」在南北朝以後，就幾乎爲「百戲」的同義語。《周書·宣帝紀》：「散樂雜戲，魚龍爛漫之伎，常在目前。」《舊唐書·音樂志》云：「散樂者，非部伍之聲，俳優歌舞雜奏，……如是雜變，總名百戲。」

　　「非部伍之聲」說明了散樂性質的歌舞戲，不同於教坊樂部所奏之音樂；「雜奏」也是歌舞小戲的特徵之一，上述兩個特徵，爲玄宗云「非正聲」之說，更有力的說明其原因所在。段安節和杜佑都是根據音樂的性質來歸類歌舞的範疇，只是我們也發現到音樂對唐代歌舞戲的影響實在是很有限，一方面是「雜奏」之內容本來就不易記載完整而清楚，二方面音樂的才能在歌舞戲裡畢竟傾向於「配合」，真正的表演主體應是舞、戲和說白的部分。這也是我們看待唐代歌舞戲應有的基本認識。

　　此外，《唐音癸籤》在〈樂通·散樂〉中還有〈假婦人〉、〈弄賈大獵兒〉、〈排闥戲〉的記載。

　　〈假婦人〉：唐宣宗大中年以來，孫乾飯、劉璃瓶、郭外春、孫有態〔註9〕善弄此戲。僖宗幸蜀時，有劉眞〔註10〕尤能之，後籍教坊。

　　〈弄賈大獵兒〉：《樂府雜錄》載此戲，隸清樂部。

　　〈排闥戲〉：唐昭宗光化中，刃劉季述。帝反正，命樂工作〈樊噲排闥戲〉以樂焉〔註11〕。

　　〔註釋〕：

〔註１〕明陶宗儀《輟耕錄》云：「副末古謂之蒼鶻，鶻能擊禽鳥，末可打副淨，故云。」

〔註２〕見本書，頁三〇九─三一〇，木鐸出版社。

〔註３〕《樂府雜錄‧俳優部》。

〔註４〕《舊唐書‧孫伏伽傳》（卷七十五），記載孫伏伽以三事上諫。其二曰：「百戲散樂，本非正聲，有隋之末，大見崇用，此謂淫風，不可不改。近者，太常官司於人間借婦女裙襦五百具，以充散妓之服，云擬五月五日於玄武門遊戲。臣竊思審，實損皇猷，亦非貽厥子孫謀，為後代法也。故《書》云：『無以小三為無傷而弗去。』恐從小至於大故也。《論語》云：『放鄭聲，遠佞人。』又云：『樂則〈韶〉舞。』以此言之，散妓定非功成之樂也。如臣愚見，請並廢之，則天下不勝幸甚。」可見玄宗也知此等歌舞戲並非正聲之流，但他也不因為如此而廢之。

〔註５〕余秋雨《中國戲劇文化史述》，頁四十八，駱駝出版社。

〔註６〕同前引，第二章，頁六十三。

〔註７〕曾永義先生在〈唐戲「踏謠娘」及其相關問題〉中，將其本質定位為民間藝人供為笑樂的歌舞劇；參軍戲則為宮廷倡優用以諷諫的滑稽戲。並說明〈踏謠娘〉與〈蘇中郎〉的血緣關係，前者在北齊而偏於劇，後者在北周而偏於舞。其說大致允當。至於曾先生論述由〈踏謠娘〉所引發的問題中，也沒有討論到「非正聲」的問題，但這篇文章仍相當值得參考。詳見《詩歌與戲曲》，頁一五三─一七八，聯經出版社。原載於《唐代文學研討會論文集》。

〔註８〕《全唐詩》，卷五一一。

〔註９〕孫乾飯等四人，兩唐書皆無傳。

〔註10〕劉眞，兩唐書無傳。《全唐詩》，卷四六三，載劉眞〈七老會詩〉。並謂其年八十七。

〔註11〕《樂書》，卷一八六。

# 第五章 唐代音樂在社會發展中的面貌

## 第一節　唐大曲如何從唐代社會汲取養分

德國學者阿方思・席柏曼（Alphons Sibermann）在其《音樂社會學》（《The Sociology of Music》）第三章〈音樂的經驗及其社會決定因素〉（〈The Musical Experience And Its Social Deter-minants〉）中，提到一個在討論音樂社會學準則時，都會觸及到的一個普遍的問題，即「音樂從何處汲取它的養分？」（Whence does music draw its nourishment?）並且提及我們無法洞察每個準則的核心，甚至研究者都會遭遇到「離開專業研究」的情境；在這個前提之下，我們研究「音樂與社會」這個主題的任務，必然會受限於我們所陳述的準則，爲了一個雙重目的：第一是規劃一個通向音樂、適合現世的途徑的輪廓；第二是去觸及（命中）主題──一個合於我們進一步研究這個領域的誘因。（請參考《The Sociology of Music》Alphons Sibermann, Translated by Corbet Stewart London, Routledge & Kegan Paul Ltd.）

上述的理論與方法，對我們理解唐代音樂與唐代社會間層層相扣的關係，是有極大助益的。我們對「過去」歷史的認識總是受到「現時」認識的制約。隨著歷史的發展，音樂藝術的發展過程總是有被組織、被評價的機會，其價值也總是處於再度發現與再度詮釋的現象中。

### 一、唐大曲的來源與特徵

想要討論唐大曲的形成背景，眞可說是千頭萬緒，因爲除了音樂舞蹈本身的源流之外，它的形成還包含了唐代文化藝術、社會風尙、宮廷提倡、華夷一家等等因素影響。很難予以統一說明及釐清源流。

大陸學者在討論唐代大曲之所以興盛的原因，歸納成三種看法：㈠唐代各族音樂的進一步交融，爲唐代大曲的發展，提供了最方便的條件。㈡唐代統治者歷來就重視大曲。㈢自漢末以來，隨著正統儒學的崩潰，道教和從西域傳入的佛教日益受到統治者重視。唐代統治者鑑於隋代覆亡的教訓，實行佛、道、儒三家並重的方針，把它們作爲思想上統治人民的工具〔註1〕。

這個說法，當然是擴大解釋唐大曲興盛之因，也不能說有何不對，只能說它刻意突顯了政治文化對唐大曲的影響力。〔註2〕

楊隱曾引程大昌《演繁露》卷七云：「樂府所傳大曲，惟〈涼州〉最先出。」楊隱謂〈涼州〉是唐玄宗開元六年（西元七一八年）西涼都督郭知運所進，所以，可以說，大曲是從開元六年才開始有。並說：「（大曲的來源）大概說來，最初是由西域傳入中國，而後乃有國人模仿的作品，和改編舊曲所成的作品。」〔註3〕

事實上，直接點明大曲是從開元六年才開始有，是很可疑慮的說法〔註4〕。我們先確定唐大曲的基本特徵後，再來討論這個問題。

基本上，唐大曲仍承襲漢大曲的諸多特徵。

一、它是與「小曲」或「曲子」相對稱的一種音樂體裁。大曲的結構比較複雜，因而常常是小曲的母體。在《唐六典》中，稱爲「次曲」，在日本文獻中，它又稱爲「中曲」。

二、儘管大曲聯合了許多曲段，但整體而言，它是一種有機的結合，並且在一曲之中有速度節奏的變化。首先，它的演出具有順序性，從「散序」到「排遍」到「急遍」再到「入破」；其樂曲大體按慢節奏到快節奏的順序排列，除了在結尾時節，節奏會放慢（歇拍）外，一般而言，從慢到快是大曲中一種重要的性質。其次，在風格上有它的統一性。由於一支大曲的多種曲段，常常表現爲一支主旋律的不同變奏，故常有統一的曲名。例如〈甘州〉、〈甘州子〉、〈甘州樂〉、〈甘州歌〉、〈甘州曲〉、〈甘州遍〉等，都是〈甘州〉大曲中不同的摘段曲。此外《教坊記》「曲名」中有〈柘枝引〉、〈千秋記〉、「大曲名」中則有〈柘枝〉、〈千秋樂〉、前者亦是後者的摘段曲。

三、舞曲可以說是唐大曲的主要部分。雖然大曲是由器樂曲、歌曲、舞曲結合而成的音樂作品，但可考的唐大曲，無一不配有舞蹈；凡能改制爲大曲的小曲，其原始面貌也總是小型舞曲。

有了這三種基本特徵，可知無論在何種樂舞中都可以有大曲。例如〈上元舞〉爲雅樂大曲，〈破陣樂〉爲立部伎大曲，〈玉樹後庭花〉爲清樂大曲，〈涼州〉爲胡樂大曲，〈春鶯囀〉爲高宗所作大曲等等。〈上元舞〉等大曲的形式早於〈涼州〉許多，楊隱之說，恐不能爲定論。至於宋人程大昌以所見《春秋繁露》其本不完整，辨其爲僞，因謂董仲舒原書必句用一物，以發已意，乃作《演繁露》以擬之，並有《續演繁露》六卷，實則程大昌未見《春秋繁露》原本，所演繹者恐亦非仲舒本意。

大曲發展到唐代，由於胡樂的大量輸入，社會風氣及宮廷制度的影響，而臻於豐富且完備，加上魏晉大曲、西域大曲和法曲直接的影響，配合上隋唐時代民間歌曲的加入，使得唐大曲的發展達於巔峰狀態。

〔**註釋**〕：

〔註1〕吳釗、劉東升編著《中國音樂史略》，頁九十六—九十八，人民音樂出版社。

〔註2〕突顯了政治文化的影響力，則會掩抑了唐大曲作爲中外文化交流的結晶的此一特徵；事實上，魏晉大曲、西域大曲、法曲或者隋唐時代的民間歌曲，才是唐大曲中眞正「音樂」屬性上的來源。

〔註3〕楊隱《中國音樂史》，頁一三四，學藝出版社。

〔註4〕請參見本文第四章第二節中有關〈涼州〉的考證。

## 二、唐大曲的曲名考證及增補

有關唐代大曲曲名的證考分析，前已有王國維先生《唐宋大曲考》、陰法魯先生之《唐宋大曲之來源及其組織》、梅應運《梅調與大曲》、任半塘先生之《敎坊記箋訂》等，均考之甚詳，亦有註說。本

節旨在列出學者及先賢已得之大曲曲名，並略論其相關性問題。

一、崔令欽《敎坊記》收錄唐曲三二四首，註明爲大曲名者凡四十有六：

1.〈踏金蓮〉 2.〈綠腰〉 3.〈涼州〉 4.〈薄媚〉 5.〈賀聖樂〉 6.〈伊州〉 7.〈甘州〉 8.〈泛龍州〉 9.〈采桑〉 10.〈千秋樂〉 11.〈霓裳〉 12.〈玉樹後庭花〉 13.〈伴侶〉 14.〈雨霖鈴〉 15.〈柘枝〉 16.〈胡僧破〉 17.〈平翻〉 18.〈相馳逼〉 19.〈呂太后〉 20.〈突厥三臺〉 21.〈大寶〉 22.〈一斗鹽〉 23.〈羊頭神〉 24.〈大姊〉 25.〈舞大姊〉 26.〈急月令〉 27.〈斷弓絃〉 28.〈碧宵吟〉 29.〈穿心蠻〉 30.〈羅步底〉 31.〈回波樂〉 32.〈千春樂〉 33.〈龜茲樂〉 34.〈醉渾脫〉 35.〈映山雞〉 36.〈昊破〉 37.〈四會子〉 38.〈安公子〉 39.〈舞春風〉 40.〈迎春風〉 41.〈看江破〉 42.〈寒雁子〉 43.〈又中春〉 44〈翫中秋〉 45.〈迎仙客〉 46.〈同心結〉

二、依王國維《唐宋大曲考》除收錄《敎坊記》四十六首大曲名外，另從《舊唐書・音樂志》及《樂府詩集》中說明亦爲大曲者有七：

47.〈破陣樂〉 48.〈慶元（善）樂〉 49.〈上元舞〉 50.〈繼天誕聖樂〉 51.〈水調〉 52.〈大和〉 53.〈陸州〉

三、依任半塘《敎坊記箋訂》，大曲之名除《敎坊記》回十六首外，又補列十三首：

54.〈聖壽樂〉 55.〈五天〉 56.〈垂手羅〉 57.〈蘭陵王〉 58.〈春鶯囀〉 59.〈半社渠〉 60.〈借席〉 61.〈烏夜啼〉 62.〈阿遼〉 63.〈黃驒〉 64.〈拂林〉 65.〈大渭州〉 66.〈達摩支〉

四、依陰法魯、梅應運先生之考證，除《敎坊記》及與前所訂重覆者外，可考者尙有六首：

67.〈熙州〉 68.〈石州〉 69.〈渭州〉 70.〈團亂旋〉 71.〈蘇合香〉 72.〈南詔奉聖樂〉

此外，明人胡震亨之《唐音癸籤》曾收錄唐曲五百二十三首〔註1〕，分四部分敘述，並略有考證及註明爲大曲者。

　　第一部分有三十七曲。胡震亨謂「並周、隋以前之曲，在唐猶盛行者。史稱唐時清商舊曲存者止四十四曲。今自〈烏夜啼〉、〈采桑〉、〈玉樹後庭花〉、〈堂堂〉、〈泛龍舟〉五曲在存目重複之內，餘三十二曲則史家所未載也。豈古曲行用於唐尚多，史或未盡收乎？用首錄之，以存樂曲之舊。」

　　在這個部分，胡震亨註明爲大曲者有：〈突厥三臺〉、〈采桑〉、〈伴侶〉、〈安公子〉、〈泠龍舟〉等五首。俱見於《敎坊記》且略有考證。此外，〈烏夜啼〉及〈蘭陵王〉亦收錄在此部分。胡震亨並在〈水調歌〉及〈新水調〉曲名下云：「按：〈水調〉及〈新水調〉，並商調曲也。唐曲凡十一疊，前五疊爲歌，後六疊爲入破。」〔註 2 〕

　　第二部分，有十曲。胡震亨謂「出前雅樂及各朝樂中，而十二時以下三曲，亦含元殿熊羆部十二按所奏雅樂也，故別著之。」〔註 3 〕

　　在這個部分，並無註明爲大曲者。但有〈破陣樂〉之曲名也。

　　第三部分，共一百七十九曲。胡震亨謂「大小曲一百七十九曲，有年代題義可考。略著其說。」

　　在這個部分，註明爲大曲者有：〈回波詞〉、〈千秋樂〉、〈涼州〉、〈伊州〉、〈甘州大曲〉、〈渭州〉、〈雨霖鈴〉等七首。此外，〈春鶯囀〉、〈黃驄〉、〈石州〉、〈陸州〉、〈綠腰〉、〈霓裳羽衣曲〉等六曲亦收錄在此部分。

　　第四部分，共有二百九十七曲。胡震亨謂「題義無考。其錄自《樂府詩集》者，多譜初、盛唐人絕句詩爲曲。錄自《敎坊記》者，律絕詩及塡詞爲曲者互有之。錄自溫、韋以下集者，並止是塡詞。先後撰曲年代，似約略可推，然亦不敢妄爲定云。」〔註 4 〕

　　在這個部分，除轉錄《敎坊記》三十一曲大曲名外，並無註明爲大曲者。但自《樂府詩集》錄有〈柘枝大曲〉、〈團亂旋〉、〈達摩支〉三曲。此外，還有〈蘇合香〉。

　　在《唐音癸籤》中，至少也列有五十七首的大曲名，這在唐大曲曲名的考證上，不能不予以重視。

上述七十二（加上〈新水調〉爲七十三）曲大曲曲名爲比較無疑義的唐大曲曲名。

五、王昆吾先生又根據八點〔註5〕可判定爲唐大曲的依據又增列出五十六曲大曲名：〈清樂〉、〈禮畢〉、〈讌樂〉、〈天竺伎〉、〈龜茲伎〉、〈西涼伎〉、〈疏勒伎〉、〈安國伎〉、〈康國伎〉、〈高昌伎〉、〈高麗伎〉、〈安樂〉、〈太平樂〉、〈大定樂〉、〈拋球樂〉、〈光聖樂〉、〈讌樂〉（用於二部伎）、〈長壽樂〉、〈天授樂〉、〈鳥歌萬歲樂〉、〈龍池樂〉、〈小破陣樂〉、〈寶應長寧樂〉、〈廣平太一樂〉、〈定難曲〉、〈中和樂〉、〈孫武順聖樂〉、〈雲韶法曲〉、〈萬斯年曲〉、〈播皇猷〉、〈西詔奏聖樂〉、〈驃國樂〉、〈想夫憐〉、〈輪臺〉、〈傾杯樂〉、〈夜半樂〉、〈赤白桃李花〉、〈鬥百草〉、〈阿曲婆〉、〈何滿子〉、〈放鷹樂〉、〈感皇恩〉、〈五常樂〉、〈柳芯苑〉、〈喜春樂〉、〈安城樂〉、〈還城樂〉、〈秋風樂〉、〈賀殿〉、〈澀河鳥〉、〈裹頭樂〉、〈正德樂〉、〈弄槍〉、〈蘇莫遮〉、〈聖明樂〉、〈穆護〉、〈氐州〉 等。

王先生所增列之曲名，恐怕都有商榷的餘地，因爲王先生恐將法曲與大曲混爲一談，儘管他有八點支持其爲大曲的依據，但法曲與大曲在性質上有一根本不同，那就是儘管法曲中有不少樂曲也曾作爲大曲演出，或者說法曲在大曲的演出中亦爲一環，但法曲基本上是器樂曲，而大曲則是由樂曲、歌曲、舞曲聯合而成的一種大型的綜合演出。

總之，若非將歌、舞、樂合而爲一的唐曲，就不符合唐大曲的性質，所以在沒有進一步的證據前，筆者對王先生的增補暫時存而不論。

無論是七十二首或一百二十餘首的唐代大曲，都不禁讓我們聯想到玄宗開元天寶之世，如何利用全國的音樂精英，在音樂機構中演習法曲或大曲。這也是下節要討論的重點之一。

〔註釋〕：

〔註１〕〈樂通〉，卷十三。木鐸出版社。

〔註２〕同前引，頁一三三。

〔註３〕同〔註２〕。

〔註４〕同前引，頁一四四――一四五。

〔註５〕《漢唐音樂文化論集》，頁一三二――一三三。學藝出版社。

# 三、唐大曲如何從唐代社會汲取養分
## ——兼論大曲與法曲的差異

　　唐代大曲的數量多，來源廣，而且合舞，有曲辭也是其基本特徵之一，而今天我們研究「大曲」一名的唐代文獻，主要是李林甫等人所撰的《唐六典》及崔令欽之《教坊記》。兩者都是盛唐時期的著作。《唐六典・協律郎》（卷十四）云：「大樂署掌教雅樂，大曲三十日成，小曲二十日。清樂，大曲六十日，大文曲三十日，小曲十日。燕樂、西涼、龜茲、疏勒、安國、天竺、高昌，大曲各三十日，次曲各二十日，小曲各十日。」關於大曲、小曲、大文曲、次曲四稱名稱，其制度難以詳考，但是這段記載已說明了雅樂、清樂、燕樂等部均有大曲。王維眞先生在論及社會風氣對唐代大曲的影響時，從兩方面切入〔註１〕：一、西域音樂的輸入及胡族習俗的移植；二、佛教思想的傳播及變文產生的影響。關於前者，王先生的主要見解是西域歌舞音樂及胡人習俗之所以大量流播，和李唐皇室夷夏觀念的薄弱有很大的關係，並謂胡化之盛至唐玄宗時達於極點，唐大曲的發展亦在此時達於巔峰，其所用音樂、舞蹈皆是胡化的燕樂。所以王先生的結論是「是故大曲彼時盡皆燕樂大曲。關於後者，王先生主要的見解是因著佛教經典翻譯，對中國語文的辭彙、形式和內容有極大的助益，而佛經中變文散韻並用的體裁，則豐富了唐代民間音樂及文學，所以王先生的結論是「變文既然豐富了民間的文學及樂種，隋唐宮廷舞樂又深受民間樂風的影響，則大曲的創作，不可否定其受有佛教東來及變文產生的淵源間接的影響。雖然這種影響在唐大曲本身不易見著明顯痕跡，但是卻不能否定變文的積極作用。王先生在宮廷的制度及皇室

對唐大曲的影響方面，有個主要見解，即「唐大曲爲宮廷的產物」。
〔註2〕當然他也不否認富豪之家及民間聲伎敎習所能有唐大曲表演
的可能性。

　　事實上，唐大曲在唐代社會發展的過程中，主要也是來自上述諸
方面的影響，唐大曲自然也從其中汲取養分，滿足其自身的需要。但
如何汲取是一回事，影響的深淺是另一回事，不可混爲一談。

　　以西域音樂及胡族習俗而言。任二北（曲塘）先生曾說大曲之音
樂，極小部分介於雅樂與燕樂之間，大部分則爲燕樂。燕樂中有清商
樂之成分較多者，定爲法曲；另有胡樂（包含西來之胡樂，南來之驃
國樂）之成分較多者，又有純粹胡樂者。玄宗之世，法曲與胡樂始終
對立〔註3〕。天寶十三年詔：「道調法曲與胡部新聲合作。」任先
生以爲此「合作」者，乃先後遞奏，同時同場之謂，事實上單位有別
，仍各自爲樂，並非將法曲與胡樂揉合於同一曲調中也，不可誤解。
法曲或爲小曲形式，或爲大曲形式。法曲與胡樂之別在樂，小曲、大
曲，區別在體。唐之法曲，從不與大曲對立。如《敎坊記》大曲名中
有法曲霓裳〉、〈後庭花〉有胡樂〈龜茲樂〉、〈突厥三臺〉，即爲
明證。也就是說我們可以承認西域音樂及胡族習俗對於唐代大曲（甚
至唐代音樂文化）的影響，卻不可因著此一刻板的歷史印象及心理因
素，過度高估其對唐代大曲的影響程度。

　　以佛敎思想及變文產生而言。我們可以比較具體的來看一個著名
的例子。唐代講唱變文一類話本不限於寺院道觀，民間也很流行，並
爲當時士民所喜愛，這是比較沒有疑問的。唐人趙璘《因話錄》和段
安節《樂府雜錄》中都提到了當時長安有名的俗講大師文淑的故事。

　　趙璘《因話錄・角部》（卷四）云：

> 有文淑僧者，公爲聚眾譚說，假託經論所言，無非淫穢鄙褻之
> 事。不逞之徒，轉相鼓扇扶樹。愚夫冶婦，樂聞其說，聽者塡
> 咽，寺舍瞻禮崇奉，呼爲和尚。敎坊效其聲調，以爲歌曲。其
> 吐庶易誘，釋徒苟知眞理，及文義稍積，亦甚嗤鄙之。近日庸
> 僧以名繫功德使，不懼臺省府縣，以士流好窺其所爲，視衣冠
> 過於仇讎，而淑僧最甚，前後杖背，流在邊地數矣。

段安節《樂府雜錄・文敘子》云：

（穆宗）長慶中，俗講僧文敘，善吟經，其聲宛暢，感動里人。樂工黃米飯，狀其念四聲觀世音菩薩，乃撰此曲。

兩書對文漵及俗講變文的評價完全相反，但無論評價如何，俗講變文從寺院走到民間，也影響了教坊樂工，這是一個事實。但一般研究唐代俗講者，大致均將其定位在說唱藝術，原是寺院中宣講佛教教義的活動，宣講者謂之俗講僧，其俗講的底本謂之「變文」或「變」，其取材的範圍有佛經，有民間傳說，也有歷史故事。唐代俗講爲宋代說話人開闢了道路，其講經、說史，在唐代俗講文學中已開始萌芽。如果說佛教思想及俗講變文的風氣對唐大曲起了什麼積極的作用，倒不如從古文運動的興起，傳奇文學的產生和參軍戲、大曲的盛行來看待俗講變文的影響。畢竟，從現今唐大曲的研究看來，變文或佛教思想對唐大曲的影響實在是很有限。

以宮廷制度及皇室的影響而言，唐大曲歌樂舞相兼，本身就有排場較大的性質，無論樂器、樂曲、舞蹈及演出人數都極講究，以唐大曲演出的條件而言，自然是以政府的力量所主導下的宮廷、皇室中的各個音樂專業機構最爲適合。日人岸邊成雄先生所著《唐代音樂史的研究》，將唐朝樂制的狀況分成七種主要的部分處理，即太常寺樂工、教坊、梨園、妓館、十部伎、二部伎、太常四部樂。對於每一機構的制度、組織，均考之甚詳，王維眞先生也是就這個基礎討論其與唐大曲的相關部分，所論也盡皆合理。

然而唐大曲的流行興盛究竟與唐代社會的發展之間，其關係究竟如何？也就是問，唐大曲如何從唐代社會汲取養分呢？筆者分成下列幾點說明：

一、就唐代內部而言，唐大曲在雅樂、清樂、燕樂各部之中，都有所發展，其主要基礎應該是建立在唐代既有的諸多樂舞而來的。而雅樂、清樂、燕樂、胡樂、梨園法部等，也都有其一定的規模。唐大曲在太常寺、梨園、教坊及二部伎、十部伎中也各自滋養著。質言之，從制度的層面來看，唐大曲勢必深受上述諸樂部及音樂專門機構的影響。〈破陣樂〉、〈慶善樂〉、〈上元舞〉等是最典型二部伎大曲

。

　　二、唐大曲興盛的主因，與唐代社會最直接而密切的關係，不只是玄宗一世誇飾或政治文化的客觀需要，它也同時見證歌、舞、樂合一的現象，如何從藝術發展的內在需求中，反映在制度及社會生活的層面上。如〈柘枝〉的發展，先是從中亞一帶傳來的舞蹈，在唐代流行甚廣，也大量見於唐人的詩歌及文章的創作中，它的影響力就打破了「宮廷／民間」的僵化分別關係，深刻的影響唐代社會，這樣的影響，絕不是帝王的個人喜好或政府的力量可以做到的；一定有它相當程度的藝術魅力與社會風氣相結合後，才會如此全面。

　　三、雖然我們不願過度濫用「帝王喜好」這個普遍使用的觀點，但若非玄宗個人實在是懂音樂、愛好音樂、推動音樂，則唐大曲的產生及影響，可能又是另外一番面貌了。不只玄宗如此，太宗、高宗、中宗也都在任內，有創制大曲的記載。〈涼州〉、〈伊州〉、〈霓裳〉、〈春鶯囀〉、〈回波樂〉諸大曲的形成，與上述諸帝實有關且不必諱言。

　　四、唐大曲和唐代樂舞或唐代音樂，在受到西域諸國或少數民族的影響之中成其大。〈胡僧破〉、〈突厥三臺〉、〈穿心蠻〉、〈龜茲樂〉、〈醉渾脫〉、〈達摩支〉等俱爲外國樂，再度證明先前所言，唐代社會至玄宗盛世，已能充分包容並運用外國之音樂文化。

　　五、唐代大曲的規模大、形式多，最可能表現其間差異性的地方，應爲服飾、舞曲、樂曲、歌辭及整體演出的變化。大曲本身的風格是一致的，而大曲與大曲之間可能有創制、改編、胡樂之別〔註4〕，也可能會有清樂大曲、胡樂大曲、二部伎大曲、法曲型大曲之別〔註5〕，但無論它們之間有怎樣的區別，唐大曲可以肯定的說是中外文化交流中猶能保持自我的結晶，它與唐人的經濟活動、社會風尚、宮廷提倡、音樂制度的設計、政治安定、唐代詩歌的創作等因素都有關係，甚至我們先前提到俗講變文的產生，的確也可以慎重考慮進來思考，此爲基本認識，未足深論矣。

　　大曲與法曲的差異，除在本文第一章第一節中有述及外，本節之中亦有所談論，但爲免過度相混而失其本義，本節特於文末專論二曲

之異同。

大曲的來源與特徵已有於本節,現在先專論法曲。

據《新唐書·禮樂志》所載,因唐玄宗知曉音律,又酷愛法曲,於是將二部伎中的坐伎部樂工,置於梨園法部,法曲便是坐伎部樂工在法部所修習的樂曲。這群高級的御用樂工,號「皇帝梨園弟子」。又據《樂府詩集》所載,唐人法曲之名有〈破陣樂〉、〈一戎大定樂〉〈長生樂〉、〈堂堂〉、〈赤白桃李花〉、〈望瀛〉、〈霓裳羽衣〉、〈獻仙音〉、〈獻天花〉等九種。但法曲是怎樣一種音樂,仍不得而知,我們可以先從唐代音樂機構的分部談起。唐代掌管音樂歌舞的主要機構是太常寺,底下分別有太樂署、鼓吹署和清商署(《唐音癸籤》謂之「梨園院」,掌俗樂,在太常寺內西北),前兩者主要掌管祭祀用及軍事禮儀和各類慶典的儀式音樂,後者則主掌俗樂。到了玄宗時代,唐代主要的俗樂機構,就是教坊和梨園了。

根據上述這些關係,約略可看出法曲的基本性質。

第一,它不同於祭祀音樂或儀式音樂,而是一種較流行且經過藝術化處理的俗樂。

第二,它不同於過去的俗樂──清商樂,而是胡漢交融下的新俗樂,並且擁有一批演奏法曲的高級樂工。

分析至此,其實我們仍不能清楚的看出大曲與法曲之異。歷來學者對二曲之別,也多有闡述。

如楊蔭瀏先生在《中國古代音樂史稿》中說:「法曲的主要特點,是它的曲調和所用樂器方面──接近漢族的清樂系統,比較幽雅一些。」〔註6〕

丘瓊蓀先生於〈法曲〉一文中說「凡遍數多而可稱大遍者為大曲,否則為小曲或為次曲。法曲中有大遍亦有小遍,故法曲中有一部分為大曲,然而大盡是大曲。法曲之有異於其他樂曲者,主要在音樂,聲音雅淡,比之喧闐的龜茲樂迥然不同。大曲的含義很簡單,惟在遍數上分別,與音樂無關。故大曲中有法曲,有非法曲;而法曲中有大曲有非大曲。大曲中之法曲以音樂立異,法曲中之大曲以遍數區分。」也就是說,大曲和法曲是交集的。〔註7〕

　　兩位先生都特別強調法曲「淡雅」、「幽雅」的音樂特性。這個觀念可能是得自《新唐書》（卷二十二）的記載而來。「初隋有法曲，其音清而近雅，其器有鐃、鈸、鐘、磬、幢簫、琵琶，其聲金石絲竹以次作。」這段記載其實只顯示了法曲的兩個特性：一是「器樂曲」的特徵，二是金石絲竹次遞演奏的特性。就「器樂曲」的特性而言，我們實在不敢妄下定論說「法曲中有大曲，有非大曲」；就金石絲竹次序發聲而言，金之屬乃鐘、錞、鐃、鈸等，石之屬爲磬等，絲之屬爲琴、瑟、琵琶等，竹之屬爲管、簫、篪等。除了顯示法曲在音樂演奏上的次序外，還是兼有「器樂曲」的特性。白居易的〈霓裳羽衣舞歌〉謂「磬、簫、箏、笛遞相攙，擊、擫、彈、吹聲迤邐」自注云：「凡法曲之初，眾樂不齊，惟金、石、絲、竹，次序發聲。〈霓裳〉序初，亦復如此。」又謂「散序六奏未動衣，陽台宿飛慵不飛」自注云：「散序六遍無拍，故不舞也。」在此曲先前的散序六段，唯器樂之獨奏與輪奏，不舞、不歌，這點完全符合《新唐書》所載有關法曲的特性。如果沒有中序十八段的慢舞和最後的「繁音急節十二遍」，〈霓裳羽衣舞歌〉就不可能兼有法曲與大曲的特質。

　　所以，我們對於法曲，首需掌握的第一特性，便是「器樂獨奏或輪奏，不舞不歌」。白居易於〈霓裳羽衣舞歌〉，有提及〈霓裳破〉、〈霓裳曲〉、〈霓裳舞〉、〈霓裳羽衣譜〉、〈霓裳羽衣曲〉等，又云：「聞君部內多樂徒，問有霓裳舞者無，答云七縣十萬戶，無人知有霓裳舞」又自謂「曲愛霓裳未拍時」，可見大曲的「霓裳羽衣舞歌〉是融合了〈霓裳曲〉（法曲的部分）、〈霓裳舞〉再配上〈霓裳歌〉後才成其爲大曲。法曲的部分，自然可在中序及最後的舞遍中出現，所以我們對於法曲和大曲所需掌握的第二特性，便是大曲中雖有歌、舞、樂曲，但以舞曲爲其菁華，而法曲在樂器和音樂的特性上和大曲稍有不同。所以大曲中含有法曲和非法曲的說法，是可以成立的；至於法曲中含大曲和非大曲的想法，恐非其實也。

〔註釋〕：

〔註1〕《漢唐大曲研究》，第二章〈唐大曲的形成〉，頁一一三──一

六。

〔註2〕王昆和先生在研究唐大曲時也有類似的看法，王先生並且以爲將《碧雞漫志》和白居易的〈霓裳羽衣〉詩的資料，拿來作爲唐大曲的主要依據，不是很完善的作法。因爲《碧雞漫志》寫的是宋代的見聞，不好統統拿來例唐；白居易詩寫的是民間〈霓裳〉舞的情況，而唐大曲却是由專門音樂機關創製和表演的音樂作品，不宜把後者看成是前者的典型。（見《隋唐音樂文化論集》，頁一一七，學藝出版社）。王先生謂白居易寫的是民間〈霓裳〉舞一段，恐對此詩之背景有所誤解，白居易詩開頭即云「我昔元和待憲皇，曾陪內宴宴昭陽。千歌萬舞不可數，就中最愛〈霓裳〉，王先生所言爲非。

〔註3〕《敎坊記箋訂》，頁一四七。宏業書局。

〔註4〕參見任半塘章《敎坊記箋訂》。

〔註5〕參見王昆和《隋唐音樂文化論集》，頁一二三一一三〇。

〔註6〕本書，第九章〈繁盛的燕樂和衰微的雅樂〉，頁三十二。丹青圖書公司。

〔註7〕轉引自王維眞《隋唐大曲研究》，頁一二三，其書目中亦未註明出處。

# 第二節　中西文化交流中的唐代音樂面貌

## 一、背景與概況

陳寅恪先生於其《隋唐制度淵源略論·音樂》〔註1〕篇中證述唐之胡樂多因於隋，隋之胡樂又多傳自北齊，而北齊胡樂之盛實由承襲北魏洛陽之胡化所致。通篇的重點主要在論述隋代胡樂大部分之系統淵源，對於唐代胡樂則謂「唐之初期其樂之承隋亦猶禮之因隋，其系統淵源，蓋無不同也。」並且因爲唐代後期之改創及直接從西域輸入者，事在其主旨範圍之外，故置而不論。也就是說，陳先生對於胡樂在唐代之流通及改變，並未進一步發揚，其所缺者，亦本節所戮力

研究者。

　　關於西域諸樂輸入中國的背景大致如下：

　　從西漢末年起，由於瀕繁的戰爭，南、北方的少數民族有逐漸往中原內地遷移的現象。到西晉初，內遷的匈奴、羯、鮮卑等少數民族約有九十萬人，居住左關中的氐、羌族也約有五十萬人，幾乎占去當時人口的一手。這些百餘萬的少數民族中，不乏傑出宮廷音樂家和民間藝人，他們為西域音樂和中原音樂的交流，作出了積極而深遠的貢獻。這其中不僅包括了樂器本身的傳入，也涵蓋了音樂制度的影響。無怪乎孔德先生在撰《外族音樂流傳中國史・西域諸國音樂》一節云：「漢興至於孝武，張騫始開西域之跡。《古今注》云：『張博望入西域得〈摩訶兜勒〉二曲，李延年因胡曲更造新聲二十八解』〔註 2〕，此當為西域樂入中國之始。以後交通頻繁，西域內附，音樂幻戲，隨以東漸，於是天竺，於闐、龜茲、疏勒、康國、安國、西涼、高昌諸國音樂，均於六朝隋唐之世，盛行中土；尤以龜茲蘇祇婆以七聲入華〔註 3〕，奪十二律之席，自是中國舊樂，均以西域樂律為歸矣。」〔註 4〕

　　我們其實可以根據史料記載，比較客觀的指出，西域音樂進至六朝隋唐時期，已是更迭輸入，絡驛不絕於絲綢之路。兩晉南北朝時期，是中國歷史上大動盪的時代，也是南、北音樂文化，中、西音樂文化互相激盪融合的時代。

　　在北朝時期有著名的曹國藝術家曹婆羅門，是著名的西域音樂世家曹氏家族的祖先。在中國音樂史上，曹氏家族從北魏至唐來幾乎都是以琵琶演奏而聞名於世。

　　《北史》中記載的曹僧奴，善彈胡琵琶，也曾在伽濕彌羅治聲明及大乘學，得到「開府儀同封王」（即日南王）的待遇。曹僧奴之子曹妙達，亦是隋代大音樂家萬寶常〔註 5〕的老師，《北史》中有「妙達，以能彈胡琵琶，甚被寵遇，俱開府封王」的記載，這是北齊武平年間的事情。《舊唐書》卷二十九中還有「妙達，尤為北齊高洋所重，嘗自擊胡鼓以和之。」的記載。南朝陳宣帝太建九年（西元五七七年）北周滅北齊，第三年要妙達入北周為樂工。西元五八一年楊堅

自立爲文帝，國號隋，改元開皇，北周亡，曹妙達又歸隋，《隋書・音樂志》云：「開皇中，有曹妙達……妙絕弦管，新聲奇變，朝改暮易。持其音伎，佐炫王公之間，舉時爭相慕尙」之後尙有曹昭儀（妙達之妹）、曹保、曹姜才、曹剛等演奏家在中國音樂史上留名。

　　上述曹氏家族僅是一個個例，但同時間有無數的個例在發揮其影響力時，其力量就可想而知了。此外北周武帝時的蘇祗婆、北周武帝年間的白智通、隋代的大音樂萬寶常也是進入唐代音樂討論前的重要參考指標。

　　根據日人岸邊成雄的研究指出，胡樂正式東傳，應在北魏武帝西征以後〔註 6 〕。武帝遠征龜茲的結果，首先是號稱西域音樂主流的龜茲樂，繼而爲疏勒樂、安國樂陸續輸入。北周武帝時輸入康國樂，至隋初已陸續東來者計有扶南、高麗、百濟、新羅、倭國、突厥、悅般等四夷音樂。當時兵荒馬亂的結果，中國的雅樂制度瀕臨瓦解，同時因胡樂大量輸入的影響，也失去了復興之契機。隋文帝統一天下後，企圖復興雅樂，同時將上述胡樂與中國俗樂（清商樂）加以整理，因而出現了所謂開皇「七部伎」。

　　《隋書・音樂志》中也提及了這種心理背景：

　　開皇二年（按：西元五八二年）齊黃門侍郎顏之推上言：「禮崩樂壞，其來自久，今太常雅樂並用胡聲，請馮梁國舊事，考尋古典。」高祖不從，曰：「梁樂亡國之音，奈何遺我用耶？」是時尙因周樂，命工人齊樹提檢校樂府，改換聲律，益不能通。俄而柱國沛公鄭譯奏上請修更正，於是詔太常卿牛弘、國子祭酒辛彥之、國子博士何妥等議正樂，然淪謬既久，積年議不定，高祖大怒曰：「我受天命七年，樂府猶歌前代功德耶？」

　　其實胡樂或西方音樂對中國的影響力，到了唐代就有了一個很大的轉折。從大唐王國建立以來，唐代從高祖開始就與高句麗、百濟、新羅、日本在進行不同層面的調停與交流，也正因爲唐代在政治上的影響力可達到上述諸國，諸國與唐代的交流也就非常頻繁。唐代的音樂也首度大量的與國外交流，其中自然以日本遺唐使運動最爲有名。〔註 7 〕在遺唐使運動的二百多年間，他們有計劃有步驟的吸取中國

音樂，促使日本內部也有一次著名的「大化革新」運動。日本的遣唐使運動，始於舒明天皇三年（唐太宗貞觀五年、西元六三一年），犬上御田鍬使唐；終於宇多天皇寬平六年（唐昭宗乾寧元年、西元八九四年），菅原道眞使唐未遂而止。遣唐使的組成分子，除使臣外，尚有大批留學生與學問僧。

其時日本早有遣隋使在隋文帝開皇二〇年（即西元六〇〇年）就已四次到中國來，加上遣唐使的時間，日本等於前前後後花了近三百年的時間來學習中國之典章制度。

在音樂方面，據日本學者田邊尙雄的研究指出，當時傳至日本之唐樂甚多，今尙包容於壹越調、平調、雙調、黃鐘調、盤涉調、大食調六調之中，實則原有多數的調子，其主要者共有五十曲。〔註8〕

茲錄其梗㮣，以見唐樂傳入日本之實況。其曲名下之說法，爲田邊尙雄先生的觀點，特此誌之。

### 一、壹越調曲

〈皇帝破陣樂〉：一名〈武德太平樂〉，又名〈安樂太平樂〉。然由其舞容觀之，決非謂〈安樂〉也。殆爲唐太宗之〈七德舞〉，或爲太宗貞觀中協律郎張文收等所作。

〈團亂旋〉：一名〈團蘭傳〉，又名〈后帝團亂旋〉。爲唐之敎坊樂舞，屬「軟舞」。

〈春鶯囀〉：一名〈天長寶壽樂〉，又名〈梅花春鶯囀〉。據《敎坊記》，應爲高宗時命樂工白明達以樂模擬鶯聲所作，亦爲舞曲。

〈玉樹後庭花〉：陳後主所作，傳至日本之舞已佚，僅樂曲尙存。

〈壹弄樂〉：一名〈承天樂〉。或云高宗時張文收所作〈景雲河清歌〉中的〈承天舞〉，或云中宗時太常卿韋縚所制之〈承天樂〉，當時同名異曲之例甚多。

〈賀殿〉：一名〈嘉殿樂〉、〈甘泉樂〉。傳爲隋煬帝時所作之〈河傳曲〉，嘉祥二年閑院行幸時，狛光季請以〈賀殿〉代〈萬歲樂〉。

〈迴杯樂〉：爲唐敎坊樂中之〈回波樂〉，無舞。

〈北庭樂〉：一名〈北亭子〉，為唐時教坊樂。

〈酒胡子〉：一名〈醉公子〉、〈醉胡子〉，為唐時胡樂，作醉舞之態。

〈承和樂〉：一名〈多明樂〉，為唐初祖孝孫所製十二和樂中之雅樂。

〈武德樂〉：一名〈武頌樂〉，相傳為漢高祖所作，然傳至日本之樂，不似漢初、魏時之作，殆為南北朝以後所改作者。

### 二、沙陀調：多為印度或直接受其影響之西域樂。

〈最涼州〉：一名〈西涼〉、〈西涼州〉。

〈○河鳥〉：一說白樂天所造，一說隋煬帝所作。

〈安樂鹽〉：唐帝之御時，音重作之。無舞。

〈壹德鹽〉：可能是唐教坊樂中之〈一斗鹽〉，無舞。

〈曹婆〉：蓋唐教坊樂中之〈胡僧破〉。

〈弄槍〉：即唐宋時之雜樂百戲。

### 三、平調樂曲

〈皇○〉：一名〈海老葛〉。即中宗悼念王孝傑戰死黃○谷之忠勤，遂製此曲。

〈三臺鹽〉：一名〈天壽樂〉。或云武后時所作，或云太宗所造，或云蔡邕時樂府所製，未知孰是。

〈萬歲樂〉：一名〈鳥歌萬歲樂〉。武后所造。

〈想夫憐〉：一名〈相府蓮〉。唐時教坊樂。

〈甘州〉：一名〈衍臺〉。唐玄宗天寶年中所製，原為胡部之樂，後與法曲合。

〈裹頭樂〉：或為〈歌頭〉之轉音，唐曲有〈六州歌頭〉。此曲為新樂。

〈慶雲樂〉：太宗貞觀中，張文收所製之曲。

〈越殿樂〉：一名〈越天樂〉。大唐樂也，《羯鼓錄》有其名。

〈夜半樂〉：一名〈還京樂〉。唐玄宗夜半舉兵誅韋皇后後所製。

〈小娘子〉：一名〈小老子〉、〈康老子〉。

〈雞德〉：一名〈景德〉、〈慶德〉。唐之雅樂。

〈迴忽〉：一名〈迴骨〉。

〈扶南〉：唐時南蠻諸國中，扶南國之樂。

〈五常樂〉：一名〈五聖樂〉。一說唐太宗作，一說秦始皇作。恐爲後世所改作。

### 四、大食調

〈太平樂〉：日本今日所行之〈太平樂〉者，爲〈秦王破陣樂〉之轉變者也。

〈打毬樂〉：唐時胡樂，《羯鼓錄》有此曲名。

〈傾杯樂〉：一說太宗時長孫無忌造〈傾杯曲〉，一說宣宗自製〈傾杯曲〉。亦同名異曲者。

### 五、乞食調曲

〈秦王破陣樂〉：太宗爲秦王時所作，今日本所行之〈太平樂〉，即採此舞容。

〈輪鼓渾脫〉：或名〈臨胡渾脫〉。唐代散樂百戲之一，爲唐舞輪鼓之類，〈渾脫〉，其曲名也。

### 六、雙調樂曲

〈柳花苑〉：女舞也，其舞容載於信西古樂團。〈柳花苑〉曲，蓋唐代歌曲之尙存者。《教坊記》中有柳含煙，即此轉音也。

### 七、黃鐘調樂曲

〈喜春樂〉：隋煬帝所作之〈喜春遊〉曲。一說陳蕭興公作之。其舞容頗似日本制曲。

〈赤白桃李花〉：唐高祖時歌詠草木二十一曲中之一。妓女舞之。

〈散吟打毬樂〉：唐高宗所作。

〈安世樂〉：又名〈安城樂〉據《通典》，傳爲漢高祖時之「房中樂」。

### 八、水調樂曲

〈泛龍舟〉：據諸史書所載，此曲係隋煬帝在江都所作，亦有謂係命白明達所作者。

〈聖明樂〉：一說唐太宗開元中，樂工馬順所作，一說隋文帝開皇六年，高昌國獻〈聖明樂〉曲，帝令知音者聽而習之。

## 九、盤涉調樂曲

〈蘇合香〉：本天竺之樂。《羯鼓錄》有此樂名，《樂府雜錄》謂唐軟舞中有此曲。

〈輪臺〉：出自西域輪臺之樂也，亦為唐樂所吸收。

〈青海波〉：唐世有青海舞，序四遍名〈輪臺〉，破七遍名〈青海波〉，按：〈青海波〉應為〈青海破〉。

〈千秋樂〉：唐之教坊樂，或與太宗開元中，以八月五日為千秋節，天下讌樂有關。

〈白柱〉：即〈白紵〉。

〈劍氣渾脫〉：即教坊樂之〈西河劍氣〉，屬「健舞」。

由於如今我們所欲具體考察之隋唐音樂，除一般文字著述（史料）外，老實說皆佚滅無存，無法具體言之；而日本保存了不少隋唐音樂的原始資料，故田邊尚雄先生所著之《中國音樂史》，及岸邊成雄先生所著之《唐代音樂史的研究》二書，對欲研究唐樂之此地學者，才會如此重視。

從上述唐代在中亞文化交流的歷史過程中，我們不難發現一個有趣的現象，吾人每提及雅樂，必推崇周代盛世，談及燕樂或音樂文化的交流，必緬懷盛唐之治。但為何在此間早已傳佚之「唐樂」，而鄰邦諸國，則保存視之為珍寶。這點恐怕仍得從兩方面去理解。

從藝術史的觀點而言，「唐樂」在中國僅剩文字上的陳跡，恐怕與其價值感受有關，否則古代文學、書法、繪畫諸藝術仍能流傳久遠，何獨「唐樂」不然。這也是一般的看法，但深一點看，「音樂」在本質上是「聲音」與「時間」交融而成的藝術，除了少數的樂譜外，「音樂的保存」有一大部分的原因是科學技術還不足以到達「錄音」的時代使然，「錄音」的技術，是近代以來才有的發明，別說十世紀初時結束的唐代，這種限制，全世界皆然。只是中國記譜和記錄音樂的方式，不是失之繁瑣，就是玄奧難解。譬如唐代法曲中「幽雅」、「淡雅」的音樂風格，真不知要從何說起。

　　但從較寬廣的文化史角度出發，就比較容易理解如日本諸國，為何仍善予保藏中國早已失傳的「唐樂」。一則當時十數次到中國來，遠渡重洋，本得之不易，二則日本諸國對於保存文化的工作，本就視為當然，況且物以稀為貴，「唐樂」在國外的一點一滴，當如是視之。

〔**註釋**〕：

〔註１〕《陳寅恪先生文集》二、頁一一六，里仁書局。

〔註２〕《晉書·樂志》（卷二十三）云：「張博望入西域，傳其法於西京，惟得〈摩訶兜勒〉一曲。」

〔註３〕有關蘇祇婆的西域琵琶七調，根據《隋書·音樂志》的記載，在隋高祖受命七年之時（西元五八七年），柱國沛公鄭譯考尋樂府鐘石律呂，皆有宮、商、角、徵、羽、變宮、變徵之名。七聲之內，三聲乖應，每恒求訪，終莫能通。先是周武帝時（西元五六一一五七八年），有龜茲人蘇祇婆，從突厥皇后入隋，善彈胡琵琶，聽其所奏，一均之中間有七聲，因而問之由來如何。蘇祇婆答說其父在西域，稱為知音之士，代相傳習，調其七種。鄭譯因習而彈之，始得七聲之正，就此其調，又有五旦之名，且作七調，以中國之話譯之，則可謂均也。鄭譯所訂七聲五旦，對隋唐以後的「犯調」理論及其對音樂實踐的發展起了積極的作用。關於蘇祇婆七聲的內容，請詳見本文第一章及《隋唐·音樂志》。

〔註４〕本書，第三章〈西域諸國音樂〉，頁四○，華世出版社。

〔註５〕關於萬寶常，可參考郭沫若所著〈隋代大音樂家萬寶常〉，收入《歷史人物》一書，頁三○－六五。上海，海燕書店。

〔註６〕請參見《唐代音樂史的研究·序說》頁一一五。台灣中華書局。

〔註７〕關於遣唐使運動，請參考王儀先生著《隋唐與後三韓關係及日本遣隋使、遣唐使運動》，頁一○八－一三五。台灣中華書局。

〔註８〕《中國音樂史》，第三章〈西亞細亞音樂之東流〉，頁二○五－二二六。台灣商務印書館。

## 二、從雅、胡、俗三樂分立到胡、俗之融合

### ——音樂平民化

　　研究唐代音樂，通常都會將玄宗時期視作一個重要的參考階段，因爲在玄宗之前，太常寺樂工制度，大致均已完成，此時的音樂概況雖大致可分爲雅樂、燕樂（燕饗雅樂）、俗樂（清商樂）、胡樂、散樂（百戲）、軍樂，但仍以雅樂、胡樂、俗樂三樂鼎立爲主流。

　　所謂七部、九部、十部，是指有七種、九種、十種不同地方、不同風格的民族音樂，所組合的大型歌舞，是隋及唐初特有的音樂組合形式。

　　七部伎在隋文帝開皇初設置，根據《隋書·音樂志》（卷十五）所載：「始開皇初定令置七部樂：一曰國伎，二曰清商伎，三曰高麗伎，四曰天竺伎，五曰安國伎，六曰龜茲伎，七曰文康伎；又雜有疏勒、扶南、康國、百濟、突厥、新羅、倭國等伎。」

　　九部伎乃隋煬帝大業中所定，共計清樂、西涼、龜茲、天竺、康國、疏勒、安國、高麗、禮畢九部樂，其中禮畢一伎乃原文康伎，而康國、疏勒二伎乃原先雜用在七部伎中，經煬帝改制後提昇至正式的伎部。

　　而太宗貞觀年間改制成立的十部伎，又做了些許變動，以讌樂代替禮畢，另加高昌伎而成。從各部伎的名稱及性質來看，胡樂在初唐的影響力確實很大，十部伎雖組合了雅、胡、俗及西域、東夷之樂，但仍以西域諸伎的份量最大，雅樂系統的讌樂伎就成爲象徵性質的「諸樂之首」。

　　十部伎的概況如下表所示：

| 樂名 | 性　　質 | 樂工人數 | 今　之地　名 | 由　　　　來 | 最初傳入中原的時期 |
|---|---|---|---|---|---|
| 讌樂 | 雅　　樂 | | | 太宗貞觀年間，景雲見，河水清，協律郎張文收采古朱雁天鳥之義，製〈景雲河清歌〉，名曰「讌樂」，奏之管絃，爲諸樂之首。用以代替原九部伎中的「禮畢」（即「文康伎」）。 | 太宗貞觀十四年（西元六四〇年）所作。 |
| 清樂 | 俗　　樂 | 廿五 | | 其始即「清商三調」。 | 漢代已有。 |
| 西涼 | 胡　　俗 | 廿七 | 甘肅 | 係苻秦末，呂光等人據有涼州，將龜茲樂改變而成，原稱「秦漢伎」。魏太武平河西，得之，謂之「西涼樂」。 | 東晉孝武帝時期（西元三八六年） |
| 天竺 | 西域系 | 十二 | 印度 | 永樂年間，張重華據有涼州，天竺人重四譯來貢男伎，「天竺」即其樂也。 | 東晉穆宗時期（西元三四六—三五三年） |
| 龜茲 | 西域系 | 二十 | 新疆庫車 | 起自後涼呂光滅龜茲，因得其聲。呂氏亡，其樂分散。後魏平中原，復獲之，其聲後多變易。 | 東晉孝武帝時期（西元三八四年） |
| 疏勒 | 西域系 | 十二 | 新疆 | 「疏勒」、「安國」、「高麗」並起自後魏平馮氏，及通西域，因得其伎。 | 北魏太武帝（南朝宋文帝，西元四三六年，時北魏滅北燕。） |
| 安國 | 西域系 | 十二 | 中亞 | 同「疏勒伎」。 | 同右 |
| 康國 | 西域系 | 七 | 中亞 | 起自周代，帝嫂北狄爲后，得其所獲西戎伎，因得其聲。後隨突厥皇后傳入中原。 | 北周武帝天和六年（西元五七一年，即南朝陳宣帝時期） |
| 高昌 | 西域系 | 十五 | 新疆吐魯蕃 | 應爲隋煬帝大業六年，高昌國獻〈聖明樂〉曲，煬帝令知音者聽而習之。太宗時入十部伎。 | 隋煬帝大業六年（西元六一二年） |
| 高麗 | 東夷系 | 十八 | 韓國 | 同「疏勒伎」。 | 同「疏勒伎」 |

　　從十部伎的概況可以看出初唐時與西域諸國「交流」所得之樂，大部分均非「自然交流」或「文化交流」而來。而十部伎在唐初以宮廷貴族爲中心的音樂文化上，確實佔有最大比重，而且各部伎因都需擔負宮廷內舉行燕饗時所奏儀禮音樂，形式莊重的儀禮性格自然輕濃。唐朝中葉以後，以玄宗時期爲代表，將二部伎、教坊之胡部新聲，以及梨園之法曲及規模更大的唐大曲，變成宮廷音樂的中樞後，十部伎在盛唐音樂音樂的影響力遂大爲減弱。

　　唐玄宗時又將樂分爲二部，堂下立奏，謂之「立部伎」，堂上坐奏，謂之「坐部伎」，二部伎就是由立部伎八曲與坐部伎六曲，依樂調的性質區分，合併組成者。

　　二部伎的概況如下：

## 一、立部伎八曲

| 曲　名 | 作曲時間 | 舞者人數 | 備　　　　　註 |
|---|---|---|---|
| 安　樂 | 北周—武帝 | 八〇 | 舞姿猶作羌胡狀。 |
| 太平樂 | 隋 | 一四〇 | 亦謂之〈五方獅子舞〉，可能已含有天竺樂的成分。 |
| 破陣樂 | 唐—太宗 | 一二〇 | 爲歌頌秦王戰功之武舞。 |
| 慶善樂 | 唐—太宗 | 十六 | 歌頌唐朝文治天下安樂之文舞。 |
| 大定樂 | 唐—高宗 | 一四〇 | 又名〈一戎大定樂〉，爲紀念平定遼東時之作曲。 |
| 上元樂 | 唐—高宗 | 八〇—一〇〇 | 象徵康樂元氣之文舞。 |
| 聖壽樂 | ①唐—武后 ②唐—玄宗 | 一四〇 | 字舞。排列成「聖超千古、道泰百王、皇帝萬歲、寶祚彌昌」十六個字之字舞。 |
| 光聖樂 | 唐—玄宗 | 八十 | 歌頌王業所興之文舞。 |

## 二、坐 部伎六曲

| 曲　　名 | 作曲時間 | 舞者人數 | 備　　　　註 |
|---|---|---|---|
| 讌　　樂 | 唐—太宗 | 景雲舞八人<br>慶善樂四人<br>破陣樂四人<br>承天樂四人 | 稱爲「元會第一奏」。舞者人數雖不及立部伎，但規模頗大。 |
| 長壽樂 | 唐—武后 | 十二 | 畫衣冠也。 |
| 天授樂 | 唐—武后 | 四 | 畫衣，五綵鳳冠。 |
| 鳥歌萬歲樂 | 唐—武后 | 三 | 頭戴鳥冠，高呼萬歲，傚鳥而舞 |
| 龍池樂 | 唐—玄宗 | 十二 | 戴飾有芙蓉之冠共舞。 |
| 小破陣樂 | 唐—玄宗 | 四 | 將立部伎中之〈破陣樂〉縮小規模。 |

根據《舊唐書‧音樂志》的記載：

立部伎自〈破陣樂〉以下，皆擂大鼓，雜以龜茲之樂，聲振百里，動蕩山谷；〈大定樂〉加了金鉦；惟〈慶善樂〉獨用〈西涼樂〉，最爲閒雅。可見立部伎八部，全雜有西域的音樂在內。

坐部伎自〈長壽樂〉上下，皆用〈龜茲樂〉。《通典》又云此部伎舞人著靴，唯〈龍池樂〉備用雅樂笙磬，舞人躡履。而讌樂中的四個分部，也未必不雜用西域音樂。

總的來說，二部伎十四曲，應是以舞爲主，以歌爲輔，樂器的種類雖多，但樂隊是居於伴奏地位。

除了音樂本身的影響外（指胡樂對二部伎），立部伎在樂器上的特點，首推大鼓的運用。坐部伎中「讌樂」規模最大，擁有雅、胡、俗樂器近三十種，其中雅樂器僅笙、磬兩種、俗樂器約十種，胡樂器則最多。其次值得注意的是〈龜茲樂〉在二部伎中的影響力，〈龜茲樂〉等於是盛唐時胡樂的代表，胡樂的精神。

如上所述，二部伎雖屬太常寺（太常寺乃雅樂機構），立部伎三大樂舞亦用於雅樂、坐部伎〈龍池樂〉亦用雅樂器，但二部伎的實質內容，卻充滿了胡俗融合的新型燕饗雅樂，最有名的例子就比如〈破

陣樂〉，它本是充滿胡樂風格的樂舞，當它用於雅樂時，不過象徵性配合雅樂樂器或加上雅舞衣冠罷了，其本質仍是胡樂，玄宗時〈破陣樂〉入〈法曲〉，便成了當時的新俗樂。

二部伎和十部伎還有一點差別，十部伎的演出是從頭到尾一次演完，而二部伎每次上演，僅選奏若干曲上演，因爲其後尚有舞馬及散樂上演之故。

從十部伎過渡到二部伎、太常四部伎、敎坊、梨園的設置，已將初唐雅、俗、胡三樂分立的狀態，轉變而成盛唐時期雅樂燕樂化及胡俗融合的新景象，宮廷音樂至此也達到一個高潮的階段；加上盛唐時期的中西文化交流，也眞正達到有來有往的「交流」，促使此一時期的唐代音樂文化，豐富且多姿；長安，便成了證明唐代此一實況的高度象徵。〔註1〕

玄宗晚年以後，中晚唐時期雖歷經安史之亂、藩鎮與中央的對峙衝突，以及黃巢之亂，但盛唐時期包括胡部新聲與法曲的合作，唐大曲的推波助瀾，宮廷樂工的流散民間，新俗樂之產生與妓館的活動〔註2〕，都直接、間接促使中晚唐的音樂文化，眞正走向庶民化的格局；另一方面，日本遣唐使的運動，也一直到西元八九四年的晚唐時期才暫告終止。這種從隋初至唐末，受中西文化交流或純粹接受西域音樂文化影響的現象，的確不是三言兩語可道盡，學者孔德曾以一圖表〔註3〕表示外族音樂與華樂的關係：

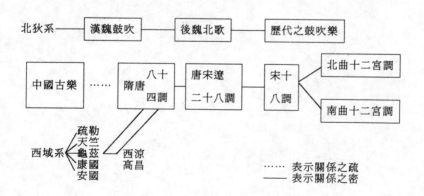

　　這個圖表大致上已說明了外族音樂對中國音樂（尤其是隋唐音樂）單方面的影響關係，卻不足以看出中西音樂文化的交流，若再加上隋唐與後三韓的關係及日本遣隋使、遣唐使的運動，以及少數民族對中原音樂的影響，中西交流中的唐代文化的風貌，應該就較完整了。

　　總的來說，唐時中西文化的廣泛交流，促成唐樂內部做了極大的整合，加上政治性動亂的因素，才得以形成晚唐時期音樂文化的平民化，從文化史的角度來看唐代近三百年的音樂文化發展，應該給予正面的肯定才是，這個肯定的評價並非根據唐樂之流行而來，這個評價是基於音樂在唐代，終於有根植於民間的可能與可行之道。有得有失，利弊互見。

〔**註釋**〕：

〔註 1 〕請參見向達所著《唐代長安與西域文明》，明文書局。沈福偉先
　　　　　生所著《中西文化交流史》第四章有關長安的部分，東華書局。
　　　　　以及謝海平先生《唐代留華外國人生活考述・第四章》，商務印
　　　　　書館。
〔註 2 〕關於妓館的活動，請參閱《唐代音樂史的研究》，第四章的部分
　　　　　，岸邊成雄著，中華書局。
〔註 3 〕《外族音樂流傳中國史》，頁三，華世出版社。

# 第六章 結 論

通過典籍的研究，我們方得以對唐代音樂文化的制度及創作狀況，有一概括性的認識。

以《教坊記》而言，歷代的評價雖失之允當，但我們也不能爲辯駁而誇大其意義及功能，通過《教坊記》，我們對唐代音樂文化上的認識只是片面的，對於其敘事背後的制度及社會內部實際發展的情況，實際上仍嫌不足，若非其他史料中有制度上的輔助說明，《教坊記》的評價自然會如歷代所言。所以筆者以爲關於此書，應重新納入「音樂文化史」的脈絡中，才能作一恰當的定位。

考證典籍，除了研究其精采之處，彌補其不足之處外，不應任意掠奪或誇張其在當時的評價。《教坊記》的作者便是藉著記錄盛唐之時，教坊中的樂工、樂事，以暗寓其欲申戒時勢之作爲；其列唐代曲名及大曲名三百餘首於後，不一一敘述其曲調本事，至少顯示出兩種意義： 2.唐曲及大曲的創作在盛唐時確實已到了最顛峰的狀況，2.正因爲創作甚多，崔令欽能於點滴故實中，將曲名保留記錄下來，已殊屬難得，他亦非樂官、樂工，又怎能於其曲調本事，一一詳述。

以同樣的態度研究《通典・樂》，我們會感受此書的精彩處，是在制度上的介紹與整理，但有關這個制度在唐代社會中的運用與影響卻非其擅長之處。所以從音樂制度的觀點而言，本書和《新唐書・禮樂志》、《舊唐書・音樂志》、《樂書》可等量齊觀，而《通典》對於後代整理唐樂制度者，有著一定的影響關係。

《羯鼓錄》的研究，讓我們更深切的認識到，爲何玄宗之世，會成爲唐代由極盛而漸衰的轉捩點，通過《羯鼓錄》，我們雖然更相信玄宗的確是懂音愛樂之人，但相對的說，盛唐玩物喪志之流俗氣習，已開始腐蝕著盛唐的政治基業，這是本書在音樂之外，給我們的一點啓示。崔令欽碰著了安史之亂，段安節經歷了黃巢之亂，《樂府雜錄》欲彌補《教坊記》之著意，已明於作者之自序，而此書分類清晰，

規模雖不及史書，但言簡意賅，已合其著述之意，但唐代樂工、伶人的地位，卻是唐代諸多相關典籍中，隱而未發的問題，這點不可不明。

通過對唐人音樂思想的研究，我們才得以知道唐人如何理解及反省歷史中已存的音樂觀、當時的普遍音樂觀。筆者承認光是唐太宗、杜佑、白居易三人，並不足以代表唐代整體的音樂思考走向，但卻足以反映唐代音樂文化發展上，內部的矛盾。這個矛盾主要是表現在民間音樂的發展過程，儘管唐太宗等人皆強調禮樂並濟、緣物設教的正統，但是其雅、俗（鄭衛之音）之辨愈強，更證明當時民間音樂之所好，所以「好古愛雅」與「好今愛俗」在唐代音樂的發展過程中，仍然呈現著理論上的對立關係。太宗、居易也並非排斥當時的俗樂，白居易更非對民間音樂認識不清，而在理論上落伍，他只是不能認同其走向罷了，筆者已反覆申明楊蔭瀏先生對此點認識上的偏差。

音樂美學的研究，是筆者所縈以為懷的主題，也是我們研究唐代音樂的新方向。畢竟從音樂家身上，才得一探純粹音樂之美，可惜唐代在這方面留下的資料太少，對於我們研究唐樂，不免有所遺憾。通過唐代文人詩詞歌賦的創作，得到的是另一層境的審美感受，文人雅士對音樂的審美態度與感受，與音樂家論樂，仍有隔一層的差異。筆者以為，除薛易簡、司馬承禎外，白居易仍是研究唐人音樂思想與美學，最不可或缺的人物。惜筆者自限於篇幅，未能進一步有所發揮。

通過音樂與文學、舞蹈、戲曲的合作關係，才知唐人音樂生活的豐富，已充分反映在文學作品、樂舞及歌舞戲中，這個主題的研究，主要是借助《全唐詩》、《全唐文》，惜個人別集甚繁，無法一一詳究。

唐大曲是唐代音樂文化高度發展的象徵，外來音樂的影響則遍佈有唐一代，從唐大曲中正可得見盛唐雅樂式微、胡俗融合的趨勢，但唐人並沒有放棄雅俗之辨，以及對胡樂興盛的警覺性；也就是說唐代音樂文化在表現的形式上，的確是多元而開放，但也有所反省與矜持之處，只有在宮廷音樂機構及雅樂規模真正式微後，理論之辯難才逐漸消弭於平民化的音樂文化之中。

　　筆者雖欲增一管之見，然亦時有辭窮之困，茲編之語末，欲就本
文之不足及可再申論發展之處，分幾點說明之：

　　㈠本文在典籍的研究上，在標題名稱的設定上就已點明其在時代
脈絡中的主要含義，但仍偏重在介紹與整理的工作，雖兼顧了行文中
的分析，但嚴格說來，談不上有較創新的研究成果。

　　㈡音樂思想與音樂美學的研究範疇應可擴及到《全唐詩》、《全
唐文》及文人別集之中，而單獨成爲唐代音樂思想與音樂美學之研究
，尤其是音樂美學的研究。

　　㈢「音樂文學」的討論仍應回歸到唐代本身，畢竟唐代的文學作
品提供給我們最豐富的素材，也只有從文學作品中，唐代音樂的風貌
才得以全面伸展。筆者以爲朱謙之先生《中國音樂文學史》中有關「
音樂文學」的論述，以及對「唐代歌詩」的研究，是一個不錯的開始
。文學與音樂之關係研究，在近代以來，文字著述其實不少，但「音
樂文學」一詞的理論基礎與概念都還不是一個普遍性的認識，它的概
念本身還不是很清楚。文學與音樂的發展愈來愈趨於兩極化，過去，
詩歌、詩歌，凡詩皆可歌，但文字系統的獨立性漸強，使得詩自是詩
，音樂性已非詩詞中必然的因子，文字的節奏與音樂的節奏之間的關
聯也不再成爲必然的關係；其結果是文學作品的詩的本身仍流傳至今
，但蘊孕在其中的聲音之道很容易成絕響。從語言音樂學的理論和詩
詞格律的音樂性二兩方切入唐代，唐代音樂文學的研究應該是極具價
值的。從筆者所採宋人和清人的著作中的分類標準而言，「音樂文學
」一詞在中國文學的系統中是有其發展的意義與價值，因詩以作樂，
或因樂而塡詞的入樂詩是「音樂文學」的主要類型，至於描寫音樂（
器樂或樂器）的詩作應該先確定「音樂文學」的理論基礎與概念，再
予以納入。

　　㈣外來音樂對唐代音樂之影響研究，目前學者的論述仍以介紹在
整理的性質居多，至於其中具體的影響關係，如制度與生活面的剖析
，仍應進一步闡明；此外，唐樂在日本或國外的影響，應該也充分的
被關注，這樣子中西音樂文化交流的意義才得以彰顯。畢竟文化交流
（culture exchange）是意謂在國際之間，由國家或私人團體所實

施的計劃，旨在支持各種文化之間，對相互藝術與科學成就之欣賞，並且增加對各種政治、經濟、與社會制度之了解，它有時也是外交政策上的工具。在音樂文化交流這層意義上，除了介紹較明顯的交流活動外，譬如日本的遣唐使運動，其實也可以以都市（如長安等地）爲主要參考點，比較都市與都市間受外來音樂文化影響的差異。

　　㈤音樂社會學的初步嘗試——以唐代爲主要範疇的研究。此一理論與方法，在彼岸學者論述之中，仍停留在建構理論的階段，並無實際作品的出現。此一理論與方法的興起背景，與音樂的傳統研究已難以突破，也有著一定程度的關聯，它也是我們欲建立音樂文化史之前，應先努力的方向。

　　音樂社會學（The Sociology of Music），嚴格說來是藝術社會學（The Sociology of Art）的一個分支，它的研究對象就是音樂與社會的全部關係，或側重於音樂的社會背景及條件，並且探討音樂同社會環境和社會變遷間種種有機的影響關係，也就是說，當我們談論音樂社會學時，我們關心的趨向，是音樂對社會的影響及社會如何留下音樂藝術發展的痕跡（音樂在社會中的流通過程）。

　　我們觀察音樂文化和社會發展之間的相互影響，這一事實並不意味一方的變化與另一方的變化有必然關係，雖然它們總是互相影響著，其中的關係也摻雜著太多的泛文化因素，沒有絕對的一成不變。

　　誠如李師正治所言，學理上「新」的角度的嘗試，必然有有「新」的概念群產生，這是筆者之所以未敢在本文第五章中，冒然使用作爲標題，但筆者確曾有過這分企圖心。一般來說，有關此一發展中的學理，有幾個方向可以較合理的建構其理論基礎：第一個方向是著重音樂史和音樂理論社會問題的學說，它意在創建音樂「社會史」和音樂「社會理論」，並用以闡明音樂歷史和理論變化的社會原因。第二個方向，是研究音樂在社會中，以及在社會各界（階層）對音樂所抱持的態度，探討音樂在其中的流通過程，包括傳播與需求。著重社會中的音樂生活和音樂影響領域。第三個方向是直接以音樂作品和音樂體裁作爲研究對象，並不否定前兩類的研究方向，卻更重視音樂本身及其全部內在意義的了解。它包含了社會各階層在音樂作品、音樂生

活中的反映，個別體裁內容的特殊性及其美學意涵，甚至包含了音樂創作的民族性；換言之，音樂社會學的研究在這層意義、這個領域中，等於加進了現象學與美學的思考。

關於唐代音樂文化之研究，其現實上的困難在於實物之不可得，此困境於緒論中已有所說明，但這點困境，仍不足以全面阻礙我們對唐代音樂制度與音樂生活的了解，況且，除了日本保存了較可觀的唐樂外，彼岸學者於大陸各地近十年來，一直有古代器物的出土的記錄，而蔚為一股音樂考古與音樂考古學的風氣與實物研究，王青葆的《絲綢之路的音樂文化》一書，便是其中難得的結晶。

上述所言，乃本文之不足與欲努力而為的方向，尤其是實物之研究，絕非一己之力所能為，此外，還有客觀環境的制約。從唐代音樂文化傳承發展，由盛而衰的方向來看，衰的只是雅樂和因戰亂而淪喪毀壞的樂器與音樂機構，並非意謂音樂文化本身由豐富而貧瘠。音樂之於中國，在唐代才算真正走出一條制度之道與生活之道，也唯有在唐代，才得以見到上至宮廷下至民間，如何求新求變求大的面貌。唐代諸皇，彷彿個個愛樂知樂，文人雅士也盡皆玩樂賞樂之類，若非浸淫於兩唐史料、典籍及文學作品中，我們恐難發現真正的寶藏——唐代的音樂家。這也是研究唐代音樂時，最讓人感到難以理解的部分，幸因文學作品的記錄，才知音樂家在民間才真正被尊重與了解，這莫非是中國歷史中文學家與藝術家，不得不有之共同宿命，且待有識之士體察之。

# 參考書目舉要

**甲、**

《舊唐書》（一～六冊）　後晉・劉昫等撰　鼎文書局（78.12）

《新唐書》（一～六冊）　宋・歐陽修、宋祁　鼎文書局（81.1）

《全唐文紀事》（上、中、下）　清・陳鴻墀　世界書局（50.10）

《全唐詩》（上、下）　清聖祖　宏業書局（71.9.1）

《唐詩紀事》（上、下）　宋・計有功　鼎文書局（67.4）

《唐才子傳》　元・辛文房　世界書局（74.11）

《唐音癸籤》　明・胡震亨　世界書局（74.11）

《貞觀政要》　唐・吳兢　北大書局（45.11）

《大唐新語》　唐・劉肅　新宇出版社（74）

《大唐傳載》　無名氏　四庫全書本

《幽閒鼓吹》　唐・張固　四庫全書本

《次柳氏舊聞》　唐・李德裕　四庫全書本

《明皇雜錄》　唐・鄭處誨　四庫全書本

《劉賓客嘉話錄》　唐・韋絢　四庫全書本

《因話錄》　唐・趙璘　四庫全書本

《唐國史補》　唐・李肇　四庫全書本

《朝野僉載》　唐・張鷟　四庫全書本

《開元、天寶遺事》　五代・王仁裕　四庫全書本

《琴史》　宋・朱長文　四庫全書本

《文苑英華》　宋・李昉等

《御定佩文齋詠物詩選》　清張玉書、汪霦等　四庫全書本

《樂府雜錄》　唐・段安節　四庫全書本

《教坊記》　唐・崔令欽　四庫全書本

《樂書》　宋・陳暘　四庫全書本

《羯鼓錄》　唐・南卓　四庫全書本

《通典》　　唐・杜佑　四庫全書本

《唐會要》　宋・王溥　四庫全書本

《夢溪筆談》　宋・沈括　四庫全書本

《酉陽雜俎》　唐・段成式　漢京文化事業公司（72.10.20）

《唐摭言》　五代・王定保　世界書局（64.4）

《唐語林》　宋・王讜　世界書局（64.4）

《禮記》　藝文印書館

《資治通鑑》司馬光　西南書局（71.9.1）

《御枇歷代通鑑輯覽》　清高宗敕撰　新興書局

《樂府詩集》　宋・郭茂倩編撰　里仁書局（70.3.24）

《全唐文及　遺》（一～五冊）　清仁宗　鼎文書局（76.3）

《白居易集》（一～三冊）　唐・白居易　里仁書局（69.10.15）

《夢溪筆談》　宋・沈括　四庫全書本

　　乙、

《中國音樂史料》（一～六冊）　鼎文書局（71.9）

《中國音樂史》　王光祈　中華書局（76.3）

《中國音樂史》　楊隱　學藝出版社（65.10）

《中國音樂史》　日・田邊尚雄（陳清泉譯）　商務印書館（77.9）

《中國古代音樂史稿》（一～四冊）　楊蔭瀏　丹青圖書公司
　　（76.4.2）

《中國音樂之演進》　林　學藝出版社（71）

《唐代音樂史的研究》（上、下）　日・岸邊成雄（梁在平、黃志
　　譯）　中華書局（62.10）

《中國樂器學──古箏篇》　趙璞　文建會補助（74.4）

《中國傳統音樂概論》　王耀華　海棠文化公司（77.9）

《唐詩與音樂軼聞》　樂維華　雲龍出版社（80.7）

《中國民歌的旋律結構與調式》　吳疊　全音譜出版社（77.9.20）

《詩情與幽境》　侯迺慧　東大圖書公司（80.6）

《詩歌文學纂要》　蔣祖怡　正中書局（42.3）

《唐代政治史論集》　王壽南　商務印書館（72.4）

《唐代之交通》　陶希聖主編　食貨出版社（71.5）

《中西文化交通小史》　劉伯駿　正中書局（76.7.4）

《唐代文化史研究》　羅香林　商務印書館（69.6）

《唐史(一)、(二)》　章　群　華岡出版公司（67.6）

《唐史(三)》　章　群　華岡出版公司（69.12）

《中國文化史》（上、下）　陳登原　世界書局（78.10）

《漢唐史論集》　傅樂成　聯經出版公司（76）

《隋、唐史》　岑仲勉　未註明出處

《唐史餘藩》　岑仲勉　弘文館出版社（74.3）

《唐史索隱》　李樹桐　商務印書館（77.2）

《唐史研究》　李樹桐　中華書局（68.6）

《唐史考辨》　李樹桐　中華書局（74.5）

《唐史新論》　李樹桐　中華書局（74.9）

《唐集敘錄》　萬　曼　明文書局（71.2）

《教坊記箋訂》　任半塘　宏業書局（62.1）

《唐代留華外國人生活考述》　謝海平　商務印書館（67.12）

《中國娼妓史》　王書奴　萬年青書店（63.11）

《劍橋中國史(3)隋唐篇(上)》　張榮方主譯　南天書局（76.9）

《中國俗文學史》　西　諦　唯一書業中心（64.9）

《中國音樂文學史》　朱謙之　學藝出版社

《中國語文的音樂處理》　李振邦　天主教教務協進會出版社(67.10)

《音樂美學》　周　理　樂韻出版社（74.10）

《音樂美學》　卡爾西爾（郭長楊譯）　全音樂譜出版社（70.6）

《語言與音樂》　楊蔭瀏、李殿魁等　丹青圖書公司（75.3）

《勝國元聲——中國的音樂》　楊振良、李國俊　幼獅文化公司
　　（75.3）

《中國歌謠研究》　朱自清　盤庚出版社

《西洋音樂史與風格》　劉志明　全音譜出版社（77.1.20）

《尋找中國音樂的泉源》　許常惠　水牛出版社（77.2.28）

《東西樂制之研究》　王光祈　中華書局（60.2）

《中華樂學通論》（一～四編）　文建會　文建會（72.11）

《中國音樂史──樂器篇》（上、下）　薛宗明　商務印書館(72.9)

《中國音樂史──樂譜篇》　薛宗明　商務印書館（70.9）

《中國鐘磬律學》　陵雲逵　文化大學出版社（76.2）

《漢唐大曲研究》　王繼眞　學藝出版社（77.5）

《民族器樂概論》　高厚永　丹青圖書公司（75.3）

《中國音樂哲學》　張玉柱　樂韻出版社（74.5.4）

《談音論樂》　林聲翕　東大圖書公司（75.3）

《中西音樂藝術論》　劉燕當　樂韻出版社（68.4.5）

《中國音樂與文學史話集》　黃炳寅　國家出版社（71.10）

《漢魏樂府風箋》　黃節箋釋　學生書局（60.3）

《藝術與鑑賞》　裴利蘭德（梁春生譯）　允晨文化公司（78.7.16）

《唐詩的世界》（一～二）　木鐸出版社（74.7）

《唐詩論文選集》　呂正惠　編長安出版社（74.4）

《唐宋詞名家論集》　葉嘉瑩　國文天地雜誌社（76.11）

《藝術現象的符號──文化學闡釋》　何　新　明鐘出版社（78.9）

《詩與詩人》　孫克寬　學生書局（60.10）

《北平俗曲略》　李家瑞編　文史哲出版社（63.2）

《漢唐音樂文化論集》　王昆吾　學藝出版社（80.7）

《樂府文學史》　羅根澤　文史哲出版社（70.3）

《中國詩歌藝術研究》　袁行霈　五南圖書公司（78.5）

《中國古代樂教思想論集》　張蕙慧　文津出版社（80.1）

《中西文化交流》　沈福偉　東華書局（78.12）

《中國文化概論》　韋政通　水牛出版社（72.8.10）

《歷代社會風俗事物考》　（行唐）尙秉和　商務印書館（74.12）

《聖歎選批唐才子詩》　正中書局（76.3）

《詩論》　朱光潛　正中書局（77.11）

《音樂現象學與美學的評鑑》　梁銘越　未說明出處

《白居易集》（一～三冊）　里仁書局（69.10.15）

《白香山之研究》　施學習　鹿港文教基金會（73.9.1）

《隋唐與後三韓關係及日本遣隋史遣唐史運動》　王　儀　中華書局
　　（61.12）

《陳寅恪先生文集》　陳寅恪　里仁書局（70.3.10）

《春秋戰國禮樂思索的正反諸型》　李正治　台大中研所博士論文（
　　79.1）

《全唐五代詞彙編》（上、下）　世界書局（60.1）

《中國戲劇學史稿》　葉長海　駱駝出版社（76.8）

《中國文化史導論》　錢　穆　正中書局（76）

《美學散步》　宗白華　世華文化社

《藝術概論》　日・黑　田鵬信（豐子愷譯）　開明書店（74.6）

《藝術社會學》　豪澤爾　雅典出版社（77.9）

《禮記集解》　孫希旦　文史哲出版社（62.10）

　　丙、

《唐宋史研究》　林天蔚、黃約瑟主編　香港大學亞洲研究中心（
　　76）

《中國音樂史論述稿》　張世彬　（香港）友聯出版社（64.11）

《中國音樂史綱要》　沈知白　上海文藝出版社（71.12）

《中國古代音樂簡史》　廖輔叔　（北京）人民音樂出版社（74）

《中國音樂史略》　吳釗、劉東升　人民音樂出版社（79.7）

《中國古代音樂史稿》（上、下）　楊蔭瀏　人民音樂出版社(74.5)

《古典樂舞詩賞析》　徐萬洲、李嘉訓編　（安徽）黃山書社(77.6)

《中國古代樂論選輯》　人民音樂出版社（72.8）

《音樂美學問題討論集》　人民音樂出版社（76.12）

《民族音樂概論》　中國藝術研究院音樂研究所編　人民音樂出版社
　　（75.7）

《中國民族音樂大系——曲藝音樂卷》　東方音樂學會編　上海音樂
　　出版社（78.9）

《中國民族音樂大系——古代音樂卷》　東方音樂學會編　上海音樂
　　出版社（78.9）

《中國民族音樂大系——民族器樂卷》　東方音樂學會編　上海音樂

出版社（78.9）

《中國民族音樂大系——戲曲音樂卷》　東方音樂學會編　上海音樂
　　出版社（78.9）

《中國文化概覽》　張秀平、王乃莊編　（北京）東方出版社(77.11)

《語言與音樂》　人民音樂出版社（72.10）

《戲曲音樂散論》何　為　人民音樂出版社（75.7）

《古詩考索》　程千帆　上海古籍出版社（74.7）

《敦煌莫高窟藝術》　潘絜茲　上海人民出版社（70.1）

《羅根澤古典文學論集》　羅根澤　上海古籍出版社（74.7）

《唐代文學研究》（第一輯）　山西人民出版社（77.3）

《音樂研究文選》（上、下）　（北京）文化藝術出版社（74.9）

《唐戲弄》　任半塘　漢京文化事業公司（74.9.20）

《中國舞蹈史》（紐編三種）　蘭亭書局（74.10.15）

《中國舞蹈史》（二編兩種）　蘭亭書局（74.10.15）

《中國戲劇發展史》　學藝出版社（66.4.1）

《詩歌與戲曲》　曾永義　聯經出版社（77.4）

《敦煌的唐詩》　黃永武　洪範書局（76.5）

《敦煌的唐詩　編》　黃永武、施淑婷　文史哲出版社（78.8）

《唐代長安與西域文明》　向　達　明文書局（71.10）

《中國音樂史・樂譜篇》　薛宗明　商務印書館（70.9）

《中國音樂史・樂器篇》　薛宗明　商務印書館（72.9）

《中國音樂年鑑——一九八七》　中國藝術研究院音樂研究所編　文
　　化藝術出版社（76.12）

《中國音樂年鑑——一九八八》　中國藝術研究院音樂研究所編　文
　　化藝術出版社（78.1）

《中國音樂年鑑——一九八九》　中國藝術研究院音樂研究所編　文
　　化藝術出版社（78.9）

《絲綢之路的音樂文化》　周青葆　新疆人民出版社（77.2）

《詞調與大曲》　梅應運　新亞研究所

《唐宋大曲之來源及其組織》　陰法魯　北大五十週年紀念論文集

《詞調與唐宋大曲之關係》（上、中、下）　梅應運　大陸雜誌十四
　　卷一～三期
　　丁、
《唐代社會文化史研究》　那波利貞　創文社（昭和52.1.25）
《The Sociology of Music》　Alphon Sibermurn(Translated
　　by Corbetstewart)　London, Routledge & Kegan Paul
　　Ltd.

〔附錄一〕

# 唐代音樂紀事年表

一、本年表起自唐高祖武德元年（西元618年），訖於唐哀帝大天祐元
　　年（西元904年）。

二、本年表所採用依據的史料以《新唐書》、《舊唐書》、《通典》
　　、《唐會要》為主，《冊府元龜》、《玉海》等亦在參考之列。

三、本年表中的每則紀事，均註明出處，若重出而有異同者，或年代
　　有出入、或紀事有出入者，皆有按語。

四、本年表之根據以正史為主，故無法看出相對於宮廷皇室的民間音
　　樂的發展，觀者應明察之。

| 紀　　　年 | 唐　代　音　樂　紀　事 |
| --- | --- |
| 高祖武德元年<br>（西元618年） | 十一月己酉，降薛仁杲，帝大悅，置酒高會，奏九部樂。十月，突厥使來朝，帝宴太極殿，奏九部樂。（《實錄》）<br>孫伏伽上書論百戲散樂本非正聲。（《唐會要》）(以下簡稱《會要》)<br>相國參軍盧子牟獻琵琶，萬年縣法曹孫伏伽上疏論之。（《會要》） |
| 高祖武德二年<br>（西元619年） | 五月丙寅，宴涼州使人，奏九部樂。（《實錄》） |
| 高祖武德三年<br>（西元620年） | 八月庚戌，宴群臣，奏九部於庭。（《實錄》） |
| 高祖武德四年<br>（西元621年） | 九月二十九日，詔太常樂，本因罪譴沒入官者，藝比伶官，恢復太常音聲人民籍。（《會要》） |
| 高祖武德七年<br>（西元624年） | 二月，宴突厥使，並奏九部樂。四月癸卯，宴群臣，皆奏九部樂。六月戊戌，丘和謁見高祖，奏九部樂饗之。（《實錄》） |
| 高祖武德八年<br>（西元625年） | 四月己丑，林邑遣使獻方物，設九部樂饗之。（《實錄》） |
| 高祖武德九年<br>（西元626年） | 隋末大亂，其樂猶全，高祖受禪，擢祖孝孫為吏部郎中轉太常少卿，漸見親委，孝孫由是奏請作樂，時軍國多務，未遑改創，樂府尚用隋氏舊文。是年始命祖孝孫修定雅樂，至貞觀二年六月奏之。（《舊唐書·音樂志》）(以下簡稱《舊》)。 |

| | |
|---|---|
| | 王者未作樂之時，必因其舊而用之，唐興即用隋樂。武德九年，始詔太常少卿祖孝孫，協律郎竇　等定樂。（《新唐書・禮樂亡》）（以下簡稱《新》）<br>正月，命秘書監竇王進，太常少卿祖孝孫，修定雅樂。（《冊府元龜・作樂》）（以下簡稱《冊》） |
| 太宗貞觀元年<br>（西元627年） | 宴請群臣，始奏〈秦王破陣樂〉。太宗謂侍臣曰：朕昔在藩，屢有征討，世間遂有此樂。豈意今日登於雅樂，然其發揚蹈厲，雖異文容，功業由之，致有今日所以被於樂章，示不忘本也。（《舊》）<br>唐之自製樂凡三：一曰七德舞，二曰九功舞，三曰上元舞。七德舞者本名〈秦王破陣樂〉，太宗爲秦王，破劉武周，軍中相與作秦王破陣樂曲，及即位宴會必奏之。謂侍臣曰：雖發揚蹈厲，異乎文容，然功業由之，被於樂章，示不忘本也。（《新唐書・禮樂志——樂部》）<br>正月丁亥，宴群臣，奏〈秦王破陣樂〉之曲。（《冊》） |
| 太宗貞觀二年<br>（西元628年） | 秦祖孝孫所定之雅樂。祖孝孫又奏陳、梁舊樂，雜用吳、楚之音。周、齊舊樂，多涉胡戎之伎，於是斟酌南北，考以古音，作爲「大唐雅樂」。以十二律，各順其月，旋相爲宮，按禮記云：大樂與天地同和。故制「十二和」之樂，合三十一曲，八十四調。（《舊》）<br>孝孫又以十二月旋相爲六十聲，八十四調。祖孝孫已定樂，乃曰：大樂與天地同和者也。製十二和以法天之成數，號「大唐雅樂」。一曰豫和，二曰順和，三曰永和，四曰肅和，五曰雍和，六曰壽和，七曰太和，八曰舒和，九曰昭和，十曰休和，十一曰正和，十二曰承和。（《新》） |
| 太宗貞觀三年<br>（西元629年） | 正月三日，宴群臣，奏〈秦王破陣樂〉。（《會要》） |
| 太宗貞觀六年<br>（西元632年） | 太宗詔褚亮、虞世南、魏徵等，分制樂章。至則天稱制，多所改易。後中書令張說奉制所作，然雜用貞觀舊詞。自後郊廟歌工樂師，傳綬多缺，或祭用宴樂，或郊稱廟詞。太宗行幸慶善宮，宴從臣於渭水之濱，賦詩十韻，其宮即太宗降誕之所，……於是起居郎呂才，以御製詩等於樂府，被之管絃，名爲〈功成慶善樂〉之曲。（《舊》）<br>太宗生於慶善宮，貞觀六年幸之，宴從臣賞賜閭里，同漢沛宛，帝歡甚賦詩，起居郎呂才被之管絃，名曰〈功成慶善樂〉。（《新》）<br>九月，幸慶善宮，讌三品已上，賦五言詩。（《冊》）<br>九月己酉幸慶善宮。（《新唐書・太宗本紀》）<br>監察御史馬周上疏論白明達、王長通等樂工不得列在士流。（《會要》） |
| 太宗貞觀七年<br>（西元633年） | 太宗制〈破陣舞圖〉，左圓右方，先偏後伍。並令呂才依圖教樂工百二十人，被甲執戟而習之。後更名爲七德之舞。（《舊》）<br>七年春正月，上製〈破陣樂舞圖〉。（《舊唐書・太宗本紀》）<br>太宗命呂才以圖教樂工百二十八人被銀甲執戟而舞。凡三變，每變爲四陣象，擊刺往來，歌者和曰〈秦王破陣樂〉。後令魏徵與員外散騎常侍褚亮、虞世南及太子右庶子李百藥，更製歌辭，名曰〈七德舞〉。（《新》）<br>（按：《通典》亦載此事。） |

| | 太府卿蕭璟撰祭神州地祇樂章。（《會要》） |
|---|---|
| 太宗貞觀十一年<br>（西元637年） | 張文收復請重正餘樂。帝不許，曰：朕聞人和則樂和，隋末喪亂，雖改音律，而樂不和。若百姓安樂，金石自諧矣。收既定樂，復鑄銅律三百六十銅斛，⋯⋯皆藏於太樂署。（《新》）<br>〈文康禮曲〉者，流入樂府，至本年黜去之。（《會要》） |
| 太宗貞觀十四年<br>（西元640年） | 張文收採古朱鴈天馬之義，制〈景雲河清歌〉，名曰讌樂，奏之管絃，爲諸樂之首，元會第一奏者是也。（《舊》）<br>敕曰：殷薦祖考，以崇功德，比雖加以誠潔，而廟樂未稱宜，令所司詳諸故實，制定奏聞。（《舊》）<br>詔秘書監顏師古箏，撰定弘農府君至高祖太武皇帝天廟舞曲。（《新》）<br>六月一日，詔廟樂未稱，宜詳定。秘書監顏師古議之。（《會要》）<br>十四年八月侯君集克高昌，收其樂，始有十部樂，又製〈傾杯樂〉、〈社樂〉、〈英雄樂〉、〈黃驄樂〉四曲。（《新唐書・太宗太紀》）（按：〈景雲河清歌〉，《新唐書》載高宗時所作，而《舊唐書》及《通典》俱作貞觀十四年，未知孰是，僅以《舊唐書》爲主，以供明察。） |
| 太宗貞觀十六年<br>（西元642年） | 十一月，宴在寮，奏十部樂，先是伐高昌，收其樂，付太常，至是增爲十部伎，其後分爲立、坐二部。）（《通典》）<br>十一月乙亥，宴百寮，奏十部樂。（《冊》、《玉海》） |
| 太宗貞觀十七年<br>（西元643年） | 閏六月庚申於相思殿，太饗百寮，盛陳寶器，奏〈慶善破陣樂〉，並十部之樂。薛延陀，突利設再拜。《舊》 |
| 太宗貞觀廿三年<br>（西元649年） | 太尉長孫無忌侍中于志寧，議太宗廟樂曰：易曰：先生作樂，崇德殷薦之上帝，以配祖考，請樂名崇德之舞。《舊》<br>高宗以貞觀廿三年五月即位，八月有司奏言，謹按太廟每完有樂舞，太宗皇帝廟將祔祔，未有舞名。太尉長孫無忌、侍中于志寧議太宗廟樂云云。（《冊》） |
| 高宗永徽元年<br>（西元650年） | 正月，有司奏依禮享祀郊廟，並奏宮懸，比停教習，恐致廢忘。（《會要》） |
| 高宗永徽二年<br>（西元651年） | 十一月，高宗親祀南郊，黃門侍郎宇文郎奏言，依儀明日朝群臣除樂懸諸奏九部樂，上因曰：破陣樂舞者，情不忍觀，所司更不宜設，言畢慘愴久之。（《舊》）十一月辛酉有事於南郊。（《新唐書・高宗本紀） |
| 高宗永徽三年<br>（西元653年） | 五月，有司奏言文德皇后廟樂，請停光大之樂，唯進崇德之舞，從之（《冊》）。制可之後，文德皇后廟有司，據禮停光大之舞，惟進崇德之舞。（《舊》） |
| 高宗顯慶元年<br>（西元656年） | 正月改〈破陣樂舞〉爲〈神功破陣樂〉。（《舊》）<br>左僕射于志寧作樂章。（《唐會要》）<br>（按：《舊唐書・高宗末紀》七年春正月壬申改元爲顯慶，二月庚寅 |

| | |
|---|---|
| | ，名破陣樂爲〈神功破陣樂〉。）<br>正月，御安福門觀大酺，有伎人欲持刀自刺以爲幻戲，詔禁之。（《會要》） |
| 高宗顯慶二年<br>（西元657年） | 太常奏〈白雪〉琴曲。（《舊》）<br>高宗以琴中雅曲，古人歌之，近代以來，此聲頓絕，令所司修習舊曲。（《唐會要》、《通典》） |
| 高宗顯慶三年<br>（西元658年） | 太子洗馬郭瑜撰祭先農樂章。（《會要》）<br>國子博士范頵等撰文宣王廟釋奠樂章八。（《會要》）<br>十月，太常丞呂才奏〈白雪〉。（《會要》、《通典》） |
| 高宗龍朔元年<br>（西元661年） | 二月，太常丞呂才造琴，歌〈白雪〉等曲，上製歌詞十六首，編入樂府。（《舊》）<br>呂才譔琴歌〈白雪〉等曲，帝亦製歌詞十六皆著樂府。（《新》）<br>上欲伐遼，於屯營教舞，召李義府、上官儀……等赴洛城門觀樂，樂名〈一戎大定樂〉。賜觀樂者，雜綵有差。（《舊》）<br>正月，禁婦人倡優雜戲。（《會要》）<br>二月六日，敕太常寺傳教音樂。太宗皇帝文德皇后忌日之故。（《會要》）<br>帝將伐高麗，燕洛陽城門觀屯營教舞，按新征用武之勢，名曰「一戎大定樂」。（《新》）<br>九月詣沛王宅，設宴禮，奏九部樂。（《舊唐書·高宗本紀》） |
| 高宗龍朔三年<br>（西元663年） | 三年二月，減百官一月俸賦雍同等十五州民錢以作蓬萊宮。（《新·高宗本紀》）<br>唐初因隋舊制，用三十六虡，高宗蓬萊宮成，增用七十二虡。（《新》） |
| 高宗麟德二年<br>（西元665年） | 七月享宴等所奏宮懸文舞，宜用功成慶善之樂，褲褶童子，冠其武舞，宜用神功破陣之樂。（《舊》）<br>郊廟享宴，奏文舞，用〈功成慶善樂〉，武舞用〈神功破陣樂〉。（《新》） |
| 高宗乾封元年<br>（西元666年） | 敕文舞改用〈功成慶善樂〉，武舞改用〈神功破陣樂〉。並改器服等。自奉敕以來，爲〈慶善樂〉不可降神，〈神功破陣樂〉未入雅樂，雖改用器服，其舞猶依舊，迄今不改。（《舊》）<br>五月，敕音聲人、樂戶、樂署博士及別敎子弟應記侍者之事。（《會要》） |
| 高宗咸亨四年<br>（西元673年） | 十一月丙寅，帝自製樂章，有上元、二儀、三才、四時、五行用之，又詔有司諸大祠享並奏之。（《冊》）、（《會要》） |
| 高宗上元元年<br>（西元674年） | 九月，高宗御含元殿，東翔鸞閣，觀大酺，京城四縣及太常音樂，分爲東、西兩朋。（《會要》） |
| 高宗上元三年<br>（西元676年） | 敕供祠祭上元舞，餘祭並停。（《舊》）<br>上元舞者，高宗所作也，舞者百八十人。其樂有上元、二俄、三才、 |

| | |
|---|---|
| | 四時、五行、六律、七政、八風、九宮、十洲，得一慶雲之曲，大祠享皆用之。（《舊》）<br>詔惟圓丘方澤太廟乃用餘皆罷，又曰〈神功破陣樂〉不入雅樂，〈功成慶善樂〉不可降神，亦皆罷，而郊廟用治康、凱安如故。（《新》） |
| 高宗儀鳳二年<br>（西元677年） | 十一月六日太常少卿韋萬石奏曰：據貞觀禮郊享曰，文舞奏豫和、順和、永和等樂；……其武舞奏凱安。（《舊》）<br>太常卿韋萬石定凱安舞六變。（《新》）太常卿韋萬石奏請作上元舞，兼奏破陣、慶善二舞。而破陣樂五十二遍，著於雅樂者二遍；慶善樂五十遍，著於雅樂者一遍；上元舞二十九遍，皆著於雅樂。（《新》） |
| 高宗儀鳳三年<br>（西元678年） | 七月八日，高宗幸九成宮，奏〈破陣樂〉。（《會要》） |
| 高宗調露二年<br>（西元680年）<br>（即高宗永隆<br>元年） | 正月二十一日，則天御洛城南樓，賜宴太常，奏〈六合還淳〉之舞。（《舊》）幸洛陽城南樓，宴群臣，太常奏〈六合還淳〉之舞，其容制不傳，高宗自以李氏老子之後也，於是命樂工製道調。（《新》）<br>皇太子使樂工於東宮新作〈寶慶之曲〉。（《會要》）<br>太常博士裴守貞等議論〈神功破陣樂〉、〈功成慶善樂〉二舞。（《會要》） |
| 武后光宅元年<br>（西元684年） | 九月，制高宗廟樂，以鈞天爲名。（《冊》） |
| 武后光宅三年<br>（西元686年） | 高宗廟樂以鈞天爲名，中宗廟樂奏太和之舞。（《舊》） |
| 武后永昌元年<br>（西元689年） | 御撰大享拜洛樂章十五首。（《舊》）<br>按：是年武則天尚未稱帝改國號，睿宗尚在之時。） |
| 武后天綬元年<br>（西元690年） | 武后毀唐太廟，七德九功之舞皆亡，唯其名存，自後復用隋文舞、武舞而已。（《新》）（按：《新唐書·武后本紀》戴天綬元年正月庚辰改元曰載初，十月辛未改唐太廟爲享德廟，以武氏七廟爲太廟。）<br>天綬中，製「天綬」樂舞，四人畫五彩鳳。（《冊》） |
| 武后如意元年<br>（西元692年） | 五月二十八日，內教坊改爲雲韶府，內文學館、敎坊，武德以來置在禁門內。（《會要》） |
| 武后長壽二年<br>（西元693年） | 正月，則天親享萬象神宮，先是上自製神宮大樂，舞用九百人，至是舞於神宮之庭。（《舊》） |
| 武后延載元年<br>（西元694年） | 正月二十三日製〈越左長年樂〉一曲。（《舊》） |
| 武后大足元年<br>（西元701年） | 武后幸京師，同州刺史蘇五裏進〈聖王還京樂舞〉。（《會要》） |

| | |
|---|---|
| 中宗神龍元年<br>（西元705年） | 正月，嚴善思上表請習樂。（《唐會要》）<br>享太廟樂章二十首。（《舊》） |
| 中宗神龍二年<br>（西元706年） | 三月，呂元泰上疏論〈乞寒食〉。《通典》<br>八月，敕立部伎舞人以後更不得改補入諸色役（《會要》）<br>九月，敕三品以上聽有女樂一部，五品已上女樂不過三人，皆不得有鐘磬令。（《唐會要》） |
| 中宗景龍二年<br>（西元708年） | 皇后上言，自妃主及五品以上，母妻並不因夫子封者，請自今遷葬之日，特給鼓吹宮，官亦準此。（《舊》）<br>八月，勒太常樂，鼓吹樂、散樂、音聲人等，用順有矜恤，宜免征徭雜科。（《會要》） |
| 中宗景龍三年<br>（西元709年） | 中宗親祀昊天上帝樂十首。（《舊》） |
| 睿宗景雲元年<br>（西元710年） | 有司奏宗廟奏「太和」之舞。（《冊》） |
| 睿宗景雲三年<br>（西元712年） | 左拾遺韓朝宗諫請停〈撥寒胡戲〉。（《會要》） |
| 睿宗先天元年<br>（西元712年） | 正月辛卯，幸安福門，觀酺三日夜；七月己卯幸安福門觀樂三日而止。（《新唐書‧睿宗本紀》）<br>正月，皇天子令宮臣就率更署閱女樂，太子舍人賈曾諫之。（《會要》） |
| 睿宗先天二年<br>（西元713年） | 正月，西僧婆陀請開宮門，燃百子燈。其夜太上皇御安福樓門觀樂，凡四日方罷。（《會要》） |
| 玄宗開元元年<br>（西元713年） | 十月，中書令張說上書請禁潑寒胡戲。《通典》<br>十二月己亥，禁潑寒胡戲。（《新唐書‧玄宗本紀》）<br>（按：《冊府元龜》及《文獻通考》中亦載此事。） |
| 玄宗開元二年<br>（西元714年） | 置內教坊於蓬萊宮。（《新唐書‧百官志》）<br>八月壬戌，禁女樂。（《新唐書‧玄宗本紀》）<br>新舊唐書俱載玄宗知曉音律，又酷愛法曲，好羯鼓；常於聽政之暇教太常樂工（坐部伎）三百人為絲竹之戲，音聲齊發，有一聲誤，玄宗必覺而正之。號「皇帝梨園弟子」。<br>開元二年，又置內教坊于蓬萊宮側，有音聲博士、京都置左右教坊，掌俳優雜技，自是不隸太常，中官為教坊，使散樂三百八十二人，伎內散樂一千人，音聲人一萬二十七人，有別教院。（〈百官志〉）<br>祭龍池樂章十，內出編入雜樂。十六年（西元728年）築壇於興慶宮以仲春之月祭之。（《會要》）<br>十月六日，敕散樂巡村，特宜禁斷。（《會要》） |
| 玄宗開元三年<br>（西元715年） | 詔張說改定樂章，上自定聲度，說為之詞，令太常樂工就集賢院，教習數月方畢。（《會要》）（按：恐有誤，應為十三年） |

| 玄宗開元六年<br>（西元718年） | 十月，敕睿宗廟奏景雲之舞。（《舊》） |
|---|---|
| 玄宗開元七年<br>（西元719年） | 享太廟樂章十六首。（《舊》） |
| 玄宗開元八年<br>（西元720年） | 九月，瀛州司法參軍趙盛言論郊廟用樂。（《冊》）、（《會要》） |
| 玄宗開元十年<br>（西元722年） | 改定用大成之舞，樂章闕。（《會要》） |
| 玄宗開元十一年<br>（西元723年） | 玄宗祀昊天於圜丘樂章十一首。<br>祭皇地祇於汾陰樂章十一首。（《舊》）<br>十一年初，製〈聖壽樂〉，令諸女衣五方色衣，以歌舞之。（《教坊記》） |
| 玄宗開元十二年<br>（西元724年） | 正月戊寅敕曰：自立雲韶內府百餘年，今欲陳於萬姓與群公同樂（《實錄》）。禮部侍郎賀知章撰樂章。（《唐會要》）<br>正月詔曰：朕聞舞者所以節人音而行八風，豈徒誇詡時代，眩曜耳目而已也。自立雲韶內府百有餘年，都不出於九重，今欲陳於萬姓，與群公同樂，豈獨娛於一身。（《冊》） |
| 玄宗開元十三年<br>（西元725年） | 封泰山祀天樂十四首。<br>禪社首山祭地祇樂章八首。（《舊》）<br>詔燕國公張說改定樂章，上自定聲度，說爲之詞，令太常樂工就集賢院教習數月方畢。（《冊》）<br>（按：《玉海》載封泰山祀山樂十四首爲張說所作。）<br>侍中源乾曜撰殿庭元日多至朝會樂章。（《會要》） |
| 玄宗開元廿四年<br>（西元735年） | 升胡部於堂上，而天寶樂曲皆以邊地名若〈涼州〉、〈伊州〉、甘州〉等，又詔道調法曲與胡部新聲合作。（《新》）<br>敕內教坊博士及弟子，須留長教者，聽用資錢，陪其所留人數，本司量定，申考爲簿音聲。內教坊博士，及曹第一、第二博士房，悉免雜徭，本司不得驅使。又音聲人得五品已上，勳依令應除簿者，非因征討得勳，不在除簿之列。（《會要》） |
| 玄宗開元廿五年<br>（西元736年） | 太常卿韋絛令博士韋逌直太樂季俏沖樂正沈元禮郊社令陳處申懷操等，銓敍前後所行樂章爲五卷，以付太樂鼓吹兩署，令工人習之。（《會要》、《通典》） |
| 玄宗開元廿九年<br>（西元741年） | 六月太常奏准十二年東封太山日所定雅樂。大咸、大韶、大護、大夏，皆以大字表其樂章，今之所定，宜曰「大唐樂」。（《舊》） |
| 玄宗天寶元年<br>（西元742年） | 四月命有司定玄元皇帝廟告享所奏樂，降神用混成之樂，送神用太一之樂。（《舊》）、（《會要》） |
| 玄宗天寶十年 | 九月二日，敕五品已上，正員清官，諸道節度使及太守等並聽，當家 |

| （西元751年） | 畜絲竹，以展歡娛，行樂盛時，覃敷中外。（《會要》） |
|---|---|
| 玄宗天寶十三年<br>（西元754年） | 七月十日改樂曲名，自太簇宮至金風調，刊石太常。（《會要》） |
| 玄宗天寶十五年<br>（西元756年） | 玄宗西幸祿山，遣其逆黨，載京師樂器、樂伎衣盡入洛城。尋而肅宗剋復兩京，將行大禮，……於是樂工二舞始備矣。（《舊》）<br>（按：此年玄宗奔蜀，亂兵殺楊貴妃、楊國忠，肅宗即位靈武，改元至德。） |
| 肅宗乾元元年<br>（西元758年） | 三月十九日，肅宗以太常舊鍾磬，自隋已來，所傳五聲或有差錯，…或宮商不倫，或鍾磬失度，……集樂工考試數日，審知差錯，然後令再造及磨刻。二十五日一部先畢，召太常樂工，上臨三殿，親觀考擊，皆合五音。送太常二十八日又於內造樂章三十一章，送太常郊廟歌之。（《舊》、（《會要》） |
| 代宗寶應元年<br>（西元762年） | 崔令欽《教坊記》書成。 |
| 代宗寶歷二年<br>（西元763年） | 京兆府奏請不令教坊收管所冀公私永便，從之。（《會要》） |
| 代宗寶應三年<br>（西元764年） | 六月，有司奏玄宗廟樂，請奏廣運之舞；肅宗廟樂，請奏惟新之舞。（《舊》）（按：《冊府元龜》載此事為二年六月。） |
| 代宗大曆元年<br>（西元766年，<br>即永泰二年） | 國子學具宮懸之樂。（《舊唐書・禮儀志》）<br>大曆元年有廣平太一樂，涼州曲，本西涼所獻也，其聲本宮調，有大遍小遍。（《新》） |
| 代宗大曆十四年<br>（西元779年） | 定代宗廟樂，請奏保大之舞。（《舊》）<br>大曆十四年，德宗即位，五月癸亥，罷梨園樂工三百人。（《新唐書・代宗本紀》）<br>十二月十五日，顏真卿奏請國喪尚近，朝會不設懸。（《唐會要》） |
| 德宗貞元三年<br>（西元787年） | 四月，河東節度使馬燧獻〈定難曲〉，御麟德殿命閱試之。（《舊》）（按：《新唐書》、《冊府元龜》所載此事，略有出入。） |
| 德宗貞元四年<br>（西元788年） | 五月，詔有司補諸廟所缺樂章。（《冊》） |
| 德宗貞元六年<br>（西元790年） | 秘書監包佶撰祭風師樂四章。（《會要》）<br>原王傅于邵撰武成王樂章五。（《會要》） |
| 德宗貞元十二年<br>（西元796年） | 十二月，昭義軍節度使王虔休獻〈繼天誕聖樂〉。（《舊》）<br>十一月辛卯，昭義王虔休造。誕聖樂曲以獻（《新唐書・德宗本紀》） |
| 德宗貞元十四年<br>（西元798年） | 三月，德宗自製中和舞，又奏九部樂，及禁中歌舞伎者十數人，布列在庭。（《舊》）帝作中和樂舞，于又作順聖樂以獻。（《新》 |

| | |
|---|---|
| | ）二月戊年，上自製中和樂舞曲，又製觀新樂一章六句。（《玉海》）四月，太常奏與德明興盛，獻祖廟，並同用宮懸，祭月享之，樂章闕。（《唐會要》） |
| 德宗貞元十六年（西元800年） | 正月，南詔異牟尋奉聖樂舞，因韋　以進。（《舊》）南詔奉聖樂用黃鍾之均，舞天成，工六十四人，贊引二人，序曲二十八疊，執羽而舞。（《新》） |
| 德宗貞元十八年（西元802年） | 正月，驃國王來獻本國樂。（《舊》）（按：《新唐書》載此事於貞元十七年。） |
| 德宗貞元十九年（西元803年） | 四月，修德明興聖及獻、懿二祖廟，遷神主于廟，太常寺奏德明興聖獻祖、懿祖廟樂用宮懸，詔曰可。（《冊》） |
| 順宗永貞元年（西元805年） | 德宗廟樂，請奏文明之舞。（《舊》）十二月丙中，有司奏德宗廟樂，並奏文明之舞，用黃鍾為宮。（《冊》）（按：《新唐書·憲宗本紀》所載，永貞元年八月即位，九月，罷教坊樂工，十月，定德宗廟樂。） |
| 憲宗元和元年（西元806年） | 順宗廟樂，請奏大順之舞。（《舊》）中書侍郎同平章事段文昌撰大順之舞樂章。（《冊》） |
| 憲宗元和五年（西元810年） | 二月，宰臣奏請不禁公私樂，從之，時以用兵權令斷樂，宰臣以為太過，故有是請，至六月六日，詔減敎坊樂官衣糧。（《會要》） |
| 憲宗元和六年（西元811年） | 太常卿鄭餘慶奏太常習樂，請復用大鼓，從之。（《會要》） |
| 憲宗元和八年（西元813年） | 八年九月詔太常習樂，始復用大鼓。（《冊》）是月宣武軍節度使韓弘，進新撰聖朝萬歲樂等曲譜三百首。（《冊》）（《會要》）八年九月，太常習樂，始復用大鼓。（《舊唐書·憲宗本紀》） |
| 憲宗元和十三年（西元818年） | 二月乙亥御麟德殿，宴群臣大合樂，凡三日而罷。（《新唐書·憲宗本紀》） |
| 憲宗元和十四年（西元819年） | 正月，詔徒伎內敎於布政里。十五年賜敎坊本錢五千貫文。（《會要》） |
| 憲宗元和十五年（西元820年） | 憲宗廟樂，請奏象德之舞。穆宗廟樂，請奏和寧之舞。敬宗廟樂，請奏大均之舞。文宗廟樂，請奏文成之舞。武宗廟樂，請奏大定之舞。（《舊》） |
| 穆宗長慶元年（西元821年） | 穆宗以元和十五年正月郡位，定憲宗廟樂，並詔段文昌進撰樂章。（《冊》）二月乙亥，觀樂於麟德殿，丙子觀神策諸軍雜伎。（《新·穆宗本紀》） |
| 穆宗長慶四年 | 敬宗以長慶四年正月即位，有司奏穆宗室，奏和寧之舞，中書侍郎平 |

| | |
|---|---|
| （西元824年） | 章事中僧孺奉敕撰奏樂章。（《冊》）<br>正月癸酉即位，二月丁亥賜教坊樂官綾絹三千五百匹，己酉大合樂於中和殿，極歡而罷。（《舊・敬宗本紀》）<br>八月，宰相責太常卿趙宗儒怯懦不敢進獅子五方之色。（《會要》） |
| 敬宗寶曆二年<br>（西元826年） | 文宗於此年郡位，省教坊樂工。（《新・文宗本紀》）<br>有司奏敬宗廟樂，奏大均之舞，中書侍郎平章事韋處厚撰樂章。（《冊》） |
| 文宗太和三年<br><br>（西元829年） | 三月，罷教坊樂工。八月，太常禮院奏，謹按凱樂鼓吹之歌曲也。（《新・文宗本紀》）、（《會要》） |
| 文宗太和四年<br>（西元830年） | 八月戊辰，幸梨園亭，會昌殿，奏新樂。（《舊・文宗本紀》） |
| 文宗太和七年<br>（西元833年） | 閏七月，詔曰：減供膳，停教坊樂。（《舊・文宗本紀》）<br>閏七月乙卯，以旱避正殿減膳徹樂。（《新・文宗本紀》） |
| 文宗太和八年<br>（西元834年） | 十月，宣太常寺，準雲韶樂舊用人數，令於太常寺閱習進來者，至開成元年（西元836）十月教成。（《舊》） |
| 文宗太和九年<br>（西元835年） | 文宗以教坊副使霍朝霞，善吹笛新聲變律，深愜上旨，自左驍衛將軍，宣授兼率府司馬。宰臣奏率府司馬，品高郎官不可授伶人，上丞稱朝霞之善左補闕，魏上疏論奏，乃改授潤州司馬。（《會要》） |
| 文宗開成元年<br>（西元836年） | 七月，教坊進覽裳羽衣舞，女十五以下者三百人。<br>十月，太常教成雲韶樂。（《冊》）<br>十月，雲韶樂教成，太常卿李程進上。《玉海》 |
| 文宗開成二年<br>（西元837年） | 三月丙子朔內出音聲女伎四十八人，令歸家；辛未宣徽院法曲樂官放歸。（《舊・文宗本紀》） |
| 文宗開成三年<br>（西元838年） | 武德司奉宣索雲韶樂縣圖二軸進之。（《舊》）<br>文宗幸梨園令太常卿王涯，取開元雅樂，選樂童按之名雲韶樂。（《舊・長安志》）<br>四月己酉，改法曲為仙韶曲，仍以伶官所處為仙韶院。（《舊・文宗本紀》）<br>臣下功高者，輒賜之，樂成，改法曲為仙韶曲。（《新》） |
| 文宗開成四年<br>（西元839年） | 武宗以開成四年即位，有司奏文宗廟室奏文成之舞，中書侍郎崔洪撰樂章（《冊》）<br>正月己卯，朝獻於太清宮庚辰，朝享於太廟。（《新・武宗本紀》）<br>文宗廟樂，請奏文成之舞。（《舊》）<br>（按：《新・武宗本紀》有載：會昌初，宰相李德裕命樂工製〈蓉斯年〉曲以獻。） |
| 武宗會昌二年 | 四月二十三日，敕節文京畿諸院太常樂，及金吾角手，今後只免正身 |

| | |
|---|---|
| （西元842年） | 一人差使，其家丁並不在蠲庇限。（《會要》） |
| 武宗會昌三年<br>（西元843年） | 十二月，京兆府奏，近日坊市聚會，或動音樂，皆被臺府，及軍司所由，恐動妄，有申聞自今已後，請皆禁斷，從之。（《會要》） |
| 武宗會昌五年<br>（西元845年） | 宣宗以會昌五年即位，定武宗廟樂，奏大定之舞。（《冊》） |
| 宣宗大中元年<br>（西元847年） | 正月壬子，享太廟，二月癸未，罷太常教坊習樂。（《新·宣宗本紀》）（按：（《新》）有載大中初太常樂工五千餘人，俗樂一千五百餘人，宣宗每宴群臣，備百戲，自製新曲，教女伶數十百人。 |
| 宣宗大中六年<br>（西元852年） | 教坊准許各府州縣巡司強徵樂工移送教坊。（《會要》） |
| 宣宗大中七年<br>（西元853年） | 四月，日本國遣王子來朝，獻寶器音樂。（《實錄》）<br>太常博士殷盈孫更定樂縣制度。（《冊》） |
| 昭宗龍紀元年<br>（西元889年） | 十一月戊甲，朝享太廟，己酉有事於南部。（《新·昭宗本紀》）黃巢之亂，樂工淪散，金皆幾亡，至是有司請造樂懸，詢於舊工，莫知制度。時太常博士殷盈孫按周官考工，更定樂懸制度。（《新》） |
| 昭宗乾寧四年<br>（西元897年） | 七月甲戌，帝與學士親王登齊雲樓，西望長安，令樂工唱〈菩薩蠻〉詞。（《舊·昭宗本紀》） |
| 昭宗天復元年<br>（西元901年，<br>即光化四年） | 宴於保寧殿，帝自製曲，名曰〈讚成功〉。時中官劉季述幽帝於西內鹽州。雄毅軍使孫德昭等殺季述，昭宗反正，乃製曲以褒之。又作樊噲排難戲以樂焉。（《冊》）<br>光化三年十一月乙酉朔庚寅，左右軍中尉劉季述、王仲先廢昭宗，幽於東內問安宮，十二月乙卯朔癸未。夜，護駕鹽州都將孫德昭、周彥誨、董承弼，以兵法改劉季述，破鑰，帝方得出。（《舊·昭宗本紀》）（按：上述史事，一曰東內，一曰西內，不知其實！） |
| 哀帝天祐元年<br>（西元904年） | 昭宗祔太廟，太常禮院撰定酌獻用咸寧之舞。（《冊》） |

〔附錄二〕

# 《全唐詩》中有關
# 唐代音樂文化之詩作輯錄

## 凡　例

一、《全唐詩》編成於清康熙四十六年（西元1707年），共九百卷，凡二千二百餘詩人，得詩四萬八千九百餘首。本凡例乃根據個別作家，從其詩作裏將有關音樂、樂舞或樂舞戲的資料摘錄出來，以便參考。

二、本凡例根據台北宏業書局於民國七十一年所出版之《全唐詩》（上、下兩冊），書中共分十二冊，九百卷。

三、收錄的詩作，在一定程度上，以能直接而恰當反映唐代音樂文化的廣度或深度為準繩；並於詩作後附例句，以收畫龍點睛之妙。

四、卷十至卷十六為「郊廟樂章」，卷十七至卷二十九為「樂府」（分為樂府雜曲、橫吹曲辭、相和歌辭、舞曲歌辭、琴曲歌辭、雜曲歌辭、雜歌謠辭），由於前者俱屬宮廷內日常典儀之作，本已蔚為大宗，無需特別陳列；後者之作，幾可與個別作家之作品重覆，故皆不收錄。

五、南唐及五代詩詞，皆不採用。

六、若個別作家中有「郊廟樂章」或間接與音樂有所關聯之作，則於備註中註明。

七、《全唐詩》中諸多類型的歌辭很多，若不能特別顯示其史料上或反映唐代音樂與社會關係之意義，則不收錄，以收去蕪存菁之用。

八、若欲得見《全唐詩》中有關音樂的分門別類性的資料，請參考歐陽予倩所編著之《全唐詩中的樂舞資料》，以收參照之效。

九、登錄的方式，只分卷數、詩人、詩作、例句四類。如：

| 卷　數 | 詩人 | 詩　　作 | 例　　句 |
|---|---|---|---|
| 36 | 虞世南 | 〈怨歌行〉 | 誰言掩歌扇，翻作白頭吟 |

| 卷　數 | 詩　人 | 詩　　作 | 例　　句 |
|---|---|---|---|
| 1 | 唐太宗 | 〈帝京篇〉其四、其七<br>〈飲馬長城窟行〉<br>〈幸武功慶善功〉<br>〈春日玄武門宴群臣〉<br>〈琵琶〉<br>〈三層閣上置音聲〉 | 奉幌玩琴書，開軒引雲霧<br>胡塵清玉塞，羌笛韻金鉦<br>共樂還鄉宴，歡比大風詩<br>娛賓歌湛露，廣樂奏鈞天<br>駃彈風響急，緩曲釧聲遲<br>隔棟歌塵合，分階舞影連 |
| 3 | 唐玄宗 | 〈首夏花萼樓觀群臣宴<br>寧王山亭回樓下又申之以<br>賞樂賦詩〉<br>〈春中興慶宮酺宴〉 | 九歌揚政要，六舞散朝衣<br><br><br>舞衣雲曳影，歌扇月開輪 |
| 4 | 唐德宗<br><br>唐宣宗 | 〈中春麟德殿會百僚觀<br>　新樂詩─章章十六句〉<br>〈弔白居易〉<br>〈題涇縣水西寺〉 | 八卦隨舞意，五音轉曲新<br><br>童子解吟長恨曲，胡兒能唱琵琶篇<br>大殿連雲接爽溪，鐘聲還與鼓聲齊 |
| 5 | 上官昭容<br>楊貴妃<br>陳叔達<br>長孫無忌 | 〈遊長寧公主流杯池〉<br>〈贈張雲容舞〉<br>〈聽鄰人琵琶〉<br>〈新曲二首〉 | 風篁類長笛，流水當鳴琴<br>羅袖動香香不已<br>香綠羅袖裏，聲逐朱弦中<br>轉日機心瑟自許，何須更待聽琴聲 |
| 33 | 劉孝孫 | 〈詠笛〉 | 涼秋夜笛鳴，流風韻九成 |
| 34 | 楊師道 | 〈侍宴賦得起坐彈鳴琴〉<br>〈詠琴〉<br>〈詠笙〉<br>〈詠舞〉 | 調弦發清徵，蕩心祛褊吝<br>齊娥初發弄，趙女正調聲<br>切切孤竹管，來應雲和琴<br>二八如回雪，三春類早花 |
| 36 | 虞世南 | 〈怨歌行〉<br>〈詠舞〉 | 誰言掩歌扇，翻作白頭吟<br>繁弦奏〈淥水〉，長袖轉回鸞 |
| 37 | 王　績 | 〈山夜調琴〉<br>〈益州城西張超亭觀妓〉<br>〈詠妓〉<br>〈辛司法宅觀妓〉 | 從來山水韻，不使俗人聞<br>落日明歌席，行雲逐舞人<br>早時歌扇薄，今日舞衫長<br>落日明歌席，行雲逐舞人 |
| 38 | 謝　偃<br>張文收 | 〈樂府新歌應教〉<br>〈大酺樂〉 | 曲裡歌聲不厭新<br>倘隨明月去，莫道夢銷魂 |
| 39 | 陳子良 | 〈酬蕭侍中春園聽妓〉 | 紅樹搖歌扇，綠珠飄舞衣 |
| 41 | 盧照鄰 | 〈長安古意〉 | 借問吹簫向紫煙，曾經學舞度芳年 |

| 42 |  | 〈相如琴臺〉<br>〈登封大酺歌〉<br>〈辛司法宅觀妓〉<br>〈益州城西張超亭觀妓〉 | 雲疑作賦客，月似聽琴人<br>繁弦綺席方終夜，妙舞清歌歡未歸<br>雲光身後蕩，雪態掌中回<br>落日明歌席，行雲逐舞人 |
|----|----|----|----|
| 44 | 任希古<br><br>楊思玄 | 〈和李僕射燕公春日端居<br>述懷〉<br>〈奉和別魯王〉 | 綈緗歌美譽，絲竹詠芳塵<br><br>方圖獻雅樂，簪帶奉鳴球 |
| 46 | 李懷遠 | 〈凝碧池侍宴看競渡應制〉 | 舞曲依鸞殿，簫聲下鳳樓 |
| 47 | 張九齡 |  |  |
| 48 | 張九齡 | 〈聽箏〉 | 豈是聲能感，人心自不平 |
| 50 | 楊 | 〈和崔司空傷姬人〉 | 昔時南浦別，鶴怨寶琴弦 |
| 51 | 宋之問 | 〈夜飲東亭〉<br>〈放白鷴篇〉 | 高興南山曲，長謠橫素琴<br>故人贈我絲綺琴……琴是嶧山桐…<br>…弄此幽弦不能已。 |
| 52 |  | 〈送朔方何侍郎〉<br><br>〈詠鐘〉 | 旋聞受降日，歌舞入蕭關〈詠笛〉<br>逐吹〈梅花落〉，含春柳色驚<br>秋至寒霜動，春歸應律鳴 |
| 53 |  | 〈傷曹娘〉<br>〈廣州朱長史座觀妓〉 | 前溪妙舞今應盡，子夜新歌遂不傳<br>歌舞須連夜，神仙莫放歸 |
| 54 | 崔　液 | 〈踏歌詞〉 | 歌響舞分行，豔色動流光 |
| 55 | 王　勃 | 〈雜曲〉 | 歌齊曲韻，舞亂分行 |
| 56 | 王　勃 | 〈他鄉敘興〉 | 邊城琴酒處，俱是越鄉人 |
| 58 | 李　嶠 | 〈奉和九月九日登慈恩寺<br>浮圖應制〉 | 天歌將梵樂，空裏共裵回 |
| 59 | 李　嶠 | 〈鼓〉<br>〈琴〉<br>〈瑟〉<br>〈琵琶〉<br>〈箏〉<br>〈鐘〉<br>〈簫〉<br>〈笛〉<br>〈笙〉<br>〈歌〉<br>〈舞〉 | 向樓疑吹擊，震谷似雷驚<br>名士竹林隈，鳴琴寶匣開<br>流水嘉魚躍，叢臺舞鳳驚<br>本是胡中樂，希君馬上彈<br>鈿裝模六律，柱列配三才<br>（略）<br>參差橫鳳翼，搜索動人心<br>（略）<br>形寫歌鸞翼，聲隨舞鳳哀<br>郢中吟〈白雪〉，梁上繞飛塵<br>儀鳳諧清曲，回鸞應雅聲 |

| 63 | 董思恭<br>劉允濟 | 〈詠琵琶〉<br>〈詠琴〉 | （略）<br>巴人綬疏節，楚客弄繁絲 |
|---|---|---|---|
| 69 | 閻朝隱<br>韋元旦 | 〈夜宴安樂公主新宅〉<br>〈夜宴安樂公主宅〉 | 鳳凰鳴舞樂昌年，蠟炬開花夜管絃<br>壺觴既卜仙人夜，歌舞宜停織女秋 |
| 70 | 李　適 | 〈帝幸興慶池戲競渡應制〉 | 橫汾宴鎬歡無極，歌舞年年聖壽杯 |
| 71 | 劉　憲 | 〈奉和聖製登驪山高頂寓<br>目應制〉 | 邢堨馬上曲，時向管中吹 |
| 72 | 周彥昭 | 〈晦日宴高氏林亭〉 | 歌入平陽第，舞對石崇家 |
| 74 | 蘇 | 〈夜宴安樂公主新宅〉 | 天上初移衡漢匹，可憐歌舞夜相從 |
| 77 | 駱賓王 | 〈帝京篇〉 | 翠幌朱簾不獨映，清歌寶瑟自相依 |
| 78 | | 〈冬日過故人任處士書齋〉<br>〈塵灰〉 | 獨此琴臺夜，流水爲誰彈<br>聽歌梁上動，應律管中飛 |
| 80 | 薛　曜 | 〈舞馬篇〉 | 隨歌鼓而電驚，逐九劍而飆馳 |
| 81 | 喬知之 | 〈倡女行〉 | 莫吹羌笛驚鄰里，不用琵琶喧洞房 |
| 82 | 劉希夷 | 〈嵩嶽聞笙〉<br>〈代悲白頭翁〉 | 絳脣吸靈氣，玉指調眞聲<br>但看古來歌舞地，惟有黃昏鳥雀悲 |
| 83 | 陳子昂 | 〈登澤州城北樓讌〉 | 且歌〈玄雲曲〉，御酒舞薰風 |
| 84 | | 〈秋日遇荊州府崔兵曹使<br>宴〉 | 瑤琴山水曲，今日爲君彈 |
| 85 | 張　說 | | |
| 86 | | 〈岳陽早霽南樓〉 | 歌聞枉渚遙，舞見長沙促 |
| 87 | | 〈幽州夜飲〉<br>〈岳州宴別潭州王熊〉 | 軍中宜劍舞，塞上重笳音<br>絲管清且哀，一曲傾一杯 |
| 88 | | 〈南中送北使〉<br>〈別　湖〉<br>〈溫泉馮劉二監客舍觀妓〉 | 夷歌翻下淚，蘆酒未消愁<br>莫言山水間，幽意在鳴琴<br>鏡前鸞對舞，琴裡鳳傳歌 |
| 89 | | 〈傷妓人董氏四首〉<br>〈破陣樂詞二首〉<br>〈舞馬詞六首〉 | 舞席沾殘粉，歌梁委舊塵<br>正屬四方朝賀，端知萬舞皇威<br>足踏天庭鼓舞，心將帝樂躊躇 |
| 91 | 崔泰之 | 〈奉酬韋嗣立祭酒偶遊〉 | 聞琴幽谷裏 |

| | | 龍門北溪忽懷驪山別業因以誌示弟淑奉呈諸大僚之作〉 | 歸雲繞管絃 |
|---|---|---|---|
| 93 | 薛　稷 | 〈夜宴安樂公主新宅〉 | 坐中香氣排花出，扇後歌聲逐酒來 |
| 94 | 吳少微 | 〈古意〉 | 歌終舞罷歡無極，樂往悲來長歎息 |
| 95 | 沈佺期 | 〈鳳笙曲〉<br>〈鳳簫曲〉（古意）<br>〈霹靂引〉 | 憶昔王子晉，鳳笙遊雲空<br>昔時嬴女厭世粉，學吹鳳簫乘彩雲<br>客有鼓琴於門者，奏霹靂之商聲 |
| 96 | | 〈則天門赦改年〉 | 歌舞將金帛，汪洋被遠黎 |
| 97 | | 〈夜遊〉<br>〈塞北〉<br>〈夜遊〉 | 人擁行歌路，車攢　舞場<br>歸來科天子，凱歌助南薰<br>人擁行歌路，車攢門舞場 |
| 98 | 王　琚 | 〈美女篇〉 | 清歌始發詞怨咽，鳴琴一弄心斷絕 |
| 100 | 司馬逸客<br>張楚金 | 〈雅琴篇〉<br>〈逸人歌贈李山人〉 | 彈琴本自稱仁祖，吹管由來許季長<br>其貌古其心幽，浩歌一曲兮林壑秋 |
| 106 | 鄭　愔 | 〈送金城公主適西蕃應制〉<br>〈胡笳曲〉 | 笳聲出虜塞，簫曲背秦樓<br>誰堪牧馬思，正是胡笳吟 |
| 111 | 王　丘 | 〈詠史〉 | 歌聲入空盡，舞影到池閒 |
| 112 | 賀知章 | 〈奉和聖製送張說巡邊〉 | 樂正理絲桐／千載舞皇風 |
| 114 | 丁仙芝 | 〈戲贈姚侍尉〉<br>〈剡谿館聞笛〉 | 明光殿前見天子，今日應彈佞倖夫<br>夜久聞羌笛，寥寥虛客堂 |
| 115 | 王　灣 | 〈觀　箏〉 | 弦多弄委曲，柱促語分明 |
| 119 | 崔國輔 | 〈古意〉 | 下簾彈箜篌，不忍見秋月 |
| 120 | 李　昂<br>劉　晏 | 〈賦戚夫人楚舞歌〉<br>〈詠王大娘戴竿〉 | 閨中歌舞未終曲，天下死人如亂麻<br>樓前百戲競爭新，唯有長竿妙入神 |
| 124 | 徐安貞 | 〈聞鄰家理箏〉 | 曲成虛憶青蛾斂，調急遙憐玉指寒 |
| 125 | 王　維 | 〈扶南曲歌詞〉<br>〈送神〉 | 齊歌盧女曲，雙舞洛陽人<br>紛進舞兮堂前……悲急管兮思繁弦 |
| 126 | | 〈從岐王過楊氏別業應教〉 | 嚴城時未啓，前路擁笙歌 |
| 127 | | 〈哭祖六自虛〉 | 琴聲縱不沒，終亦繼悲弦 |

| 128 | | 〈竹里館〉<br>〈菩提寺禁裴迪來相看說<br>逆賊等凝碧池上作音樂<br>供奉人等舉聲便一時淚<br>下私成口號誦示裴迪〉 | 獨坐幽篁裏，彈琴復長嘯<br>秋槐葉落空宮裏，凝碧池<br>頭奏管弦。 |
|---|---|---|---|
| 130 | 崔　顥 | 〈渭城少年行〉<br>〈岐王席觀妓〉 | 可憐錦瑟箏琵琶，玉壺清酒就倡家<br>拂匣先臨鏡，調笙更炙簧 |
| 132 | 李　頎 | 〈古塞下曲〉 | 琵琶出塞曲，橫笛斷君腸。 |
| 133 | | 〈古意〉<br>〈聽董大彈胡笳聲兼寄語<br>弄房給事〉<br>〈聽安萬善吹觱篥歌〉<br>〈琴歌〉 | 遼東小婦年十五，慣彈琵琶解歌舞<br>先拂商弦後角羽<br>南山截竹為觱篥，此樂本自龜茲出<br>初彈〈淥水〉後〈楚妃〉，一聲已<br>動物皆靜 |
| 134 | | 〈塞下曲〉 | 戎鞭腰下插，羌笛雪中吹 |
| 137 | 儲光羲 | 〈同王十三維偶然作〉<br><br>〈昇天行貽盧六健〉 | 仙人浮丘公，對月時吹笙<br>窈窕高臺中，時聞撫新瑟<br>真人居閬風，時奏清商音 |
| 140 | 王昌齡 | 〈古意〉<br>〈聽彈風入松闋贈楊<br>補闋〉 | 清箏向明月，半夜春風來<br>商風入我絃，夜竹深有露 |
| 141 | | 〈江上聞笛〉<br>〈琴〉<br>〈箜篌引〉 | 橫笛怨江月，扁舟何處尋。<br>孤桐祕虛鳴，樸素傳幽真<br>彈作薊門桑葉落 |
| 142 | | 〈胡笳曲〉 | 三奏高樓曉，胡人掩涕歸 |
| 143 | | 〈殿前曲〉<br>〈擊磬老人〉<br>〈青樓曲〉 | 胡部笙歌西殿頭，梨園弟子和涼州<br>雙峰褐衣久，一磬白眉長<br>樓頭小婦鳴箏作，遙見飛塵入建章 |
| 144 | 常　建 | 〈江上琴興〉<br>〈張山人彈琴〉<br>〈高樓夜彈箏〉<br>〈聽琴秋夜贈寇尊師〉 | 江上調玉琴，一弦清一心<br>改弦扣商聲，又聽飛龍吟<br>明月照人苦，開簾彈玉箏<br>一指指應法，一聲聲爽神 |
| 145 | 王　諲<br>萬　楚 | 〈夜坐看搊箏〉<br>〈五日觀妓〉 | 不知何處學新聲，曲曲彈來未睹名<br>〈白雲〉宜新舞，清宵召楚妃 |
| 147 | 劉長卿 | 〈聽彈琴〉 | 古調雖自愛，今人多不彈 |

| 148 | | 〈鄂渚聽杜別駕彈胡琴〉<br>〈幽琴〉<br>〈登遷仁樓酬子婿李穆〉<br>〈陪辛大夫西亭宴觀妓〉 | 文姬留此曲，千載一知音<br>向君投此曲，所貴知音難<br>臨風敞麗譙，落日聽吹鐃<br>歌舞憐遲日，旌麾映早春 |
|-----|---|---|---|
| 150 | | 〈贈別于群投筆赴西安〉<br>〈罪所留繫每夜聞長洲軍笛聲〉 | 想聞羌笛處，淚盡關山曲<br>只憐橫笛關山月，知處愁人夜夜來 |
| 151 | | 〈聽笛歌〉<br>〈王昭君歌〉 | 橫笛能令孤客愁，綠波淡淡如不流<br>琵琶弦中苦調多，蕭蕭羌笛聲相和 |
| 153 | 李　華 | 〈雜詩六首〉 | 邪氣悖正聲，鄭衛生其間 |
| 156 | 王　翰 | 〈飛燕篇〉 | 日夕風傳歌舞聲，祇擾長信憂人情 |
| 157 | 孟雲卿 | 〈傷懷贈故人〉 | 坐中無知音，安得神揚揚 |
| 158 | 張　巡 | 〈聞笛〉 | 旦夕更樓上，遙聞橫笛吟 |
| 159 | 孟浩然 | 〈聽鄭五愔彈箏〉<br>〈長樂宮〉 | 半酣下衫袖，拂拭龍唇琴<br>長樂宮中鐘暗來，可憐歌舞慣相催 |
| 160 | | 〈寒夜〉<br>〈崔明府夜宅觀妓〉<br>〈美人分香〉 | 理琴開寶匣，就枕臥重幃<br>長袖平陽曲，新聲子夜歌<br>舞學平陽態，歌翻子夜聲 |
| 161 | 李　白 | 〈古風〉 | 齊瑟彈東吟，秦弦弄西音 |
| 162 | | 〈烏棲曲〉<br>〈箜篌謠〉 | 吳歌楚舞歡未畢，青山欲銜半邊日<br>管鮑久已死，何人繼其蹤 |
| 163 | | 〈幽澗泉〉 | 吾但寫聲發情於妙指，殊不知此曲之古今 |
| 164 | | 〈鳳吹笙曲〉<br>〈襄陽曲四首〉<br>〈宮中行樂詞八首〉 | 莫學吹笙王子晉，一遇浮丘斷不還<br>襄陽行樂處，歌舞白銅鞮<br>笛奏龍吟水，簫鳴鳳下空 |
| 165 | | 〈鳳凰曲〉<br>〈從軍行〉 | 嬴女吹玉簫，吟弄天上春<br>笛奏梅花曲，刀開明月環 |
| 166 | | 〈襄陽歌〉<br>〈悲歌行〉<br>〈待從宜春苑奉詔賦龍池柳色初青聽新鶯百囀歌〉<br>〈悲歌行〉 | 千金駿馬換小妾，笑坐雕鞍歌落梅<br>主人有酒且莫斟，聽我一曲悲來吟<br>新鶯飛繞上林苑，願入蕭韶雜鳳笙<br><br>悲來不吟還不笑，天下無人知我心 |

| 167 | | 〈草書歌行〉 | 古來萬事貴天生，何必要公孫大娘〈渾脫舞〉 |
|---|---|---|---|
| 168 | | 〈贈暇丘王少府〉〈鄴中贈王大〉 | 清風佐鳴琴，寂寞道為貴琴歌發清聲，臨別意難盡 |
| 170 | | 〈經離亂後天恩流夜郎憶舊遊書懷贈江夏韋太守良宰〉 | 醉舞紛綺席，清歌繞飛梁 |
| 171 | | 〈書懷贈南陵常贊府〉 | 歌動白紵山，舞迴天門月 |
| 172 | | 〈憶舊遊寄譙郡元參軍〉 | 紫陽之真人，邀我吹玉笙 |
| 175 | | 〈魯郡堯祠送竇明府薄華還西京〉〈秋浦清溪雪夜對酒客有歌山鷓鴣者〉 | 門前長跪雙石人，有女如花日歌舞清風動窗竹，越鳥起相呼 |
| 180 | | 〈秋登巴陵望洞庭〉〈與夏十二登岳陽樓〉 | 郢人歌白雪，越女歌採蓮醉後涼風起，吹人舞袖迴 |
| 182 | | 〈月夜聽盧子順彈琴〉〈清溪半夜聞笛〉〈與史郎中欽聽黃鶴樓上吹笛〉〈憶崔郎中宗之遊南陽遺吾孔子琴撫之潸然感舊〉 | 白雪亂纖手，綠水清虛心羌笛梅花引，吳溪隴水情黃鶴樓中吹玉笛，江城五月落梅花<br><br>留我孔子琴，琴存人已沒 |
| 183 | | 〈聽蜀僧濬彈琴〉 | 蜀僧抱綠綺，西下峨眉峰 |
| 184 | | 〈觀胡人吹笛〉〈金陵聽韓侍御吹笛〉〈春夜洛城聞笛〉 | 胡人吹玉笛，一半是秦聲韓公吹玉笛，倜儻流英音此夜曲中聞析柳，何人不起故園情 |
| 186 | 韋應物 | 〈司空主簿琴席〉 | 掩抑雖已終，忡忡在素琴 |
| 189 | | 〈聽江笛送陸侍御〉 | 遠聽江上笛，臨觴一送君 |
| 193 | | 〈昭國里第聽元老師彈琴〉〈野次聽元昌奏橫吹〉〈詠聲〉〈鼙鼓行〉 | 暗識啼烏與別鶴，祇緣中有斷腸聲北人聽罷淚將落，南朝曲中怨更多還從靜中起，卻向靜中消淮海生雲暮慘澹，廣陵城頭聲鼓暗 |
| 195 | | 〈五弦行〉 | 言之不盡聲能盡，末曲感我情 |
| 197 | 張　謂 | 〈送盧擧使河源〉 | 長路關山何日盡，滿堂絲竹為君愁 |

| | | 〈送皇甫齡幸交河〉<br>〈揚州雨中張十七宅觀妓 | 將軍帳下來從客，小邑彈琴不易逢<br>（略） |
|---|---|---|---|
| 198 | 岑　參 | 〈司馬相如琴臺〉<br>〈秋夕聽羅山人彈三峽流泉〉 | 相如琴臺古，人去臺亦空<br>衫袖拂玉徽，爲彈三峽泉 |
| 199 | | 〈胡笳歌送顏眞卿使赴河隴〉<br>〈秦箏歌送外甥蕭正歸京〉<br>〈裴將軍宅蘆管歌〉<br>〈田使君美人舞如蓮花北鋋歌〉 | 君不聞胡笳聲最悲，紫髯綠眼胡人吹<br>汝不聞奏箏最苦，五色纏弦十三柱<br>可憐新管清且悲，一曲風飄海頭滿<br>此曲胡人傳入漢，諸客見之驚且嘆 |
| 201 | | 〈秋夜聞笛〉 | 長安城中百萬家，不知何人吹玉笛 |
| 203 | 常非月 | 〈詠談容娘〉 | 歌要齊聲和，情教細語傳 |
| 204 | 陳　季<br>王　邕<br>莊若納<br>魏　璀 | 〈湘靈鼓瑟〉<br>〈湘靈鼓瑟〉<br>〈湘靈鼓瑟〉<br>〈湘靈鼓瑟〉 | 一彈新月白，數曲暮山青<br>誠能傳此意，雅奏在宮商<br>至今聞古調，應恨滯三湘<br>柱間寒水碧，曲裡暮山青 |
| 212 | 高　適 | 〈宓公琴臺詩三首〉<br>〈宋中十首〉 | 臨眺忽悽愴，人琴安在哉<br>常愛宓子賤，鳴琴能自親 |
| 213 | | 〈行路難二首〉 | 五侯相逢大道邊，美人弦管爭留連 |
| 214 | | 〈和王七玉門關聽吹笛〉 | 借問落梅凡幾曲，從風一夜滿關山 |
| 222 | 杜　甫 | 〈觀公孫大娘弟子舞劍氣行〉 | （略） |
| 223 | | 〈夜聞觱篥〉 | 鄰舟一聽多感傷 |
| 225 | | 〈秋笛〉 | 清商欲盡奏，奏苦血霑衣 |
| 226 | | 〈琴臺〉 | 歸鳳求皇意，寥寥不復聞 |
| 227 | | 〈數陪李梓州泛江有女樂在諸舫戲爲豔曲二首贈李〉 | 江清歌扇底，野曠舞衣前 |
| 231 | | 〈吹笛〉 | 吹笛秋山風月清，誰家巧作斷腸聲 |
| 235 | 賈　至 | 〈勤政樓觀樂〉 | 爲報延州來聽樂，須知天下欲昇平 |

| 238 | 錢　起 | 〈省試湘靈鼓瑟〉 | 馮夷空自舞，楚客不堪聽 |
| 248 | 郎士元 | 〈聽鄰家吹笙〉<br>〈聞吹楊葉者二首〉 | 鳳吹聲如隔綵霞，不知牆外是誰家<br>天生一藝更無倫，寥亮幽音妙入神 |
| 249 | 皇甫冉 | 〈屏風上各賦一物得擒琴<br>客〉 | 如何祇役心，見爾擒琴客 |
| 253 | 令狐峘<br>滕 | 〈釋奠日國學觀禮聞雅頌〉<br>〈同上〉 | 頌歌清曉聽，雅吹度風聞<br>古樂從空盡，清歌幾處聞 |
| 257 | 柳中庸 | 〈聽箏〉<br>〈寒食戲贈〉 | 抽弦促柱聽秦箏，無限秦人悲怨聲<br>不知何處恨，已解入爭弦 |
| 262 | 韓　滉 | 〈聽樂悵然自述〉 | 黃金用盡教歌舞，留與他人樂少年 |
| 263 | 嚴　維 | 〈相里使君宅聽澄上人<br>吹小管〉 | 秦僧吹竹閉秋城，早在梨園稱主情 |
| 264 | 顧　況 | 〈琴歌〉<br>〈謝王郎中見贈琴鶴〉 | 峽泉聲咽，佳人愁些<br>此琴等焦尾，此鶴方胎生 |
| 265 | | 〈丘小府小鼓歌〉<br>〈宜城故琴客歌〉<br>〈李供奉彈箜篌歌〉<br>〈劉禪奴彈琵琶歌〉<br>〈李湖州孺人彈箏歌〉<br>〈鄭女彈箏歌〉 | 地盤山雞猶可像，坎坎砰砰隨手長<br>善撫琴瑟有文章<br>大絃長，小絃短，小絃緊快大絃緩<br>樂府只傳橫吹好，琵琶寫出關山道<br>寸心十指有長短，妙入神處無人知<br>高樓不掩許聲出，羞殺百舌黃鶯兒 |
| 267 | | 〈聽劉安唱歌〉<br>〈彈琴谷〉<br>〈王郎中妓席五詠〉 | 即今法曲無人唱，已逐霓裳飛上天<br>因君扣商調，草蟲驚暗壁<br>〈箜篌〉、〈舞〉、〈歌〉、<br>〈箏〉、〈笙〉五詠 |
| 270 | 戎　昱 | 〈聞笛〉<br>〈聽杜山人彈胡笳〉<br>〈開元觀陪杜大夫中元日<br>觀樂〉 | 入夜思歸切，笛聲清更哀<br>綠琴胡笳誰妙彈，山人杜陵名庭蘭<br>舞態疑迴紫陽女，歌聲似遏綵雲仙 |
| 271 | 竇　常<br>竇　庠 | 〈奉誠園聞笛〉<br>〈留守府酬皇甫曙侍<br>御彈琴之什〉<br>〈四皓驛聽琴送王師<br>簡歸湖南使幕〉 | 秋風忽灑西園淚，滿目山陽笛裏人<br>洞簫又奏繁，寒磬一聲起<br><br>朱弦韻正清，清夜似聞韶 |
| 273 | 戴叔倫 | 〈曉聞長樂鐘聲〉<br>〈聽霜鐘〉 | 近雜雞人唱，新傳鳧氏文<br>此時聊一聽，餘響繞千峰 |

| 277 | 盧　綸 | 〈慈恩寺石磬歌〉<br>〈宴席賦得姚美人拍箏歌〉<br>〈臘日觀咸寧王部曲婆勒擒豹歌〉 | 徒壯洪鐘祕高閣，萬金費盡工雕鑿<br>有時輕弄和郎歌，慢處聲遲情更多<br>非熊之兆歡無極，顧紀雄名傳百蠻 |
| 281 | 王　表 | 〈成德樂〉 | 趙女乘春上畫樓，一聲歌發滿城秋 |
| 282 | 李　益 | 〈登夏州城觀送行人賦得六州胡兒歌〉 | 胡兒起作和蕃歌，齊唱嗚嗚盡垂手 |
| 283 | | 〈夜上受降城聞笛〉<br>〈夜上西城聽梁州曲二首〉<br>〈春夜聞笛〉 | （略）<br>行人夜上西城宿，聽唱梁州雙管逐<br>寒山吹笛換春歸，遷客相看淚滿衣 |
| 284 | 李　端 | 〈胡騰兒〉 | 嗚嗚畫角城頭發，絲桐忽奏一曲終 |
| 285 | | 〈送從兄赴洪州別駕兄善琴〉 | 援琴兼愛竹，遙夜在湘沅 |
| 286 | | 〈聽箏〉 | 鳴箏金粟柱，素手玉房前 |
| 292 | 司空曙 | 〈風箏〉 | 坐與真僧聽，支頤向寂寥 |
| 298 | 王　建 | 〈尋橦歌〉 | 纖腰女兒不動容，截行直舞一曲終 |
| 301 | | 〈霓裳詞十首〉<br>〈聽琴〉 | 伴教霓裳有貴妃，從初直到曲成時<br>至心聽著仙翁引，今看青山圍繞君 |
| 302 | | 〈宮詞一百首〉 | 行中第一爭先舞，博士傍<br>邊亦被欺。忽覺管弦偷<br>破拍，急翻羅袖不教知 |
| 303 | 劉　商 | 〈胡笳十八拍〉 | 山入關山十二年，哀情盡在胡笳曲 |
| 307 | 丘　丹 | 〈和韋使君聽江笛送陳侍御〉 | 離樽聞夜笛，寥亮入寒城 |
| 310 | 于　鵠 | 〈舟中月明夜聞笛〉<br>〈贈碧玉〉 | 更深何處人吹笛，疑是孤吟寒水中<br>霓裳禁曲無人解，暗問梨園弟子家 |
| 317 | 武元衡 | 〈聽歌〉<br>〈聽歌〉 | 月上重樓絲管秋，佳人夜唱古梁州<br>月上重樓絲管秋，佳人夜唱古梁舟 |
| 318 | 鄭　絪 | 〈寒夜聞霜鐘〉 | 拂水宜清聽，凌空散迴音 |
| 321 | 權德輿 | 〈奉和張舍人閣老閣中 | 佇見舒彩翮，翻飛歸鳳林 |

| | | 直夜恩聞雅琴因以書事通簡僚友〉〈崔四郎協律以詩見寄兼惠〉 | 白雪緘郢曲，朱弦　蜀琴 |
|---|---|---|---|
| 329 | | 〈新月與兒女夜坐聽琴舉酒〉〈朝迴閲樂寄絕句〉 | 列坐屏輕　，放懷弦素琴<br>子城風煖百花初，樓上龜茲引導車 |
| 332 | 羊士諤 | 〈山閣聞笛〉〈夜聽琵琶三首〉 | 李白桃紅滿城郭，馬融閒臥望京師<br>破撥聲繁恨已長，<br>低鬟斂黛更摧藏 |
| 333 | 楊巨源 | 〈襄陽樂〉〈長城聞笛〉〈雪中聽箏〉〈聽李憑彈箜篌〉〈觀妓人入道二首〉 | 畫角棲烏起，清弦過客愁<br>惆悵梅花落，山川不可尋<br>玉柱冷冷對寒雪，清商怨徵聲何切<br>君王聽樂梨園煖，翻到雲門第幾聲<br>舞衣施盡餘香在，今日花前學誦經 |
| 340 | 韓愈 | 〈聽穎師彈琴〉〈石鼓歌〉 | 自聞穎師傅，起坐在一旁<br>張生手持石鼓文，勸我試作石鼓歌 |
| 345 | | 〈辭唱歌〉 | 聲自肉中出，使人能逶隨 |
| 348 | 陳羽 | 〈犍爲城下夜泊聞夷歌〉〈同韋中丞花下夜飲〉 | 此夜可憐江上月，夷歌銅鼓不勝愁<br>嬌歌宛轉朱脣／繁花落盡春風裡 |
| 350 | 柳宗元 | 〈唐鐃歌鼓吹曲十二篇〉 | 蠻夷九譯咸來從，凱旋金奏象形容 |
| 351 | | 〈李西川薦琴石〉 | 遠師驪忌鼓鳴琴，去和南風愜舜心 |
| 354 | 劉禹錫 | 〈觀柘枝舞二首〉〈調瑟詞〉 | 體輕似無骨，觀者皆聳神<br>朱弦二十五，缺一不成曲 |
| 355 | | 〈多夜宴河中李相公中堂命箏歌送酒〉 | 朗朗　雛弦，華堂夜多思 |
| 356 | | 〈三鄉驛樓伏睹玄宗望女几山詩小臣裴然有感〉〈武昌老人說笛歌〉 | 三鄉陌上望仙山，歸作霓裳羽衣曲<br>商聲五音隨指發，水中龍應行雲絕 |
| 359 | | 〈竇夔州見寄寒食日憶故姬小紅吹笙因和之〉 | 幽院妝成花下弄，高樓月好夜深吹 |
| 360 | | 〈和樂天南園試小樂〉〈和樂天柘枝〉 | 多才遇景皆能詠，當日人傳滿鳳城<br>柘枝本出楚王家，玉面添嬌舞態奮 |
| 362 | | 〈和令狐相公南齊小 | 阮巷久蕪沈，四弦有遺音 |

| | | | |
|---|---|---|---|
| | | 譙聽阮咸〉 | |
| 364 | | 〈和遊房公舊竹亭聞琴絕句〉 | 一聞流水曲，重憶餐霞人 |
| 365 | | 〈聽琴〉<br>〈聽舊宮中樂人穆唱歌〉<br>〈與歌者何戡〉<br>〈秋夜安國觀聞笙〉<br>〈夜聞商人船中箏〉<br>〈聞道士彈思歸引〉<br>〈與歌者米嘉榮〉 | 禪思何妨在玉琴，眞僧不見聽時心<br>休唱貞元供奉曲，當時朝士已無多<br>舊人唯有何戡在，更與殷勤唱渭城<br>月露滿庭人寂寂，霓裳一曲在高樓<br>新聲促柱十三弦<br>莫怪殷勤悲此曲，越聲長苦已三年<br>唱得〈涼州〉意外聲，舊人唯數米嘉榮 |
| 367 | 張仲素 | 〈夜聞洛濱吹笙〉<br>〈宮中樂五首〉 | 王子千年後，笙音五夜聞<br>樂吹天上曲，人是月中仙 |
| 369 | 皇甫松 | 〈怨回紇歌〉 | 白首南朝女，愁聽異域歌 |
| 370 | 呂　溫 | 〈奉和張舍人閣中直夜思聞雅琴因書事通簡僚友〉 | 憶爾山水韻，起序仁智心 |
| 372 | 孟　郊 | 〈弦歌行〉 | 驅儺擊鼓吹長笛，瘦鬼染面惟齒白 |
| 374 | | 〈教坊歌兒〉 | 十歲小小兒，能歌得朝天 |
| 376 | | 〈夜集汝州郡齋聽陸僧辯彈琴〉 | 千里愁併盡，一樽歡暫同 |
| 380 | | 〈聽琴〉 | 聞彈正弄聲，不敢枕上聽 |
| 382 | 張　籍 | 〈廢瑟詞〉 | 幾時天下復古樂，此瑟還奏雲門曲 |
| 383 | | 〈奉和舍人叔直省時思琴〉 | 宵閒琴思通，時屬雅音際 |
| 386 | | 〈宮詞〉 | 盡理昨來新上曲，內官廉外送櫻桃 |
| 389 | 盧　仝 | 〈聽蕭君姬人彈琴〉 | 彈琴人似膝上琴，聽琴人似匣中弦 |
| 390 | 李　賀 | 〈李憑箜篌引〉 | 江娥啼竹素女愁，李憑中國彈箜篌 |
| 391 | | 〈申胡子觱篥歌〉<br>〈公莫舞歌〉<br>〈公莫舞歌〉 | 心事如波濤，中坐時時驚<br>華筵鼓吹無桐竹，長刀直立割鳴箏<br>華筵鼓吹無桐竹，長刀直立割鳴箏 |
| 393 | | 〈上雲樂〉<br>〈苦篁調嘯引〉<br>〈拂舞歌辭〉 | 三千宮女列金尾，五十弦瑟海上聞<br>二十三管咸相隨，唯留一管人間吹<br>門外滿車馬，亦須生綠苔 |

| | | | |
|---|---|---|---|
| | | 〈箜篌引〉 | （略） |
| | | 〈拂舞歌辭〉 | 吳娥聲絕天，空雲閑裴回 |
| | | 〈箜篌引〉 | （略） |
| | | 〈官街鼓〉 | 曉聲隆隆催轉日，暮聲隆隆呼月出 |
| 394 | | 〈聽穎師彈琴〉 | 古琴大軫長八尺，嶧陽老樹徘桐孫 |
| 404 | 元　稹 | 〈聽庚及之彈烏夜啼引〉 | 後人寫出烏啼引，吳調哀弦聲楚楚 |
| 412 | | 〈漢江上笛〉 | 小年為寫遊梁賦，最說漢江聞笛愁 |
| 415 | | 〈琵琶〉 | 學語胡兒撼玉玲，甘州破裏最星星 |
| 416 | | 〈聽妻彈別鶴操〉 | 別鶴聲聲怨夜弦，聞君此奏欲潸然 |
| 419 | | 〈華原磬〉 | 玄宗愛樂愛新樂，梨園弟子承恩橫 |
| | | 〈五弦彈〉 | 歌樂雖同第一部，德宗皇帝常偏召 |
| | | 〈西涼伎〉 | 獅子搖光毛彩竪，胡騰醉舞筋骨柔 |
| | | 〈法曲〉 | 女為胡婦學胡妝，伎進胡音務胡樂 |
| | | 〈立部伎〉 | 宋沈嘗傳天寶季，法曲胡音忽相和 |
| | | 〈驃國樂〉 | 驃之樂器頭象鴕，音聲不合十二和 |
| | | 〈胡旋女〉 | 天寶欲末胡欲亂，胡人獻女能胡旋 |
| 421 | | 〈琵琶歌〉 | 盡日聽彈無限曲，曲名無限知者鮮 |
| | | 〈小明筎引〉 | 哀筎慢指董家本，姜生得之妙恩忖 |
| 422 | | 〈曹十九舞綠鈿〉 | 急管清弄頻，舞衣才攬結 |
| | | 〈舞腰〉 | 裙裾旋旋手迢迢，不趁音聲自趁聲 |
| | | 〈箏〉 | 急揮舞破催飛燕，慢逐歌詞弄小娘 |
| 423 | | 〈崔徽歌〉 | 崔徽杯是娼家，教歌按舞娼家長 |
| | | 〈崔徽歌〉 | 崔徽木不是娼家，教歌按舞娼家長 |
| 424 | 白居易 | 〈廢琴〉 | 不辭為君彈，縱彈人不聽 |
| | | 〈鄧魴張徹落第〉 | 眾耳喜鄭衛，琴亦不改聲 |
| 425 | | 〈五弦〉 | 十指無定音，顛倒宮徵羽 |
| | | 〈歌舞〉 | 朱門車馬客，紅燭歌舞樓 |
| 426 | | 〈立部伎〉 | 立部賤，坐部貴，坐部退為立部伎 |
| | | 〈胡旋女〉 | 胡旋女，莫空舞，數唱此曲悟明主 |
| | | 〈五弦彈〉 | 更從趙璧藝成來，二十五弦不如五 |
| | | 〈驃國樂〉 | 驃樂驃樂徒喧喧，不如聞此勑　言 |
| | | 〈七德舞〉 | 元和小臣白居易，觀舞聽歌知樂意 |
| 427 | | 〈西涼伎〉 | 假面胡人假獅子，刻木為頭絲作尾 |
| 428 | | 〈松聲〉 | 寒山颯颯雨，秋琴冷冷弦 |

| 430 | 〈夜琴〉 | 自弄還自罷，亦不要人聽 |
|---|---|---|
| 431 | 〈琴〉 | 何煩故揮弄，風弦自存聲 |
| 433 | 〈夜聞歌者〉 | 歌罷繼以泣，泣聲通復咽 |
| 434 | 〈琵琶引〉 | 轉軸撥弦三兩聲，未成曲調先有情 |
| 435 | 〈江南遇天寶樂叟〉 | 能彈琵琶和法曲，多在華清隨至尊 |
| 438 | 〈聽崔七妓人箏〉 | 憑君向道休彈去，白盡江州司馬頭 |
| 439 | 〈聽李士良琵琶〉 | 聲似胡兒彈舌語，愁如塞月恨邊雲 |
| 440 | 〈春聽琵琶兼簡長孫司戶〉 | 指底商風悲颯颯，舌頭胡語苦醒醒 |
| 442 | 〈夜箏〉<br>〈梨園弟子〉<br>〈聽夜箏有感〉<br>〈琵琶〉<br>〈和殷協律琴司〉<br>〈聽彈湘妃怨〉 | 紫袖紅弦明月中，自彈自感闇低容<br>莫問華清今日事，滿山紅葉鎖宮門<br>如今況是頭成雪，彈到天明亦任君<br>弦清撥刺語錚錚，背卻殘燈就月明<br>煩君玉指分明語，知是琴心佯不聞<br>分明曲裏愁雲雨，似道蕭蕭郎不歸 |
| 443 | 〈清明日觀妓舞聽客詩〉 | 看舞顏如玉，聽詩韻似金 |
| 444 | 〈霓裳羽衣歌〉<br>〈小童薛陽陶吹觱栗歌〉 | 千歌百舞不可數，就中最愛霓裳舞<br>若教頭白吹不休，但恐聲名壓關李 |
| 446 | 〈醉戲諸妓〉<br>〈聞歌妓唱嚴郎中詩<br>　因以絕句寄之〉<br>〈好聽琴〉<br>〈聞歌妓唱嚴郎中詩因以<br>　絕句寄之〉<br>〈柘枝妓〉 | 席上爭飛使君酒，歌中多唱舍人詩<br>但是人家有遺愛，就中蘇小感恩多<br><br>本性好絲桐，塵機聞即空<br>已留舊政布中和，又付新詞與豔歌<br><br>平舖一合錦筵開，連擊三聲畫鼓催 |
| 447 | 〈喚笙歌〉<br>〈般夜援琴〉 | 猶應不如醉，試遣喚笙歌<br>七弦爲益友，兩耳是知音 |
| 448 | 〈琴茶〉<br>〈松下琴贈客〉 | 琴裏知聞唯淥水，茶中故舊是蒙山<br>慚君此傾聽，本不爲君彈 |
| 449 | 〈聽曹剛琵琶兼示重蓮〉<br>〈琴酒〉<br>〈臥聽法曲霓裳〉<br>〈對琴待月〉<br>〈南園試小樂〉<br>〈聽幽蘭〉 | 撥撥弦弦意不同，胡啼番語兩玲瓏<br>耳根得聽琴初暢，心地忘機酒半酣<br>樂可理心應不謬，酒能陶性信無疑<br>幽音待清景，唯是我心知<br>高調管色吹銀字，慢捻歌詞唱渭城<br>欲得身心俱靜好，自彈不及聽人彈 |

| | | | |
|---|---|---|---|
| | | 〈題周家歌者〉<br>〈聞樂感鄰〉 | 清緊如敲玉，深圓似轉簧<br>老去親明零落盡，秋來弦管感傷多 |
| 450 | | 〈嵩陽觀夜奏霓裳〉 | 開元遺曲自淒涼，況近秋天調是商 |
| 451 | | 〈夜調琴憶崔少卿〉 | 今夜調琴忽有情，欲彈惆悵憶崔卿 |
| 454 | | 〈聞歌者唱微之詩〉<br>〈秋夜聽高調涼州〉<br>〈問支琴石〉<br>〈箏〉 | 時向歌中聞一句，未容傾耳已傷心<br>促張弦柱吹高管，一曲涼州入沁寥<br>天上定應勝地上，支機未必及支琴<br>移愁來手底，送恨入弦中 |
| 455 | | 〈代琵琶弟子謝女師曹<br>供奉寄新調弄譜〉<br>〈詩酒琴人例多薄命..〉<br>〈雨中聽琴者彈別鶴操〉 | 一紙展看非舊譜，四弦翻出是新聲<br><br>愛琴愛酒愛詩客，多賤多窮多苦辛 |
| 456 | | 〈嘗酒聽歌招客〉<br>〈偶於維揚牛相公處覓得<br>箏箏未到先寄詩來走筆<br>戲答〉<br>〈..獨醉獨吟偶題五絕句〉 | 管弦漸好新教得，羅綺雖貧免外求<br>會教魔女弄，不動是禪心<br><br><br>皆言此處宜弦管，試奏〈霓裳〉一<br>曲看 |
| 457 | | 〈醉後聽唱桂華曲〉<br>〈聽歌〉 | 此是人間腸斷曲，莫教不得意人聽<br>誠知不及當年聽，猶覺聞時不勝聞 |
| 458 | | 〈夜聞箏中彈瀟湘送神曲<br>感舊〉<br>〈聽都子歌〉<br>〈樂世〉<br>〈水調〉<br>〈想夫憐〉<br>〈何滿子〉<br>〈離別難〉 | 殷勤湘水曲，留在十三弦<br><br>都子新歌有性靈，一聲格轉已堪聽<br>誠知樂世聲聲樂，老病人聽未免愁<br>五言一遍最殷勤，調少惜多似有因<br>長愛夫憐第二句，請君重唱夕陽聞<br>一曲四調歌八疊，從頭便是斷腸聲<br>歸來無淚可沾巾 |
| 462 | | 〈吹笙內人出家〉 | 金刀已剃頭然髮，玉管休吹腸斷聲 |
| 464 | 王　起<br>胡直鈞 | 〈貢舉人謁先師聞雅樂〉<br>〈太常觀閱驃國新樂〉 | 鞠躬遺像在，稽首雅歌聞<br>才可宮商辨，殊驚節奏新 |
| 466 | 白行簡 | 〈夫子鼓琴得其人〉 | 曲終情不盡，千古仰知音 |
| 477 | 李　涉 | 〈聽歌〉 | 顧得春風吹更遠，直教愁殺滿城人 |
| 485 | 鮑　溶 | 〈霓裳羽衣歌〉<br>〈倚怨行〉<br>〈秋夜聞鄭山人彈楚妃怨 | 秦女腰肢輕若燕，香風閒旋歌彩隨<br>高歌倚瑟流清悲，徐樂哀生知為誰<br>中間楚妃奏，十指哀嬋娟 |

| 486 | | 〈思琴高〉 | 琴仙人，得仙去 |
|---|---|---|---|
| 490 | 潘存實 | 〈賦得玉聲如樂〉 | 靜將金並響，妙與樂同聲 |
| 491 | 劉　軻 | 〈玉聲如樂〉 | 曲終無異聽，響極有餘情 |
| 492 | 殷堯藩 | 〈聞箏歌〉<br>〈吹笙歌〉<br>〈贈歌人郭婉二首〉<br>〈潭州席上贈舞柘枝妓〉 | 凄凄切切斷腸聲，指滑音柔萬種情<br>玉桃花片落不住，三十六簧能喚鳳<br>紅粉少年諸弟子，一時惆悵望梁塵<br>姑蘇太守青娥女，流落長沙舞柘枝 |
| 494 | 施肩吾 | 〈夜笛詞〉<br>〈贈鄭倫吹鳳管〉<br>〈安吉天寧寺聞磬〉 | 卻令燈下裁衣婦，誤剪同心一半花<br>喃喃解語鳳皇兒，曾聽梨園竹裏吹<br>鄰房逢見廣州客，曾向羅浮山裏聞 |
| 506 | 章孝標 | 〈聞角〉 | 半夜對吹驚賊圍 |
| 510 | 張　祐 | 〈樂靜〉<br>〈觀宋州子使君家樂琵琶<br>琵琶〉<br>〈箏〉<br>〈歌〉<br>〈笙〉<br>〈五弦〉<br>〈觱〉<br>〈笛〉<br>〈舞〉<br>〈箜篌〉<br>〈簫〉 | 發匣琴徽靜，開瓶酒味真<br>歷歷四弦分，重來上界聞<br><br>芳音何更妙，清月共嬋娟<br>不知新子弟，誰解囀喉輕<br>董雙成一妙，歷歷韻風篁<br>徵調侵弦乙，商聲過指攏<br>坐中知密顧，微笑是周郎<br>試弄陽春曲，西園桃已紅<br>強抔傳新態，人間弟子稀<br>亂流公莫度，沈骨嫗空<br>碧空人已去，滄海鳳難尋 |
| 511 | | 〈觀杭州柘枝〉<br>〈周員外席上觀柘枝〉<br>〈觀楊瑗柘枝〉<br>〈感王將軍柘枝妓沒〉<br><br><br><br><br>〈大酺樂二首〉<br>〈邠王小管〉<br>〈邠娘羯鼓〉<br>〈聽歌二首〉<br>〈聽箏〉<br>〈王家琵琶〉<br>〈塞上聞笛〉<br>〈玉環琵琶〉<br>〈聽薛陽陶吹蘆管〉<br>〈破陣樂〉 | 舞停歌罷鼓連催，軟骨仙娥暫起來<br>鸞影作迴頭並舉，鳳聲初歇翅齊張<br>微動翠蛾拋舊態，緩遮檀口唱新詞<br>今來坐上偏惆悵，曾是堂前教徹時<br>晚日催弦管，春風入綺羅<br>內人已唱春鶯囀，花下傞傞軟鞚來<br>小兒一伎竿頭絕，天下傳呼萬歲聲<br>金輿遠幸無人見，偷把邠王小管吹<br>冬兒指向貞貞說，一曲乾鳴兩杖輕<br>只是眼前絲竹和，大家聲裏唱新聲<br>分明似說長城苦，水咽雲寒一夜風<br>只愁拍盡涼州破，畫出風雷是撥聲<br>一曲梅花笛裏飛，冷沙晴檻月光輝<br>回顧段師非汝意，玉環休把恨分明<br>紫清人下薛陽陶，末曲新箹調更高<br>千里不辭行路遠，時光早晚到天涯 |
| 513 | 裴夷直 | 《贈美人琴絃》 | 今夜燈前湘水怨，殷勤封在七條絲 |

| 516 | 鐘輅 | 〈緱山月夜聞王子晉吹笙〉 | 漸聽入雲清，杳異人間曲 |
| --- | --- | --- | --- |
| 519 | 李遠 | 〈贈箏妓伍卿〉 | 座客滿筵都不語，一行哀雁十三聲 |
| 523 | 杜牧 | 〈寄澧州張舍人笛〉<br>〈寄　笛與宇文舍人〉 | 樓巾威鳳傾冠聽，沙上驚鴻掠水分<br>調高銀字聲還側，物比柯亭韻校奇 |
| 524 | | 〈方響〉 | 曲盡連敲三四下，恐驚珠淚落金盤 |
| 525 | | 〈悼吹簫妓〉<br>〈邊上聞笳三首〉 | 玉簫聲斷沒流年，滿目春愁隨樹煙<br>胡雛吹笛上高臺，寒雁驚飛去不回 |
| 538 | 許　渾 | 〈聽琵琶〉 | 欲寫明妃萬里情，紫槽紅撥夜丁丁 |
| 539 | 李商隱 | 〈錦瑟〉<br>〈聽鼓〉<br>〈妓席〉<br>〈銀河吹笙〉 | 錦瑟無端五十絃，一絃一柱思華年<br>城頭疊疊鼓聲，城下暮江清<br>樂府聞桃葉，人前道得無 |
| 540 | | 〈歌舞〉 | 只要君流時，君傾國自傾 |
| 542 | 李肱 | 〈省試霓裳羽衣曲〉 | 梨園獻舊曲，玉座流新製 |
| 547 | 薛宜僚 | 〈別青州妓段東美〉 | 不須更向滄溟望，惆悵歡情恰一年 |
| 548 | 薛　逢 | 〈開元後樂〉 | 莫奏開元舊樂章，樂中歌曲斷人腸 |
| 550 | 趙　嘏 | 〈靈巖寺代人聽琴二首〉 | 第五指中心最恨，數聲嗚咽為何人 |
| 552 | 李宣古 | 〈聽蜀道士琴歌〉 | 至道不可見，正聲難得聞 |
| 554 | 項　斯 | 〈涇州聽張處士彈琴〉 | 邊州獨夜正思鄉，君又彈琴在客堂 |
| 558 | 薛　能 | 〈首〉 | 樓臺新邸第，歌舞小嬋娟 |
| 561 | | 〈秋夜聽任郎中琴〉<br>〈京中客舍聞箏〉<br>〈贈解詩歌人〉<br>〈贈韋氏歌人二首〉 | 十指宮商膝上秋，七條絲動雨修修<br>十二三弦共五音，每聲如截遠人心<br>同有詩情自合親，不須歌調更含嚬<br>一曲新聲慘畫堂，可能心事憶周郎 |
| 563 | 李　訥<br>盧 | 〈命妓盛小叢歌餞崔侍御〉<br>〈和李尚書命妓餞崔侍御〉 | 曾向教坊聽國樂，為君重唱盛叢歌<br>桃朵不辭歌白苧，耶溪暮雨起樵風 |
| 566 | 盧　鄴 | 〈同上〉 | 何郎載酒別賢侯，更吐歌珠宴庾樓 |
| 567 | 崔　櫓 | 〈聞笛〉 | 橫玉叫雲天似水，滿空霜逐一聲飛 |
| 568 | 李群玉 | 〈長沙九日登東樓觀舞〉 | 南國有佳人，輕盈〈綠腰〉舞 |

| | | 〈王內人琵琶引〉 | 三千宮嬪推第一 |
|---|---|---|---|
| 569 | | 〈臘夜雪齋月彩交光開閣臨軒竟睡不得命家僕吹笙數曲獨引一盞奉寄江陵副使杜中丞〉 | 竟夕吟瓊樹，川途恨阻修 |
| | | 〈和吳中丞悼笙妓〉 | 唯應去抱雲和管，從如長歸阿母宮 |
| 570 | | 〈聞笛〉 | 冉冉生山草何異，截而吹之動天地 |
| | | 〈傷柘枝妓〉 | 曾見雙鸞舞鏡中，聯飛接影對春風 |
| 575 | 溫庭筠 | 〈郭處士擊甌歌〉 | 宮中近臣抱扇立，侍女低鬟落翠花 |
| | | 〈舞衣曲〉 | 張家公子夜聞雨，夜向蘭堂思楚舞 |
| | | 〈蔣蒭歌〉 | 景陽宮女正愁絕，莫使此聲催斷魂 |
| | | 〈拂舞詞〉 | 二十三弦何太哀，請公莫渡立徘徊 |
| 577 | | 〈觀舞妓〉 | 朱弦固凄緊，瓊樹亦迷人 |
| | | 〈邊笳曲〉 | 朔管迎秋動，雕陰雁來早 |
| 579 | | 〈彈箏人〉 | 天寶年中事玉皇，曾將新曲教寧王 |
| | | 〈瑤瑟怨〉 | （略） |
| 591 | 崔鈺 | 〈和人聽歌〉 | 巫山唱罷行雲過，猶自微塵舞畫梁 |
| | | 〈席間詠琴客〉 | 唯有河南房次律，始終憐得董庭蘭 |
| 592 | 曹鄴 | 〈聽劉尊師彈琴〉 | 不似齋堂人靜處，秋聲長在七條弦 |
| 595 | 于武陵 | 〈王將軍宅夜聽歌〉 | 一曲聽初徹，幾年愁暫開 |
| 596 | 司馬扎 | 〈夜聽李山人彈琴〉 | 曲中聲盡意不盡 |
| 598 | 高駢 | 〈風箏〉 | 依稀似曲才堪聽，又被移將別調中 |
| 600 | 潘緯 | 〈琴〉 | 一曲起於古，幾人聽到今 |
| 601 | 李昌符 | 〈送琴客〉 | 楚客抱離思，蜀琴留恨聲 |
| 604 | | 〈題聞琴館〉 | 城非宓賤邑，館亦號聞琴 |
| 607 | | 〈贈妓僬歌〉 | 自知不是流霞酌，願聽雲和瑟一聲 |
| | | 〈贈妓命洛真〉 | 巧製新章拍拍新 |
| 619 | 陸龜蒙 | 〈挾瑟歌〉 | 後宮多窈窕，日日學新聲 |
| 621 | | 〈吳俞兒舞〉 | （略） |
| 629 | | 〈送琴客之健康〉 | 蕙風杉露共泠泠，三峽寒泉漱玉清 |
| | | 〈方響〉 | 擊霜寒玉亂丁丁，花底秋風拂坐生 |

| 634 | 司空圖 | 〈飲者十二首〉 | 十年逃離別雲林，暫輟狂歌且聽琴 |
|---|---|---|---|
| 636 | 聶夷中 | 〈大垂手〉 | 裝束趙飛燕，教來掌上舞 |
| 637 | 顧 雲 | 〈蘇君廳觀韓幹馬障歌〉 | 直言弟子韓幹馬，畫馬無骨但有肉 |
| 639 | 張 秀 | 〈笛〉 | 剪雨裁煙一節秋，落梅楊柳曲中愁 |
| 643 | 李山甫 | 〈贈彈琴李處士〉 | 致身不似笙竽巧，悅耳寧如鄭衛淫 |
| 651 | 方 干 | 〈李戶曹小妓天得善擊<br>越器以成曲章〉 | 若教進上梨園去，衆樂無由更擅名 |
| 653 | | 〈新安殷明府家樂方響〉 | 葛溪鐵片梨園調，耳底丁東十六聲 |
| 662 | 羅 隱 | 〈聽琵琶〉 | 大底曲中皆有恨，滿樓人自不知君 |
| 665 | | 〈薛陽陶觱栗歌〉 | 功高近代竟誰知，藝小似君猶不棄 |
| 670 | 秦韜玉 | 〈吹笙歌〉 | 檀脣呼吸宮商改，怨情漸逐清新舉 |
| 687 | 吳 融 | 〈贈方干處士歌〉<br>〈李周彈箏歌〉 | 一夕聽吟十數篇，水榭林羅爲岑寂<br>祗如伊州與梁州，盡是太平時歌舞 |
| 688 | 李 沇 | 〈方響歌〉 | 穿絲透管音未歇，迴風繞指驚泉咽 |
| 694 | 王 轂 | 〈吹笙引〉 | 旖旎香風繞指生，千聲妙盡神仙曲 |
| 695 | 韋 莊 | 〈聽趙秀才彈琴〉 | 不須更奏幽蘭曲，卓氏門前月正明 |
| 696 | | 〈村笛〉 | 簫韶九奏韻淒鏘，曲度雖高調不傷 |
| 700 | | 〈悼楊氏妓琴弦〉<br>〈贈峨嵋山彈琴李處士〉 | 昨日施僧裙帶上，斷腸猶繫琵琶弦<br>一彈猛雨隨手來，再彈白雪連天起 |
| 701 | 王貞白 | 〈胡笳曲〉 | 戍卒淚應盡，胡兒器未終 |
| 706 | 黃 滔 | 〈省試一一吹竽〉 | 欲使聲聲別，須令箇箇吹 |
| 725 | 于 鄴 | 〈匣中琴〉 | 應是南風曲，聲聲不合今 |
| 734 | 朱 褧 | 〈悼楊氏妓琴弦〉 | （略） |
| 736 | 王仁裕 | 〈荊南席上詠胡琴妓二首〉 | 紅妝齊抱紫檀槽，一抹朱弦四十條 |
| 738 | 宋齊丘 | 〈書歌妓泥金帶〉 | 他年蓬島音塵斷，留取尊前舊舞衣 |
| 745 | 陳 陶 | 〈西川座上聽金五雲唱歌〉 | 顧持　酒更唱歌，歌是伊州第三遍 |

| 746 | | 〈鏡道中吹簫〉 | 十洲人聽玉曉樓，空向千山桃杏枝 |
|---|---|---|---|
| 747 | 李　中 | 〈聽鄭羽人彈琴〉 | 仙鄉景己清，仙子啓琴聲 |
| 749 | | 〈吹笛兒〉 | 貝爾樽前吹一曲，令人重憶許雲封 |
| 756 | 徐　鉉 | 〈送陳秘監歸泉州又聽覽裳羽衣曲送陳君〉 | 此是開元太平曲，莫敎偏作別離聲 |
| 769 | 劉　戩<br>楊希道<br><br><br><br><br>王　勣 | 〈夏彈琴〉<br>〈侍宴賦得起坐彈鳴琴二首〉<br>〈詠琴〉<br>〈詠笙〉<br>〈詠舞〉<br>〈詠妓〉<br>〈益州城西張超亭觀妓〉 | 彈爲風入松／庭鶴舞白雪<br>調弦發淸徵，蕩心袪褊吝<br><br>嘉客勿遽反，繁弦曲未成<br>能令楚妃歎，復使荊王吟<br>分行向燭轉，一種逐風斜<br>早時歌扇薄，今日舞衫長<br>長裙隨鳳管，促柱送鸞杯 |
| 771 | 趙　搏 | 〈琴歌〉 | 淸聲不與衆樂雜，所以屈受塵埃欺 |
| 772 | 馬　逢 | 〈新樂府〉 | 朝臣冠劍退，宮女管弦迎 |
| 775 | 謝　邈 | 〈謝人惠琴材〉 | 七弦妙制饒仙品，三尺良材稱道情 |
| 776 | 牛　殳 | 〈琵琶行〉<br>〈方響歌〉 | 方知此藝不可有，人間萬事憑雙手<br>樂中何樂偏堪賞，無過夜深聽方響 |
| 781 | 徐元鼎<br>石　倚 | 〈太常寺觀舞聖壽樂〉<br>〈舞干羽兩階〉 | 舞字傳新慶，人文邁舊章<br>欲稱文德盛，先表樂聲新 |
| 785 | 無名氏 | 〈白雪歌〉<br>〈琵琶〉 | （略）<br>千悲萬恨四五弦，弦中甲馬聲駢闐 |
| 786 | 無名氏 | 〈胡笳曲〉 | （略） |
| 799 | 孫　氏 | 〈聞琴〉 | 玉指朱弦軋復淸，湘妃愁怨最難聽 |
| 803 | 薛　濤 | 〈聽僧吹蘆管〉 | 言語殷勤十指頭 |
| 805 | 李　冶 | 〈賦得三峽流泉歌〉 | 憶昔阮公爲此曲，能令仲容聽不足 |
| 808 | 法　宣 | 〈和趙王觀妓〉 | 舞袖風前擧，歌聲扇後嬌 |
| 819 | 皎　然 | 〈寺院聽胡笳送李殷〉 | 一奏胡笳客未停，野僧還欲廢禪聽 |
| 820 | | 〈妙喜寺達公院賦得夜磬送呂評事〉 | 寂歷無性中，眞聲何起滅 |

| 821 | | 〈奉應顏尙書眞卿觀玄眞子置酒張樂舞破陣畫洞庭三山歌〉 | 雲態徐揮慢歌發，樂縱酒酣狂更好 |
| | | 〈觀李中丞洪二美人唱歌軋箏歌〉 | 君家美雙姬，善歌工箏人莫知 |
| 835 | 貫　休 | 〈聽僧彈琴〉 | 今朝鄉思渾堆積，琴上聞師大蟹行 |
| 841 | 齋　己 | 〈秋夜聽夜上人彈琴〉 | 人心盡如此，天下自和平 |
| 843 | | 〈聽李尊師彈琴〉 | 此聲含太古，灑石霜千片 |
| 847 | | 〈贈琴客〉 | 此境此身誰更愛，掀天羯鼓滿長安 |
| 848 | | 〈聽軒轅先生琴〉 | 訣妙與功精，通宵膝上橫 |
| 850 | 釋　彪 | 〈寶琴〉 | 吾有一寶琴，價重雙南金 |
| 853 | 吳　筠 | 〈聽尹鍊師彈琴〉 | 鄭聲久亂雅，此道稀能尊 |
| 862 | 李太玄 | 〈玉女舞霓裳〉 | 舞勢隨風散復收，歌聲似磬韻還幽 |
| 868 | 張　生 | 〈夢舜撫琴歌〉 | 妙有之音兮歸清弦 |
| 890 | 李景伯 | 〈回波樂〉 | （略） |
| | 沈佺期 | 〈回波樂〉 | （略） |
| | 裴　談 | 〈回波樂〉 | （略） |
| | 張　說 | 〈舞馬詞〉 | 將共兩驂爭舞，來隨八駿齊歌 |
| | 崔　液 | 〈蹋歌詞〉 | 歌響舞分行，豔色動流光 |
| | 劉禹錫 | 〈紇那曲〉 | 同郎一回顧，聽唱紇那聲 |
| 899 | 楊貴妃 | 〈阿那曲〉 | 羅袖動香香不已，紅蕖嬝嬝秋煙裏 |
| 逸卷 | 蘇　替 | 〈聽琴〉 | 絃中恨起湘山遠，指下情多楚峽流 |
| | 張　牙 | 〈柘枝歌〉 | 看看舞罷輕雲去，應赴襄王夢裏期 |
| | 李　嶠 | 〈簫〉 | 爲聽楊柳曲，行役幾傷心 |

〔附錄三〕

# 《全唐文》中有關音樂的資料輯錄

## 凡例

一、《全唐文》脫稿於清仁宗嘉慶十九年（西元1814年），全書凡一千卷，彙輯唐、五代文章一萬八千四百八十八篇，作者三千零四十二人，並附小傳。今言《全唐文》，必得加上清人陸心源輯補之《唐文拾遺》（七十二卷，文章三千篇）及《唐文續拾》（十六卷，文章三百十篇），共計一千零八十八卷，二萬一千七百九十八篇作品。本凡例乃根據個別作家，從其文章中將有關討論音樂本身、樂舞或樂制等資料選輯而出，以便參考。

二、本凡例根據大化書局於民國七十六年三月所出版之《重編影印全唐文及拾遺》（五冊）。

三、選輯的作品，以能直接反映或討論唐代音樂文化的範疇爲主，並於備註中提示其重點，以收參照之用。

四、南唐及五代之文，皆不採用。由唐入南唐或五代者，參酌採用。

五、本資料輯錄二百四十一篇作品，依卷數順序排列，登錄的大類分成作者、卷數、篇名三類。

六、輯錄的作品，者於論文中已引述，則僅錄其篇名，以免重覆。

## 《全唐文》中有關音樂的資料輯錄

**一、唐高祖〈太常樂人蠲除一同民例詔〉**　　　　　　　　**卷一**

太常樂人。今因罪謫入營署。習藝伶官。前代以來。轉相承襲。或有衣冠世緒。公卿子孫。一沾此色。後世不改。婚姻絕於士類。名籍異於編甿。大恥深疵。良可哀愍。朕君臨區宇。思從寬惠。永言淪滯。義存刷蕩。其大樂鼓吹諸舊人。年月已久。世代遷易。宜得蠲除。一同民例。但音律之伎。積學所成傳授之人。不可頓闕。仍依舊本司上下。若已仕官。見入班流。勿

更追呼各從品秩。自武德元年以來配充樂戶者。不入此例。

**二、唐太宗〈頒示禮樂詔〉** 　　　　　　　　　　　　　　**卷六**

**三、唐太宗〈定樂敕〉** 　　　　　　　　　　　　　　　　**卷九**

**四、唐高宗〈定樂舞制〉** 　　　　　　　　　　　　　　　**卷十一**

國家平定天下。革命創制。紀功旌德。久被樂章。今郊祀四懸。
猶用干戚之舞。先朝作樂。韜而未伸。其郊廟享宴等所奏宮懸
。文舞宜用功成慶善之樂。皆著展執拂。依舊服褲褶童子冠。
其武舞宜用神功破陣之樂。悁被甲持戟。其執纛之人。亦著金
甲。人數並依八佾。仍量加簫笛歌等。並於懸南列坐。若舞即
與宮懸合奏。其宴樂內二色舞者。仍依舊別設。

**五、唐高宗〈安置舞曲詔〉** 　　　　　　　　　　　　　　**卷十二**

舊文舞武舞既不可廢。並器服總宜依舊。若懸作上元舞日。依奏
神功破陣樂及功成慶善樂。井殿庭用舞。並須引出懸外而作。
其安置舞曲。宜更商量。作安穩法。共錄凱安六變法象奏聞　。

**六、唐高宗〈令州縣舉明習禮樂詔〉** 　　　　　　　　　　**卷十三**

禮樂之道。其來尚矣。朕誕膺明命。克光正歷。思隆頌聲。以康
至道。而田臺闈訓。猶乘揖讓之容。大樂登歌。徒紀鏗鏘之韻
。良以教虧綿蕞。學闕瞽宗。興言盛業。寤歎盈抱。然則幽誠
所著。縱九皋而必聞。忠信所存。在十室而無棄。但慮習俎之
彥。韜跡於閭閻。辨鐸之英。韜深於林藪。夫良玉無脛求之斯
來。眞龍難睹。好之而至。其四方士庶。及邱園棲隱。有能明
習禮樂詳究音律。於行無遺。在藝可錄者。宜令州縣搜揚博訪
。具以名聞。

**七、唐睿宗〈景龍觀鐘銘〉** 　　　　　　　　　　　　　　**卷十九**

原夫一氣凝眞。含紫虛而構極。三清韜祕。控碧落而崇因。雖大
道無爲濟物歸於善貸。而妙門有教。滅咎在於希聲。景龍觀者
。中宗孝和皇帝之所造也。曾城寫質。閬苑圖形。但名在鷲林
。而韻停鐘簴。朕魁情八素。締想九元。命彼鼓延。鑄斯無射
。考虞倕之懿法。得晉曠之宏規。廣召鯨工。遠徵兕匠。溪集
寶麗壑收珍。警風雨之辰。節昏明之候。飛廉扇炭。屏翳營鑪

翥鶴呈姿。蹲熊發狀。角而不震侈而克揚。庶其曉散靈音。鎮
入鵁鸞之殿。夕騰仙韻。恒流鵁鵲之闈。聾俗聽而咸痊。迷方
聞而永悟。洪鈞式啓。寶字攸鐫。其銘曰。紫宸御歷。青元樹
因。傾巖集寶。竭府收珍。杜夔律應。張永規陳。形包九乳。
儀超萬鈞。上資七廟。傍延兆人。風嚴韻急。霜重音新。自茲
千歲從今億春懸玉京而薦福。侶銅史而司辰。

## 八、唐玄宗〈定大唐樂制〉　　　　　　　　　　　　卷廿四

王者作樂古之大猷。蓋以殷薦上帝。嚴配祖考。況順天地之理。
開山川之風。發揮雅音。導達和氣。揖讓而理。不其盛歟。自
戰國以來。此道殄壞。但紀鏗鏘之節。寧探述作之深。歷代因
循。莫之改革。朕嘗以聽政之暇。緬尋前典。雖舊制之空存。
而正聲之多缺。將何以列彼祠祀。感於靈明。斯事體大。諒資
合度。是用躬親。有以裁校。定六律而為本。避五行之相剋。
哀慢淫過。去其弊也。清濁剛柔。適其中也。亦既協應。頗為
成文。或得之於自然。乃不佑其本故。豈上元幽贊。俾正缺遺
者哉。方於六代之作。亦各一時之義也。乃命奉常陳於祀事。
用昭誠敬。且敦風俗。而王公卿士。爰及有司。頻詣闕上言。
請以唐樂名。斯至公事。朕安得而辭焉。然則大咸大韶大護大
夏。悕以大字表其樂章。今之所謂。宜曰大唐樂。

## 九、唐肅宗〈大祀用上元舞敕〉　　　　　　　　　　卷四四

供祠祭上元舞。前令大祠享皆將陳設。自今已後。圓丘方澤太廟
祠享。然後用此舞餘祭並停。

## 十、滕王湛然〈樂九成賦〉　　　　　　　　　　　　卷一〇〇

唐在六葉。將修封禪。想與靈接。乃冠顏色。佩朝陽。瑱瑤碧之
明潤屑桂椒之芳香。曰予意夫放勳光明。重華風聲。髣髴兮陽
靈之宇。嬋娟兮介邱之平。先大樂。緝正聲。更協五夔。親和
九成。均鳴絲於金竹。參雲門與咸英。使子野奪意。伶倫喪精
。帝於是搖翠竿於東國。翳華芝而遂行。然猶左卻宓妃。右屏
西子。寵罷金屋。歡辭瑤水。岩修蛾之敢迴。匪清矑之能視。
飛燕心折。毛嬙色沮。朝雲之姣兮。不能呈其妍。絕代之治兮

。無所施其美。況肯選無限。情未央。將與昭陽比盛。傾宮相望。仍復斥鄭衛損倡優。靡曼無取。淫哇不留。淮南兮激楚。荆歌兮趙舞。長袖更進。新聲自許。嬌彩雲之徘徊。拂錦茵而容與。能使奏帝熒惑。漢皇延佇。度曲東城。橫態北渚。莫不卷裳而索無處所。庚疑射兕之騁鶩。役誇胡之豫遊。去翠被與豹舃。戢鳥唬疑及驊騮。復想像雲夢。彷徨青卿。櫱薜熊羆之藪。灌莽陵岡之幽。於中爲樂。驕矜未休。荒搖震蕩。其誠不修。將穆然儲思粹清高想意授招搖兮往若而疑至乃建玉旂之光耀。動金根之逶迤。丹虯翊靈。白武銜蘂後舞元鵠。前鳴長離。清壇下蔚。高菸上馳。故能決地間。開天維。降青元兮來斯。登黃靈兮遲遲。江畔之茅抽三脊。北里之禾滿芳席。睢上之黃龍兮瑞以多。願持朱鴈兮薦天歌。明德既享。靈心每和。宜其日炷中峰。雲煙上帝。光五色。聲萬歲。氣非煙。風若蕙。勳侔成山碣石。澤比漲海洪波。茲所以庶高宗之美。豈七十二君之足多。孰與雄奢驕貴。逞欲矜意。貪靈好奇。恃力誇資惑方士之說。邀羨門之期。果爲風雨所中。神仙見期。歷琅邪兮徒遠。望蓬萊兮幾時者哉。

## 十一、王績〈伯牙彈琴對鍾期贊〉　　卷一三二

伯牙揮手。奇聲絕倫。鍾期妙聽。是謂窮神。六馬仰。丹魚聳鱗。崇山流水。知音幾人。

## 十二、薛收〈琵琶賦〉　　卷一三三

惟戲器之爲宗。總群樂而居妙。應清角之高節。發號鐘之雅調。處躁靜之中權。執悚密之機要。遏浮雲而散彩。揚白日以垂耀。爾其狀也。龜腹鳳頸。熊據龍旋。戴曲屐直。破觚成圓。虛心內受。勁質外宣。磅礴象地。穹崇法天。候八風而運軸。感四氣而鳴絃。金華徘徊而月照。玉柱的歷以星懸。

## 十三、虞世南〈琵琶賦〉　　卷一三八

若夫巢木爲金門之始轉蓬乃玉輅之先。斯蓋前古之樸略。而後代之精研。是以鼂鼓質而罕聽。葦籥輕而莫傳。笛不爲於商律。瑟見毀於繁絃。此皆白圭。玷以成疾。嗟近者之莫言。歎佑音

之石述。惟皇御極書軌大同。鑠矣文教。康哉武功。既象舞之
載設。亦夷歌之遠通。乃定八音。論六樂。成均弦誦之藝。制
氏鏗鏘之學。辨新聲於變徵。研奇操於清角。鏞管咸奏絲桐畢
陳。有琵琶之妙曲。乃越眾而超倫。器便時而適用。節每段而
而逾新。謐四座以傾耳。歎和聲之入神。爰詔百辟。備序厥因
。於是大司樂進而稱曰。臣以末學聞諸前志。尋斯樂之所始。
乃絃　之遺事。強秦創其濫觴。盛漢盡其深致。爰有達人。演茲
奇器。參古今而定質。擬神明而攄思。忍遠嫁之羇情。寬綣域
之歸志。既而班爾運能。鉤繩相設。求嘉木於五嶺。取殊材於
九折析文梓而縱分。剖香檀而棋列。木瓜貞柘。盤根錯節。或
錦散而花開。或絲縈而綺結。徒觀其爲狀也。則象形斗極。殊
姿巧製。隨良樸之修短。任規模之巨細。既異材而合體亦剗方
而就銳。惟適道以從宜。故無取乎凝滯若乃琢玉範金之巧。雕
文鏤朵之奇。上覆手以懸映。下承絃而仰施。帖則西域神獸。
南山瑞枝。屈盤犀嶺。迴旋鳳池。開寶撥以更運。帶文綬而旁
垂。聲備角商。韻包宮羽棋卻月於天漢。寫迴風於洛浦。始聞
絃之既調。乃長弄而徐撫。應緩步之悚節。隨輕身之妙舞。悲
紫塞之昭君。泣烏孫之公主。季倫歡金谷之宴。仲容暢竹林之
聚。至如七德昭備。六軍凱旋。諧戎麾而威遠。合金奏而功宣
。詠燕山之已勒。美瀚海之方鐫。亦有飛梁邸。遊楚館。聞促
柱之再調。聽鳴絃之悚彈。高文而自遠。飛羽觴之無算。又如
長河草綠。高樓月下。入小苑而看花。游上蘭而藉野。泛澄波
而轉鴿。息長松而繫馬。臨清流而揮絃。與殊方而俱寫。其奇
趣則抑揚嘈嘈。聯綿斷續紆餘雙鶴之淦。清壯三秦之曲。望南
山之遙翠見西江之始綠。少年有長命之詞。倡女有可憐之調。
願百齡兮眉壽。重千金之巧笑。逮乎嘉客既醉。高宴將闌。浮
觴刻飲。披襟極歡。乃摧絃而急調。交酬獻之無端。若以河而
注海。亦坯來而始彈。蓋感物動神。和心悅耳。豈振木之爲輩
奚繞梁之足擬。夫道以簡易爲尊。物以精微爲貴。嗟四絃之已
約。乃包含於元氣。笙鏞之律呂。參鍾石之經緯。於是鳳簫輟

吹。龍笛韜吟。元雲掩影。白雪藏音。故以暢皇風之威武。悅大
雅之神心者也。

## 十四、〈李百藥人笙賦〉 　　　　　　　　卷一四二

馬南邵天才艷發。舍章挺生。既研精於舊史。亦流悅於新聲。佩
銀章於東洛。分竹使於南荊。芬盛德於蘭茝。獵香風於杜蘅。
縱調文於雅笛。留神思於和笙。客有遇於郢都者。聞結風之妙
曲。預高堂之歡宴。拂長袖而善留。絕飛纓以增盯。重鳳翼之
次羽。愛鸞音之清轉請體物而味言寄風流於藻絢。君曰。懸匏
出自西河。奇簳生於南國。山川載挺之異班倕攄思之德固常人
之所知。無假言於翰墨。至於曲引繁會之美。才人妖麗之則。
實有動於余衷。庶陳辭而祛惑。覬傳芳於風雅。將汞代於刊勒。
客曰唯唯。惟八音之遞作。總六律而相旋。徐疾短長之攸濟。
寒暑風雷之所宣。清廟象功。則韶武播於金石。良辰歡宴。則
鄭衛流於管絃。雲捲蕙樓。風生蘭室。柳佩翠而辭寒。梅舍香
而受日。始覺華樹鶯啼早。不悟雕梁燕來疾。縱勝氣之逍遙。
眷春光而怡逸。命郊驛以迎賓爛華茵而促膝。玉饌厲而不爽。
金罍湛而將溢。佳麗新妝。徐步長廊。風搖裙佩。日照釵梁。
慣同珊瑲。戶出閑房。時頓步而疑進。或輕臨而欲翔。耀千金
之重價。婉二八而成行。發繁絃於流徵。動浮磬於清商。舒披
蓮於舞席。散垂藻於歌床。獨仙吹之容裔。將凌雲而抑揚。見
秦趙之音劣。識巴汜之調。丁掩眾技而奪氣。讓聲高而和寡。
歌狂會於楚謠。詠承筐於周雅。既駭聽於吳札。亦留神於晉野
。婉婉鴻驚。嗸嗸鳳鳴。或萬殊而競響。乍孤囀而飛聲清則混
之而不濁。濁則澄之而不清。實當無而應有。固虛受而徐盈。
鳥奕多緒。紛綸難狀抑之則徘徊綿密。申之則散朗寥亮。始掩
斂以夷靡。終優游以招悵。隨流睇而煦愉。應微喞而悽愴。挫
玉蕭之清管。息瓊篁之虛唱。落遺囀於梁間。墜纖腰於掌上。
既而重門半掩。高宴將終。飄餘音於霄漢。遏嬌韻於房櫳。遠
而聽之。若遊鴛翔。鶴嘹唳飛空。近而察之。譬瓊枝玉樹。響

毫從風。信絕俗之神解。何變態之無窮。爾乃綺帳垂。妓行散
。巫雲斂。楚妃歎。獨婉變於瑤笙。尙纏綿於皓腕。蘇合薰兮
龍燭華。連理解兮駕枕粲。既藉寵而橫陳。恣深心之祕翫。懼
管聲之易歇。恐君愛之難終。起長歌於清夜。寄微意於春風。
歌曰。新聲雖自知。舊寵會應移。無令棄下吹。變作一枯枝。
重歌曰。爲想雍門歎。當思執燭遊。不惜妾身難再得。方期君
壽度千秋。

## 十五、顏師古〈定宗廟樂議〉　　　　　　卷一四七

近奉德音。俾令釐革。嘉名創立。實宜允副。伏惟聖祖宏農府君
宣簡公懿王。並積德累仁。重光襲軌。化覃行葦。慶崇瓜瓞。
詩云。濬哲　維商。長發其祥。言殷之先祖。久有深德。虞夏
二代。發禎祥也。三廟之樂。請同奏長發之舞。其登歌則各爲
辭。太祖景皇帝遑肇漆沮。教新豳岐。胥宇之志既勤。靈臺之
萌始附。詩云。君子萬年。永錫祚允。今遐遠之期惟天所命。
以長福祚。流於子孤也。廟樂請奏永錫之舞。代祖元皇帝虹承
鴻緒。克紹宏猷。實啓蕃昌。用集寶命。易大有象曰。其德剛
健而文明。應乎天而時行。言德應天道。行不失時。剛健靡滯
。文明不犯也。廟樂請奏大有之舞。高祖太武皇帝膺期馭歷。
揖讓受終。奄有四方。仰齊七政。介以景福。申茲多祜。式崇
勿替。誕保無疆。易曰。大明終始六位時成。謂其終始之道。
皆能大明。故不失時成六位也。詩有大明之篇。稱文王有明德
。廟樂請奏大明之舞。文德皇后厚德載物。凝輝麗天。易曰。
舍宏光大。品物咸亨。言坤道至靜。柔順利貞。資生庶類。皆
暢達也。廟樂請奏光大之舞。謹議。

## 十六、許敬宗〈定宗朝樂議〉　　　　　　卷一五二

臣聞七廟觀德。義冠於宗祀。三祖在天。式彰於嚴祀。致敬之情
允洽。大孝之道克宣。是以八佾具陳。肅儀形於綴兆。四懸備
展。被鴻徽於雅音。著作樂之明義。擇皇王之令典。前聖所履
。莫大於茲。伏惟皇帝陛下天縱咸通。率由冥極。孝治昭懿。
光被於八埏。愛敬純深。追崇於百世。一作永言錫祚。思宏頌

聲。鍾律革音。播鏗鏘於享薦。羽籥成列。申蹈厲於蒸嘗。爰
制典司。加隆一作稱號。循聲覈實。敬闡尊名。竊以皇靈滋慶
。濬源長委。邁吞鷰之生商。軼擾龍之肇漢。咸韜光於九二。
漸發遖於三分。高祖紐地補天。重張區宇。返塊肉骨。再造生
靈。恢恢帝圖。　與二儀而合大。赫赫皇道。共七曜以齊明。
雖復聖遖神功。不可得而窺測。經文緯武。敢有寄於名言。敬
備樂章。式昭彝範。具列如左。皇祖宏農府君宣簡公懿王三廟
樂請同奏長發之舞。太祖景皇帝廟樂請奏大基之舞。世祖元皇
帝廟樂請奏大成之舞。太祖景皇帝廟樂請奏大基之舞。世祖元
皇帝廟樂請奏大明之舞。文德皇后廟樂請奏光大之舞。七廟登
歌請每室列奏。謹議。

### 十七、謝偃〈聽歌賦〉　卷一五六

君王以政隙務閑。披翫餘日。闢華軒以遐想。臨風庭而自逸。於
是屏青編收縹帙。息柔翰。韜雅。瑟情廓志遠。慮靜神謐。於
時日下梧宮。陰清竹殿。鮮雲始發。光風初扇。餘霞未儉。殘
虹猶見。玉罍既陳。蘭希乃薦。登龍閣而騁目。臨曲池而遊盯
。於是徵趙女。命齊倡。動瓊珮。出蘭房。橫寶釵而耀首。靚
鉛華而飾粧。低翠蛾而斂色。睇橫皮而流光。聲欲伸而舍態。
氣未理而騰芳。乍連延以爛熳。時頓挫而抑揚。始折宮以合徵
。終分角而扣商。掩餘韻於雕扇。散輕塵於畫梁。若夫振幽蘭
。飛激楚俯仰艷逸。顧盼容與其繁會也。類春禽振響而流變。
其微引也。若秋蟬輕吟而曳緒。似將絕而更連。疑欲止而復舉
。短不可續。長不可去。延促合度。舒縱有所。聽之者慮蕩而
憂忘。聞之者意悅而情。抒歌未終君王乃喟然歎曰。夫樂者。
所以通神明。節情欲。和天地。調風俗。觀往代之遺風。覽前
賢之軌躅。莫不治亂斯在。興入攸屬。是故聖人以爲深誡。君
子以之自勗。於是放鄭衛引鄒枚。臨廣苑。陟崇臺。肆東平之
樂。包天下之才。盛矣美矣。優哉游哉。

### 十八、謝偃〈觀舞賦〉　　　　　　　　　卷一五六

惟欽明之昌運。應靈圖而嗣籙。紐三代之離術。正千齡之差朔。

可以治定制禮。可以功成變樂。實磐石之攸寄。固維城之斯屬
。欣微生之多幸。濫高選於名藩。列通籍之渥惠。承置醴之殊
恩。晨曳裾於東閣。夕侍宴於西園。於時霜氣斂霧。夜景澄廓
。雲撤層臺。煙銷連閣。流月華以昭耀間星文而灼爍。巖桂偃
而未彫。宮梧紛而就落。於是羅薦周設。輔帳高舒。露凝珠網
。風清玉除。煙浮輝於緹幕。燭籠光於綺疏。爾乃咀清哇。揚
激徵。金石奏。絲桐理。奇調間發。新聲互起促宴冶而忘疲。
歡情暢而未已。於是燕餘齊列。絳樹分行。曳綃裾兮拖瑤珮。
簪羽父兮珥明璫。握纖腰之孤立。若卷旌之未揚。紆脩袂而將
舉。似驚鴻之欲翔。退不失倫。進不踰曲。流而不滯。急而不
促。絃無差袖。聲必應足。香散飛巾。光流轉玉。若乃巴姬並
進。鄭媛俱前。對席齊舉。分庭共旋。乍差池以燕接。又颯沓
而鳧連。止有餘態。動無遺妍。似兩艷之同發。類雙花之偶然
。進止合度。俯仰若一。節緩則顧遲。唱速則迴疾。殊姿異制
。不可殫悉。若夫金翠的皪。紬綺參差。方趨應矩。圓步中規
。飛鈿雪落。頹鬢雲垂。舒類飛霞曳清漢。屈若垂柳縈華池。
既而曲變終。雅奏闋。清角止。流商絕。頓華履以自持。整文
桂而貯節。始綽約而迴步。乃遷延而就列。於是君王悠然懷古
。怡然自適。遷思迴慮。弛縣改夕。揖摛藻之賓。引良談之客
。然後討羲八索訊訶六籍。語妙則眾絕希夷。論遠則喻窮開闢
。議先哲之往軌。考前王之餘這。方欲革登封之頌。勒云亭之石
。與日月而齊明。同天地之不易。

## 十九、張神安〈唐貞觀銅鐘銘〉並序　　　　卷一五六

蓋如如實際。性相平等。念念虛假。緣業萬殊。是以導之以解脫
。禮樂未之。汩誨之以究竟。象繫所不言。鄜州寶室寺上座羅
漢等。漏茲獨善。府宏六度。不捨群生。服膺四攝。以大唐貞
觀三年。攝提在歲　賓御律。景丁統日。巳巳司辰。用銅三千
斤鑄鐘一口。法天地以為鑪。假飛簾而扇炭。剋飾造化。巧麗
若神工。感蜀山而自響。擬滿厝而遠聞。挺弗能發。理切舍宏
。扣而斯應。義均虛受。聿警四部。式遵大昧。未假于箭漏。

靡資於雞璏。懺誦顧而有節。精進因而無怠。方諸几杖。小大
之用既殊。譬以盤盂。洪纖之理多裕。輒緣斯義。乃爲銘曰。
耻耻三界。悠悠四生。愛染有著。沈沒無明。法輪覺夢。慧照
冥。大空罔得。微妙焉名。無爲不住。有爲不盡。去彼常來深
慈愍。然頭拯救。靡足汲引。且戒且禪。或檀或忍。爰造洪鐘
。晨昏取則。和會攸仰禮懺無貳。並航欲海。俱遊西開物成務
。是鐫是勒。

二十、楊師道〈聽歌管賦〉　　　　　　　　　　卷一五六

爾乃關飛閣之臨空。望雕梁之架虹。奏東城之妙曲。命南荊之結
風。莊華豔於朝日。長袖曳於芳叢。度參差以儀鳳，響嘹亮之
驚鴻。伊小臣之庸瑣。預恩私之嘉宴。聞仙管於帝臺。聽鈞天
於蘭殿。悵嶕嶢之易晚。惜宮羽之難遍。撫長笛而多慚。覽洞
蕭而興怨徒隸齒於群龍。信庸音其已薦。

二十一、韋安仁〈駁封禪舊儀降神樂歌並用郊祀之辭議〉　卷一五八

夫祭天作樂。本謂神聽高遠。聲臭難接。所以歌詠文辭。依倚絃
管。滌蕩宣暢。冀其來格。今瘞玉燔柴於岱宗之下。播聲昭告
。請降圜丘之上。夫神聽聰明。不可濫假。如依樂聲。應臨國
內。而泰山之下。其神可得祀乎。又毛詩周頌。郊祀歌昊天。
封禪歌時邁。二篇各別。足是證明。謂宜採周頌。創新篇。告
精誠於上天。請皇陵於東岳。於事合古。

二十二、呂才〈進白雪歌奏〉　　　　　　　　　　卷一六〇
二十三、王福畤〈錄唐太宗與房魏論禮樂事〉　　　　卷一六一
二十四、裴守眞〈論立對破陣善慶二舞議〉　　　　　卷一六八

竊惟二舞肇興。謳吟攸屬。贊九功之茂烈。協萬國之歡心。義均
韶夏。用兼賓祭。皆祖宗盛德。而子孤享之。詳覽傳記。未有
皇王立觀之禮。況升中大事。華夷畢集。九服仰垂拱之安。百
蠻懷率舞之慶。甄陶化育。莫匪神功。豈於樂舞。別申嚴敬。
臣等詳議。每奏二舞時。天皇不合起立。謹議。

二十五、王綝〈有喪不得朝會燕樂奏〉　　　　　　　卷一六九

准令式。齊縗大功未葬。並不得朝會。仍終喪不得參燕樂。比來

朝官不依禮法。身有哀慘。陪廁朝賀。手舞足蹈。公違憲章。
名教既虧。實玷皇化。請申明程式。更令禁止。

二十六、張鷟〈太樂令盧慶狀稱五帝殊時不相沿樂三王異不相襲禮請
　　　改聖朝樂名大象天下往極爲又應國姓〉太樂一條　卷一七四

古之天子。制禮以安人。昔者明王。作樂以崇德。移風易俗。成
孝敬而厚人倫。快耳娛心。感鬼神而通教化。調茲六氣。徵主
夏而角主春。導彼五音。宮動脾而商動肺。天則不言而信。故
奏雲門以祭天。地則不動而生。故奏咸池以祀地。道則無象而
化。神則不怒而威。故暢之以鐘鼓。娛之以絲竹。廉直正誠之
響發而人肅恭。粗厲猛毅之音生而人剛健。哀思爲入國之典。
其政陵遲怨怒爲亂世之音。其風轉替。故詳其律呂。師曠知其
盛衰。察彼軒懸。延陵識其興廢。自王澤既竭。風雅莫流。文
侯聽鄭而不寢。孔子聞韶而意味。桑間濮上。流宕　歸下里巴
人。奔波逐遠。聖朝均四暢。調八風。聽鳴鳳以和音。命飛龍
而度曲。上通咸夏。式降殷薦之儀。俯定莖英。允協昭容之典
。歌九敘。諷六詩。聞其聲而德和省其文而心正。盧慶職參樂
令。匠典倡優。履師摰之前軌。躡曹褒之舊躅。以爲質文遞變
。禮樂殊途。輒進嘉名。深陳雅稱執大象而天下往。其德彌長
。行大道而海內和。其風載遠。命令倫而討韻。雅合夔鐘。召
荀勗以調聲。自諧牛鐸。千童萬舞。共朱雁以齊行。八佾九歌
。將赤蛟而合節。尤裨聖化。甚益皇明。宜下太常。先宣美號
。

二十七、張鷟〈鼓吹令王乾狀稱鼓吹鹵簿國家儀注器具濫惡請更改脩
　　　制禮部員外崔嵩以府庫尚虛以非急務判停〉鼓吹一條
　　　　　　　　　　　　　　　　　　　　　　　　卷一七四

虡鐘隱隱。隨九變以交馳。鼉鼓逢逢。和八音而間作。或短簫橫
引。朱鷺鏗鏘。或長笛手吹。紫騮凄切。東宮所設。殊非列代
之規。平閣施。亦匪先王之制。然國家儀注。須應禮經。既崇
鹵簿之班。又惠功臣之錫。有家有國。朝章不可暫虧。去食去
兵。禮樂如何輒廢。王乾狀請崔嵩判停。爾愛其羊。我愛其禮

。速令鳩集。請勿狐疑。

## 二十八、韋萬石〈請定樂舞奏〉 　　　　　卷一八六

據貞觀禮郊享曰。文舞奏豫和順和永和等樂。其舞人委貌冠服。
並手執籥翟。其武舞奏凱安。其舞人並著平手執干戚。奉麟德
三年十月勅。文舞改用功成慶善樂。舞改用神功破陣樂。並改
器服等。自奉敕以來。爲慶善不可降神。神功破陣樂未入雅樂
。雖改用器服。其舞猶舊。迄今不改。事既不安。恐須別有處
分者。

## 二十九、韋萬石〈定樂舞奏〉 　　　　　卷一八六

謹按凱安舞。是貞觀中所造武舞。準貞觀禮及今禮。但郊廟享。
奏武舞之樂。即用之。凡有六變。一變象龍興參野。二變象剋
靖關中。三變象東夏賓服。四變象江淮寧謐。五變象獫狁詟伏
。六變復位以崇。象兵還振旅。謹按貞觀禮祭享曰。武舞準作
六變。亦如周之大武。六成樂止。按樂有因人而作者。則因人
而止。如禮云。諸候相見。揖讓而入門入門而懸興。揖讓而升
堂。升堂而樂闋是也。如著成數者。數終即止。不得取行事賒
促。爲樂終早晚。即禮云三闋六成八變九變是也。今禮奏武舞
。六成而數終未止。既非師古。不可依行。其武舞凱安。望請
依古禮及貞觀禮。六成樂止。立部伎內破陣樂五十二遍。修入
雅樂。祇有一遍名曰九功。上元舞二十九遍。今入雅樂。一無
所減。每見祭享日。三獻已終。上元舞猶自未畢。今更加破陣
樂。兼恐酌獻已後。歌舞更長。其雅樂內破陣樂慶善樂及上元
舞三曲。並望修改通融。令長短與禮相稱。冀望久長安穩破陣
樂有象武事。慶善樂有象文事按古六代舞。有雲門大咸大夏大
韶。是古之文舞。殷之大周之大武。是古之武舞。依古義先儒
相傳國家以揖讓得天下則先奏文舞若以征伐得天下則先奏武舞
望請應用二舞日。先奏神功破陣樂。次奏功成慶善樂。先奉敕
於圜丘方澤太廟祠享日則用上元之舞。臣據見行禮。欲令天皇
酌獻降復位已後。即作凱安。六變樂止。其神功破陣樂功成慶
善樂上元之舞三曲。待修改訖以次通融作之。即得與舊樂前後

不相妨破。若有司攝行事日。亦請據行事通融。

## 三十、韋萬石〈請仍奏破陣樂舞奏〉　　　　　　卷一八六

破陣樂舞者。是皇祚發跡所由。宣揚祖宗盛烈。傳之於後。永永
無窮。自太皇臨御。四海寢而不作。既緣聖情感愴群臣不敢開
言。臣忝職樂司。廢缺是懼。依禮祭之日。天子親總干戚以舞
先祖之樂。與天下同樂也。今破陣樂久廢。群下無所稱述。將
何以發孝思之情。臣望每大宴會。先奏此舞。以光祖宗之功烈
。

## 三十一、韋萬石〈請定明堂大享樂章奏〉　　　　　卷一八六

明堂大享帝。准古禮鄭元義五天帝。王肅義祀五行帝。貞觀禮依
鄭元義祀五天帝。顯慶已來新修禮祀昊天上帝。奉乾封二年敕
祀五帝。又奉制兼祀昊天上帝者。伏奉上元三年三月敕。五禮
行用已久。並依貞觀年禮爲定。又奉去年敕。顯慶已來新修禮
。多有事不師古。其禮並依周禮行事者。今用樂須定所祀之神
。未審定依古禮及貞觀禮。爲復依見行之禮。臣以去年十二月
錄奏。至今未奉進止。所以樂章不定。

## 三十二、顧升〈瘞琴銘〉並序　　　　　　　　　卷二〇〇

嗚乎琴兮。鼓者人亡。則留爲虛器。友之樂盡。將顧而生悲。妻
莊氏。字清卿。明姿耀玉。慧性旋珠。垂髫而貞度山安。待笄
而麗辭泉涌。蠶桑之暇。癖嗜絲桐。家有美林。命工精斷。音
律既協。性命相依。年廿四歸余。琴即爲媵。春花芬而奏薰風
。秋月皎而操流水。寢食與並。好合彌徵。才及十年。遽罹娩
難。春秋卅有四。惜哉。一息靡憑。豈謂九原可作七絃無。羌
誰禁五內併傷。乃以服御之具。閉置高閣。座琴於山巔。殉所
自也。唯埋軫弛絃。希聲於太古。濡翰勒石。飲恨以千秋。銘
曰。生不逢辰兮。人物棄捐。音炭不遠兮。南山之巔。銘幽表
淑兮。有待他年。

## 三十三、姚崇〈彈琴誡〉並序　　　　　　　　　卷二〇六

琴者。樂之和也。君子撫之。以和人心。夫其調五音。諧六律。
則移風易俗。感舞禽獸。而況於人乎。故身不下堂。不言而理

者。蓋鳴琴故也。樂導至化。聲感人情。故易俗以雅樂。和人
以正聲。樂有琴。瑟音有商徵。琴音能調。天下以治。異而相
應。以和爲美。和而不同。如彼君子。故善爲國者若彈琴。宮
君商臣。則治國之道大急小緩。豈安人之心不調者改張踰於立
法。聲悲者調下感於知音。昔武城單父。以弦歌樂職。鄒忌雍
門。以辯對匡國。美此此調撫。而人是則。昭告後來無怠於德
。

### 三十四、宋璟〈請停仗內音樂奏〉　　　　　　　卷二○七

十月十四十五日。承前諸寺觀。多動音聲。今傳有仗內音聲。擬
相誇鬥。官人百姓。或有縛嬋。此事儻行。異常喧雜。四齊雖
許作樂。三載猶在遏音。伏惟孝理。深在典故。臣等既聞此事
，不敢不陳。

### 三十五、張説〈神龍享廟習樂議〉　　　　　　　卷二二四

吉凶異儀。降殺殊節。以日易月。自久行之。其在凶時。不可言
祭祀。既祭之後。不可存凶事。若祭而廢樂。吉不除凶。是五
禮交亂。而吉凶駁雜。夫王者奉神祇。承宗廟。二至郊祀。四
時烝嘗。鼓鐘所以格上下之神。舞詠所以象祖先德於其有祭。
不可闕也。今山陵已畢。清廟既祔。於禮則吉祭。於時則踰年
。宜遵漢禮。以復常度。請舉永徽故事。以行先朝之典。謹議
。

### 三十六、蘇頲〈禁斷女樂敕〉　　　　　　　　　卷二五四

勅。朕聞樂者起於心。心者動於物。物不正則不可爲樂樂不和則
不能理人。況天生黎蒸。區別男女。外則導之以禮。中則由之
以樂。苟或不臧。孰云致禮。自有隋積靡。庶政彫弊。徵聲偏
於鄭衛。街色矜於燕趙。廣場角抵長袖從風。聚而觀之。浸以
爲俗。此所以戒王奪志。夫子遂行也。朕方大變澆訛。用清淄
蠹眷茲女樂事驕淫。傷風害政。莫斯爲甚。既違令式。尤宜禁
斷。自今以後。不得更然。仍令御史金吾。嚴加捉搦。如有犯
者。先罪長官。務令杜絕。以稱朕意。

### 三十七、蘇頲〈太清觀鐘銘〉　　　　　　　　　卷二五六

大矣哉。鐘之爲用。軒轅氏和音樂之夏后氏陳義聽之。此皇王所寶也。太微君上眞撫之。紫虛君元方撫之。此仙聖所也。國家誕發元系。丕承景業與時偕行。惟道則。佑以太清觀金庭晃朗玉京崇絕七映嚴飾。四明洞開。戛雲璈。椎雷鼓。嘗有之矣。然而陶鑄三品。大造融於得一。範圍四名。大空合於吹萬。其虡氏鴻鐘歟。工以思專。神以響會。鑪用乃息。器或云聚。攫蹲獸而俯捧。儼旋蟲而上扶。號遠則傳。聲希以節。廣於已日。普集諸天。契九仙於福堂。起六幽於苦海。重以珍珠爲闕。琉璃作地。皓魄初滿。清霜始飛。召香童。遙徵羽使。時環而載擊載考。律應而不舒不疾。西昇路接。韻聞闔之清風。北斗城連。含未央之夕漏。非與其至妙。孰臻於此乎。在昔圖旂常勒彝　鼎者。所以建功樹善。紀德昭事。未有萬人斯和。傾耳歸眞。四魔是革。調心服道。徹於千界。揚我巨唐之聲。懸於億劫。齊我巨唐之算。安可不篆銘於銑者哉。其詞曰。碧落朱宮兮鬱其崇。金振玉叩兮殷而鴻。九牧是獻兮百神工。成之不日兮鏗乘風。聲無已兮福無窮。

## 三十八、嚴善思〈公除後請習樂表〉　　　　　　　　卷二六六

臣伏見太常奏。公除後請習樂以供郊廟享祀。奉敕不允。臣與衆官詳審以爲樂音氣化。所以感天地。動鬼神。調五行。均四序。故哲王垂制被之樂章六變而神祇降饗九成而祖考來格。今陛下以服未一周。久停六律。稽象德於太廟。寢祈福於近郊何以昭永曆於上元。助成功先聖考之典禮。恐或未安臣以漢魏喪禮以日易月者。蓋爲三年不爲禮禮必壞。三年不爲樂樂必崩是也，以樂因陽來。禮由陰作。樂崩則陽伏。禮廢則陰愆。風雨或違。粢盛逖闕。豐潔之祠有謬。兆庶於是不安。所以變諒闇之舊儀。遵適時之新禮。斯實存至公於天下割巨痛於私惰。祈社稷之永安。庶宗廟之長享。孝道之大。何以加之。使漢魏之禮未然則當自我作古。況其得禮之變。詎可越而不從。伏請依太常所請。許其教習

## 三十九、席晉〈對樂縣畫蚡蜎判〉　　　　　　　　卷二七〇

得樂懸上畫蚡蟵所司以細碎失禮不伏樂備鐘鼓。功存雕刻。必資萬物之飾。以助成器之雄。況猛簴趪趪負筍嶷嶷。懸以千石。扣乎萬鈞。績而爲形。畢存旁行之彙。微而俾著。何隔羽鳴之族。所司昧禮。未曰博通。且考工之記。實存其目。梓人之職。亦著恒規。盡伯益之能名。咸一夔而可變事既有據。刑欲何施。

### 四十、唐紹〈論婦人葬禮用鼓吹疏〉　　　　　卷二七一

竊聞鼓吹之作。本爲軍容。昔黃帝涿鹿有功。以爲警衛。故綱鼓曲有靈夔吼鵰鶚爭石墜崖壯士怒之類。自昔功臣備禮。適得用之。丈夫有四方之功。所以恩加寵錫。假如郊祀天地。誠是重儀。惟有宮懸。本無案架。故知軍樂所備。尙不給於神祇。鉦鼓之音。豈得接於閨閫。准式。公主王妃下葬禮。準有團扇方扇綵帷錦幛之色。加至鼓吹。歷代未聞。又準令。五品官婚葬。先無鼓吹。惟京官五品得借四品鼓吹爲儀。今特給五品已上母妻。五品官則不當給限。便是班秩本因夫子。儀飾乃復過之。事非倫次。難爲定制。參詳義理。不可常行。請停前勅各依常典。

### 四十一、朱溫〈對樂懸畫蚡蟵判〉　　　　　　卷二七六

得樂懸上畫蚡蟵所司以細碎失禮不伏昔者先王制禮作樂也，象物昭著。厥儀孔殷。大夏雲門。既修之於千帝。金鍾玉磬。亦畫之於五采。用能文物以紀聲名有差。習之以和人悅衆。播之以移風易俗。當今命夔奏樂。使鳳振羽。豈蟹蟲之虛責。何蚡蟵之矯言。應爲細碎微軀。別有所飾。輕清雅樂。此非其任。所司是舉深得其宜。請革前非。仍科後罪。

### 四十二、范貞朏〈對樂懸畫蚡蟵判〉　　　　　卷二七六

得樂懸上畫蚡蟵所司以細碎失禮不伏

體國經野。在乎六職。審材辨器。謂之百工。須任宜以播聲。當舉類以爲用。故蠃者羽者。爰標大獸之名。連行仄行。實曰小蟲之屬。施大於筍簴。發爾標形。篆小於宗彝。寂然爲象。有此成則。斯無替之。何彼所司。用荒厥職。以爲細碎。不亦宜

乎。

**四十三、鄭萬鈞〈代國長公主碑〉　　　　　卷二七九**

**四十四、封希顏〈六藝賦〉　　　　　　　　卷二八二**

散琴書以吟想。多六藝之爲儀禮緣情而損益樂與道而推移。數方
窮於大衍。射不貴於主皮。書斷決以象夬。御周行而取隨則廢
一而不可。猶五材之並施。且夫禮者。含七曜。均兩儀。順之
則安。違之則危。故君當廣敬。臣亦盡規。不害物以利己。每
謙尊而守卑。況復冕旒十二。駱馬千羈。會同侯伯。享獻神祇
者焉人無定。樂有曲。扣羽增智聞商寡欲。必除怙憿之音。使
優柔以自足。然後美教化。成風份魯不納於齊人。戎辭遺於秦
穆。太史之職。推步萬端。或分或至。一暑一寒。趣乾坤之取
舍。知運命之艱難。亦有宏羊心計。小道可觀。便人利國。下
給上安。若乃墨妙之場。書淫之客。轉注別態。圓方自適。萬
仞崩雲。千巖落石。垂露霑於緗綺。飛花散於竹帛。觀夫始用
契以代繩。未有紙而作策。何樸略之難同。爲智巧之所易也。
大射之禮。先王是崇侯以示其所服。正無言而審同。飲少算於
多算或在澤而在宮。天子用騶虞之節。諸侯歌貍首之風。將以
合雅投頌。褒德進功。敢不慎其所舉。取制於中。恐前功之相
棄。故少息而未窮。良馬四之。分鑣用壯。平心正體。自下奉
上。周諏則瑤水遐通。虞巡則蒼梧可望。不遠千里。惟君所向
。寧止過遠前驅。逐禽左廣。願終功於造父。不見遺於師曠。
緊彼庶藝。孰與之倫。圍棋好殺。夾食無新。祈年設漢。左道
入秦。今我守則以禮。動輒隨人。爲百工之恒式。同六律之相
循。於戲。聞先達之格言。才難得而具美。伊小人其何執。效
執御於夫子。有餘力以學文。恐代匠而傷理屬天地之交泰。忝
侯藩之貢士。儻片善而必收敢長鳴于知己。

**四十五、趙慎言〈論郊廟用樂表〉　　　　　卷三〇四**

祭天地宗廟樂。合用商音。又周禮。三處大祭。俱無商調。鄭元
云此無商調者。祭尚柔商堅剛也。以臣愚知斯義不當但商音金
也。周德木也。金能剋木。作者去之。今皇唐即殊周室。五音

損益。須逐便宜。豈可將木德之義。施土德之用。又說者以商
聲配金。即作剛柔理解。殊不知聲無定性。音無常主。剛柔之
體。實由其人。人和則音和。人怒則聲怒。故禮稱怒心感者。
其聲麤以厲。愛心感者。其聲和以柔祇如宮聲爲君。商聲爲臣
。豈以臣位配金。爲臣道便爲剛乎。是知周制無商。不爲堅剛
見闕。蓋以扶木德忌金行。故國祚靈長。後葉昌盛。卜代三十
。卜年八百。是去金之應也。即人神之心可見。剛柔之理。原
乎聖人之情。詳夫作者之旨。車服器械。爲易代之通規。郊煙
聲調。避德王之刑剋。此不疑之理也。其三祭並請加商調。去
角調。

## 四十六、趙愼言〈郊廟舞人宜依古制疏〉　　　　　　卷三〇四

郊廟二舞人。不依古制。未協人神。案周禮以樂舞敎國子。舞雲
門大咸大濩大武。是知古之舞者。即諸候子孩。容服鮮麗。故
得神祇降福。靈光燭壇。今之舞人。並容貌蕞陋。屠沽之流。
用以接神。欲求降福。固亦難矣。有隋之際。猶以品子爲之。
號爲二舞郎逮乎聖朝。遂變斯制。誠願革茲近誤。考復古道。
其二舞人。望取品子年二十以下。容顏修正者爲之。令太常博
士主之。準國子學給料。行事之外。習六樂之道。學五禮之儀
。十周年。量文武授散官號曰雲門生。又按周禮奏太簇。歌應
鐘以享地祇。注云。地祇謂神州社稷也。太簇陽也。位在寅。
應鐘陰也。位在亥。故斗建亥。則日月會於寅。斗建寅。則日
月會於亥。是知聖人之制。取合於陰陽。歌奏之儀。用符於交
會。今之祭社。即乖古法。乃下奏太簇。上歌黃鐘但太簇黃鐘
。俱是陽律。上下歌奏不異。乃是陽合於陽。非特違其禮經。
抑亦乖於會合。其社壇歌黃鐘請改爲應鐘。又五郊工人舞人衣
服。合依方色。按周禮以蒼璧禮天。以黃琮禮地。以青珪禮東
方。以赤璋禮南方。以白琥禮西方。以元琪禮北方。是知五天
帝德。色玉不同。四時文物。各隨方變。冀以同色相感。同事
相宜。陰陽交泰。莫不由此。今祭器茵褥。總隨於五方。五郊
衣服。獨乖於方色。舞者常持旱飾。工人恒服絳衣。以臣愚知

。深爲不便。其工人衣服。請各依方色。其宗廟黃色。乃各以所主色禮神。又以樂理身心禮移風俗。請立樂教。以化兆民。周禮曰。以樂德教國子。中和祇庸孝友。其國子諸生。望教以樂經。同於禮傳。則人人知禮。家家知樂。自然風移俗易。災害不生。其樂經章目雖詳，稍乖旨要。請委通明博識修撰訖。然後頒下。

## 四十七、盧象〈送賀祕監歸會稽歌序〉　卷三〇七

先生紫陽眞人。闕一耳河目。神氣有異。年八十六。而道心益固。時人方之赤松子。去年寢疾累日。冥然如夢。長男會子求於神鬼。長請於天。竊司命之籍。與鬼物相競。而角觝焉。而告眞人。乃泠然而歸。於是表請辭官。乞以父子入道。俱還故鄉。仍以山陰舊宅爲觀焉。皇帝嘉尙其事。尋而見許。擇日度公與男田。時公鄉大夫觀者如堵。皆曰賢才也。正月五日。上令周公邵公泊百僚餞別青門之內。元鶴摩於紫霄。吹笙擊鼓。盡是仙樂。聞者莫不增歎。輕軒冤焉。余與眞人相知。不以年。不以位。俱承太公之後。見賞王粲之詞。悠悠此別。不覺流涕。輒贈古歌辭一首。庶爲眞人傳用之爾。

## 四十八、孫逖〈對除喪鼓琴判〉　卷三一一

乙既除喪而鼓琴成聲或告　哀云不敢過三年之喪。寧戚則易。百行之最。惟孝爲先。乙縗絰既除。變棘餘毀。既而綠琴在御。朱絃高張。博拊成聲。愉樂斯在。雖子張臨喪。和之而和。先王制禮。不敢不至。與其樂也。何其速哉。

## 四十九、王維〈賀古樂器表〉

臣維言。伏見今月七日中書門下敕牒。道士申太芝奏稱。伏奉恩旨。令臣往名山修功德。去載六月二十日。於南海葛洪居處。至誠祈請。中夜恍惚見一老人。云是茅山羅浮神人。常於七曜洞來往。昔會於九疑山桂陽石室中藏天樂一部。歲月久遠。變爲五野豬。彼郡百姓捉獲。汝可往取獻皇帝。每祈祭。但依方安置奏之。即五音自和。天仙百神。應聲降福。所求必遂。壽命延長。臣奉神言即往桂陽尋問。百姓云。天寶二載。村人常

見有五野豬。逐之。便走入石室。就裏尋覓。化爲石物五枚。眾共驚異。臣取以扣之。音律相和。與神人言不異。今將奉進者。臣聞陰陽不測之謂神。變化無方之謂聖。唯神與聖。感而遂通。伏惟開元天寶聖文神武應道皇帝階下居皇建之極中。得混成之大道。奉先天之聖祖。元化協於無爲。育率土之群生。至仁侔於陰際。然猶精意不倦。聖祀逾崇遍禮群。仙思祐九服。故得厖眉皓髮。遙同入昴之人。真訣元言。來告馭風之客。棲身七曜。以俟唐。堯藏樂九疑。不傳虞舜。留茲石室。思獻玉墀憑野　以呈形表洞仙之屬意。且神物思　。古亦有之。龍躍平津。實爲寶劍。鳧飛葉縣空餘素履。器非上品。人才下仙。猶能精誠聿修。神變浚若。況殊庭致覿。天老效祥。願授至尊。以享上帝。亦既考擊。動諧律呂。韶護慚其九奏。雲咸失其八音。翠鳳入於洞簫。殊非雅韻。朱鷺傳於　鼓。敢比仙聲。天地同和。神祇降福。無窮之壽永撫寶圖。無疆之休。以康庶績。實由至德斯感。大道元通。神人親告於休徵。靈仙不祕其空樂。稽之古昔。實未見聞。臣等限以留司不獲隨例抃舞。不任踴躍喜慶之至。

## 五十、王維〈招素上人彈琴簡〉　　　　卷三二五

僕乍脫塵鞅。來就泉石。左右墳史。時自舒卷。頗覺思慮斗然一清。思俟揮絃。寫我佳況。

## 五十一、邵軫〈雲韶樂賦〉　　　　卷三三三

市唐之於宣昭。立極本乎神。堯彌六葉以開泰。接三正而會朝。樂一人之淳德。成萬國之謳謠。故太宗載櫜。而象舞聞於破陣。我后垂拱。而作樂嗣曰雲韶。夫道者率性。作者謂聖。統同積和。倫理知政。斯古之所以歌九德。誦六詩。咸池備矣。大章繼之。玉戚朱于。降及禮文之代。賁桴葦籥。行乎樸略之時。若乃周道衰。王澤竭。正始之音奔散。哀思之風鬱結。逾千載而未返。以俟我開元之濬哲。噫我樂之方作也。天保定。武功成。紹堯光澤。嗣武重明。感物以風下。理心而和聲。稽六律之宮變。諧八音而磬清。越二十四祀。建寅望之夕。啓千門

以達陽氣。御重城而臨百辟。張彩燈之煌煌。敞新樓之奕奕。
甸師庭燎。武賁階戟。命典庸使設簨虡。飾羽毛而展金石。納
四夷之僸　兜離。奏六代之翕純皦繹。乃翼日出雲韶而舞之。
徒觀其降輦路。臨廣場。曳羅　之嫋。鳴玉佩之鏘鏘。始逶迤
而並進。終宛轉而成行。於是合以絃匏。從之磬管。昭敬意於
廉直。本喜心之嘽緩。克和四氣。應春候而角調。取象八風。
如舞行之綴短。霓裳綵斷。雲髻花垂。清歌互舉。玉步徐移。
俯仰有節。周旋中規。將導志以變轉。幾成文於合離。爾其美
目流盼輕姿聳峙。或少進而赴商。俄善來而應徵。魚貫初度。
驚鴻乍起。容裔自得。蹁躚未已。裌衣屢更。新態不窮。忽舉
袖而縈紫。復迴身而拖紅。及夫繁音九變。曲度將終。神人以
和。天地攸同。道五常之行。移四海之風。然後樂師告罷。退
之帷宮。時也皇歡。浹睿澤深。一人有慶。萬國歡心。群臣獻
華封之祝。天子御薰絃之琴。照寰光於合璧。式王度其如金。
乾道兮下濟。湛恩兮汪穢。四三皇兮六五帝。于胥樂兮千萬歲
。

**五十二、萬齊融〈對樂請置判懸判〉　　　　　卷三三五**

有州申百姓皆好操縵都不識雅章以不能易俗請置判懸供釋菜賓社
之用使人觀習省以為非所宜言不為聞欲科罪訴云州將鹵簿見著
令文且方古軒懸為降已甚置之何過國家制禮作樂。懸象示人。
列在京師。編諸甲令。禮緣失序。自可取之於朝。樂章不虧。
何輒列之於野。苟希專制。豈曰宜言。惟彼有州。殊非折衷。
中和樂職。不見盛德之容。上下判懸。無聞達禮之意。置之何
過。州乃飾非。不與上聞。省以為當。

**五十三、顏真卿〈朝會有故去樂議〉　　　　　卷三三六**

周禮大司樂聯云。諸候薨。令去樂。大臣死。令弛懸。鄭註云。
去謂藏之。弛謂釋下也。是知哀輕者則釋。哀重者則藏。又按
庚蔚之禮論云。晉元后秋崩。武帝咸寧元年享萬國。不設樂。
永嘉元年冬。惠帝三年喪制未終。司徒左長史江統議。二年正
會不宜作樂。又章皇后哀限未終。后主已入廟。博士徐乾議曰

。周景王有后嫡子之喪。既葬除服。叔向猶議其宴。今不宜懸
。宋書禮志云。晉武已來。國有大喪。廢樂三年。又按江都集
禮說。晉博士孔恢。朝廷遏密。懸而不作。恢以爲宜都去懸。
設樂爲作。不作則不宜懸。孟獻子禫懸而不樂。自是應作耳。
故夫子曰。獻子加於人一等矣。非謂不應作而猶懸也。國喪尚
近。謂金石不可陳於庭又徐廣晉史曰。聞樂不怡。故申情於遏
密。諒闇奪服。慮政事之荒廢。是故秉權通以變常。量輕重以
降差。臣以周禮去樂之文。宋志終喪之證。徐廣之論寧戚。孔
恢之說禫懸。理既可憑。事又故實。伏請三年未畢。都不設懸
。如有齊衰喪。及遇大臣薨歿。則量輕重。懸而不作。

## 五十四、達奚珣〈太常觀樂器賦〉　　　　　　　卷三四五

昔者聖人之作樂也。將以動天地。感鬼神。節風雅。導人倫。樂
假器而成用。器以樂而見珍。或探孤篠於鄒魯。或收浮磬於泗
濱。或斷彼金石。或制自陶鈞。被諸大道。輝光日新。逮乎上
皇云謝。戰國相滅。雄殺氣於五兵。崩禮容於八列。大樂之器
。斯焉是缺。剝極則賁。天臨我皇。化東戶而咸若。歌南風而
光。觀奮豫而崇上帝。舞干戚而柔大荒。樂器成列。盈乎太常
。客有覗而駭者曰。國之盛事。殫所未識。雅象純殷。叢光翁
樹羽紛纒。崇牙剕别。玉管清通。瑤琴古色。朱絲疏越之制
。雷鼓靈龜之飾。青笳閱列於軍容。畫角融怡於武力。故能頓
應楝。張祝敔。猛獸赫怒而擎鐘。金人嵌巖以負笑。鷥笙在目
。疑髻　於周玉。鳳簫可吹。紛胖蠻於嬴女。況復天球曜逸。
金銳蒙鴻。大篇清警。虛籟生風。怒齊竽之濫吹。壯秦缶之爭
雄。稽爾既倬。猗歟載豐。匪天子之明德。孰以成其眾美。總
四夷而徵妙。越六代而高視。思其鏗鎗嘈囋。清暢逶迤。五色
成文而不亂。八風從律而不虧。窮高遠而測深厚。故乃盡美而
在斯。

## 五十五、達奚珣〈對以管聽鳳判〉　　　　　　　卷三四五

乙以管聽雌雄之鳳而不合將罪之云中國無竅均者鳳凰于飛。聲中
律呂。雌雄是聽。道在伶倫。通乎忽微。探彼幽賾言乙也，忝

跡於斯。豈術數之未精。而飾情之有訴。且軒轅已降。歲序茲
探。推律者寧止於一家。探竹者無聞於絕塞。遐求嶰谷。近捨
金門。荀勗聲高。懸同此設。京房識遠。有愧其能。既謝知音
。宜從寬罪。

## 五十六、李白〈琴讚〉　　　　　　　　　　　　　　卷三五○

嶧陽孤桐。石聳天骨。根老冰泉。葉苦霜月。斷爲綠綺。徽聲粲
發。秋風入松。萬古奇絕。

## 五十七、敬括〈觀樂器賦〉　　　　　　　　　　　　卷三五四

明明國章禮樂其康。掌在宗伯。司乎太常。所以納九土之器物。
崇百王之經教。命伶倫使調準。徵夔龍使典效。於以遊止。非
禮不履。於以觀焉。惟樂之云先。去瀾漫之淫視。詠清貞之雅
扁。是瞻是賞。必誠必信。遊方有日。同季札之來觀。入廟以
時。類孔宣之每問。觀其有典有則。爲紀爲綱。土木異象。金
石殊光。宮商節其聲韻。絲竹分其短長。錯龜龍以爲飾。會雲
霞而作章。垂鍾炫以清布。農瑟穆以高張。堂庭別懸置之次。
左右分文武之行。節柷敔以鼓動。流戛擊以抑揚。遠而瞻。則
金石絲竹雜之而殊狀。俯而察。則東西南北懸之而異方。乃既
埏埴。爲之塤塤。貌有古象。制無新規。其氣混。其音吭。此
土之器也。及夫汶陽之篠入用。曲沃之匏見娛。爰裁爰截。爲
笙爲竽。其氣散。其音吁。此匏之器也。收犬羊之皮。取虎豹
之韗。爲鼗爲路。是模是度。其氣勃。其音博。此革之器也。
嶧陽之桐孤生。荊山之秀出。是鍊是斷。爲琴爲。瑟其氣清。
其音密。此木之器也。皆能協六律。暢八聲。合天地。交神明
。調風雨以順序。布陰陽以元亨。既粲然以盈目。蓋難得而縷
名。且夫頌功乃作樂。因樂乃造器。樂盛而德崇。器存而樂備
。樂爲和物之所。器乃積聲之地。所以觀器者思述其由。聽聲
者願歌其事。伊小人之不敏。終援翰而翹思。

## 五十八、梁洽〈笛聲似龍吟賦〉　　　　　　　　　　卷三五六

笛爲樂兮人所吹噓。龍爲神兮天泉是居。何音聲之酷似。而性質
之本疏。想其形謂同婉若。聆其響稍異翕如。始其伐幹厚地。

因材制器。四孔有加。五音俱備。無煩乎鈞簧促柱。有用於娛
心滌志。乍從容而寥亮。究律呂以精粹。伊滿堂之咸驚。疑在
田之忽至。淒清韻起。方將樂以忘憂。想象雲生。實曰物從其
類。庶可分於繁會。諒難測於同異。徒察其咕嚼奔放。激濁揚
清。如泉水之或躍。疑御日以飛聲。象乎龜有逢逢之鼓。疑乎
鳳有嘩嘩之笙。雖學如不及。莫之與京。曷若高下自乎氣。洪
衰應乎手。曲引如變於雲霄霧雨若集其前後。劉累聽之而欲豢
。葉公聞之而反走。非影響以因依。實混合於妙有。東南之美
。厥狀蒼筤。不因乎度土合木。寧謝於玉質金相。調逸蕭管之
奏。音估宮招之祥。若降於天。如聞於野。穆公簡子。徒得其
遊魂。白雪陽春。奚稱其和寡。考終樂以自然。信斯笛之美者
。當過易持。龍吟似之。季長每悲於洛客。鄰人能感於子期。
入耳之初。喜攀鱗之有所。迴眸之際。睹截竹而在茲。是知夫
揮絃戞擊以洋洋。轉喉紆餘之靡靡。夫神物之相應者。無能及
此。

## 五十九、梁洽〈吹竹學鳳鳴賦〉　　　　　　　　卷三五六

鳳惟應聖。竹乃無情。何截彼嶰谷之節。而吹象朝陽之聲。音韻
既生。訝喤喤而成響。宮商閒起。若鏘鏘以和鳴。昔黃帝揆日
。伶倫制律。將分天地之氣。以正陰陽之術。選碧鮮西域而非
妙。得厚均崑山而無匹。既鶱既伐。玉潤之姿是分。以噓以吹
。金昧之聲斯出。貫時之容未改。作瑞之思孔將。呼吸兮斷而
復續。疾徐兮抑而更揚。散漫於叢篠之間。疑郊藪已集。飄流
於芳林之際。謂庭梧來翔。此音既舉。彼德可序。聞軫宮而引
商。若命儔而嘯侶。遂使審音之士。睨孤管而生疑。考祥之人
。向高岡而延佇。既而合黃鐘。制大呂。作候不乖於昌刻。分
時先報於寒暑。逸韻蕭寥。德音孔昭。聆五聲而既備。和六氣
而能調。儻吹於紫閣之前。何異巢阿閣之日。如發於青山之上
。可繼鳴岐山之朝。且鳳聲雖虛。竹響有稟。伊異質之可用。
惟聖人而能審。五聲並發。疑九雛之互鳴。眾響難侔。覺七音
之異品。今國家傲不言而四時以遂。法無違而萬物如春。竹兮

任截。鳳兮來馴。至仁以週乎元氣。大信用洽乎生人。由是律
候以正。其唯大聖。亦何必取鳳聲之竹。然後測陰陽之令。

## 六十、王邕〈勤政樓花竿賦〉　　　　　　　　　卷三五六

皇上朝萬國。宴千官。當獻歲之令節。御高樓而賜歡。應和風奏
以天樂。耀長伎出乎花竿。偉夫如山之重。如繩之直。挺其質
以百尋。繢其文以五色。將烜赫以誇衆。俟鏗鏘而取則。高居
乃在乎帝庭。發這乃因乎人力。於是玉顏直上。金管相催。顧
影而忽升河漢。低首而下指樓臺。整花鈿以容與。轉羅袖而徘
徊。晴空乍臨。若虛仙之踴出。片雲時映。若天女之飛來。矧
夫曲終示危。乘危中矩。八方勞觀。億計如堵。載之者強項超
群登之者纖腰迴舞。猶盡巧於繁節。且獻能於聖主。廣場合勢
。則　舉成帷。衆伎驚心。則汗流漂雨。或有趫材告捷。角力
爭先。鳴龜鼓以動地。仰花竿而拂天。初騰陵以電激。倏縹緲
而風旋。或暫留以頭挂。又卻倚而肩連。躞足皆安。象高梧之
鳳集。隨形便躍。奮喬木之鶩遷。然後贔贔用壯。迴還變狀。
度岌岌之雲梯。繞森森之仙仗。通衢為之翕習。太蔟為之條暢
。人自能藝。信咫尺於重霄。竿則有林。惟飾磨於大匠。是日
也。悅豫重情。喧闐鎬京。角觝慚妙。巴歈寢聲。賞舍嘉用。
潤澤寰。瀛觀斯樂之為最。孰不稱於美名。

## 六十一、姜立佑〈對夷樂鞮鞻為仕制〉　　　　　卷三六二

甲為鞮鞻乃以為南方所習將訓之於人人以為非訴其有謬甲不伏萬
邦作乂。同乎文軌。百度為貞。崇其禮樂。祖考來格。神人以
和。必四夷而克諧。明庶土之交正。國家一其區寓。無思不服
。歲覲有差。方物斯備。越裳重譯。爰歸翡翠之睬。大宛久開
。攸聞汗血之獻。故得鞮鞻是別。聲律會同。諭彼來王。昭其
率舞。擊石拊石。歟入於子。以雅以任。義興詩頌。泉魚涵泳
。聽朱絃而屢昇。雲鳳騫迴。訓金奏而不去。考都鄙之所習。
順操土風。混夷夏之聲塵。以廣朝命。各得其所。無相奪倫。
明九序之惟歌。均兩階之無事。甲之所訓。亦無懵焉。人則未
從。其為過矣。且南方北方之樂。惟禁惟任之名。既人絕而路

殊。誠有條而不紊。辨方正位。允執其中。明罰敕法。亦可不
罔。

## 六十二、姜立佑〈對樂官樂司請考判〉　　　　　　卷三六二

景任樂司博士教弟子難色五周成請進考所司以不能發蒙教不進考
不伏和以人神。文之。金石。所以發揮時政。導揚國風。惟景
職在伶倫。克諧聲律。笙鏞以間。本歌頌而知音。鐘鼓是陳。
謂鏗鏘之在耳。師也有教。藝則不孤。故得遠會生徒。方來冑
子。教成難色。功正在於發蒙。獎勸多方。亦何疑於進考。

## 六十三、李希言〈對學琴不進判〉　　　　　　　卷三六二

乙學鼓琴於伶曹十日不進將撻之詞云未得其數仰正斷悁悁琴德。
先聖所營。詠薰風以解慍。歌白雪而成操。士具不徹。國有其
官。將以盪滌放心。發揚和氣。不有君子。其能爾乎。乙學安
絃。同宣尼之不進。伶將執扑。異師襄之下。拜已習其數。又
得其人。聞諸禦寇之書。是曰文王之操。若伶人子弟。先父職
官。苟慢常以致尤。遂飾詞以文過。則檟楚之道。何所疑焉。

## 六十四、張鼎〈對禫服鼓琴判〉　　　　　　　　卷三六四

得鄒人告孔叢子居親禫服鼓琴而作樂叢子曰此是子輿梁山之琴曲
古器不伏地惟洙泗。人參鄒魯闕里之詩書斯在。奄中之禮樂不
渝。孔叢子風樹搖悲。寒泉動思。霜露云愓。日月其除。是以
君子為難。子笨親喪而永慕。先王制禮。孟獻禫懸而不樂。既
祥絲履見孔父之深譏。行奏綺琴。聞子輿之雅操。且恩懷罔極
。五日樂禁於成聲。哀貫終身。踰月禮通於作樂。去順效逆魯
史稱其速禍朝祥暮歌。鄒人據而興誚。節哀順變。雖殊念始之
心。以今況昔。未悖送終之禮。欲加之罪。其如詞乎。

## 六十五、賈至〈虙子賤碑頌〉　　　　　　　　　卷三六八

清靜致理。中庸之德至。高明柔克。簡易之體大。繹微旨而徵遺
論。何先生道蔚其葳蕤者也。先生宣慈在躬。精義入神。德順
乎天。性根於仁。殷其如雷。曖然如春。始受業於仲尼。終委
質於魯君。爾乃周道凌遲。王風哀思。夷狄竊於位號。干戈亂
於原野。則我魯國無齊晉之強。定哀非桓文之主。三卿有僭虐

之政。先生處此亂邦。從容理邑。平心氣而全耳目。晏然躋富
壽之域焉。自非知微知彰變化無窮。孰能臻此。觀夫爲政之大
。體元之要。恤孤哀喪。舉事問弔。訓之以悌。加之以孝。借
五更而悟君。賢三老而稟教。然後燕居以佚其體。張樂以和其
人。夜漁不戒而信。欺吏不威而息。是以宣尼惜君之理小子期
間君之政暇。何其遠哉。向使移於有國之君。則陶唐之理也。
施於有政之臣。則二南之化也。昔舜左禹而右皋陶。不下席而
天下理。周公殽膳在御。不解懸而四夷伏。小大則異。其揆則
同。天寶初。至始以校書郎尉於單父。想先生行事。徵其頌聲
。而古碑殘缺。苔歐磨滅使立志之士。何以挹其遺風焉。嗚呼
。其道存而其事往。其人亡而其政息。哀哉。遂作頌曰。鳴琴
湯湯。處子之堂。清靜無爲邑人以康。澆風化淳霸俗致王。誰
謂陽鱎。革而爲魴。皤皤黃髮或師或友。芃芃麥苗。不稂不莠
。齊師已卻魯俗斯簞。諫或剖心伊人引肘。穆穆伊人。希聖之
才。堯舜既往。孰爲來哉。從時卷舒。與道徘徊。游泳孔門。
取容定哀。泱泱千古。顯顯令德。聲隨悠牧。惠與順息。人亡
政弊。道播神默。寂寥夜川。惆悵舊國。荒祠尙掃。苔篆將磷
尋風聆韻想見其人。年代邈殊。精誠闇親。再表貞石。頌聲惟
新。

## 六十六、謝良輔〈洪鐘賦〉 卷三七二

昔者皇帝度六律。和五音。率伶倫之士。總鈞石之金。將合樂以
教令。俾洪鐘以平心。當其形器作。坏工進。太房既列。風橐
伊震。奉明謀以立象。窊楓不使。出良冶而成聲。函圓得攜。
空以受氣。動以發生。尙羽大擊。逢霜小鳴。穠浮爲之疏曠。
沈伏由其震驚。如戢韻以待扣。每登懸而惡盈。若乃長鯨似小
。猛笑爲狄。崇欒蚴糾。練響潛越。九乳形矣。信垂範於九州
。雨欒存焉。更分儀於日月。虛而不屈。應而無窮。廣樂之器
。爲音之雄。欲其能鳴。幸春容以大扣。冀乎聞外。必鈞厲之
有中。不誇乎窮髮之墟。實美乎亨臺之宮。儻擊考之無厭。敢
昭宣於國風。

## 六十七、張謂〈進寶應長寧樂表〉　　　　卷三七四

臣某言。臣聞理定制禮。功成作樂。古先哲王不易之典。伏惟寶
應元聖文武皇帝陛下續堯立極。繼武承天。神授五兵。聖包七
德。頃歲自王邸登將壇。祗奉廟謀。襲行天罰。卷舒龍豹。指
麾而復洽陰陽。誅翦鯨鯢。顧盼而並收河朔。九鼎還重。三光
益明。趙魏小康。周秦大定。伏見所部寄住客前黎園供奉官梁
州充義府果毅劉日進新造寶應等凡十八曲。其調合雅。其聲用
宮。以歌盡言。以舞盡意。夫雅者三代之樂。貴之則鄭衛不行
。宮者五音之名。用之則角徵咸敘。興亡理亂。實繫於茲。昔
王令言聽安公子失官聲。知隋氏禍敗非久。今臣見寶應樂用宮
調。知皇家運祚無疆。故製造其詞。發揮成曲。庶登樂府。上
達天朝。謹附前黎園供奉官某進表以聞。

## 六十八、柳識〈琴會記〉　　　　卷三七七

君子之座。必左琴右書。雅好閱古。古亦置於舟車也。大應六年
。浙西觀察使蘇州刺史兼御史大夫贊皇公祗命朝於京闕春正月
。夕次朱方。刺史樊公稱江月當軒。願以邑酒侑勝。叵無何。
贊皇公絃琴。樊公和之。演操相應。澄清撫綏、遽為伯牙。更
為子期。琴動人靜。琴酣酒醒。清聲向月。和氣在堂。春風猶
寒。是夜覺暖。罷宴之後。贊皇顧潤州曰。見明珠者始賤魚目
。知雅樂者方鄙鄭聲。自樸散為器。真意在琴。與眾樂同出於
虛。獨能致靜。同韻五音。獨能多感。同名為樂獨偶聖賢。是
宜稱德。切近於道。昔堯以美利利於天下。曲名始暢。自舜禹
至於夫子不止。且聲著哀思。或當戚自陳。其後居常翫之。和
理所措。若然者。寧襲陶公真意空拍而已。豈襲胡笳巧麗。異
域悲聲。我有山水桐音。寶而持之。古操則為。其餘未暇。是
知贊皇所好。無非訓典。似有道而猶重之若此。況乃真有道之
士乎。輒紀述所論。貽諸達者。

## 六十九、錢起〈千秋節勤政樓下觀舞馬賦〉　　　　卷三七九

惟大唐之握乾符。聲諧六律。化廣三無。能使乘黃服早。龍馬負
圖。必將登高率舞。豈獨載馳載驅。歲八月也。一聖之生。千

秋之首。舉天慶丹陵之會。率土獻南山之壽。上乃御層軒。臨
九有。張葛天氏之樂。醉陶唐氏之酒。感百獸之來儀。即八駿
之孔阜。於是陳金石。儼簪裾。廣場天近。彩仗晴初。有駰有
驪。有驔有魚。雲聚日下。花明露餘。帝曰司僕舞我騏騄。可
以敷張皇樂。可以啟迪歡趣。須臾。金鼓奏。玉管傳。忽兮龍
踞。愕爾鴻翻。頃纓而電落朱髦。驤首而星流白顛。動容合雅
。度曲遺妍。盡庶能於意外。期一顧於君前。噴玉生風。呈奇
變態。雖燕王市駿骨。貳師馳絕塞。豈比夫舞皇衢。娛聖代。
表吾君之善貸。向使垂耳長板。翹足遠坰。天驥之才莫用。鹽
車之役不停。安得播天樂。輝皇靈服御惟允。蕭韶是聽。則知
絕群稱德。殊藝逸貌。足之舞之。莫匪聖人之教。則陳力者願
驅策而是效。

## 七十、閻伯璵〈歌賦〉並序　　　　　　　　　　卷三九五

虞書詩言志。律和聲察乎歌以形言。聲以導律。時其聞見。聊因
紙以賦曰。驗謳歌於樂府。戒伶人以迭唱。隨轉意合。難為形
狀。始趨曲以熙熙。終沿風以颺颺。繚繞容與逶迤超暢。函五
聲之參差。極六律之清壯。原夫蹈性以純密。寬乎率心於悠曠
。或曲或止。如墜如抗。盡或可續。應而不匱。來無攸往。去
有遺意。荊王感而增悲楚妃歡而掩淚。察乎靡靡。似游絲以為
緒。聽乎纍纍若貫珠之為墜。括繁言以入節。同大道而無器。
浮而不蕩。聚而不盈。比擊鼓以作氣、尋鳴笛以遺聲。亘蕭笳
之異響亂楚漢之疑兵。斷絕齊愛。支離帶情。或引商刻角。或
潰渭通涇。思彈劍於逆旅。念採菱於江汀。發河激之慷慨。奏
滄浪之濁清。賦扣角以悽切。歎食薇之廉貞。於是載貲載颺。
積思覆句。引韻下散。沿源上溯。若寒雲凝於沙漠。秋風起於
燕路。情激烈以懷霜。氣絪縕而掩露。率意縱誕。耽聲指顧。
眷五噫之匪陋。遵九章之淪悟。委頓颺厲。抑揚綿妙。啟子均
洛北之曲。泉客理淮南之調。或間以彈絃。或雜以長嘯。陟降
配德。登之於郊祀。一唱三歎。用之於宗廟。至哉但儗其形容
。瀟乎莫見其光耀。蹈這載德流言居要。勤於水土。二南分於

周召。寶鼎見於汾陰。天馬來於荒徼。徒觀其浩浩嫋嫋。汎汎
泱泱。堯帝繼以虞帝。禹跡盡於殷王。省周詩於魯策。欽漢風
於沛鄉。嗟人命之何幸。逢天道之昭彰。諒股肱之匪懈。載元
首之輝光。制頌創雅。漂齊流商。翳統樂教。士符人康。展來
蘇於日域。諧擊壤於皇唐。附威儀之濟濟。和金石之鏘鏘。白
雲互進。綠水激揚。聊以永日。歌而無荒。

### 七十一、崔令欽〈教坊記序〉　　　　　　　　　卷三九六

### 七十二、崔令欽〈教坊記後序〉　　　　　　　　卷三九六

### 七十三、康子季〈對樂請置判懸判〉　　　　　　卷三九九

有州申百姓皆好操縱縵都不識雅章以不能易俗請置判縣供釋菜賓
社之用使人觀習省以爲非所宜言不爲聞欲科罪訴云州將鹵簿見
著令文且方古軒縣爲降已其置之何過雅有大夫。樂有君子。將
以昇幽崇德。降物平心。當今率土齊觀。頌無爲而擊壤。普天
同樂。學操縵以施絃。涓選既修。匡衡之章遂。睨鄭聲久絕。
文侯之臥亦興。比屋可封薰琴解慍。自應兩日施化。三年有成
。釋菜之儀。則聞於肆夏。賓社之用。蓋取於登歌。欲還旺庶
之風。何假大夫之樂而引今鹵簿。空肆危言。州乃不應請置。
有紊彝章，省以非所宜言。雅符公正。事緣共理。過亦難科。
未推　陶之刑。宜典平輿之品。

### 七十四、王智明〈對樂官樂司請考判〉　　　　　卷四〇〇

景任樂司博士教弟子難色五周成請進考所司以不能發蒙教不進考
不伏聖人返古之道。崇尙雅樂。笙鏞鏘洋。絲竹宴衍。后夔節
響子野垂聽。文侯睹而存魏。仲尼悅而留齊。故列其樂司。班
以青子。九變至妙。五年成聲。奏之方澤地祇昇。登之圜丘天
神降。師則獲考。所由奚疑。童蒙之求。可以漸進。功不聞教
。胡用抑爲。格令無文。謂宜憑據。

### 七十五、邊承斐〈對太廟登歌判〉　　　　　　　卷四〇三

多享太廟登歌擊拊大管不作法司科管者詞云鼓鞞不奏有所由烝嘗
有儀。霜露是感必先金石之序。以降神祇之福。故潔粢豐盛。
年和登也。博碩肥腯人力存焉。三獻克終。九成斯辨。堂上堂

下。咨樂正而爲節。載拊載擊。播頌聲而有倫。大管或虧。小
觿攸闕。既齊楚以引過。奚韶濩以合雅。宜寘法司。以應服念
。

## 七十六、萬希莊〈對樂請置判懸判〉　　　　　　　卷四〇四

有州申百姓皆好操縵都不識雅章以不能易俗請置判懸供釋菜賓社
之用使人觀習省以爲非所宜言不爲聞欲科罪訴州將鹵簿見著令
文且方古軒縣爲降已其置之何過革物訓時。觀人設教。欲風之
以正樂。必采之以雅章。苟操縵之見淫。誠布政之爲辟。如或
上下乖序。雅節常。匪所以易俗宣風。適足以貽刑立辟。如或
上下乖序。雅節亂常。匪所以易俗宣風。適足以貽刑立辟。且
禮資成化。樂貴移風。諸侯軒懸。自有感緣之節。州將鹵薄。
豈係賓社之容。若以大夫之懸。俾人觀習。是棄先師之禮。云
誰降殺。

## 七十七、張階〈無聲樂賦〉　　　　　　　　　　卷四〇五

神既和而人不可誣。化將兆兮道與之俱。故聖人張樂於無聲之境
。以造化夫寰區。樂之作焉。所以節百事。既矣。於是奉三無
其用秩秩。其風于于。發自靈府。達於道樞。樂師盈庭。政行
於靡擊靡考。涓衣在御。化成而不曳不婁。爰自周隋。上達堯
禹。或理或亂。時更萬主。誰不吹肅清家邦。　一區宇。莫能
知無聲之樂。而政教斯聚。愔堙既考於鳴絃。節宣豈專乎促柱
。移風莫大於出令。修德不在乎觀舞。故曰猶有五起。政之所
急。徵之則道存微明。行之則人用寧輯。所謂君子設法。貴與
物宜。日聞之政四方以寧過此以往。予亦知其不經。肆皇家之
首出庶物也。高張政典。而疏數適中。深具揖讓。而剛柔洽時
。且無澆漓之風豈蕩然而不反。何異闡諧之作。故賁然以來思
。是以素王閑居而觀。卜商體政以妙。願盡趨隅之禮。以聞愷
弟之要。不可以耳察。又難以目照方知夙夜之詩。遂合無聲之
兆。

## 七十八、張階〈審樂知政賦〉　　　　　　　　　卷四〇五

## 七十九、平冽〈舞賦〉　　　　　　　　　　　　卷四〇六

陳思王榮分帝子。寵列天孩集賢東閣。追宴西園。使趙女攜琴。
文君送酒。劉楨吮墨而作賦。王粲稱觴而獻壽。樂者所以節宣
其意。舞者所以激揚其氣。不樂無以諷風俗。不舞無以擴情志
。王乃奏長歌。登舞閣。徵絕伎於行宮。命天姬而走索同曳緒
之翩聯。狀跳丸之揮霍。即使燕姬撫琴。秦女吟笙。楚妃歌防
露之曲。陳后唱結風之聲。則有楚媛巴兒。齊童鄭女。躡凌波
之緩步。曳飛蟬之薄縷。掩長褏以徐吟。頓纖腰而起舞。低鳳
簧於綺席。聽鸞歌於促柱。燭若蓉蕖。折波而澳出。婉若鴻。
鵠凌雲而欲舉。其為體也。似流風迴雪而相應。其為勢也。似
野鶴山雞而對鏡。總眾麗以為資。集群眸而動泳。觀其躡影赴
節。體若摧折。將欲來而不進。既似去而復輟。迴身若春林之
動條。舉袂若寒庭之流雪。乃其指顧彷徨。神氣激昂。竦輕體
以鶴立。若將飛而未翔。作之者不知其所。觀之者恍若有亡。
則有邱園覊旅。簪纓無序。握高枝於芳桂。挺茂幹於長楚。頓
雌雄於飛伏。卜行藏於虎鼠。思握太常之第。求奉揚庭之舉。

## 八十、平冽〈開元字舞賦〉 卷四○六

禮以訓俗、樂以移風。粵我皇兮是崇字以形言。舞以象德。肇開
元兮是則。是知聖人之合舞也。既所以誕敷文教。亦所以擬象
周旋。自我作古。示不相沿。豈比夫漢主習五行之典。虞后陳
兩階之前。干戚之容雖備。文字之旨未全。何以哉。盡善盡美
。待吾君其具焉。望之如雲聖人為君。橫御樓於北極。張古樂
於南薰。八佾之羽儀繁會。七盤之綺褻繽紛。雷轉風旋。應
鼓以赴節。鸞迴鶴舉。循鳥 以成文。周瑜之顧不作。蒼頡之
字 分。竦萬方之壯觀。邈千古之未聞。其漸也。左之右之。
以引以翼。整神容而裔裔。被威儀而抑抑。煙霏桃李對玉顏而
其春。日照晴霓。間羅衣而一色。霧縠從風。宛若驚鴻。匿跡
於往來之際。更衣倏忽之中。始紆朱而曳紫。旋布綠而攢紅。
傅仲之詞。徒欲歌其俯仰。離婁之目。會未識其變通。懿夫乍
續乍絕。將超復發。啟皓齒以迎風。騰星眸而吐月。搖動赴度
。或亂止以成行。指顧應聲。乃徐行而順節。且歌者所以導志

。舞者所以飾情。觀其容也。或以移乎風俗。察其字也。或以
表秋貞明振古不眠。斯今獨榮掩雲門而奪大濩。鄙咸池而陋六
英。一人有作。萬物咸亨臣固迷於日用。願頌美兮載厥聲。

八十一、平洌〈兩階舞千羽賦〉以皇風廣被夷夏謐清爲韻　卷四〇六

寰海之內。長沙大野。妖星既落兮。天展其下。皇帝將欲罷鑄兵
。歸驊馬。舞比干羽。文化區夏。在昔則格虞氏之遠人。於今
則彰我朝之風雅。日麗黃道。帝臨丹墀。鼓靈鼉兮旅翠鳳。登
舞童而詔樂師。兩階儼然。而八佾舞之。顧步而動兮。成文在
茲。拊金戀始求聲於律呂。揚玉戚非。取象於華夷。且干者兵
器。去其用而持其實。羽者樂音。美其聲而秉其質。是用抑揚
於倒載之後。鼓舞於飾容之日。肅穆壯成。舒遲靜謐周旋乎東
向西向。行列乎左城右城。所以增廣殿之煜烜。所以符太階之
光明。然後協順氣。繼和聲驚情而白日重貫。造物而洪爐再成
。必使萬彙千品四維八紘。革心而來。約泄泄於靈府。鼓腹而
進。仰巍巍於穆清。吾君是以黜掌上之纖腰。弛庭中之妙戲。
況丸刉揮霍。巾鞏慢易。或洶湧於鼇抃。或翩翻於鳥企。諒文
德之無補。於樂情之爲僞。若其條暢旁達。聲明遠被。俾其洞
心駭耳。屈膝交臂。是知至誠可以幽通。大樂茲焉統同。彼儀
鳳之瑞。格神之功。雖非至理。是必同風。不然易能去肉刑。
除脂網。福如山峙。澤若河廣蓋總干動其形容理國觀於指掌而
已容有窺萬舞。美柏皇。然後賦兩階之事。知五樂之方。

八十二、梁涉〈對琴有殺聲判〉　　　　　　　　卷四〇七

甲鼓琴多殺聲景與其鄰懸鏡於樹以盤水察之盡達微隱甲訟景非理
云死有害人綠琴高張。觸物易操朱弦促調。緣心應聲。既峨峨
以在山。亦蕩蕩而著水。甲逢有道。每歌詠於南薰。景屬無爲
。亦歡娛於北里。彈絲靜聽。無聞獨鶴之吟。外物生情。忽作
捕蟬之思。平生雅意。妙曲先知。邂逅商音。有鄰使覺。鏡懸
於樹。疑桂魄之澄空。水止於盤。若冰壺之在鑑隱微必察善惡
斯彰。才聞察氏之絃。遽作淮南之術。跡或多於猜忌。罪無抵
於章程。事則可憑。訟乃無咎。

## 八十三、梁涉〈長竿賦〉　　　　　　　　　　　卷四○七

伊醰醲之可觀。有格澤之修竿。勢百常以莖擢。文五彩而花攢。
可負以致遠。又行之匪艱。故得一人之慶。而爲萬國之歡。獨
步華場。偏臨廣術。當太階以影正。對重樓而首出。笈笈兮高
柱承天。亭亭兮若木拂日。有美人兮來從紫闥。爲都盧兮衣錦
褧衣。凝靚妝以如玉。聳輕身兮若飛。倐龍盤而婉轉。遂花落
而霏微。朝雲興。神女之初降。曉月將落。姮娥之未歸。於是
伐鼓雷響。鳴金星合。從正殿以獨步。巡廣場而未匹。勢欲傾
掉。力將彈壓。天地爲之振動。樓臺爲之笈業。臨人自正兮有
異從繩。處險而安兮匪同履冰。豈有象於源漸。終無敎於猱升
。聞北風其涼。我則懷將恐將懼。見南山之壽。我則喜不騫不
崩。則知蹲會稽者其言矯。在浚郊者其利少。曷若揚王庭。越
木杪。爲域中之大。見天下之小。哂伏波之銅柱。遙居海裔。
陵漢武之金莖。揭出雲表。惟我皇而念茲。遂角觝而存之。非
爲作奇技。庶堯之謗木可爲。非爲作無益。庶舜之舞干可持。
使遷喬者仰止。守直者方斯。臨下則正而不譎。在上則高而不
危。夫是跨越古今。標格寰宇。聞之者鳬趨雀躍見之者足蹈手
舞。非測日之表可傳非淩雲之梯足數。將揭焉以山立。或拊之
而林聚。故知斯竿無親。惟力是鄰。雖盛德之在木。必先容而
假人。欲爲柱兮承彼大廈。願爲樹檝兮當彼要津。既呈材以效
質。樂我王於萬春。

## 八十四、梁涉〈對樂師敎舞判〉　　　　　　　　　卷四○七

甲年十三爲國子樂師敎之舞象甲不受命樂師將撻甲云違禮不伏夏
序殷膠。建國尊務。養老齒冑。先王大猷。所以長幼分規。道
業差序咸殊誦習。將明告敎。射御書數。分制則於樂章。中和
祗庸。遵規儀於性府。即大成以方就。爰小舞而首陳。必在準
繩。無或差忒。以言國子。辨慧斯聞。系彼勳華。金張錫慶遵
其禮樂。游夏申歡。學畢幼儀。言辭外傅。年昇舞勺。乃踐上
庠。春誦夏弦。深期順節。尊師重道。寧願踰閑。佩觽之成童
未及。摳衣之舞象何先。雖欲速於有知。終見陷於無度。儻聞

一知三。亦何守於彝倫。必也非禮勿言。固可拘之年限。制於
未亂。詳茲雅得紀綱。扑作教刑。撫事難從捶楚。

## 八十五、石鎮〈洞庭張樂賦〉　　　　　　　　　卷四〇七

昔帝軒出震。用率大戞。三才以貞。萬人以察。戰蚩尤於涿鹿之
墟。登飛龍九五。張咸池於洞庭之野舞元鶴二八。遂使素女緘
瑟。昭文輟琴。壞箎協韻。笙磬同音。始鏗鏘以拊石。終訇隱
而搰金雷出地中。以成奮豫之象。風行水上。油生子諒之心。
包混茫之廣大。含元氣之高深。不知不識順帝之則。無視無聽
。至道之極三月忘味。思在齊而攸聞。七旨格苗。非得儁而爲
克。所以事與時並。名與功偕。群方既睦。庶尹允諧。且如碩
人褒然。萬舞在前。秉翟奕奕。象九奏於鈞天。后夔爰至。三
步既次。夾振躍躍。率百獸於厚地。諒人神之在和何匏竹之足
備況乎皇上降衷。以符德充。理七音於周雅。歌五絃於舜風。
仁親是務。車軌攸同。信敷草木。澤被昆蟲。在坑谷而何有。
與幬載而齊功。故得萬屬宅心四夷修款。音無濫懟義取觀盟。
聞正始之頌聲。足誠盈以持滿。空歌詩以獻賦若窺天之管。

## 八十六、蔣至〈洞庭張樂賦〉　　　　　　　　　卷四〇七

聆黃帝之遺音。澹乎至察天非私覆。稱其德以無三。國有元風。
應其方以宣八。所以合德樞之幽鍵。率至人之大戞。當其存乎
象用。酌彼釣深。將合之於萬籟故稽之於八音。非剽之以耳。
寧聽之以心風師拊石。雲將搰金。棄園客之絲。彈爲鶴舞。辭
羌人之竹。攦以龍吟。雖不擊而不考。或習習而憒憒。坐忘斯
得。旋歸靜默。其始也懼。其絡也惑。迴日月之運行。會鬼神
之柔克。淒清廣莫之野。曼衍華胥之國。奔夷貊於蟠木之東。
聳鱗翰於幽陵之北。和容遠被。休氣充塞邦用榮懷。人之克諧
。何以鼓靈　之坎坎。撞猛笑之喈喈。至乃起於無眹。調之自然
張洞庭兮聽咸池。同嶰谷兮合鈞天。昭炎氏之作頌。寓莊生之
外篇。是則成象者樂之餘。希聲者樂者樂之器。舞妙有爲八佾
。懸至和爲二肆。觀其妙叩以元關。動無方罩於厚地。貫陰陽
而不測。庸詎識其純粹。吾君纘戎。始酌遺風。集端虛於黃屋

。攘靡曼於元宮。理代之音兮蹈而不言而化兮美以能充。今以視昔。實由元同。受靈命之誕敷。窅希夷之自滿考徵音於天樂。謝能賦於窺管。

## 八十七、王太貞〈鍾期聽琴賦〉　　　　　卷四〇八

昔曾待詔金門。屬吾君耽道。久之事寢。歸與寧省。竊服古訓。見郭林宗傳曰。貞不絕俗隱不違親。賢哉斯文。生人端格。然恨甘旨不足。每圖翩自咎。及耿坐虛館。凝神定靈。夜分假寐。如聞琴聲發越。宛在左右寤而驚悷貴知音焉。難怠鍾期善聽。因賦是以廣意。寂兮琴之德。寥兮琴之聲。德徹陰陽之奧。聲涵淳粹之精。體空洞。響眞清。偉上皇之遺功。超萬祀之垂名。祇聞成連伯牙以傳曲。忽睹師文子春而移情。俟良知轉化。靡忒鍾子期。故有空山之谷。清澗之湄。幽人髮髻。絆粒茹芝。憑高梧。引長飆激楚窈窕。流波透迤。陽阿布濩。結綠參差。高秋風冷遠浦霜滋。素月滿。繁星稀。雅調閑逸。流風遠吹。鍾期當日。傾耳志之。怡性愜靈。中矩應規。躊躇四顧。俟其禕而。曰聽商則知愁霖春零。聞角乃睹韶華秋榮羽發則寒生朱夏。徵來則暑移元英。陵厲翕忽。消息竭盈。君子悅懌。導心和平。斯實庖丁投刃而節應。郢人運斤而風生者也。夫其高張絕絃。韻清調苦。怊怳惻　　。一龍一虎。猛將之逐虜。冰雪操蘭蕙薰嶷兮崇山。勁若寒雲。烈士之諫君。跂燕趙。望江漢行路難。杳無畔淋漓沸渭。牢落泮渙。遊子之悽斷。岐徵未撫。涕棋流。悲宿昔。心悠悠。樵童牧豎登孤邱。哀引南音。一何楚囚。與歌百里。又喜子游。應事態移體物聲愁。或飛而不速。或擁而不留悁悁泠泠。窮微達幽。一偶鍾生之聽。妙極而不周。於是夔襄愕眙。昭曠咄沓音有至而乃發。發當及乎此時。乃理雲和。寫咸池。感天地。動神祇。元鶴鼓舞。鳳凰來儀。風雷並。雲雨隨。黃帝之所聽瑩伊代人疇敢以窺。鍾子兀然。收聽反視。沈吟不已。感樂之至精。得音之微旨。佔音之難蓋由有此。誠在聽之以心安可察之以耳嗟嗟琴韻盡美矣。

## 八十八、李翰〈通典序〉　　　　　卷四三〇

## 八十九、鮑防〈歌響遏行雲賦〉　　　卷四三七

與元氣相合。與太虛相雜。此雲之所吐納。讒巖奇峰。蜿蟺眞龍
。此雲之爲形容。其有含商咀徵。節其行止。以乖刺於天理。
然而天無情。道無營。四時感而運行。萬物感而發生。苟吾人
之感激。遂凝思於至精。彼天地猶見應。況白雲之英英。緣是
漑盥心術。混和天倪。權機不發。正性不攜息眞氣以足踵。激
清聲於瓠犀。四氣既交。五聲大戞。以咽喉爲管磬。以唇吻爲
控揭。忽頓挫而高歌。遂盤跚於坱北。上如抗。下如墜。極高
天蟠厚地。魚奮鬐。鳥騰翅。混莽渺而清泠。入虛無而密緻。
彼雲澶漫萬族。連延一空。出虛無以布濩。淹寂寥而鴻濛。既
如益而如馬。亦自西而自東。歌者於是噬嗑其頤。吮吐壞篨。
氣調萬象。口運四時。奏羽商而寒光列列。動角徵而春色熙熙
。聲欲斷而復續。若貫珠之纍纍。一成而芳氣初振。風篁未韻
。彼雲尙徘徊希微。出入無依。若往未定。將行不飛再成而逸
思奔壯。正聲寥亮彼雲漸應曲往來。從風下上。三成;而充塞人
寰。洋溢無聞在水偏水。在山滿山。彼雲忽應聲赴節。雷奔霧
雙。前者山立後者山岌。力大不可以動搖。噫氣不可以噓吸。
風北不北。風東不東。輪囷杳影。泱溢長空。矗如河漢。屹若
華嵩。天輪轉而不動。地籟寂而不窮。沈悠悠之寒水。浮習習
之涼風。浮沈異勢。高下萬里。願一致於青雲亦何階而望此。
及其調苦聲切。歌長意深天乎有耳。雲也無心果凝影而不散。
爲歌者之知音。是知志同則千里而應不同則造膝而悖。谷爲律
而成暄。日因戈而不沒。苟精誠之激厲。信感應於攸忽則有花
裝袨服。楚艷陳娥。妖姿膩理。慢臉棋波。珊珊佩。玉粲粲垂
羅。務淫哇之巧笑。詫激楚之嬌歌曲未離於咫尺。雲已逸於山
河。假使勢雖迴天。力雖拔山。影則可望。雲不可攀。思欲騁
庸音之靡曼。遏仙雲之往還。亦何難哉。向使善亦遏雲。否亦
遏雲。妍媸一貫。邪正不分。則善歌者望風而結舌。肯闡茸於
哀哇群哉。

## 九十、徐浩〈雷神銘〉　　　卷四四○

石山孫枝。樣翦伏羲。將扶大隱。永契神機。

### 九十一、呂牧〈子擊磬賦〉　　　　　　卷四四三

大哉將聖。樂天知命。憲章文武昭宣孝敬。遊道藝之門。觀魯衛
之政。知禮文之迹作。繫王道之衰盛。將有託於知音。故先擊
其浮磬。翕如始奏泠然激揚。旁達草木。獨調宮商。律中乃節
而信。清引而越以長。何一氣之立則。若五色而成章。羽可以
振振。獸可以蹌蹌。神人以和。舍此奚取。樂懸之位。斯焉是
將諧協於國風。本一於心始。將此易俗。非爲悅己。作於朝而
君臣同和。聽於家而少長咸喜。不達情者。莫究其理。不賞音
者。莫佑其旨。非有爲而作焉豈苟樂而爲爾。噫。斯道之行。
如磬之聲合於制度。發以清英。應小大以隨擊拊。原始終不可
將迎。伊物情之滯隔。莫不由此而發明。謂爲藝以吾不試。語
之道而佑吾志。固非繫而不食。豈止垂之如墜。曾見訪於萇宏
。反受噆於荷蕢。彼往而不返。欲潔其身。如樂之無節。則可
奪倫。義有昧於反舌。耳無聞於日新。何沒沒於隱者。亦硜硜
於小人。必也審音。居然大辨。動應而溥暢。虛中而獨善。使
石聲無定。則我心可轉初未明乎弛張。庸詎議乎深淺。一雅一
變。正聲久遭。子擊此者。亦屢歎之。唯聖有作。闡敎命夔乃
知樂正雅頌。復在於明時。

### 九十二、高郢〈吳公子聽樂賦〉以四聲爲韻　　卷四四九

延陵季子節高神融。博辨精通。其識達。其聽聰。方辭吳而聘魯
因請樂以觀風。主人於是設嘉饗。進樂工。陳金石絲竹於堂上
。舞干戚羽旄於庭中。客乃疑情滌慮。幽聽遐想。翕如也。見
雅調之始作。美矣哉。歎至德之彌廣。自周而下。自郐以上。
備聞變態之音。默見興亡之象。時則崇牙對望。猛笑相向。槌
鐘擊鼓。戶陵厲而清壯。鳴磬戛紘。又發越而寥亮八音宣。六
律暢馬弭髦而仰秣。魚竦鱗而躍浪。信可以察邦國政敎之盛衰
見造化陰陽之情狀。及夫曲已終。奏斯闋。言之者莫隱觀之者
咸悅。足使夔曠心沮。牙期思絕是知大樂與天地同和大禮與天
地同和大禮與天地同節。乃爲理之樞柄。化人之軌轍者也。夫

聽者納於耳而察於心伊事也傳於古而繼於今陽春白雪之歌其和
寡。流水高山之曲其意深。姑使清濁不亂。鄭衛莫侵。雖千載
之後。亦何謝乎前賢之知音。

## 九十三、高郢〈獻凱樂賦〉以獻茲大功陳樂于祖爲韻　　　卷四四九

凱樂象功。曲成斯獻。既宣威而是奏。亦飾喜而攸建。播師律於
六律。寰海用寧。揚軍聲於五聲。華夷知勸。原夫飲至云畢。
告捷在茲。陳簨簴之列。歌祊社之詩。天地同和。盡樂止戈之武
。生靈咸若。俱歡反旆之師。觀其鐘鼓克諧。羽旄而通。俾夫
聲聞於外回八風以柔服。協七德而保大。鏗鏘既薦乎成文。條
暢有符於交泰。若乃昭聲教。定武功。肅軍容於清廟。和樂節
於皇風。奏在偃旗之時。寧惟三捷。獻於歸馬之日。何愧一戎
。於是洪稜奮。盛陳怠怒聲而色作駭壯觀而氣振。且流歡於遠
邇。乃昭慶於神人。耀德戾資。克弁熊羆之士。審音斯取。不
忘將師之臣。則知伐叛既在乎師。獻功必資乎樂。綴兆若習於
部伍。進退如分其犄角。矧乎伎伎之功斯立。鏘鏘之韻相符。
始理心而啓聖。終盈耳以爲娛。彼周伐玁狁。漢征單于。皆窮
欲而黷武。故人殘而力無。未若我配盛德永維圖。將使自東自
西。聆至音而斯爲盛矣。盡善盡美。欣元德而不亦樂乎。既而
一人有作萬物皆睹。掩軒后之咸池。陋周王之大武。播丕績於
宮徵。獻盛樂於宗祖。客有擊拊而欣聖功。願比身於率舞。

## 九十四、高郢〈無聲樂賦〉　　　　　　　　　　　卷四四九

樂而無聲和之至。聲而有象樂之器。特飾樂以彰物。非克和之中
義。故保和而遺飾。然後至樂之道備。樂不可以見。見之非樂
也。是樂之形樂不可以聞。聞之非樂也。是樂之聲。天廣其覆
。地厚其生。四時各。萬物成。絪縕煦嫗。何樂能各豈非道之
爲它麗。無之爲精。魚泳重泉。哭安茂草。鳥頡頏於雲路。人
逍遙於至道。咸自適於中情。亦何擊而何考。厥初造化。衆籟
末吟。寂兮寥兮。有此至音。無聽之以耳。將聽之以心漠然內
虛。充以眞素。處此道者。無日不聞于律度。倏爾中動。遷於
內形。涉此流者。沒身而不得一聽。得意貴於忘言。得魚貴於

忘筌堯人致歌於擊壤。陶令取逸於無絃。音留情以待物。亦同禮於自然。此樂也。平而不偏。正而不回貧且賤不以之去。富與貴不以之來。顏生得之陋巷而自然。殷紂失之北鄙而人哀。樂云樂云。鐘鼓云乎哉。

## 九十五、鄭錫〈正月一日含元殿觀百獸率舞賦〉　　　卷四五〇

皇上端拱穆清。法春秋五始之要。酌禮樂三代之英。赫帝典含元正。衡紀允吐。攝提爲貞。疏龍首以抗　殿。靡魚須而建旌。開彤庭執玉帛者萬國。發金奏韻簫韶而九成。祥風應律。慶雲夾日。華夷會同。車書混一。羽衛宿設。乘輿曉出。陳八佾象鈞天之儀。舞百哭備充庭之實。彼毛群與羽族。感盛德而呈質。度曲既三。薰風自南。進旅退旅兮猛志外戢。擊石拊石兮和氣內含。忽齊首以瞪目。戶脈脈而耽耽。威而不猛。樂而不譁。搏鷙者搖尾而就養。剛狠者戢角於觸藩。牝馬馴致於坤德。群龍利見於乾元。若乃大禮成。壽觴薦。天聲起皇威遍。金石鏗鏘以攢雜。文物葳蕤以蔥蒨。哭臣獻估於廣廷。樂正舉麾於層殿。怛荒戎於醜虜。咸稽首而革面。其初進也。波委星攢。如岡如巒。發揚蹈厲兮鼓舞爭集。無大無小兮容止可觀。其少退也。軍旋陣折。匪蠻匪貊。蹄角且千兮羽儀累百。詭色殊奇兮相輝赫赫。豈獨九尾靈狐。一角神獸。顧兔宵落。麒麟夜鬥。非熊非羆。爲猿爲狖。威鳳巢閣。騶虞在囿。條支之犀。黃支之穀而已。其徒實繁。厥狀非一。五靈嘉瑞。百寶異質。數不可盡之於詞。名不可殫之於筆。莫不聞至樂而知感。樂皇風以相率忽指顧於應規。亦迴旋而中律。穆穆焉羌難得而備述則知樂之感也深。德之被也普。彼禽獸之遇聖。隨萬里而咸睹。至若吳歈越吟。荊艷楚舞。徒慆堙於心耳。安擬議於干羽。曾不得充虞舜之帝圖。列后夔之樂府辭曰。鑠元會兮正王度。奏雲門兮歌大濩。百獸舞兮四夷懼。于胥樂兮皇風布。客有慕上古之賡歌。望承明而獻賦。

## 九十六、鄭錫〈長樂鐘賦〉　　　卷四五〇

漢宮昏曉兮樓殿相望。雙闕雲聳兮千門日長。銅壺夜漏。金鏡朝

光。鏘華鐘兮肅天居之岑寂。張猛笑兮壯神容之焜煌。含虛守
靜。應用無方。聞之者市警而夕惕。扣之者神和而意揚。此乃
樂府之彝器。宮懸之高張。豈比夫羽籥絲竹。匏土革木。徒攢
雜以鏗鏦。若乃九陌初昏。重門聚林。清禁將開。繁星戶落。
月宿翠樓。風清金閣。發清聲之響亮。覺層樓之寥廓。思遠客
於鶉衣。怨美人於羅幕。足使懷愁者感之而增欷。得志者聽之
而怠樂。豈在物之有心。伊人情之所托。及夫雞人未唱。鶡鑰
猶封。星翻南陸。月掛西峰。出入萬室。周流九重。走軒車於
金馬。震櫺檻於銅龍。千官警兮清佩響百鳥鳴兮春露濃。豈謝
泗濱之浮磬。豐嶺之霜鐘而已哉。夫其逐吹含空。馳菸驛霧。
徘徊宮闕。演漾官署。虎嘯空中。龍吟何處。近從丹庭之室。
遠盡青門之難遇。豈獨稱黃氏於周典。發鯨魚於漢賦。爾其春
容鼓怒之音。千石萬鈞之實。洪鑪鎔冶之姿。追蠡篆文之質。
總眾美以混成。亮吹萬而得一。客有覊旅靈臺。經過牟首。元
丈未獻。白貫徒久。聲聞於外空美鼓鐘於宮。氣或在天。誰知
藏劍於斗。懷洪音而未發。敢虛心而待扣。

## 九十七、喬潭〈霜鐘賦〉有序　　　　　　　卷四五一

南陽豐山。有九鐘焉。霜降則鳴。斯氣感而應也。潭忝預少宗伯
達奚公特達之遇。握秀才甲科。庶幾人間有是譽處。然南陽即
公隱居之舊地也。故為霜鐘賦。以廣佑音。詞曰。豐山之峰。
巉巖積翠之石。森爽凌寒之松。上無鳥飛。下無人蹤。深杳杳
以靜謐。有天然之古鐘。兩樂神資。九乳靈化。寧失制於侈弇
。豈遺音於窈挽。每笑器以自閑。常宿懸而不下。動於耳而藏
於心。必高秋之良夜。於是沈寥兮日暮而天晶。蕭瑟兮霜落而
風清。爽氣無睽。前來滿盈。跳然出復。鏗爾有聲。信不擊而
一考。能大鳴而小鳴。始則含胡擁鬱。旋復充詘紆閒。若往若
還。徘徊其間。爾其舒肆奔放。長齊遠暢。乍浮空以紆餘。更
觸物而瀏亮。入林蕭蕭。在水湯湯。泛濫淺瀨。聯編悚篁。夜
鶴怨兮彌苦。寒猿悲兮更長。餘韻舂容。隨風悠揚。邈於洞庭
。浮於瀟湘。梧楸紛以離披。蒹葭颯其蒼蒼。及夫夜已艾兮彌

靜。山無人兮月冷。初肅肅而自淒。復硠硠而虛礐。其動愈出
。其來甚徐。合於元化。遊於太虛。轉遠而盡。誰知所如。聊
獨立以傾聽。恍若失其躊躇。聽不及已。想存其餘。方其寒氣
曉集。鏘然應急。發越林巒。周流井邑。前聲未盡。後韻相及
。羈臣之空館屢來。思婦之高樓偏入。莫不恍然驚夢。歔欷掩
泣。夫鐘之應霜也。應以無心。士之知己也。貴其知音。不鼓
而鳴者其聲遠。不言而信者其分深。故自然之聲。無假於煩手
。特達之分。不資於騰口。吾欲徵華鐘。喻良友。懷音淵默。
藏器虛受。可以適南陽。待清霜之一扣。亂曰風籟起兮喧長薄
。霜鐘鳴兮動哀聱。合大塊兮聲無作。雖有聞兮常寂寞。

## 九十八、李子卿〈功成作樂賦〉　　　　　　　　卷四五四

夫九功不成。八音不會。所以功成作樂。乃知樂之為大。上帝以
亨育道周。故鈞天愍愍。軒轅以創業功成。故雲門硡磕。不才
狂智之士。政議聖唐之樂。我高祖神堯皇帝歷數在躬。鈞樞初
握。撥亂反正。戮諸夏之鯨鯢。枯楊生莤。掃中原之霜雹。太
宗以電擊肅慎。洗白刃於遼水。高宗以風行營邱。颺青煙於太
岳。二宗一祖。功高道邈。我開元神武皇帝夷內難。纂前緒。
皇綱弛而更張。帝典墜而還舉。俾萬人之從欲。安一物之失所
。頃年祀后土。夜吐神光。中葳燎皇天。畫聞山語曠綿古而未
覿。非軒頊而誰與。宜樂功成。當崇簨笑。貞觀草創。已模五
莖六英。開元增修。更協黃鐘大呂。命夔典事。大制宮懸。鳴
絲則丈動。奏金則武宣。羽旄舍其春露。干戚耀其秋天。慶雲
既同於舜日。大風無異於漢年。於是八音具奏。六樂斯備。工
無奪倫。守不假器。伏羲之瑟琴有序。女媧之笙箕畢萃。乘逸
韻於伯牙。得遺音於師摯。窮搏拊之深術。盡戞擊之幽致。動
壄則寒谷花明。扣商則春林葉墜。聲無誤曲。周郎之顧何施調
有雅音。季子之聽應異。初舞而魚躍龍騰。終曲而鶴翔鳳至。
誠可以克諧神人。交暢天地者矣。且述者彰於有聖。作者表於
有功。徵乎正始。繫彼國風。聲邪則道澆俗弊。調雅則人和年
豐。當今久風通。六律同。其音正。其氣雄。大昭德而那對。

武盡美而未工。聆響皆清。比無聲而無臭。聞風自悅。何自西
而自東。誠宜播在金石。永永無窮。有龐眉垂白之老。擊壤而
歌曰。功成作樂兮帝力則那。樂正崇德兮雅頌則多。雲門之典
兮大呂之歌。金石節奏兮絲竹駢羅。天地已正兮神人以和雨階
舞羽兮三邊戈。擊壤鼓腹兮不識其他。客有獻成功之頌。九重
深兮其若何。

## 九十九、李子卿〈作樂崇德賦〉　　　　　　　　　卷四五四

我皇以合天爲德。神化爲勳。鄙銘功於彝器。思播德於樂文。由
是播大章大夏。表克長克君。美韶者舜。慚濩惟殷。未足方其
至美。而且讓其樂云。於是俗泰時康。近服遠信聲諧六律事從
百順。樂府爰闢。宮懸始震。樹干羽而駢羅。列鏞鼓而充牣。
八佾之疾徐無失。九成之洪殺克慎。潷灙不生。子諒咸進。洋
洋元化。流於筦磬之中。泱泱大風。發於絲竹之韻。觀夫崇德
之祭也。郊上帝。祀方祇。配祖列位。崇壇奉犠。六代明備。
千官肅祗。殷薦咸若。嘉肴孔時。聲音上聞。同韶之盡美。戩
穀下降。知神之格思。於時曙色初分。祥風微扇。肅肅嚴配。
陰陰嘉薦聲明動於皇天。文物驚於赤縣至矣哉。德不崇無以表
金石之娛。樂不作無以表天地之符。樂作而萬方草偃。德表而
八裔風趨。昔先王之薦也。或中和罔紀。鏗鏘罔假。徒載考而
載擊。非大而遠者。孰若奮至聖之光。明德之香。陋咸池於堯
帝。笑舞象於周王。秦穆之鈞天遠設。軒皇之廣樂空張聖上猶
兢自持。非禮勿動。鄭衛斯斥。溺音是恐。客有聞至德之音。
知我皇之所以垂拱。

## 一○○、獨孤授〈刺鐘無聲賦〉　　　　　　　　　卷四五四

劍挺銛鋒。鐘列重器。何百鍊之堅鋼。向千鈞而效試。刺於有質
若無質以通元。中乎有聲。若無聲而斷棄。則知淬磨歲久。雄
稜霜利。不然。焉能逗撓獸之形以中開使發鯨之聲而靜閟。想
提握以輕奮。宜鏗錚而應刃。忽投剛以泯入。狀體柔而理順。
遂使風胡延視。喜見其雄鋒。子野聳聽。莫聞其遺韻。爾乃理
將神契。跡與道俱。透茲堅重。泯若虛無。於是觀其用而駭矣

。取其類而比夫。當破堅之時。方切五而則異。迨絕響之後。狀決雲而匪殊。是以知其獲揮刾之效。微齟齬之虞。勿以簣笑可憑。猶懷抵礙。勿以金石之固。尚蘊舍胡。宜其暗彰發揮。靜應凌厲。冰結於宜透之始。泉默於旁通之際。莫知所觸故寂兮寥兮。不輕其鋒。信無凝無滯。於戲。亦猶道之肥者。往無不通。藝之至者。物無不合。苟韜藏於求用。必開張而盡納。載原斯器。夫豈與鄰。當耿介以發銳。若感通而應神。所以願於重而宜利。干於大以求伸。果然刾音而不錚爲異。銛鍔而無厚可珍。則劓元犀奚可以擬議。輕白羽曷足以等倫。故君子謂青萍干將之刃也可以比德於吾人。

## 一○一、李仲雲〈對四品女樂判〉　　　　　卷四五八

乙有女樂一部御史按之云有任四品清官仰處分樂云鐘鼓。詩美琴瑟。貴以平心。非徒娛耳。惟茲四品。諧此八音。苟嘉樂之可觀。在官班而有節。況昇平之代。朝野多歡。簫韶之陳。獸猶來格。家室之際。女也何妨。未乖至理之宜。何速憲司之按。此而獲過。豈曰知音。

## 一○二、陸贄〈冬至日陪位聽太和樂賦〉　　　卷四六○

順氣。取初陽而配君。則知天授聖而正歷聖應天而放勳。惟至也去陰就陽。惟樂也偃武修文。八佾初陳。雜鷥鳳而容裔。九奏既畢。降佳氣之氤氳。爾其順元辰。體乾德。赫容衛之森肅。儼宸位之花默班禮樂于千品。陳贄幣於萬國。濟濟皇皇。威容孔彰。望北辰以列位。指南山而獻觴。慶雲協符。榮觀臺之加麗。太陽臨照。爓魏闕而增光。於是太常導干羽而前曰。八音自設。千古靡隔。所以賞諸侯之功。暢聖君之澤。失其度則淟滯寢興。適其儀則上下咸格。清淨順氣而不擾。自和樂自心而來宅。可以導情欲。可以滌煩劇。既而筍笑齊列。笙竽互傳。偕肅肅而合雅。亦啾啾而同元。備以四夷。識四海之無外成於九土。知九德之咸宣。崇易簡豈同於濮水。務德化寧比於鈞天。既損之而又損。蓋斯焉而取焉。故所以移風易俗。發號施令。周天地而不流。匝寰宇而無競。斥鄭衛而不御。暢柔和而全

正。群黎足蹈而手舞。百僚儀肅而心敬。則知一人作則。萬邦維憲。來遠人以干舞。播聲頌而吹萬。則鄭之細晉之思。不可以勸。湯之放武之伐。而猶有怨豈比我照一儀。形九有。舒太和之至德。居盛陽之元首。咸有典而有則固可大而可久。明明我后。於斯萬壽。

禮云。喪三年不祭。唯天地社稷。周禮黃鐘之均六變。天神皆降。林鐘之均八變。地祇咸出。不廢天地之祭。不敢以卑廢尊禮也。樂者所以降神也。不以樂則祭不成。今遵遺詔行易月之制。請制內遇祭輟樂。制外用樂。

右。中書門下奏中使楊明義奉宣。韋皋所奏南詔奉聖樂章。嘉其遠誠。昨已閱試。卿宜知悉者。伏聞樂以導志。感而成聲。故有翕純皦繹之音。蘇任禁昧之奏。以節百事。以平八風。伏惟陛下覆露法天。和澤柔遠。順氣旁達。殊方洽歡。願為保障。以稟聲朔。納邸獻樂。贊揚時休。制氏新其曲度。舌人協其辭禮。雖渝舞可翫。夷歌成章。兩漢所書。未若今日。伏望宣付有司。編諸史冊。

右。中書門下奏。今月七日。伏蒙聖恩。賜臣麟德殿宴會。觀上件新樂。臣聞先王作樂。必本人情。所以崇德。所以辨政。伏惟陛下以大中設教。以大和育物。肇創嘉節。於今十年。年皆順成。俗以仁壽。今則睿謀廣運。度曲惟新。三才位序。

〉

右。今月七日。伏奉聖恩。賜百僚麟德殿宴會。群臣觀新樂。并
賜臣等聖製詩序者。伏惟陛下法天授人。順時布政。中和制樂
。以協六律之音。元首作歌。以廣百工之業。感於順氣。諧此
正聲。春臺照然。生物資始洽慈惠於臣庶。播易良於國風。照
燭乾坤。輝動金石。臣等獲叨近侍。曲被湛恩既在藻以遂性。
亦聞韶而忘味。敢附典謨之末。顧賡載之詞謹各獻奉和聖製詩
一首。謹詣延英門隨狀封進以聞。中書門下謝御製中和節賜百
官宴集因示所懷。

一一三、周存〈太常新復樂懸冬至日薦之圜丘賦〉

聖人之作樂也。將以同和於天地。崇祭也。將以合奠於鬼神。祭
有倫而六宗不忒。樂具象而萬國以親。皇家握乾符以御寓。廣
樂教以同人。雖功成而有作。亦襲古而彌新。皦如繹如。風俗
咸和而自化。擊石拊石。鳥獸率舞以來馴。頃以賊臣不順。悖
於典常。震驚我師旅。竊犯我紀綱。禮樂之儀。雖可久而可大
。文武之道。亦一弛而一張。是以七德興而有輯。六樂缺而未
彰。今五典丕用。百度載光。海外懷仁以有截。天下好樂而無
荒。帝乃誕敷文教。式奏薰絃。命太常以修樂。將享帝而配天
。於是繩五元以氣應。考八能而術全。倕斧不興堯氏之規惟妙
。上下合度。磬師之法可傳。爰設業以設栒。備宮懸與宿懸。
爾其金石具陳。鞉鼓閒出。和其戞擊。節以徐疾。五色不亂以
成文。八風不姦而從律。大章彰之。已合陶唐之代。韶盡美矣
。不惟有虞之日。既而樂復音和。仲冬日至。屆殷薦之祭典。
將孔明於祀事。用享乎上帝乃奏夫圜丘。撞黃鐘而角動。扣太
簇而徵流。大不踰宮。而清濁迭和。細不過羽。而終始相酬。
是以六變而天神可禮。九成而帝德惟休。大禮畢。雅音收。居
清穆以合理。思有宥密而爲猷。雖化洽時和。惟善政所致。而
風移俗易。將復樂之由。

一一四、張元度〈對樂請置判懸判〉

有州申百姓皆好操縵都不識雅章以不能易

俗請置判懸供釋菜賓社之用使人觀習省以

為非所宜言不為聞欲科罪訴云州將鹵簿見

著令文且方古軒縣為降已其置之何過

明則有禮樂。幽則有鬼神。並繫國移風。助天成物。我堯舜其德
。清明在躬。詠南風之時。光宅天下。斬東萊之樂。政事惟醇
。贍彼有周。誠為率土。百姓樂業。群黎向方。而先彼藝能。
後其節目。操茲雜弄。存彼安絃。承獎訓於鹿鳴。冀成功於蟻
垤。州司以事乖易俗。不識樂章。既慚師乙之言。有類文侯之
間。爰申禮閣。欲置判懸。供釋菜於賓社。庶旺黎以觀習。且
是請也。非所宜言。昔子路居蒲。文翁處蜀。自有無聲之樂。
豈聞操縵為辭。欲實爰書。若何文過。軒懸鹵簿。徒飾詞於如
簧。郵罰麗事。豈逃刑於聽棘。

**一一五、王虔休〈修進繼天誕聖樂表〉　卷五一五**

臣某言。臣聞於師。夫君子為能知樂。是故審音以知樂。審樂以
知政。則理道備矣。故清明廣大。終始周旋。與天地同其和。
與四時合其序。豈止於鐘鼓管磬云乎哉。伏惟皇帝陛下繼明御
極。理定功成。則星辰之度。以授人時。酌昊穹之心。以為政
本。五行隨其用捨。九有荷其陶鈞。鳥獸魚。無不咸若。伏見
開元中。天長節著於甲令。每於是日。海縣歡娛。稱萬壽之無
彊。樂一人之有慶。故能追堯接舜。邁禹踰湯。自周以後。不
復議矣。臣竊以陛下降誕之辰。未有維新之典。雖太和已布於
六氣。而大樂未宣於八音。毋乃臣子之分。或有所闕。愚臣不
揆頑昧。思所祖述。每私歌竊忭。忘寢與食久矣。適遇有知音
者。與臣論及樂章。探微賾奧。窮理盡性。臣乃遣造繼天誕聖
樂一曲。大抵以宮為調。表五音之奉君也。以土為德。知五運
之居中也。凡二十五遍。法二十四氣而足成一歲也。每遍十六
拍。象八元八凱登庸於朝也。所冀與雲門咸池。永傳於律呂。
空桑孤竹。同薦於宮懸。不聞湷潡之聲。長作中和之樂。可使
九域之人。頓忘於肉味。四夷之俗。皆播於熏風。與唐惟休。
終古盡善臣不勝懇款屏營之至。謹昧死陳獻以聞。其所造譜。

謹同封進。

## 一一六、仲子陵〈五色琴絃賦〉 卷五一五

絃有五色而播。蓋出乎舜宮。方理之而登於壽域。故制此而歌夫
薰風。黑與青閒。青與赤通。或以白而受采。或以黃而居中。
本乎朱襄。以至陶唐。因加而自七至八。以少乎惟宮與商。事
匪因於䵟餌。或不由於懈筐。園客以登夫隥。墨子徒歎於蒼黃
。及其瓠巴所彈。師文所學。流連昭曠。縹緲邈。莫不因其靜
好。生此和樂。張伯牙之號鐘。含師曠之清角。八音克諧兮自
此。五色相宣兮有以。雖因聲以致用。終假色而爲美。清音從
內而發。和氣由中而起。奏激楚則引以秋風。歌陽春則雜以流
徵。或向虛壑。或臨積水。影歷歷而分形。聲泠泠而過耳。直
其躬而能屈。鮮其色而受汙。惡以紫而奪朱。常恐新而代故。
大白若辱。有以見至道之源。小扣必鳴。有以昭儒者之度。召
姑洗則草木潛發。歌黃鐘而川池異冱。泉魚瀺灂以躍鱗。雲鶴
婆娑而拂羽。至如心有所感。聲成於文。既爲事而爲物。亦有
臣而有君。哀而不慘。樂而不分。著萬物之情性。和二氣之絪
縕。別有鳴琴在埏。實篋無杈木繩則直。色然後取。儻同聲之
不遙。願聞乎亂之以武。

## 一一七、梁肅〈觀石山人彈琴序〉 卷五一九

曲高其聲全。余嘗觀其操縵。味夫節奏。和而不流。淡而不厭。
凜其感人而忘夫佚志。已而謂余曰。鄙夫徒能彈之。而至和樂
獨善其身。足使情反乎性。吾聞其語矣。未辨其方也。敢問何
爲而臻哉。古之聰明睿智。其能爲乎。余愀然曰。善乎夫子之
問。是道也。吾嘗聞諸師矣。夫人生無其節則亂。故聖人道之
天和。作樂以救之。於是乎有五絃之琴。以暢五音。以協五行
。以宣五常。以紀五事。後世聖人。以爲五絃備其本而未行其
變。變而裁之。莫先乎文武之用。於是究夫剛柔。復益其絃者
。非他也。文武之道也。亦猶八卦既列。復因而重之。然後既
可以動天地而鼓萬物。盡變化而感鬼神。極聖人之能事。反百
慮於一致。此琴之以爲貴也。故虞帝以之。乃歌南風。禹湯以

之。而作夏護。周文武以之。萬邦協和。卜代三十。成康以之
。刑措不用。仲尼以之。見文王之象而樂正。雅頌各得其所。
若琴道不行。則君子之道消。而王澤不下。故殷紂失之。而棄
河海。幽厲失之而周道中絕。晉悼失之。師曠一彈而國大旱。
琴之興廢。與理亂相並。夫備殷薦以配祖考肅相。庶幾神降則
不可廢於郊廟矣。若夫和平其志氣。暢達於動用。使邪物不接
。則不可廢於律度矣。故自有國有家。下逮於庶人。莫不尤重
焉君子所居。於是有左琴右書。士無故不徹。蓋謂是也。周穆
載雲和空桑龍門之琴。禹貢嶧陽之桐以爲之。歷代善琴之士。
與幽蘭白雪之號。則吾子其自知已。夫何言哉。問曰。若如所
云。則今之爲琴者多矣。君子之風。何其未扇歟。對曰。琴樂
之雅者也。雅者正也。正者謂能宣正其聲。而行正道。今夫鄭
衛之移人久矣。其人或正。則其位未大。其位未大。故正聲未
被。君子風薄。不其然乎。夫雅樂之所貴者。豈取清商流徵不
失度曲而已。彼各有所起也。言畢。石君善之。俾子紀其辭遂
號爲序云。

一一八、羅讓〈樂德教冑子賦〉　　　　　　　　卷五二五

至樂之極兮。德教所畜。德者體中和而定剛柔。教者正情性而端
耳目。既垂法於國冑。亦布政於方族。四術允正。三明祇肅。
所以明俊選之標表。所以致才賢之蘊育。比師嚴而道尊。信仁
行而禮復。樂正初協。司成理該被其風而道其志。滌其濫而釋
其回。持筋骸以固束。刷性靈而洞開。德義可依。異射宮之取
士。程準斯在。同梓人之理材。樂且致之。行之廣運。內無聲
以是託表中庸以垂訓在敬遜以務時。資端愨而待問斯乃成性所
臻。學文學相因。既廣博而克已。抑直易以藩身。不待考擊兮
教備。無假拊搏兮行醇。以道應物。以樂和人。事且符於米廩
。義且暢於成均。將俟乎綺紈之子率變。何患乎膏粱之性難馴
。苟以我於木鐸。爾宜必誠必信。苟以我於藻鑑。爾寧不智不
仁。庶居之也洩洩。讓誨之乎諄諄。在聲音之道兮。以律度是
維。諧和是司。在德教之術兮。以友敬爲儀。忠考爲師。固舍

彼而取此。念鑽之而仰之。足使放心精正。體道希夷。罷鏗鏘
於師氏。識明命於后夔寧鼓篋而徒至。必摳衣以慎茲。俾行乎
鄉黨。尊尊長長。俾立乎黌塾。庸庸祗祗。夫然則寬愿者日益
。簡傲者日捐。習語舞而殊源。敦詩書而異壺。斯教也教之至
。誠天下之本。

### 一一九、李觀〈鈞天樂賦〉　　　　　　卷五三二

異哉天地之樂。其可聞乎。美矣盛矣。神夫至夫。謂其有不見其
有。謂其無不見其無。是惟德盛者能感。匪詞工者足愉。故昔
秦穆之寐也。去乎人閭。即乎天上。豁如有遇。杳若無妄。大
音嘈兮交作。上帝儼以延望。百神紛紜而齊赴。萬變合沓而殊
狀。日月正其東西。星辰分其背向。乃有地祇上謁。天仙下朝
。奕奕翩翩。霓裳羽蓋之洊集。砰砰磕磕撞鐘擊鼓之相囂舞之
者傞傞而中節。歌之者洩洩而匪驕。其疾武足畏。其徐文足昭
。遇之以神。殊季札之觀魯。樂而忘味。類宣尼之聽韶。是知
窮深極厚。於何不有罕究其眞。莫尋其首德聲及於無外。協氣
積於虛。受駭矣乎樂以和。和之至而天用作。天之神而樂克宣
。其動也與元氣迭運。其靜也與太虛相全。噫乎哉不可階升者
天道。但見夫乘虛躡浩。乍如周文之夢。實異季路之禱。獲現
天樂之和羅神工之擊考。是天之所合。道不虛行。九奏未終。
初疑八佾。三歎既退。方異六英。徒觀夫鏜鎝之內響。優柔之
正聲。六幽爲之震魄。七曜爲之垂精。而莫識其曲。達其情。
既覺既悟。如喜如戚。天樂之遺音在耳。天神之仿像猶覿顧何
德而承之。受祉於天錫者也。

### 一二○、張友正〈黃鐘管賦〉　　　　　　卷五三七

黃帝稽六氣。正三光。頒命於伶倫之職。伐竹於嶰谷之鄉。創管
籥於方寸。審制度於毫芒。爲十二之首律。導初九之潛陽。伺
青陸之功。微而可紀。察黃鍾之氣。闇然而彰。所以位定於初
。道生於一。將啓四分之歷。潛運三重之室。取厚竅而均者。
當分至而藏密統緹幔以依辰布葭灰以候律。經天順地。察晷度
而有常。陰伏陽迴。知萌芽而溥出。超土制器之精微。可驗物

於遼夐。故曰述之者明。作之者聖。所以觀一管之動靜。效五
音之邪正。斯乃造物於又元。考時於至賾。就兩儀之茫昧。先
萬物而探索。六律六呂。由是以相生。八風八音。由茲而卒獲
。矧夫國家仰合天法。府迴天眷。既用晦而必明。亦處蒙而可
見。敦氣數之元本。去聲色於禹縣。彼唐堯敬授。羲和欽若。
未曰窮微而知變。

## 一二一、裴度〈律中黃鐘賦〉　　　　　　　　　　卷五三七

古者推歷生律。懸法示人。在寒暑之未兆。已斟酌於至神。故能
推一陽之生。爲三正之始。察黃鍾之氣。煦然以升。辨青帝之
功。微而可紀。外去涸沍之節。內見發生之理。具無形而有聲
。徒明目而聰耳。得於心而不昧。藏諸身而有以人事尙昧於先
春。天統已彰於建子。若夫眾象高懸。可伺察於穹天。群形多
類。可區別於厚地。雖紛綸而靡極。終視聽之攸記。未若竹管
之用。前知歲時。葭灰之動。罔失毫釐。物之先見。應必在茲
。取窾厚而均者。當微眇而候之。是則陰陽之運。變化之期。
易以形隱。難以氣欺。懿其十一月之節。十二辰之首。因積小
以成大。得出無而入有。遂能以吹灰於中。動穀於口。亦猶道
之生一。宛在陽之初九。觀乎窮天地之性。興邦國之政。洎純
陰之始。凝導太陽之將盛。何圭之至理。得銅渾之妙術。在沍
涸之窮冬。引發生之遲日既而推萬物之道。統三正之元。清濁
既分於上下。躔次不忒於晝　　。是日也。百辟稱賀。萬邦以則
。垂元化於本始。體高明於柔克。一氣潛應。定之均於數源七
曜旋行。酌至神於物極。變化之道。周流可測人事尙暗於先春
。天統已彰於陽德。由是平之以六。紀之惟三。仰經綸之秘奧
終視聽之所罩。單穆不獨稱其美。周景抑亦懷其慚故以鳳爲名
也。於盡善而稱未。以律爲候也。實用之而不既。振潛伏以蒙
泉。贊元微以通氣。靜室無聲。微風不驚。吹灰於中。八音由
是乎卒獲。動穀於口。五聲以是乎相生。國家上法黃軒推衡律
呂。覘一律之動靜。俾四時而式序。彼唐堯敬授。羲和欽若。
未曰窮於寒暑者哉。

## 一二二、裴度〈鈞天樂賦〉　　　　　　　　卷五三七

嘉大樂之同和。惟上帝之申錫。豈功成之可致。必神遇而來覿。
吉夢足徵。奇音無斁。爰昇天表。備聽乎皦如繹如。方悟人間
。徒聞乎擊石拊石。想夫秦穆趙簡。遊魂太清。下連霄而無覺
。上和奏而有聲。感之深。殊九變之曲。神而化。異三代之名
。則知昭假於下。潛通在上。俾晝作夜。既尚寐而冥濛。好樂
無荒。乃克諧而瀏亮。翕然並作隱爾盡暢。所以娛其精誠。所
以滌夫昏妄。既而受天錫。降天衢。空恍惚於沖漠。猶髣髴於
虛無。餘響愔愔而在聽。撫躬眇眇而異途。原夫育萬靈。騰九
有。縱未央之娛樂。表不息之悠久。永爲二主。觀樂鈞天。假
夢中之高會。豈邦內之譁然。未若我皇沖一氣而獨運。協六律
而相宣。發善令爲鐘鼓。播仁聲於管弦。將興慶於乾坤之內。
非取樂於耳目之前。不識不知。順天之道。旁流喜氣。寧候於
鏗鏘。盡得歡心。詎資於擊考。斯乃常聞於率土。不閟於重霄
。致中和而廣被。誠教化之孔昭。是曰鈞天之樂也。又何萬舞
之與九韶。

## 一二三、裴度〈簫韶九成賦〉　　　　　　　卷五三七

聖人順天道。防人欲。布和以調其性。宣樂以察其俗。氣將導志
。五聲發以成文。化盡歡心百獸率而曲茫茫大空。樂生其中。
聲隨化感。律與天通。交四氣之溥暢。貫三光乎昭融。將君子
以審樂。故先王以省風。致同和於天地。諒難究其始終。惟樂
之廣。於何不有。包陰陽兮不集不散。降神靈兮或六或九。故
季札聆音而感深。宣尼忘味於甘否。昭覆燾兮煦嫗。召游泳以
飛走。演自窅冥。發於性情。將不動而爲動。自無聲而有聲。
王者通三。我則貫三才而作。陽數有九。我則至九變而成。不
然者。何以調大中。何以繼光宅。作終樂於數四歷君子之凡百
。其聲轉融其道彌赫。大哉至樂。於以洪覆。收之而合乎希夷
。張之而散乎宇宙。感天神與地祇。格靈禽與仁獸。扇風化而
以攢則雍熙之可就。大韶命曲。大章同儕。既和且樂。亦孔之
皆。且簫爲器之所細。鳳爲王之所懷。若澹灩之音感。清淨之

化乖。則歌已而於狂客。孰來儀於克諧。恭惟我君。配天作主。命工典樂。考法師古。浹聲教之汪濊。合堯禹之規矩士有聞韶嘉於蘊道。擊壤希乎可取。同鳥獸之歸仁。承德音而率舞。

## 一二四、王履貞〈六街鼓賦〉　　　　　　卷五四六

惟道路兮。此有其紀綱。在昏曉兮。用警於行藏。設彼鼓節以爲人防。俾守度而知禁。咸順時而嚮方。觀其四門洞達。九達攸長。不有司扃。則政或以荒。不有式遏。則人或以敘。粵惟聖唐作法茲始。岐路分職里閈對峙。萬井如。三條若砥。樹鼛鼓也。罔不式遵。命武賁焉。各慎所履。日入於酉俾於行者止。斗回於天。警天居首起。惟其度數。自合銅龍之漏。節其晝夜。不失金烏之晷。豈比夫繁於手。盈於耳。而悅彼姝者子乎。每司晨而不仕。必候時而後動。聲坎坎而旁殷遝遝。氣雄雄而中遏煩惚。通塗廣陌。萬戶千扉。晨應雞鳴。夕催人歸。牛羊下時。迎暮煙而斯發。河漢云沒。伴曉色而漸微。此乃守常有則。守矩不違。一厥人兮人懷其信。齊厥政兮政絕其非。不然者。則是或見訛。下無所楷。使六歷時謬。萬夫聽駭。是知街之設也。所以通達幽深。鼓之懸也。所以發揚聲音。豈獨警其當路。亦用革其非心職是司者。爾罔不欽。無先天兮以欲敗度。無後天兮則人匪忱別有養蒙以居。惜陰爲寶。遊藝鄒魯。觀光咸鎬。每聽喤喤之聲。實樂平平之道。敢課虛而進牘。聊體物而摛藻。

## 一二五、陸復禮〈鈞天樂賦〉　　　　　　卷五四六

何上天之默默。有鈞天之可名。蓋德至而則至。從無聲而有聲。和樂發音。與夢寐而潛契。精誠自感。何耳目之能營。懿乎元德升聞。天降靈貺。匪同乎搏拊之和。豈在乎雲霄之上。感夫心志達乎肌膚。卻萬物而有喜。聞九奏而可娛。其靜也寂寂。其動也于于。異霜天之鐘應。同漢日之山呼。肸蠁兮乍有。杳冥兮若無。表穆公之休烈。爲簡子之祥符。以邀以遊。實我心之獨得。不考不擊豈他人之是愉。惟茲至樂。信夫造。非天私於二君。惟天饗於有道。不然。何融融洩洩。發於自然。萬籟

不雜。八音相宣。且降歡以入夢知惟德之動天。實深乎骨髓之
內。豈專於視聽之前。惟瘖語之有說。何言辭之能全。至哉。
無金石之迭代。無宮商之先後。忽變化於合漠。韻鏗鏘於妙有
。既登不死之福庭。自諧保生之仁壽。則知夫天可通兮道可守
。自感應之無差。知影響之不苟。降鑒匪遙。德音孔昭。鄙未
善之周武。甚盡美之虞韶。豈獨聆之兮四肢酣暢。感之兮心神
洗滌。將使道德之不昧。必受如斯之殊錫者也。

## 一二六、韓愈〈上巳日燕太學聽彈琴詩序〉　　　　卷五五六

與眾樂之之謂樂而不失其正。又樂之尤也。四方無斷爭金革之聲
。京師之人。既庶且豐。天子念致理之艱難。樂居安之閒暇。
肇置三令節。詔公卿群有司。至於其日。率厥官屬。飲酒以樂
。所以同其休。宣其和。感其心。成其文者也。三月初吉。實
惟其時。司業武公。於是總太學儒官三十有六人。列燕於祭酒
之堂。俎既陳。肴羞惟時。醆斝　序行。獻酬有容。歌風雅之
古辭。斥夷狄之新聲。褒衣危冠。與與如也。有一儒生。魁然
其形。抱琴而來。歷階以升。坐於俎之南。鼓有虞氏之南風。
賡之以文王宣父之操。優游夷偷。廣厚高明。追三代之遺音。
想舞雩之詠歎。及暮而退。皆充然若有得也。武公於是作歌詩
以美之。命屬官咸作之。命四門博士昌黎韓愈序之。

## 一二七、柳宗元〈記里鼓賦〉　　　　　　　　　卷五六九

異哉鼓之設也。恢制度於天邑。佐大禮於時行即行。贊盛容而立
之斯立。觀其象可以守威儀之三千。節其音可以表吉行之五十
。配和鸞以入用。並司南而爲急。若乃郊薦之儀既陳。封禪之
禮攸執。經千里而分寸可候。度四方而禮容是集。施五擊於華
山之野。知霧氣已籠。用百發乎南山之陽。識雷聲所及。先聖
有作。後王式遵。啓元機以求舊。運巧智而攸新。相彼良工。
自殊昧道之士。眷茲木偶。應異迷途之人。齊步武而無佚。差
遠近而有倫。遵大路罔愆乎禮典。聽希聲克正於時巡。雖道有
環迴。地分險易。固善應而莫失。諒知幾而有爲。載考載擊。
所辨於長亭短亭。匪疾匪徐。足分乎有智無智。觀其妙矣。孰

測其微細。觀其徹矣。詎知其啓閉。音不衰而得度。響其鏜而
有制。於以紉龍御於以引天旋。異銅渾之儀。亦可敘紫微之星
次。殊玉漏之制。而能步黃道之日躔。周物之智斯設。極深之
機是研。鄙繁音之坎坎。陋促節之闐闐。妙出人謀。思由神假
。時然後擊。贊賞典於今茲。動惟其常。契同文於古者。由是
皇衢以正。帝道斯盛。恭出震以成威。膺御乾而啓聖。我后得
以昭文物。展聲明。不愆於素。可舉而行。宜乎騁墨妙。呈筆
精。固敢先三雅而獻賦。庶將開萬國之頌聲。

## 一二八、柳宗元〈上饒歌鼓吹曲表〉　　　卷五七一

臣宗元言。臣幸以罪居永州。受食府廩。竊活性命。得視息無治
事時。恐懼小間。又盜取古書文句。聊以自娛。伏惟漢魏以來
。代有鐃歌鼓吹詞。唯唐獨無有。臣為郎時。以太常聯禮部。
嘗聞鼓吹署有戎樂。詞獨不列。今又考漢曲十二篇。魏曲十四
篇。晉曲十六篇。漢歌詞不明紀功德。魏晉歌功德具。今臣竊
取晉魏義。用漢篇數。為唐鐃歌鼓吹曲十二篇。紀高祖太宗功
能之神奇。因以知取天下之勤勞。命將用師之艱難。每有戎事
。治兵振旅。幸歌臣詞以為容。且得大戒。宜敬而不害。臣淪
棄即死。言與不言。其罪等耳。猶冀能言。有益國事。不敢效
怨懟默已。謹冒死上。

## 一二九、柳完元〈霹靂琴贊〉並序　　　卷五八三

霹靂琴者。零陵湘水西震餘枯桐之為也。始枯桐生石上。說者言
有蛟龍伏其竅。一夕暴震。為火之焚。至旦乃已。其餘碎然。
倒臥道上。震旁之民。稍柴薪之。超道人聞之。取以為三琴。
琴莫良於桐。桐之良。莫良於生石上。石上之枯。又加良焉。
火之餘。又加良焉。震之於火為異。是琴也。既良且異。合為
二美。天下將不可載焉。微道人。天下之美幾喪。余作贊辭。
識其越之左與右。以著其事。又益以序。而為他傳辭曰。惟湘
之涯。惟石之危。龍伏之靈。震焚之奇。既良而異。爰合其美
。超實為之。贊者柳予。

## 一三〇、張復元〈太清宮觀紫極舞賦〉　　　卷五九四

樂者所以諧萬國。舞者所以節八風。故元宗致紫極之舞。朝太清
之宮。俾觀舞以知德。德以容備。省風以作樂。樂以文同。吾
君纘道紀。修祖功。將有事以朝獻。必斯舞之是崇。方其一人
在庭。群后列位。奉常執禮以恭命。太樂陳儀而蔵事。望聖主
以龍升。見舞童而麃至。舞之作矣。應其度而展其容。樂乃偏
。動於天而蟠於地。其始也。顧步齊進。蹁躚有序。既乍抑而
復揚。遂將墜而還舉。始躘跡以盼睞。每動容於取與。陳器用
之煌煌。曳衣裳之楚楚。觀乎俯俯仰仰迴旋。乍離乍聯輕風颯然
。杳兮俯虹霓而觀列仙。飄颻遷延。或卻或前。清宮肅然。儼
兮若披雲霧而"青天。惟紫也。取紫宮之清。惟極也。明太極
之先。用之則邦國之光備。施之則中和之氣宣。徐而匪濁。比
上帝鈞天之樂。靜而不過。小圜丘雲門之和。亦何必持彼羽旄
。方聞乎得禮。執其干戚然後為止戈。彼延陵空歎於象箭。宋
玉徒美其陽阿。詎能合天地之大德。調陰陽之大訛者乎。洪惟
我后。遵祖為大。道其樂使萬物無不宣。飾其容使兆人無不賴
。客有觀而作頌。願播之於九域之外。

## 一三一、歐陽詹〈律和聲賦〉 卷五九五

詠聲調兮律聲遍。人心厚兮國風變。伊在堯之既引。載得夔而斯
見。哀思慮始。安和追往。宗伯官也。擇人乎有才。正始化焉
。選音於無象。綴咸池之雅韻。去桑間之末響圖風普以雨周。
算天長而地廣。律則以宮激徵。詠則從濁揚清。且懲流而反正
。常誠險以歸平。若近若遠。非幽非明。類無臭。等無聲。信
矣惟時。與四時而德洽。純如合莫。彌六合以文成。善詠者聲
。應聲者律。會高低以齊奏。諧疾徐而普出。跡不得尋功。如
何述。為災為眚。曾莫奉於淫君。調陽序陰。屢見資乎聖日。
故得之者體圓御方。失之者亡禋絕祀。比屋可戮。桀紂罔測其
所由。率土可封。堯舜固知其所以。不然者。移風之言曷謂。
易俗之訓則那。我所以清六管。順賡歌載唱載吹。匪塤箎之獨
協一張一弛。豈琴瑟之空和。八紘有截。四海無波。物阜人蕃
。雖歸之乎至德。鳥來獸舞。蓋於斯而靡他。其理微。其用遠

。論有助也。俾大君之得一考無情焉。同八風之吹萬。可謂我
詠斯暢。我律斯臧。發揚六氣。孕育群方。處植者以之而茂實
。舍識者於焉而壽昌。彼離連與栗陸。復何道而稱皇。

## 一三二、范傳正〈風過簫賦〉　　　　　　　　卷六一四

風爲氣兮溥暢。簫在物而虛受。何相會於自然。合無情於妙有。
泠泠斯韻。習習能久。如聞松蓋之巔。寧比土囊之口。颯爾而
至。翛然輒隨。響繞度以俄遠。聲成文而不虧。其虛其實。是
可披襟而納。以條以暢。何煩鼓腹之吹。彼孔雀下降。鳳凰來
儀。雖見美於格物。豈不慚於有爲。彼簫之韻。惟風所借。或
激越於清曉。或凄涼於永夜。寂寞之內。爰生不考之音。希夷
之間。是合不言而化。謂越客乍流其遺響。謂秦女遙度其僊駕
。散彼寥夐。復於沈潛。被治國之風。以安以樂。在敬心所感
。乃直乃廉。動有輕重。應無洪纖。解慍且和。可並鼓琴之唱
。不姦而順。亦具從律之占。若乃聽其所以。察其所感。蓋有
符於元漠。豈惟契於閒澹。籟之所之。智之所知。誠萬殊之舛
錯。終一貫而迤邐。風從虎兮飄忽。簫象鳳兮參差。何體異之
如彼。而音同之若斯。豈不以宮商所合唱。和爲稱。類霜鐘之
暗叩。同灰管之潛。應時然後起。風匪躁求。激而乃揚。簫爲
靜勝。彼鈞天之音肸蠁。洞庭之樂虛無。豈比風簫之感召。亦
由律呂之相須。異搜奇於蔡笛。鄙濫吹於齊竽。徵顏成南郭之
言。浩然難究。擬宋玉王褒之賦。庶或同塗。

## 一三三、夏方慶〈風過簫賦〉　　　　　　　　卷六一五

風之過兮。一氣之作。簫之應也。衆音以殊。雖高下以異響。終
合散而同塗。體宮商而自得。均清濁以相須。動必造適。用當
其無。冥然理訓昭與道俱。以由一人之化。爲而不有。萬物之
心。以虛爲受。帝於何力。各自遂其生成。天且不言。乃能恆
於悠久。觀夫指大塊之噫氣。裁衆管而聲隨。始飂飂兮清越。
終杳杳以迤邐。遠而聆之。初疑白虎方嘯。迫而察也。旋驚丹
鳳來儀。知化本之有眹。見天籟之斯。道固無名。物罔不感。
彼命宮而商應。信陽舒而陰慘。雲何事而從龍。水何情而習坎

。故達人作用而虛其清心。大道不疵乃滌其元覽。之風也。扇
其輕重。之簫也。應以洪纖。彼若疾而颷。我則以號以嗷。彼
若和而靜。我則若沈若潛。曷異夫暴心感而飂以厲。敬心感而
直以廉。爾其斷續清空。蕭寥永夜。歷虛無而輕　自遠。拂松
竹而幽韻相借。微聞闕下。伴金奏之發天庭。迴徹雲中。疑笙
歌之隨羽駕。莊生託之以齊物。子綦由是而觀化。化之至矣。
茲焉可知。風乃不私其用。簫亦自得其宜。元元之言事無事。
我后垂拱爲無爲。君子曰。風簫也。罔有爭而善勝。契不言而
自應是將觀彼以成化。豈獨因之而比興。

一三四、獨孤申叔〈樂理心賦〉　　　　　　　卷六一七

心爲靈府。樂有正聲。感通而調暢之理自得。訢合而邪僻之慮不
生。翕如冥契。混若化成。孕和平於德宇。保純粹於元精。故
先王立極受命。制民作則。修匏土革木之器。備千戚羽施之飾
。將以悅萬人。康四國。動蕩其心志。推移於道德。薰然而煦
日以和。悠爾而躋之壽域。成文不亂。知至樂之有融。從律弗
奸。見王道之甚直。聲之所感。性罔不悛。致和易於無象。禁
奸邪於未然。希夷自適。鬱結攸宣。苟斯須之不去。何嗜欲之
能遷。況乎大樂同和。至音交暢聽寂寞而何求。視窅冥而無狀
。將欲革驕志以純仁。化貪心爲貞諒。在乎思不惑兮心不流。
安至樂兮優而柔。順至性之蕩蕩。符大道之油油。純如皦如。
足養浩然之氣。融融洩洩。寧抱悄爾之憂。是知以德音爲音。
則合於仁義。以淫樂爲樂。則比於慢易。咸濩作而理亦隨之。
鄭衛興而時乃殆而。信至化之所繫。實和樂之攸資。是以重華
明兮簫韶若此。獨夫靡兮顛沛若彼。忘味興嘆於宣尼。觀風見
稱於季子。則知樂之爲用也。不獨逞煩手。謹俚耳。正心術而
導淳源。非聽其鏗鏘而已。

一三五、獨孤申叔〈審樂知政賦〉　　　　　　卷六一七
一三六、薛勝〈孔子彈文王操賦〉　　　　　　卷六一八

文王有聲。惟聖能審初彈雅操。知德音而有懷。稍奏遺音。覺儀
刑之可稟。黯然之狀已究。鏘然之響可尋。述而不作。載好其

音。德必不孤。諒前聖合於後聖。道乃無二。誠此心達於彼心
其神也邂逅相遇。其慮也罔或不欽。則知奄四方而氣正。加一
絃而義深。曲引烝哉。調吟皇矣。穆穆乎順帝之則。洋洋乎令
聞不已。同聲相應。雖千古而會炭音。異日而論。猶萬邦而聆
遺美。所以聖賢不遠。古今一揆。且將合於心。豈獨盈乎耳。
既而溫故知新。若聖與仁。千里同風。自冥契於風韻。千里一
聖。當間出於聖人。玉指迴軫。朱絃應律。運八風而吹萬。迭
五音而不一。既而文德在茲以寧王道宥密。斯操也。必俟後賢
。吾無間然。陟降因我而著。昭穆因我而宣。符盍徹之言。無
毫釐乖於是。訁同音之理。豈合度差於前。是謂惟神所受。繼
聖之後。自得於心。匪傳於口。稽帝謂之意。勤止豈無。非天
縱之才。生知何有。無音不合。無德不宜。翼翼之心。因心而
會。亹亹之善。盡善而知。師襄於是作而言曰。子聖人也。與
文王而同規。

## 一三七、劉積中〈樂德教冑子賦〉　　　　　　　卷六一九

惟天惠人。惟王司牧。必資立學以化被。聚賢而政肅。樂垂六德
。允接於生靈。人抱七情。於是乎修睦。故命樂官宣樂德之旨
。教國子俾國人思服。施行而萬邦作乂。動蕩而群生茂育。原
其詔司樂。闢靈臺。選國中之冑子。集宇內之瓌林。示中和於
前。俾行而不怠。尊祇庸於次。將守而不回。實克孝而克友。
必無間而無猜。緬頤謨猷。明徵義訓。樂同和而會極。綱有條
而不紊。中爲忠告。俾邪者奉忠格之心。和乃適正。制剛者守
調適之分。非有象以外感。乃無聲而潛守職。周旋罔墜。禮儀
何愆。或者見非。誠爲參不敏也。而辭且能順。勿謂夒其窮歟
。

## 一三八、徐至〈樂德教冑子賦〉　　　　　　　　卷六一九

至哉樂爲德也。保太和。茂生育。是以先王法之以成教。樂正尊
之以示睦。將磨琢於仁義。匪鏗鏘於匏竹。洋洋乎節以惠和。
煦煦然致其恭肅。其儀不忒。故容止可觀。其道既宏。乃進退
可復。信月將而日就。庶不詔而不瀆。且有教無類。道之原來

。廉讓之風斯扇。愷弟之德不回。趨隅以繼其志。待問以成其
才。於以見易和之容。參於前也。中庸之德。夫何遠哉。何必
朱干玉戚。一起一償。將以宮商克懸。角徵潛運。鳧趨碧沼。
皆籍籍於令名。魚貫青衿。各愔愔於淑問。百行由是內融。三
德於焉成訓。俾夫遷善者樂以陳。修已者德以真。樂者樂也。
可以樂其孝友。德者得也。可以得其忠臣。昔后夔所以推其典
樂。虞舜所以稱其聖人。豈不以人心感樂。樂其有倫者哉。今
國家德教綏於九有。禮樂達乎四維。樸素遠符於軒氏。和樂方
軼於周詩。多士濟濟。百寮師師。明誠之德可見。中和之樂在
茲。自君臣達乎父子。性成也何莫由之。由之伊何。行之非達
。亦由端本去末。化邇自闈。然後外可以維城。中可以補袞。
於與樂乎。實教人之大本。

## 一三九、鄭方〈樂德教胄子賦〉　　　　　　　　　卷六一九

國有學。家有塾。播樂德之文朵。率胄子以化育。始先激其清濁
。而後攻其節目。鼓篋之士。宣聲音以相和。挾杖之時。俾心
志而思服。語於效者。執德不回。道以樂者。知陽必來。盈耳
之聲詎作。理心之教有開。實俎豆之聞矣。寧鐘鼓而云哉。動
於外而暢於中。使和其性。進以德而舉以事。各盡其才。惟其
學必有謨訓。咸養以致和。強學以待問。觀德畢賢愚之貫。序
德同長幼之分。豈不以樂之至也通乎神。教之至也慎乎身。惟
彼樂之為德。是彰教之有倫。不在匏竹設。金石振。乃貴於祗
庸備。孝友陳。豈不念終始而典樂。美教化於成均。遂乃與誦
諷。觀屈伸。斯可以移風易俗。不止於溫故知新。保和於心。
暢五聲而授之有道。將遜其業。崇四術而宏之在人。厥類可知
。允懷在茲。諒審樂以知政。由切問而近思。初感至音。聽角
聲而惻隱變矣。終懷雅性。聞羽奏而寬大似之。且被之以簫管
。加之以訓辭。升學而在於春候。合射而戒於秋時。然則不教
以中和。不能知樂。不教以博依。不能安詩。是以學者為王化
之端。樂者繫國風之本。故曰觀大學之道。然後剛知困而滿知
損。

## 一四〇、姚嵓〈對典樂羽籥判〉　　　　　　卷六二二

乙典樂掌羽籥干戚不知屈伸俯仰人或非之云所生者器未達其文聲
以成文。樂可易俗。期於五者不亂。故使八音克諧。爾乙於何
。典斯器也。爰執干戚。雖職列伶官。徒紀鏗鏘。則義同制氏
。欲使齊其綴兆。節以屈伸。縱曰仲由兼人。不及鍾儀惟仲尼
是與。足以受無疆之休。足以振將墜之緒。何敵國之敢。抗良
霸功之可佇。悲夫。任權臣之傾國。納文馬與美女。薦神祇之
所歆。誘耳目而拒。荒笑語之啞啞。溺衣裳之楚楚。由是齊日
以長。魯日以微。見鄰國之侵地。聞志士之沾衣。雖代祀則遠
。而德音不違。往者不可諫。來者猶可追。若鑒魯道之有蕩。
放鄭衛而不歸。則可以得域中之大。致天下之肥者矣。

## 一四一、呂溫〈樂出虛賦〉　　　　　　　　卷六二五

樂出虛賦以聲從響際出自虛中為韻和而出者樂之情。虛而應者物
之聲。或洞爾以形受。乃泠然而韻生。去默歸喧。始兆成文之
象。從無入有。方為飾喜之名。其始也。因妙有而來。向無間
而至。披洪纖清濁之響。滿絲竹陶匏之器。根平寂寂。故難辨
於將萌。率爾熙熙。亦不知其所自。故聖人取象於物。觀民以
風。闕嗜欲之由塞決形神之未通。欲使和氣潛作。元關暗空。
與吹萬而皆唱起生三而盡同。自我及人。託物於未分之表。蟠
天極地。開機於方寸之中。於是澹以無倪。留而滯。有非象之
象。生無際之際。是故實其想而道升。窒其空而聲蔽。洞乎內
而笙竽作。刳其中而琴瑟制。波騰悅豫。風行於有道之年。派
別商宮。雷動於無為之世。杳杳徐徐。周流六虛。信闃爾於始
寂。乃譁然而戒初。鏗鏘於百姓之心。於斯已矣。鼓舞於一人
之德。知彼何如。是則垂其仁。有其實。樂因之祖述。究其形
。實其質。聲因之洞出。理在無二。情歸得一。塞雲谷而響絕
。疏天籟而音逸。未隨於物。絪縕乎七政八風。忽變其和。剖
判於五聲六律。由是遷為草木。散作笙鏞群分自此而焱起。九
奏因之而景從。道薄風漓。莫究簫韶之本。聲消韻息。空傳干
戚之容。今則素扆垂休。清懸繼響。平心已立於皇極。率舞猶

虛於睿想。如是則薰然洩洩將生於象罔。

## 一四二、呂溫〈齊人歸女樂賦〉 卷六二五

昔齊人饋魯。傾城者十八人。瑰豔絕代。綺羅嬌春。洞橫波於慢
臉。迴流風於嫋身。蓋以仲尼定魯禮樂。制齊君臣。斬倡優於
夾谷之會。復土田於汶水之濱。故遏雲與迴雪。實內圖而外親
。將敗魯之政。弱齊之鄰。魯君臣果不端操。迷不先覺。聞進
淫哇之聲。皆忘聖人之學。城南於是考雷鼓默雲幄。結齊魯之
歡。受鄭衛之樂。感煩音之澁滯。成正聲之蹐駮。夫子則不可
救其失。復其迷。望龜山以命操。觀鳳凰而銜悽。痛王綱之蕩
蕩。順天命之栖栖。魯侯若盛德是樹。古道是稽抑麗靡而不納
見聖性以思齊。知季孫之僭。

## 一四三、呂溫〈樂理心賦〉 卷六二五

道無象。天無聲。聖人不有作。曷以觀化成。由是鼓吹大塊。鏗
鏘元精。因乎心而式是理本。形乎器而強為樂名。以齊五方之
俗。以厚萬物之生。始積中而發外。率充性而養情。樂與心冥
。則所謂固天之縱。心由樂理。亦得夫自明而誠。至若樂在朝
廷。君臣吐義一發而陽唱陰和。九變而雲行雨施。上以見為君
之難。下以知為臣之不易。有國者理心以此。必獲儀鳳之嘉瑞
。若乃樂在閨闈。父子靜專。蓋取諸無荒而樂。有節而宣。和
以嚴濟。愛由敬全。有家者理心以此。必返天性於自然。且夫
樂之作也。一動一息。心之理也。惟清惟直。然後在聽而必聰
無入而弗克。節有序。觀貫珠而匪珠。聲成文。見五色而無色
。其或惟邪是念。惟慝是廋。則雖琴瑟在御管絃聿修。立樂之
方既失。理心之術可求。亦焉望變淳風之浩浩。致和氣之油油
。徒觀其心尚元通。樂資交暢。明則贊天地之化育。幽則索鬼
神之情狀。會節有極象之則。發而時中。應變無方擬之則。貞
而不諒。大矣哉。至樂希夷。侯其禪而。聽之以思。固不資於
子野。作必在德。亦無俟於后夔。方今敦和統同。反本復始。
別六律以分聽。納八風而齊軌。洪鐘虛受。我則聞其直言。朱
絃遺音。我則戒夫專美。此吾君之以樂理心也。宜乎貴為天子

。

一四四、呂溫〈送琴客搖兼濟東歸便道謁王虢州序〉　　　卷六二八

東海搖兼濟。年十三。從淮南大軍。有奇童之稱歲既冠。歷泗上
劇職。振能吏之聲。而尚氣節。重言諾。臨財廉。見義勇。蘊
崇具美。發以雅琴。琅琅然若佩玉之有衝牙也。貞元丁丑歲。
觀藝京師。沖宇罕窺。正聲寡聽。道不苟合。浩然東歸。水流
無心。遇用則止。宏農守御史中丞王公得子最深。且東這時候
之望也。儻羽翼吾道。鏗鏘爾音。飛而鳴之。一日千里。則何
公門不可曳長裾乎。大丈夫風波未始有極。生死且不足問。況
能離憂乎。白露降。秋雲起。仰見太華。壯心勃興若不激徵變
商。是孤慷慨吾季恭也。詩有逸氣。蓋韻鍾律。播於絲桐。

一四五、李程〈大和樂賦〉　　　卷六三二

樂者制也。所以道天和。全人性。故作之以崇德。審之以知政。
王者敬其事而闡其道。順其時而行其令。逮夫季春屆期。乃命
有司。且曰群萌達矣。播樂安之。重以國經不可闕。躬理必以
時。將齊度以節奏。被選樂於聲詩。撰乃吉日。總於樂師。是
用資於誨爾。亦無忝於命夔。由是司儀辨等。庶工守位。備絃
管之聲。陳匏竹之器。祝敔邐迤而就列。簨笑嶙峋而居次。克
展禮容而告樂備。天子於是率九卿。暨三事必虔心而有侍。俾
陪扈而斯致。既親現於官懸又何假以庭試。若乃曲度是幷。不
可殫名。雜以韶濩。間以英莖。追宣尼之前聞。是能忘味念師
乙之舊說各辨遺聲。考彼廢興存乎清濁。安以樂。且知治世之
音。哀以思。不雜異方之樂類飛聲於垂仁。等潤物於流渥。足
使魏文侯之臥聽。已悟前非。吳季子之備觀。難施先覺。既盡
美矣。又何加乎。諒從律而罔惑。將克諧而不渝。必在聽和。
知其樂也泄泄是其反樸。變其風也于于。具舉不患乎聲希。統
同寧貴於和寡。奚必饗鈞天之靈貺。而有殊焉。想洞庭之異音
。更思古者。誠夫天祚我皇。恩歷遐昌。掩邃古之嘉樂。軼三
代之聖王。竊賀聲明之巨麗。敢聯雅頌之遺章。

一四六、李程〈刻桐爲魚扣石鼓賦〉　　　卷六三二

物不可以智識。念斯石之何爲。匪茲梧而不克。況乎鼓與魚兮非
類。吳與蜀兮異域。何合應於自然。東勵響而不測。刃乃霜落
。鱗非錦攢。擊蘊玉之形。鏘鏘屢出。裁嶧陽之幹。唯唯可觀
。叩寂寞而大音斯發。中鏗訇而餘韻不殫。是知同聲者其和易
。殊器者其應難。逢逢之韻且千。譁譁之音相萬。不擊不考。
奚呈響亮之功。大鳴小鳴。豈抱沉潛之怨運之靡終。應而不窮
。現之者謂存視聽之表。疑之者謂音在髣髴之中。練響而洪纖
皆答。化氣而遠近必通。初密如於綿古。倏坎然於暗空。非誠
貫可覽。將神交所感。孤生之質。徒效用於汕汕。可轉之資。
終奮響於坎坎。嗟乎。石之爲鼓也。發於異鄉。梧之爲魚也。
來彼殊方。何終歲之寂寂忽。忽盈耳以洋洋。自得於愜心應手
。豈待乎玉質金相。棲鳳之稱既罷。在藻之用何長。扣之不止
。音亦無已。詎徵冥應之言。適諧響答之美。相須以成事。有
類壎篪。相應以成聲。寧限道里。則知審音斯發者不可誣。懷
聲思擊者不可孤。諧千古之善應。爲二物之合符。向不遇張司
空也。知其蓄靈響而已夫。

## 一四七、李程〈鼓鐘於宮賦〉　　　　　　　　卷六三二

徵鼓鐘於前聞。誠修身之善喻。始自中出。終能外布。比夫曠理
。必彰善惡之由。將以審音。不失洪纖之度。擊之於宮。聲無
不通。乍超越以迥出。竟周流而四充。聞之者足可以自誠。聽
之者於焉而發聰。若然。則處暗室者可以慎獨。在多言者曷若
守中。豈徒夾兩欒。備九乳。運四氣而應律。合五音而中矩。
必將察理亂之變。明是非之至。播洪音於萬鈞。在敏手而一鼓
。由審音而聽焉。鐘之爲喻。警夫行道之人。聲也何從。出乎
有過之地。苟由中而既發。諒聞外之難秘夫鐘之所響。響而見
聽。人之所慎。慎於未形。雖扣之而在寢。必聞之而盈庭。禮
失所議。想杜蕢之揚觶。教之以義。嘉大禹之勒銘。和順積中
。鏗訇發外。可以掩笙鏞之逸響。節干羽之繁會。究彼所從。
爰自九重。鏘然有聲。初疑乎叔之離磬。鏗以立號。如辨乎倕
之和鐘。其小也窕而無滅。其大也摵而不容。原乎其異。察乎

所以。若禮之失。惟鐘是比。苟因聲而必聞。信無良而可恥。
故能分清濁。韻宮徵。將有感於動心。寧取樂於盈耳。胡君子
之聽鐘。非其鏗鏘而已。

## 一四八、李程〈匏賦〉　卷六三二

自然之器。匏也可权宜標名於曲沃。竟入用於樂府。將以驗遺聲
。追淳古。聽自分乎雅鄭。事有勤於三五。俾夫繼咸池而嗣六
英。越大章而跨大武。觀其發徵含宮。設商分羽。泊清角而雜
奏。合五色而相輔。笙磬愔愔而在聽。鳥獸蹌蹌而率舞。其為
器也尚質。其感人也則深。類韶樂之和。自當忘味。恥齊竽之
濫。詎可同音。伊昔哲匠未顧。伶官未臨。分瓜㽵以為伍。將
葛藟而是尋。空思諧於音律。寧望齊於瑟琴。願以剸心。去苦
葉而展用。寧無滋蔓。懼甘瓠之見侵。今則規模有制。清濁不
惑。受天和而乃圓其象。生土德而再黃其色。不患大而拙用。
奚能繫而不食。道無自滿。我則虛受而持盈。物有混成。我則
不宰而為德。是知察清音而匪匏執可。含雅韻而匪匏不克。矧
國家大樂既備。萬邦允懷。惟異域欽和而內嚮。君子勤禮而外
諧。至哉聽斯匏之音也。可以知太平之階。

## 一四九、李程〈太常釋奠觀古樂賦〉　卷六三二

天子崇儒兮闢此虞庠。仲秋上丁兮奠我素王。既斯禮之畢具。伊
古樂而遂張。於是調律呂。備宮商。笙鏞嘈而並奏。千羽儼其
成行。進旅退旅。爰擊爰拊。鳴宮懸。起萬舞。設崇牙。森樹
羽。斯道渢渢。斯人俁俁。和聲合氣。綴規接武。聽其韻可以
窒欲。覽其儀可以道古。濟濟祁祁。莫不賁然而來权有嘆者曰
。太和之音。其樂愔愔。作以崇德。和而不淫。所謂建藻虡之
禮。革惛墊之心。雲英之聲何質。韶濩之樂則深。見師襄之聲
磬。聞瓠巴之鼓琴。借如發揚蹈厲。右秉左執。其從純。其始
翕。登歌初彌。下管相及。朱絃徐泛。覺虞舜之風薰。玉戚載
持。想周武之山立。懿其五節清。九奏成。播殷周之頌。無鄭
衛之聲。廉正以作。姦邪不生。蓋由德音洋溢。樂教衆夥。誠
無象而不傳。非有功而不可。魏文侯昔著於發問。賓牟賈稱於

侍坐。乃知雅音爲邦家之本。正樂悲耳目之翫。可以洽人神。
可以彰理亂。而況八佾成列。八音克諧。尊儒訓兮國風之始。
闡樂正兮王政不乖。夫如是所謂光揚盛禮。和樂孔偕。

一五○、許康佐〈宣尼宅聞金石絲竹之聲賦〉　　　　卷六三三

嗤嗤樂聲贍言闕里。視之不見。聽之盈耳。宮牆如在。可配於鏗
鏘。德音不忘。曷間於年祀。猗歟原至樂之作。異凡音之起。
靜而疑深。絕而復尋。繹如迭奏。嘒若同音。豈幽通於元造。
異中出於人心。聆其節奏。相夫擊拊。發和鳴於閫域。應流韻
於墀廡。既嗟乎可得而聞。又思乎其所不權疑一唱之歎。且至
於三。比衆音之和。不容於五。莫不動心而駴耳。感今而懷古
。鏘若在懸。哀如在絃。筍笑無形。異和戎之二四。聲詩合雅
。同鼓篋於三千。事寧同於想像。理實閟於言筌。爾其融洩克
諧。肅雍清越。通明洞幽。變化翕忽。激數仞以徐來。觸兩楹
而靜發。憑合莫以方奏。流元間而未闋。故能動心導和。嚮皆
順正。德有符於解慍。敎實倍於施令。式彰乎不測之神。以見
乎多能之聖。俾恭王之是驚。聞斯行諸。稽太師之所謂。始作
翕如。且遺音於棟宇。寧假手於元虛。於是辨清濁。節疾徐。
知笙簧之迭和。訝鐘鼓之相於。其變無方。其來不極。靜好交
至。激揚未息。簡子夢中之遇。其志則流。靈公濮上之音。其
聲多慝。曷若舒嘽緩。遵肆直。俾夫音聲之道感通。咸聽此而
知德。

一五一、許堯佐〈壎篪相須賦〉　　　　　　　　　　卷六三三

彼壎篪兮謂何。同律呂兮相和。苟論功於衆樂。孰有德而同科。
遂使手之足之。候清音而屢舞。伯氏仲氏。諧雅韻於升歌。疾
徐共節。長短同旨。感肅雍兮一貫。伺夏擊兮雙起。爲合雅而
諧聲。故殊形而共理。然則大篪諧奏。美矣德音之音。鳴壎獨
聞。同乎以水濟水。是故變通可象。節奏斯呈。繭韻方舒。我
則屬之以疾。我音斯濁。爾必懲之或清。苟同方而助化。故異
氣而成聲。信可以發揮韶夏。協贊和平。故得舞獸呈姿。豈繫
於拊石。嘉賓展禮。不讓於吹笙。且壎資土以辨類。篪假竹而

成器。土容質可以符素心。竹聲清可以滌煩志。是則相從以和律。相因以成事。苟洋洋而在聽。諒醇醇而自致。且彼鼓鐘于宮。未足論乎異同。鳴琴自手。且何議乎先後。豈若宮商並奏。律呂相宣。調五聲不資於繁細。應八佾無違於折旋。樂則既爾。臣亦宜然。壎之得箎。載期於有輔。臣之奉主。必致乎無偏。唱和之功備矣。獻替之道存焉。故能振三代之風。合九成之樂。彼眾器之雕飾。此群聲之煩數。又安足擬壎箎之純質。論聲音之清濁。

一五二、王起〈律呂相生賦〉　　　　　　　　　　卷六四一

律呂以迭而相成。陰陽以獨而不生。總二氣而取則。俾萬物而立程。可以揣亨毒之理。可以順天地之情。其繫時也。必誠必信。其吹萬也。無臭無聲。原夫制自伶倫。這於山解。始協音於靈鳳。終制器於截竹。其名可紀。則一暑而一寒。其數可陳。則陰六而陽六。所以均我節物。而周乎倚伏。借如黃鍾建子以爲本。林鍾建未以爲君。動夷則而葉墜。應姑洗而草薰。霜雪因之以罔忒。禽獸候之而必聞。雖覆載之莫窮。而飛灰可揣。謂陰陽之不測。而寸管斯分。故王者歷象爲務。職司是最。奉之以布令。法之以成俗。肅殺初佐於金風。絪縕竟調於玉燭。動植無擾。含靈斯足。莫不因律呂之相生。濟仁壽之大欲。既而同其法度。節其疾徐。既環周之無極。亦鱗次而用諸。故能欽月令之不爽。布歲和之有餘。八風既從兮惠化爰被。十旬不散兮休徵可書。伊上瑞之臨汝。實疇人之起予。則律不作無以協五者之術。呂不助無以成萬物之實。洞於精微。生於陰　。在孕育以咸暢。處金石而無失。則吹於寒谷。不惟鄒子之方。協於樂府兮獨延年之律。我皇欽若時令。克諧宮羽。來遠人而風雲表祥。張大樂而鳥獸率舞。是知順相生之義。而德冠乎三五。

一五三、王起〈律呂相召賦〉　　　　　　　　　　卷六四二

昔者聖人稽天地之本。達造化之方。將以律而召呂。明自陰而應陽。清濁所資。協贊之功共有。煦吹無滯。輔成之理更相。所

謂以氣而導聲。以聲而宣氣。用諧和而感通上下假訢合而生成品彙。窮神於短長之象。動必相須。會數於九六之爻。用而不既。當其二儀方闢。萬化攸初。以□谷厚均之美。審葭灰聚散之餘。氣類潛通。若琴瑟之心相感。雄雌既辨。比鳳凰之德皆如。亦由顧影而形分。命宮而商應合君臣際會之理。得夫婦剛柔之稱。精誠所致。雲龍之感召必同。終始相明。日月之循環可證。若八風順序。六氣和平。等四時之代運。符五位之相生。定寒暑之功。必能成歲。審疾徐之度。亦足和聲。故得天理不姦。物情和愜。草木以之而暢遂。乾坤於焉而交接。兵家之否臧未兆。懸以先知。樂府之聲音所諧。動能允眹今也初陽應候。萬物思時。念惠風之將入。顧寒谷而奚疑。必使法軒轅之明。方今可也。如或繼伶倫之妙。何代無之。於是放志希夷。凝心惚恍。酌動靜之理於開闔。達感應之情於影響。今所以賦律呂之事。莫不欲使百王而共仰。

## 一五四、王起〈鄒子吹律賦〉　　　　　　　　　卷六四一

鄒子處寒谷之陰。審至音之宜。能噓吸而律應。使嚴凝而氣移。驗乎卜居。殊緹幕之攸設。稽乎假器。匪葭灰之所吹。當其地映嶔崟。山連鬱律。夏瞠瞠而多凍。晝蒼蒼而少日。草木絕其滋榮。飛走悲其慘慄。雖彈絃於帝舜孰致其和。雖扣角於師文。必慚其術。由是鼓其用。濟於眾。將鉤深以致遠。在識密而鑒洞。響發於寒威。氣感於春暉。何續斷而臻極。乃洪纖而入微。颷颷其和。土囊之風乍出。淒淒積變。夾鐘之律方歸。逸韻未殫。發越林巒。始驚蟄於煦嫗。俄解凍於淒寒。誰謂暖風蚤來。節奏於絳脣之末。誰謂溫風潛扇。抑揚於玉指之端。於以闡溫燠。於以發亨育。鄙元鶴之舞庭。類雕虎之嘯谷。清泠散徙。岡聯嶺屬。疇人慚其術窮。田父欣其野沃。則千旬不散之瑞。其事未榮。南薰不競之占。其理未精。孰若探至賾究幽情。化烈烈之瘠土。成薿薿之嘉生。豈比夫廟列零陵。徒聞白琯之麗。竹收嶰谷。空為丹穴之鳴。別有翻飛之侶。暄妍是處。固將嚶嚶以出谷。豈獨離離而生黍。

## 一五五、王起〈諫鼓賦〉　　　　　　　　　　卷六四一

先王懼五諫之或替。恐四聰之有蔽。爰立鼓於朝得爲邦之制。臣之擊也。將宣補袞之誠。君之聽焉。是精繩之契。所以臨下國。所以承上帝。豈鏗鏗於金奏之間。坎坎於宮懸之際。亦既戒止。居然可分。契無私之路。彰不諱之君。猛笑趨趨以特立。直言謇謇而必聞。聽其音知有謳而有諷。察其狀亦非鼗而非鼓。借如明明哲后。輔以賢佐。懼德化之失。慮刑政之墮。必佇斯音。用補其過。乃有闒闒之闕。謌謌如林。或匿躬自致。或造膝來箴。叫帝閽而九重猶遠。獻工藝而一人且深。於是伐茲龜鼓。殷爾雷聲。氣作援枹。雖假下臣之手。聲聞絨續。終沃大君之心。豈表識於作碼。將思度於如金。誰謂再而衰。響不可遏。誰謂三而竭。志由是達。防口之政多慚。逆耳之言載渴。列彼天居。大音所儲。志惟勵乃。仁則依於。得夫賢。掩善旌之所進。箴於闕。殊謗木之所書。自得與一言而戾止。何必諧八音而樂胥。方今堯舜在上。伊皐爲政。皇建極睿作聖。而百官尚箴。七臣猶諍。用設之爲舊典。亦表之爲新令。念茲在茲。是訓是彝。藥石必納。芻蕘不遺。鼓也高懸。寧不考而不擊。君惟無過。願歌之而舞之。

## 一五六、李絳〈太清宮觀紫極舞賦〉　　　　　卷六四四

開元中。賜海內以正朔。示天下以禮樂。舞紫極於宮庭。饗元元於雲崛。乃樹以旌旄。設以宮懸。由中出以表靜。用上薦於告虔。盛德之容。昭之於行綴。至和之節。奉之以周旋。激乎流音之下。存乎大樂之先。八佾以敷。肅然舞於清廟。九奏之作。杳若享乎鈞天。如是則文始不得盛於漢日。大章未可比於堯年。振萬古而獨出。豈百王之相沿。洎乎秉翟而敘。候樂以舉。協黃鐘。歌大呂。乍陽開於簫管。忽陰閉於祝敔。淹速以度。正直是與。若中止而離立。復徐動而進旅和之感物。應鳥獸以蹌蹌。禮以成文。垂衣裳之楚楚。由是俾有司夙夜在公。候吉日鼓鐘于宮。方將萬舞。爰節八風。於虫易其俗。於以告厥功。因乎所自。制在其中。申敬也其恭翼翼。宣滯也其樂融融

。齊無聲於合莫。感有情而統同。則其業之所肄。習之則利。
作茲新樂。著爲故事。享當其時。舞於此地。退而成列。周廟
之千戚以陳。折而復旋。魯宮之羽籥斯備。美乎冠之象以峨峨
舞其容以傞傞。合九變之節。動四氣之和。散元風以條暢。洽
皇化之宏多。是時也。天地泰。人神會。舞有容。歌無外。故
曰作樂以象德。有功而可大。

### 一五七、元稹〈奉制試樂爲御賦〉　　　　　　　　卷六四七

臣伏奉庚寅之詔曰。天子以樂爲御。其義則那。臣以爲引重任者
無御不可。播盛德者非樂而何。蟠乎地而際乎天。周流既超於
馬力。發乎爾而應乎遠。馳聲亦倍於鸞和。喻之爲至。此實居
多。大道既移。則舞行象成於覆載。小戎或駕。則琴音決勝於
驪歌。故聖王取彼驤然。喻諸沃若。制其節奏。戒乎行作。聽
祈招之什。冀絕跡於奔車。賦盤遊之詞。俾慮危於朽索。是以
南薰馳而虞德盛。北里騁而殷道惡。控海內當並騖於勳華。執
人柄豈爭功於良樂。斯御也。動無險阻。發自和平。周旋罔害
。歡愛則行。止之而優游靈府。推之而浹洽寰瀛。非勞轅軛。
但布莖英。陋乎足跡。運以精誠。爾或馳驅。難期於無災無害
。我之步驟。乃在於大鳴小鳴。故曰得禽而詭遇。不如率獸以
仁聲。且跋涉者疲於山川。條暢者格乎穹昊。慕入律而百蠻麕
至。錫有功而諸侯軌道。豈出戶庭。非專擊考。乘六氣之辨。
哂六轡之徒施。鼓八風而行。知八駿之非寶。於是屏造父。命
后夔。或無聲而至矣。或先進以道之。豈獨周域中而利其銜策
。亦將肥天下而淪乎膚肌。若此則宇宙蓋由乎一馬。牽制盡在
於四維。雖質文更變。而公共操持。莫不得之者昌。失之者損
。損化清而鞭扑廢。和順積而車書混。故臣稹前跪而言曰。引
重任者御爲之先。播盛德者樂爲之本。伏惟皇帝陛下推是心而
居其奧。臣徒欲貢所聞而安敢窺其閫。

### 一五八、王起〈宣尼宅聞金石絲竹之聲賦〉　　　　卷六四二

魯恭王益宮於孔氏。壞宅於闕里。聞金石絲竹之聲。有六律五音
之美。清泠始奏。異洞庭之載張。寂寞而來。非鈞天之可視。

或管或磬以禋以祀。徒在廟而見聽。豈升堂而足擬當其攝齊而進。拾級而前。遠近猶惑。鏗鏘始傳。式感王心聘國。無勞乎七十。克諧聖域。摳衣始化乎三千。信不擊而不考。實元之而又元。惟金也振春容而無闋。惟竹也象吹噓而未歇。愔愔擊石。如荷蕢之初聞。杳杳揮絲。疑孺悲之來謁。所以表正聲之感。所以同古樂之發。遐想乎返魯之年。追思乎在齊之月。迴環棟宇。繚繞庭除。惟恍惟惚。皦如繹如。心方啓乃。樂可依於。固將極天而蟠地。豈徒舞獸而躍魚。徐疾有則。清濁不忒。非審以知政。非作以崇德。藏書之壁。繹繹而難分。夢奠之楹。乍洋洋而未測。響雜乎鴻鵠。韻調乎宮羽。絲管不形。簧笑無权固可掩歌鐘於二四。配莖英於三五。及夫鏗爾樂闋。油然思深。現奧且驚夫盈耳。廣居由是而革心豈不以感上聖之旨。聞至德之音哉。皇家始崇儒禮。莫先褒聖。尊素王之號。廣舊宅之敬。儻逸韻之再聞。播乎樂府之盛。

## 一五九、王起〈焦桐入聽賦〉　　卷六四三

聽之微者。不必五音。伊焦桐之逸韻。契伯喈之明心。氣逐炎炎。始將隨於槁木。聲飛烈烈。終見用於雅琴。當其大匠未收。樵人所利。圭葉零落。孫枝殘瘁。以薪見迷。以（三）求媚。聲連而丹燄乍飛。響送而紅星忽墜。聞之者徒謂木之槁。火之熾。殊不知八音之珍。佇五絃之至。彼美中郎。神妙無方。樂無不審。音無不詳。聽爇爆之間。克諧律呂。聞就燥之處。乍合宮商。乃言曰。惜乎斯桐。韻實天假。可以加雕斵。可以暢韶雅。何混彼樗櫟。而棄於薪者。於是收質燄燄。求音泠泠。撲滅其色。鱗皴其形。被之以絃。佇水流而山立。鼓之爲操。必鶴舞而魚聽。則知桐之成器。待其人而克定。桐之有聲。非其人而靡聽。向若清耳不傳。壞材遂捐。希聲率爾。聾俗猶然。則半死之根。誰一收其餘燼。孤生之幹。將久滅於青枒桐之爇兮。人之德焚。身之缺兮。躬忽見屈。殊不知焦尾爲珍。竟獲伸於多識。至矣哉。感知音者願是傚而是則。

## 一六〇、張仲素〈玉磬賦〉　　卷六四四

客有觀光於樂府。見玉磬之騰英。嗟至寶之明契。如截肪之曲成
。挺十德以爲美。諧八音而作程。韞櫝未施。尙秘璘玢之色。
在懸以和。乍聞清越之聲。當其磬師來求。玉人爰格。將古樂
之是備。自他人而云獲。追琢旣成。磨礱載白。掩凄清之瓊佩
。洞閑華之水碧。然後張之清廟。奏彼朱宮。懸簨笑而其容轉
麗。偶笙簧而其韻暫同。明半規而似月。發異彩而如虹。懿此
昭質。暢矣音律。練響而鳴球可諧。還和而浮石非匹。爛鮮華
之溫潤。含正聲之縝密。惠而好我。爲齊路以足珍。藏或俟時
。殊泗濱之自出。至於擊拊孔皆。備虞韶而克諧。清明可貴。
表尼父之忘味。於以宣古風。於以蕩邪氣。越羽籥之繁會。聆
鬼神於髣　豈獨質類冰凝。響與風興。混金石之華。清光不昧。
較隉池之寶。美價斯騰。是知叔之離而三代尙紀。子之擊而千
古攸稱。則知夫樂之所屬。本於化俗。方將審音以知致。豈在
雕金而鏤玉。麗矣哉荊山之珍兮。可奏洞庭之曲。

一六一、元稹〈善歌如貫珠賦〉　　　　　　　　　卷六四七
珠以編次。歌有繼聲。美綿綿而不絕。狀纍纍以相成。偏佳朗暢
。屢比圓明。度雕梁而暗繞。誤綴網之頻驚。響象而然。非謂
結之以繩約。氣至則爾。故可貫之以精誠。原夫以節爲珠。以
聲爲緯。漸杳杳而無極。以多多而益貴。悠揚綠水。訝合浦之
同歸。繚繞青宵。環五星之一氣。望明月而宛轉。感潛鮫之歔
欷。若非象照乘之珍。安能忘在齊之味。其始也。長言邐迤。
度曲纏綿。吟斷章而離離若間。引妙囀而一一皆圓。小大雖倫
。離朱視之而不見。唱和相續。師乙美之而謂連。當其拂樹彌
長。凌風乍直。意出彈者與高音而臻極。及夫屬思漸繁。因聲
屢有。想無脛者隨促節而奔走。以洞徹爲精英。比瑕疵於能否
。次第其韻。且殷勤於士衡之文。上下其音。謂低昂於游女之
手。窈窕遠矣。徘徊繹如。髣髴成象。玲瓏構虛。頻寄詞於章
句之末。願連光於咳唾之餘。清而且圓。直而不散。方同累丸
之重疊。豈比沉泉之撩亂。懼無知者。初憫默於暗投。善則返
之。乃因循於舊貫。美清冷而發越。憶輝光之璀璨。始終雖異

。細大靡殊。中規矩於圓折。成條貫以縈紆。似是而非。賦湛露則方驚綴冕。有聲無實。歌芳樹而空想垂珠。美惡難掩。前後不踰。亦比掄材而至者。豈獨善歌之謂乎。

## 一六二、元稹〈學生鼓琴判〉　　　　　　　　卷六五二

已爲太學生好鼓琴博士科其廢業訴云非鄭衛之音

夙夜惟寅。雖無捨業。琴瑟在御。誰謂溺音。苟未爽於克諧。亦何傷於不撤。已也良因釋卷。雅尙安絃。期青紫於通經。喜趨槐市。鼓絲桐之逸韻。襧薰風。好濫既異於文侯。和聲豈乖於曾子。欲科將落。合辨所操。儻雜桑間之淫。須懲煩手。若經杏壇之引。難責平心。未詳綠綺之音。何速青衿之刺。忝司綿絕。當隸國章。載考繩違。恐非善教。

## 一六三、元稹〈怒心鼓琴判〉　　　　　　　　卷六五二

甲聽乙鼓琴曰以怒心感者乙告誰云詞云粗厲之聲

感物而動。樂容以和。苟氣志憤興。則琴音猛起。倘精察之不昧。豈情狀之可逃。乎乙異和鳴。甲惟善聽。克諧清響將窮舞鶴之能。俄見殺聲。以屬捕蟬之。思憑陵內積。趨數外形。未平君子之心。翻激小人之慍。既彰蓄憾。詎爽明言。詳季札之觀風。尙分理亂。知伯牙之在水。豈曰譸張。斷以不疑。昭然無妄。宜加黜職。用刺褊心。

## 一六四、元稹〈迴風變節判〉　　　　　　　　卷六五二

甲鼓琴春叩商秋叩角樂正科　時失律訴云能迴風變節

八風從律。氣必順時。五音迭奏。和則變節。絲桐之妙苟極。寒暑之應或隨。甲務以相宜。因而牙動。和飯牛之唱。白露乍結於東郊。授舞鶴之聲。青陽忽生於南昌。鼓能氣至。藝與天同。且異反常之妖。何傷應感而起。惡夫典樂。曾是濫科。涼風徐動於鄭奏。遽云失節。寒谷倘移於鄒律。何以加刑。克　無令寘棘。

## 一六五、元稹〈五品女樂判〉　　　　　　　　卷六五二

辛爲五品官有女樂五人或告於法訴云三品已上有一部不伏

聲樂皆具以奉常尊。名位不同。則難踰節。辛也榮沾五命。始用

判懸。僭越三人。終乖儀制。非道不處。多備何爲。苟耽盈耳
之繁。遂過粲兮之數。廣張女列。徒效尤於馬融。內顧何功。
欲思齊於魏絳。罔循唐令。空溺宋音。雖興一部之詞。其如隔
品之異。請懲擾雜。以償人言。

一六六、元稹〈與衛淮南石琴薦啓〉 卷六五三

疊石琴薦右件琴薦。躬往採獲。稍以珍奇。特表殊形。自然古色
。伏惟閣下稟夔旦之至德。蘊牙曠之元縱。人文宮徵之深。國
器專瑚璉之重。藝深攫醳。將成玉燭之調。思三歌謠。足助薰
風之化。願以頑璞。上奉徵音。闕一字響亮於五絃。應鏗鏘於
六律。沉淪雖久。提拂未忘儻垂不撤之恩。敢效彌堅之用。

一六七、白居易〈論于頔所進歌舞人事宜狀〉 卷六六七

右。臣三五日來聞于時議云。前件所進者。並是于碩所進。事非
獲已者。臣未知此說虛之與實。再三思之。皆爲不可。何則。
于碩自入朝來。陛下待之。深得其所。存其大體。故厚加寵位
。知其性惡。故不與威權。中外人情。以爲至當。在於于碩。
亦自甘心。今因普寧奪其愛妾。眾人既有流議。于頔得以爲詞
。臣恐此事。不益聖德。在臣愚見。豈敢不言。伏見陛下數月
以來。分別邪正。所有制斷。所有處置。無不合於公論。無不
愜於人情。惟此一事。實乖時體。關於損益。臣實惜之。今道
路云云。皆有此說。是于碩自進。亦恐外人不知。去就之間。
恐須卻賜于碩。內足以辨明聖意。外足以止息浮詞。又令于頔
有所感戴。臣所聞所見如此。伏恐陛下要知。輒敢密陳。庶裨
萬一。謹具奏聞。謹奏。

一六八、白居易〈得景妻有喪於妻側奏樂責之不優〉 卷六七二
一六九、白居易〈得景於私家陳鐘磬鄰人告其僭云無故不徹懸〉
卷六七二
一七〇、白行簡〈舞中成八卦賦〉 卷六九二

卦惟體德。舞以象功。分其節於乾坤之位。列其畫於綴兆之中。
相彼六爻。爰配數於六律。俟茲八體。俾槲於八風。原夫乍合
乍離。進旅退旅。參於絫而九變無撓。辨於位而五方有序。作

既自於天心。用必在夫君所。剛柔斯別。皆取象於負圖。俯仰
可觀。各分行於曳緒。爾其舞既備。位亦陳。贊陽和之啓蟄。
助雷雨之解屯。卦始畫於庖犧。當皇唐貞元之歲。易咸列於宣
父。在聖祖中和之辰。度曲未終。變態無極。震艮以節其動止
。離坎以分其南北。聞之者正性命而深和。現之者守精微而不
賊。繼虞韶之盡美。晒夏樂之應德。徵其本。察其儀。成於巽
而德風備矣。變爲兌而聖澤在斯。近取諸身。且表乎是則是傚
。大合乎樂。執爲乎不識不知。矧夫作者既取諸身。演者必因
於聖。諒曠代而莫覯。實於斯而爲盛。其始也。取於卦而施諸
人。其終也。觀其妙而通乎政。是以契茲穆穆。異彼傞傞。象
在於中。將致天地交泰。德形於外。以明保合太和。且夫周八
佾而非美。漢五行而徒製。雖冠華秉翟於千戚之間。起索隱釣
深於天人之際。曷若容止合於象象。幽賾殊乎卜筮。客有欣千
載之一時。歌聖功而獻藝。

一七一、杜周士〈樂德教冑子賦〉　　　　　　　　　卷六九三
國家自誠而明。講信修睦。既移風以設教。每登賢而制祿。由是
命司樂之職掌。彼成均。教舞勺之童。取諸鄉族。常德咸事。
庸言可復。納諸軌物。則物有其容。攝以威儀。則儀無不淑。
日就月將。不疾而速。於以見中和之教克修。杞梓之材可育。
觀鼓篋請益。攝齊員來。嚴師尊道。至矣休哉。捧函丈之筵。
無思不厭。聽撞鐘之問。有說必該。心不忘於翼翼。視有主於
梅梅。審依仁即童蒙之求我。語成器如梓人之理材。且鼓舞鏗
鏘。徒聞於物格。興道諷誦亦資於釋回。豈如中以理心。和而
適分。敬居簡而可久。德有常而不紊。孝實天經。友爲義訓。
本其至也。可以賾天地之情。引而伸之。可以暢雍熙之運。則
知敦和章德。在聖與仁。革蒙惑於初志。致輝光於日新。於以
代天工。則庶績時序。於以施邦教。則百姓皆淳。斯可謂理以
樂成俗。師以賢得人。於戲。至教在茲。無從匪彝。合游洋以
來學。任道德而爲資。孝友祗庸。則無不順者。自上下下。可
咸使由之。夫然。則樂之教也。義微而婉。以八音爲制。以六

德爲本。既履孝而資忠宜任重而道遠。若然者。安得不慎其終
而思其反者也。

一七二、李紳〈善歌如貫珠賦〉　　　　　　　　　　卷六九四

歌者達其志。曲者導其情。方假象以微妙。將類珠而取明。於以
遂條暢。於以考清貞。揚穆穆之音。端而陳德。審纍纍之節。
貫以成聲。且夫發深誠。表和氣。惟中規之可法。諒徑寸而同
貴。儼然在上。初宛轉以凝旒。蕭若飄空。想熒煌而動緯。惟
乙所傳。宜啇有焉。溫良則無類於曲。舍暢則有取於圓。雅調
相依而瀝瀝。清音迭奏而綿綿。戶起黃鐘。疑蚌開而色爛。將
吟綠水。如浦沉而影連。美乎迴若循環。疏非掩抑。聲既發而
明朗。珠既貫而絃直。九功是闌。同在握以騰光。三歎屢聞。
非闇投而改色。其曲彌清。其音彌久。馳熠熠以交映。度連連
而相受。出乎口吻。元珠莫睹於可聞。入彼虛無。象罔雖求而
何有。故能直已中奮。和心外舒。咄長言而皎矣。務妙轉以繩
如。聆湛露之終。光懸瑞景。體橫汾之末。目駐神居。斯可以
正煩濁。別流翫。陽春續響於孤絕。白雪連耀於璀璨。雖聞唱
以殊聲。終合音於共貫。是知大雅含象。清明式符。曲折而必
遵於道。周圓而可法於珠。俾將繼聲者識乎有曲。審音者知我
無渝。

一七三、李德裕〈鼓吹賦〉並序　　　　　　　　　　卷六九六

鼓吹本軒皇因出師而作。前代將相。有功則假之。今藩間皆備此
樂。余往歲剖符金陵。有童子六七人。皆於此藝特妙。每曲宴
奏之。及再至江南。並逾羽冠。悲流年之攸忽。憶前歡而悽。
乃爲此賦。追昔吳會之年。思爲衛霍之將。懷瀚海而發憤。想
狼居。而在望。厭桑濮之遺音。感簫鼓之悲壯。每聞茲樂。心
焉猶尙。爰有佽童。穎秀含聰。思慮未敢。專和發中。繁會曲
折。變態不窮。交過爍電。揮手成風。或累發而碎隱。或徐弁
而從容。管孤引以嘖嘖。鼓輕投而逢逢。若乃清景妍和。嘉客
來萃。登高臺而互動。對芳樹而並吹。見鵬鷃之爭屬。聳壯士
之憤氣。忽疑翔雁叫於寒煙。胡沙蔽於天地。其始也。若伐木

丁丁。響連青冥。喧禽萬族。聲應崖谷。其縱也。狼羊鬥角。
奔兕相觸轉石振於崩溪。燎野焚於寒竹。其終也。如風飆暫息
。萬籟皆肅。天地霽而雷霆收。川波靜而魚龍伏。昔我往矣。
子衿青青。我今來思。突而弁兮。諒昔人之多感。睹移柳而興
悽。惜歲年之易往。歎親好之常睽。於是勉其成人。再命迭作
。念所思而不見。慨悲翎之蕭索。音豈殊於今昔。情自有於哀
樂。乃知孔將比於鳴蛙。陸反思於喉鶴。彼衰退於憂傷。並榮
華之昭灼。

## 一七四、劉公嶼〈太常觀四夷樂賦〉　　　　　　　　卷七一三

聖皇窮天覆以張宇。極地載以光宅。端拱協有虞陶唐。獻樂奏戎
夷蠻貊。豈不以浹洽元化。沐浴聖澤。于是鞮鞻掌其方位。太
常總其樂器。列在天庭。陳其鼓吹。僸佅兜離。風旋鳥翅。其
舞也。無進旅退旅之容。其音也。非皦如繹如之義。狄鞮騁能
。扶婁效智。既夷樂之具陳。彰帝德之光被。觀其隨樂官。入
禁苑。荷恩覃化之德。無踰山涉海之遠。我聖君文明立極。
化本雍熙。太和克同於天地。貢樂不假於蠻夷。所以司於太常
。奏於丹墀。俾華夷之風不隔。羈縻之義在茲。夫其始也。伊
四部之爰來。關九門而並入。水火之位。雕題衣毛以相向。金
木之方。皮服左衽以對立。於以彰四夷之咸賓。於以表五兵之
載戢。雖搏考之有聲。靡壎箎之可附。樂章既異。無勞季札之
觀。曲度自殊。奚假周郎之顧。爾其非今非古。戶濁戶清。不
雜中華之樂。自作異方之聲。間奏既移於白日。窮規以悅於皇
情。於是詔帑藏以頒賜。命象胥以迴眾。九夷八蠻。喜氣溢於
咸鎬。六戎五狄。歡聲動於岐雍。豈獨納魯廟而見稱。獻漢廷
而足重。微臣賀華夷之混一。敢承舞而獻頌。

## 一七五、韋公肅〈忌月太常停習郊廟樂疏〉　　　　　卷七一三

准禮。無忌月禁樂。今太常及教坊以正月是國家忌月。停習郊廟
饗宴之音。中外士庶。咸罷慶樂。伏尋經典。竊恐乘宜。臣謹
按禮記有忌日不樂。無忌月之文。漢魏以降。代襲斯旨。惟晉
穆帝將納后。以康帝忌月下議。禮官荀訥王洽曹耽王彪之並當

時知禮者。皆稱禮有忌日無忌月。若有忌月。即有忌時忌歲。
益無禮據。時從其議。伏以承前所禁。皆在二十五月之中。今
既逾遠。禮須改革。臣又聞統人立法。必守先王之常經。企及
俯就。不違聖哲之明訓。下盡群言。上留元鑒。不以私懷而踰
於禮節。又記曰。是月禫。徙月樂。明王制禮。漸去其情。不
應以追遠而立禮反重也。今太常停習郊廟之樂。是反重而慢神
。有司禁中外之音。是無故而去樂。詳其前典。情理不倫。
考其沿襲。又無所據。儻陛下正因循之越度。法經典之明文。
約禮之儀。傳於史冊。天下幸甚。

一七六、蔣防〈舜琴歌南風賦〉　　　　　　　　卷七一九

一七七、趙蕃〈善歌如貫珠賦〉　　　　　　　　卷七二二

一七八、班肅〈笙磬同音賦〉　　　　　　　　　卷七二四

清明廣大之謂樂。度曲節奏由乎器。既克諧於五聲。諒同歸乎一
致。汶陽之孤篠斯有。泗濱之浮磬云備。吹噓爰發。搏拊遍至
。等輔車之相依。契歌詩之必類。同夫影響。常動靜而俱隨。
象彼壎箎。每應感而不匱。聯綿並奏。聲音相和。用不殊途。
方予唱而汝和。動而相觸。固無偏而無頗。列其容異薰蕕之共
器。會其理若涇渭之通波。載清載濁。貫三才之合樂。若浮若
沉。協六律而揚音。將九成而備曲。此二人之同心。如言行之
相顧。成乎惃惃。冠鐘鼓之迭奏。樂彼欽欽。雅韻復興。時則
若舞鸞鳳。和聲互應。斯乃如鼓瑟琴。音之作也。曲無誤者。
倏爾合度。鏘爾中雅。寧有顧於周郎。自不惑於予野。訢合皇
王之化跡混同車書於天下。遠而聞也。謂群鶴和鳴於碧空。近
而聽之。如廣樂調韻於春風。鏗鏘間發。要妙無窮。類金蘭之
堅芳。美而取媲。配文質之彬郁。和而且同。何異夫相應在於
同聲。相資在於同志。譬權衡之並用。謂相待而成。等韋絃之
自節。則以同而異。原夫律呂咸在。吹擊惟時。異周旋而樂只
。可終始而從之。兩器元通。鳴箕與幽石相感。二者冥合。竹
聲與石聲相追。審至樂之盡美。伊茲器之可持。

一七九、舒元輿〈斲琴志〉　　　　　　　　　　卷七二七

寂寞間。有至音注梧桐中。越客沈虬子。耳長木音。常斧樹之良
孫。斷而琴之。予客越。見其方風鈃取樸成。輒叫索清濁。應
刀濁授。授成輪圓。濁沛雪落。清聲酬答。若寒玉透水。噴出
瓏靈。及察投意之始。放心虛無間。猶掌握無毛倫。他人見樸
在刀下。而沈氏成琴入眼中。不知鈃之數到邪。琴之形化邪。
兩肩聳張。若對古人。雙池呀開。若挹澄渟。絕刀四顧。得色
上面。旁睞或懵其所以為。沈生乃絃素絲七條其上。備指一弄
。五聲叢鳴。鳴中有靈峰橫空。鳴泉出雲。鳳龍騰凌。鶴哀烏
啼。松吟風悲。予聆之。初聞聲入耳。覺毛骨聳擢。中見鏡在
眼。覺精爽沖動。終然睹化源寥寥。貫到心靈。則百骸七竅。
仙仙而忘。覺神立寥廓上。洞見天地初氣。駕肩太古。闊視區
外。乃知不知音聲者。終身為朧朦。嘻。木才滿數尺。絲不盈
十條。古聖人欲其中含天音。天之如此。直乃叩之以觀化本。
且絲木俱無情物也。固不能自鳴。是使歷代知其必鳴之稀。以
至斸入鼎下。枯折空山。而不聞者非一也。今人明明以聲耳。
耳且惑。況槁木無眹。而責其必無惑邪。予於此見沈氏子之審
音也。之運鈃也。俱與神遇。懼異日斯琴流於人間。為他者亂
類。則沈氏之道為委土矣。故志之。

## 一八〇、沈亞之〈柘枝舞賦〉有序　　　　　卷七三四

往者某值宴於鄭衛之侯。坐與客序。樂作。堂下行舞。男女紛雜
交貫。牽以百品。而觀者蓋矍然。既罷。吥鼓堂上。絃吹大奏
。命為柘枝舞。則皆排目矢座。客曰。今自有土之樂舞堂上者
。惟胡部與焉。而柘枝益肆於態。誠足以賦其容也。因顧余序
之。以洗客念。賦曰。昔神祖之克戎。賓雜舞以混會。拓枝信
其多妍兮。命佳人以繼態。撼隆冠之繁珂兮。披文縐於大帶。
跪閃舉以揮猶兮。拖旋襟之襜曳。騖遊思於情日兮。注潢波於
穠睇。顧巧度之無窮兮。將多變而若雲。揚厲唱於鼉鼓兮。儷
蘭露之芳津。泪旁俯以裛影兮。蕩風蘀於橫茵。愕兮若驚。弛
兮若懶。欻然違妠。翔然嫣婉。晨修褒以拋拂兮。韜織肱以粲
縉。差重錦之華衣。俟終歌而薄袒。既而抑倚昂抴。蹈節振臂

。驅捷蹀以促碎。盡戎儀於弱媚。見孫律於武姓。入西河之劍氣。曲響未遒。邊風襲吹。聞代馬之清嘶。發言禽於詠類。客曰。若此之狀也。以鄭衛而前陳。吾居知其將墜。

## 一八一、沈朗〈霓裳羽衣曲賦〉 卷七四一

儒有悅聲教以自勖。睹至樂於實錄。如元宗之聖代。制霓裳之麗曲。豈惟象德以飾喜。將以變風而易俗。原夫鼎湖道洽。薰絃思深。惡繁聲以惑志。思雅樂以理心。調乎琴瑟之間。無非故曲。奏自雲韶之下。盡是凡音。乃制神仙之妙響。是佑鄭衛之難侵。與鈞天之潛契。冀瑤池之可尋。時也廷臣並觀。樂品斯設。絃匏由是而居次。簫管因之而在列。假宮商之具舉。成曲度之妙絕。變虛徐之歌態。始訝遏雲。振飄飄之舞容。忽驚迴雪。既應絃而合雅。亦投袂而赴節。已而樂自宸慮。備於太常。首瓊殿之法曲。改梨園之樂章。配八佾以稱美。旌九功而無荒。盡文物之全盛。致烝庶之歡康。是佑和平有因。雅正無比。既容與而在目。復周旋而盈耳。融融然節奏合度。偘偘然周旋有旨。逸調奏兮既徹。嘉名播兮未已。今皇帝交棄繼代。明德是資。開元之聖運復啓。羽衣之餘響寧遺。觀兩階之舞干。既柔殊俗。睹三清之仙樂。復播明時。下臣就列以貢賦。喜聞韶而在茲。

## 一八二、李彥芳〈樂德教冑子賦〉 卷七四六

王子垂訓導於門子。戒驕盈於代祿。厲師嚴以成教誨。敷樂德而宣化育。長能從以可久。幼能正以不黷。悅之以道。寧假乎干戚羽旄。動之斯和。詎資乎匏土革木。是佑深於樂者。豈徒然哉。暢生成於壽域。導純粹於靈臺。明明而六德是以。蕩蕩而群心有開。瞻之在前。佇將成於國棟。由是而選。庶有嗣於鄉材。登於儁造。釋其奸回。聆音乃接武而至。樂善而差肩載來。且於中者表得中而可尊。和者達至和而不紊。繫吾道之克廣。諒乃心之是訓。青衿選其悅學。絳帳資乎待問。於以識琬玉之姿。於以言始終之訓。然則祇者敬也。居敬足以修身。彝者常也。守常而能化人。萃群生之濟濟。達誘善以循循。肅穆以

居。而文明有耀。條暢斯及。而樂教惟新。然後以孝友俾其師資。春秋則教。夙夜惟寅。宏廣博易良。人胥效矣。美父母兄弟。誰能間之。內必成性。外無越思。匪鏗鏘而惑物。或敬順以親師。異齊國之聞於宣父。協虞帝之命以后夔。惟德音之是進。豈奸聲之能混。入於國學。習者由是知歸。祭於瞽宗。享者於焉報本。至哉聖人之設教。良終古而無損。

一八三、杜牧〈壽昌節宴謝賜音樂狀〉　　　　　　卷七五〇

右。臣某。言伏以降誕之辰。生靈同慶。合均天之廣樂。九奏諧和。令錫宴於仙祠。百辟歡忭。臣等幸生聖代。獲備台階。雖欲殺身。豈酬大造。無任感恩踴躍之至。

一八四、謝觀〈琴瑟合奏賦〉　　　　　　　　　　卷七五八

琴蘊雅兮閑暢。瑟合音以高張。忽雙聲以動作。合六律之短長。一則玉軫金徽。無爽於清濁。一則瑟絃疏越。不間於宮商。君王政美和同。化能率舞。於鄭聲於域外屏優雅於樂府。所以顧綠綺之韻高。愛清廟之器古。憑曾晳之所奏。與師襄而對撫。滌慮而匪隔毫釐。共坐而自齊徵羽。靜而各守。動而合矩。左諧乎蔡炎之音。右扣於湘靈之鼓。況復素女絃怨。重華調清。以風中之響。入雲和之輕。便契虛徐之節。雅符閑沒之名。誠二體之區別。能九交而混并。流水一聽。柱間而涇渭合派。簫韶共奏。指下而鸞鳳和鳴。彼弄互揭。此意還發。一曲之金飆颻颭。再奏而玉堂清越。寫斷續於秋空。激寥亮於雲中。琴絃促而影細。瑟絃繁而體殊。伊和樂之假主。俾合散之同途。理心而寧乖高下。盈耳而不離笙竽。故若出有入無。唱予和汝。覺盼響於輕重。等洪纖於律呂。播南風於大道。秩秩無差。配上古之希聲。惛惛備舉。遂使敦本志切。去邪義深。湛懣之亂不作。非僻之思不侵。由自內而率外。皆謂樂而不淫。

一八五、楊發〈大音希聲賦〉　　　　　　　　　　卷七五九

聲本無形。感物而會。生彼寂寞。歸乎靜泰。含藏於金石之中。緘默於肺腸之外。喻春雷之不震。時至則興。比洪鐘之未撞。扣之斯大。靜勝永合於人心。元同遠符於天籟。大道沖漠。至

音希微。叩於寂而音遠。求於躁而道違。三年之鳥不鳴。驚人可異。五絃之琴載絕。知音蓋稀。人生而靜。物本無機。修以誠而上下交應。臻其極而禽哭咸歸。遐想古風。緬窮太始。以彼聲音之道。媲夫動靜之理。方歌擊壤。堯人式貴於心和。未夢鈞天。趙簡尚勞於傾耳。鼓能興雨。鐘亦候霜。沖用可齊於道性。善應方契於天常。興公之賦欲成。已含金韻。夫子之宮未壞。猶悶樂章。無象無名。不知不識。守此虛淡。終乎妙極。豈逐物而感通。諒與時而消息。損之而益。潛運將契於天功。聽之不聞。元化極符於帝則。幽元之旨。足以明徵。海內於焉而自正。天下無得以爭能。由是廣可喻於人。細可齊於物。聲希者其響必大。聲煩者其理斯屈。常呼萬歲。維嶽有時而降神。將異三人。點爾無心於鼓瑟。理歸若訥。事契寡詞。既不言以足教。必於聲而可遺。存而不論。馳神於六合之外。語不如默。箝口於三緘之時。是各從其類也。吾將一以貫之。

### 一八六、陳嘏〈霓裳羽衣曲賦〉　　　　　　　　　　卷七六〇

我元宗心崇至道。化叶無爲。制神仙之妙曲。作歌舞之新規。被以衣裳。盡法上清之物。序其行綴。乃從中禁而施。原夫采金石之清音。象蓬壺之勝概。俾樂工以交泰。儼彩童而相對。漓灑合節。初聞六律之和。搖曳動容。宛似群仙之態。爾其絳節迴互。霞袂飄颺。或眄盼以不動。或輕盈以欲翔。八風韻肅。清音思長。引洞雲於丹墀之下。颭天風於紫殿之旁。懿乎樂洽人和。曲含仙意。雜絃舌之繁節。澹君臣之元思。清淒滿聽。無非沖穆之音。颯汨盈庭。盡是雲霄之事。吾君所以凝清慮。慕元風。無更舊曲。用纂成功。既心將道合。乃樂與仙同。悅康平於有截。延聖壽於無窮。美矣哉。調則沖虛。音惟雅正。於以臻逍遙之境。於以暢恬和之性。遂使俗以廉平。人無紛競。見天地之訢合。致朝廷之清淨。小臣忭而歌曰。聖功成兮至樂修。大道叶兮皇風流。願揣俾於竹帛。贊元化於鴻休。

### 一八七、盧肇〈湖南觀雙柘枝舞賦〉　　　　　　　　卷七六八

瀟湘二姬。桃花玉姿。獻柘枝之妙舞。佐清宴於良時。始其金醫

欲陳。象筵宿設。考清音於絃管之部。選麗質於綺羅之列。何彼
姝之婉孌。媚戎服之豪俠。司樂以魚符發詠。侍兒以蘭膏薦潔。
華燈張。翠被徹。聽銅壺之刻漏。瞻銀漢之明滅。佇新詞以潛習
。隱含具而纔闋。恐急節之將差。撫柔荑而不絕。及夫陽烏浴彩
。寒鷝早晨。登妝臺而鸞鳳比翼。對寶鏡而菡萏爭春。褦裳馥以
彩翠。玉指皓以嶙峋。互飾鉛華。畏濃澹之殊態。共聽金管。死
高低之不均。須臾饗正奉羞。司尊舉酌。左肴兮古載。兒觥兮玉
爵。朱題絶以垂虹。素幕翩以騰鶴。羅異果之芬芳。映雕盤之錯
落。時也群工合奏。絃悲管清。升歌闋。賓禮成。於是乎攫鼉鼓
。啾鳳笙。雲駢四座。花芬兩楹。舞師巧誨於蹈厲。諧優飾辨以
縱橫。且曰不巾不櫛。匪鐸匪舌。古也郪支之伎。今也柘枝之名
。因清角之繁奏。見韶華之並榮。佳人乃整金蟬。收玉燕。襲舞
衫。突舞弁。珠彩熒煌。鈴光炫轉。外寶帶以連玉。中丹裾而疊
蒨。則有擊鑑逶迤。瓊瑰四垂。靴瑞錦以雲匝。袍蹙金而雁歌。
將翶將翔。惟鴛惟鴦。稍隨緩節。步出東廂。始再拜以離立。俄
側身而相望。思東南之美兮清風甚長。凝情頃刻兮靜對鏗鏘。再
撫華裾。巧斂修袂。將勻玉顏。若抗瑷琙。懷要妙以盈心。望深
思而滿背。彼工也以初奏迎。我舞也以次旅呈。呈戶折旋以赴節
。復宛約而含情。突如其來。翼爾而進。每當節而必改。乍慘舒
而復振。驚顧兮若嚴。進退兮若慎。或迎兮如流。即避兮如恡。
傍睨兮如慵。俛視兮如引。風裏兮弱柳。煙冪兮春松。縹緲兮翔
鳳。婉轉兮游龍。相適兮如借。相遠兮如謝。忽抗足而相跂。復
和容而若射。勢雖窘於趨走。態終守乎閒暇。飛飆忽旋。鷩鶴聯
翩。撼帝子之瑤珮。觸仙池之玉蓮。擁驚波與急雪。捲祥雲及瑞
煙。詞方重陳。鼓亦再歌。俄舉袂以容曳。忽吐音而清越。一曲
曲兮春恨深。一聲聲兮邊思發。傷心兮隴首秋雲。斷腸兮戍樓孤
月。歌扇兮纔斂。鳴鼙兮更催。將騰躍之激電。赴迅疾之驚雷。
忽如厭乎揮霍。戢餘勢以徘徊。屹而立。若雙鸞之窺石鏡。專而
望。似孤雲之駐蓬萊。輕攢翠蛾。稍拂香汗。暫爾安逸。復騁陵
亂。抽軋軋於蕙心。耀纖纖之玉腕。躊躇曠望。若戀虞以南馳。

俯僂迴旋。非爲劉而左祖。拾華衽以雙舉。露輕裾之一半。花灼
灼。鼓逢逢。帽瑩隨蛇。熠熠芝蘭之露。裾翻莊蝶。翩翩獵蕙之
風。來復來兮飛燕。去復去兮驚鴻。善睞睢肝。偃師之招周伎。
輕軀動盪。蔡姬之聱齊公。則有拂菻妖姿。西河別部。自與乎金
石絲竹之聲。成文朱雲韶咸夏之數。然後能使燕趙慚妍。威嬙掩
嫱。我之服也。非妹喜之牝雞。我之容也。非木蘭之雄兔。既多
妙以多能。亦再羞而再顧。鼓絕而曲既終。倏雲朝而雨暮。

### 一八八、盧肇〈鸜鵒舞賦〉　　　　　　　　　　卷七六八

謝尙以小節不拘。曲藝可俯。願狎鴛鴦之侶。因爲鸜鵒之舞。於
是褫貂裘。岸章甫。在容止可觀之際。方見翼如。當管絃互奏
之時。俄逞退旅。伊昔王導。延爲上賓。陪謁者讓登之處。遇
群賢式燕之辰。俎豆在列。尊卑且倫。始服膺於末席。方酬賞
於主人。導曰。久慕德音。衆皆傾想。願睹偌偌之態。用答嚶
嚶之響。非敢玩人以喪德。庶使棲遲而偃仰。徒欲見長觜利距
之能。豈比乎弋林釣渚之賞。公乃正色洋洋。若欲飛翔。避席
俯僂。摳衣頡頏。宛修襟而戶疑雌伏。赴繁節而忽若鷹揚。由
是見多能之妙。出萬舞之傍。若乃三歎未終。五音鏗作。頷若
燕而蹙頻。德如毛而矍鑠。衆客振衣而跂望。滿堂擊節而稱樂
。且喤喤之奏未終。而洩洩之容自若。於是塊飲啄。盡歡娛。
聽式歌而調兼吐鳳。觀屢起而勢若將雛。以樂慆憂既醉者於焉
已矣。手舞足蹈。蹁然者豈得而無。是知因此名聞。邢辭跡屈
。同漁陽之慷慨。鄙五原之噎鬱。將美其率爾不矯。悁然任眞
。自動容於知已。非受侮以求伸。況乃意綽步蹲。然後知鴻鵠
之志。不與俗態而同塵。

### 一八九、王棨〈黃鐘宮爲律本賦〉　　　　　　　卷七七〇

玉律奚始。黃鐘實先。潛應仲冬之候。仍居大呂之前。聲既還宮
。初協乎八音七始。數從推歷。終由其兩地參天。當其黃帝命
官。太師授職。參六呂以迭用。本一陽而立則。八風自此以條
暢。萬物於焉而動植。權衡有準。知累黍之無差。寒暑相生。
諒循環而不極。是知召呂者律。爲君者宮。既從無而入有。可

原始而要終。聲雖發外。氣本從中。或煦或吹。根初九爻而立紀。日來月往。首十二管以成功。懿夫肇啓乾坤。潛分節候。見歷數以無紊。顧萌芽而欲秀。革彼應鍾。先乎太蔟。克諧韶濩。惟子野以能知。自得厚均。匪伶倫而莫究。故洪纖溥暢。上下無頗。騰葭灰而漸散。映緹幕以方多。初感於人。復京房之姓氏。終昏於地。成燕谷之陽和。俾玉燭以調均。與璇璣而錯綜。於以宣於四序。於以貞乎三統。自然功歸不宰。理叶無爲。蓋陰陽之變化。信氣序之推移。雄鳳鳴而雌鳳應。蓋皆類此。商爲臣而徵爲事。未足方斯。爲律之本兮既如彼。爲天之統兮又如此。明廷樂協。寧俟於李延年。皇上聲爲。豈慚於夏后氏。既而榮發枯槁。春流遐邇。願一變於寒枝。復生成兮若是。

## 一九〇、陳庶〈聞韶賦〉　卷八〇五

韶則盡美。聽何可忘。況至德之斯過。聆奇音之孔揚。天縱多能。信以嘉乎擊拊。神資博學。知具美於典章。用而不匱。樂亦無荒。若充乎四門之術。不離乎數仞之牆。驗則足徵。用之可貴。聖者妙而合道。志者仰而自慰。悅五音而肆直。孰謂其聾。致六府之和平。自忘於味。省風而八風協暢。觀德而九德昭宣。季子慚遊於魯地。移公徒饗於鈞天。曷若睹率舞。聆薰絃。變態固已。周流自然。可以深骨髓而期富壽。豈徒資視聽而娛聖賢。至若清磬虛徐。朱絃疎越。鼗鼓以之迭奏。笙鏞於焉間發。以感陰陽於宇宙。耀光明於日月。自表虞德之不衰。豈效文王之既歿。是知武也未善。護也有慚。均化歸於二八。讓德明乎再三。所以其道不窮。厥見斯在。驗率舞於百獸。想同和於四海。如其樂正。非關自衛而來。儻俟風移。有異從周而改。憒憒不極。杳杳作迷。俄將復矣。抑又揚兮。夢周公而不見。想聖德而思齊。聞斯行諸。厥不踰矩。感心駭耳。視何其睹。悠然而往。三歎如在夫寥天。倏爾而旋。萬籟已吟於九土。詎忘味於三月。諒永懷於千古。幸賦韶樂之遺音。美哉尼父。

## 一九一、來鵠〈隋對女樂論〉                    卷八一一

隋儒林有說。高祖謂群臣曰。自古天子有女樂否。楊素以下。莫
知所出。遂言無之。房暉遠進曰。臣聞窈窕淑女。鐘鼓樂之。
此即王者房中之樂。著於雅頌。不得言無。隋文悅噫。而史不
刊者。朝與職俱無人也。夫秦齊晉皆有女樂。由余去孔子行錫
魏絳之謂也。漢祖唐山夫人能楚聲。又舊云祭天用女樂。魏武
有盧女能鼓琴。特異於諸妓。則女樂秦齊晉漢魏俱有之。而楊
素以下皆不能言者。豈以所問是古天子耶。若是則有太昊使素
女鼓五十絃瑟悲哀。帝禁不止。後之王遂能有之。群臣不能以
是言。但賢暉遠之說。暉遠引詩臆寺。終博古通知。殊不明恣
率一時之言。頗昧二南之旨。且詩曰。參差荇菜。左右芼之。
窈窕淑女。鐘鼓樂之。說者謂后妃有關雎之德。乃能供荇菜備
庶物以事宗廟。盛德者有鐘鼓之樂也。故琴瑟在庭。荇菜羞之
。上下樂作以盛其禮耳。謂以樂樂淑女。非謂淑女執其樂也。
淑女謂后妃也。安有后妃執樂也。荇菜謂在宗廟用也。安有謂
王者房中樂耶。是皆乖謬之甚。暉遠瞀詩而終對。欺朝而罔君
。蓋由隋日無人。浪言至是。女樂之對猶可。君道之問若何。
上下相蒙。履霜於此。悲夫。

## 一九二、鄭澹〈吹笛樓賦〉                    卷八一七

路出東門。當川原靜處以凝望。見檻檻蕭然而起愁。問於垂白荷
鉏叟。云是明皇吹笛樓。龍吟洛水兮韻如在。鳳去喬山兮君不
留。當昔開元之時。天下無事。鴻恩不間於中土。鑾駕常遊於
北地。姚公宋公之智略。動必諮謀。寧王薛之忠貞。出皆參侍
。西則奏京。東則洛城。八百里之歌鐘斷續。五十年之寰海昇
平。於是駐清蹕。御丹楹。執蕭管而宸衷時悅。臨曲欄而睿思
俄生。莫不湘絃罷彈。泗磬休擊。楚舞態止。齊謳韻絕。九天
斂霧。送芳景於瓊軒。萬籟韜音。讓嘉名於玉笛。既運指而有
規。乃濡脣而是吹。林巒兮彷彿如變。寒暑兮須臾可移。折楊
柳之數聲。鴈驚前渚。落梅花之一曲。鳥散芳枝。自從弓劍有
遺。星霜顏度。綺窗蕭索以將毀。繡嶺連延而若故。竟無六律

。繼當時紫府之清音。空有一條。是往日翠華之來路。雕櫺寂
寞兮鏤檻堪依。隙駟寧迴兮煙鶯莫追。三山迢遞在何處。萬姓
淒涼無見時。宮商之杳眇難尋。雲消雨散。榱桷之傾敧若此。
月慘風悲。苟非德邁三皇。化敷九有。龍馭雖逝。鴻名不朽。
則斯樓也寂寞空存。安得往來霑襟而稽首。

一九三、薛易簡〈琴訣〉　　　　　　　　　　　　卷八一八

一九四、陳康士〈琴調自敘〉　　　　　　　　　　卷八一八

余學琴。雖因師啓聲。後乃自悟。遍尋正聲。九弄廣陵散二胡笳
。可謂古風不泯之聲也。其餘操曲。亦曠絕難繼。自元和長慶
以來。前輩得名之士。多不明於調韻。或手達者傷於流俗。聲
達者患於直置。皆止師傳。不從心得。予因清風秋夜。雪月松
軒。佇思有年。方諧雅素。故得弦無按指之聲。韻有黃冰之實
。乃創調共百章。每調各有短章引韻。類詩小序焉。

一九五、吳融〈戴逵破琴賦〉　　　　　　　　　　卷八二〇

志或可奪。道則難堅。嘉碎琴之志操。見伊人之道全。稟正固以
不群。德無踰也。表行藏而自若。理亦宜然。武陵王好彼正聲
。戴安道臻於是藝。王雖欲見其搏拊。戴且無忘於砥礪。苟為
伶者。稽素履以全隳。爰對使乎。抱明誠而立誓。乃曰鏗爾奇
韻。泠然雅音。自得以宣情理性。非為彼養氣怡心。不同乎鄒
忌于齊將希高位。又異乎鍾儀懷楚歎寫幽襟。於是發忿譸張。
興言激切。脫徇爾志。寧彰我節。可恥於朱門紫闥。俛首趨趨
。因投其玉軫金徽。當階迸裂。嗟乎。宮商倏絕。道德彌高。
此終身而不辱。彼側席以徒勞。異季倫之擊珊瑚。自矜驕逸。
狀亞父之撞玉斗。威振英髦。得不金石推誠。風霜勵志。冀禮
餘而有守。顧陽柯而忽棄。豈可荒涼吾道。捨行歌自逸者餘芳
。趨競王門。與鏗吹偷安者同位。則知微世遺榮。居然獨清。
秉大節以難屈。操壯心而不傾。匪擅一時之譽。終流千載之名
。伯牙絕絃。但證知音之道。子猷擲地。惟傷同氣之情。人貴
在秉時。忘乎所履。爭附勢以求媚。豈韜光而協美。愚嘗慕彼
操持。嘉其行止。恐孤風之不振。因賦茲而有以。

## 一九六、黄滔〈戴安道碎琴賦〉 　　　　　　卷八二二

拔塵俗之能琴。其誰不欽。戴安道之擅名斯異。武陵王之慕義彌
深。降使殷勤。將召來以聆雅越。持誠慷慨。爰擊碎以示胸襟
。想夫名利莫羈。煙霞爲賞。澗松雖聳於梁棟。野鶴不侵乎羅
網。吳山越水。韜物外之清光。蜀軫虞絲。播人間之妙響。杳
杳區區。何人戒途。白屋忽驚於嘶馬。朱門欲俟於啼烏。焉有
平生。探樂府錚鏦之妙。爰教一旦。廁侯門戞擊之徒。於是賁
出月窗。毀於蓬戶。擲數尺之鸞鳳。颯一聲之風雨。朱絃併斷
。煩冰泉裂石以丁零。玉柱交飄。誤隴雁驚弓而飛聚。使者焉
知。宣言大非。且異鍛珠之義。寧同碎斗之譏。陌上迴塵。走
清風於玉殿。堂間釋手。章素節於金爰。於時野客相高。時人
或陋。梧雕桐斷以寧顧。漆解膠離而莫救。至若池亭夜月之景
。巖谷春風之候。遙當野岸。肯思流水之曾彈。靜對庭蕪。待
從幽蘭之不奏。向若投綠綺以無意。緬維城而有情。亡一時之
高躅。矜六律於新聲。則此日知音。但仰躍魚之弄。碧山煙霧
。寧留藏豹之名。則知藝至者不可以簪笏拘。情高者不可以王
侯致。終挺特以驚俗。不斯須而辱志。於今人語其風。孰不揖
尙時之事。

## 一九七、張曙〈擊甌賦〉有序 　　　　　　卷八二九

宋玉九辯曰。悼余生之不時也。甲辰。竄身巴南。避許潰師。郡
刺史甚歡接春。一日登郡東樓。下臨巴江。饌酒簇樂。以相爲
娛。言間有馬處士末至。善擊甌者。請即清讌。爰騁妙絕。處
士審音以知聲。余審樂以知化。斯可以抑揚淫放。頓挫匏竹。
運動節奏。出鬼入神。太守請余賦之。余曰。不圖爲樂之至於
斯。酒酣舐筆。乃爲賦云。器之爲質兮白而貞。水之爲性兮柔
而清。水投器而有象。器藉水而成聲。始因心而度曲。俄應手
以徵情。莫不遐蕭熠爌。撇捩縱橫。胡不自匏絲而起。胡不從
金石而生。孰謂節奏。樂我生平。何彼穠矣。高樓燕喜。叩寂
含商。窮元咀徵。拂綺井以連褰。送楓汀之靡迤。巖隩有雪。
彪咻而雕虎揚晴。潭上無風。捷獵而金蚪跋尾。目運心語。波

迴浪旋。似欲奮而還駐。若將窮而復連。得不似驚沙叫鴈。高
柳鳴蟬。董雙成青璅鸑飢。啄開珠網。穆天子紅韁馬解。踏破
瓊田。聘眙衡盱。神清調古。既嗟歎之不足。諒悲哀以爲主。
誓不向單于臺畔。和塞葉胡笳。定不入宋玉筵中。隨齊竽楚舞
。疾徐奮袂。曲折縈組。潺湲下隴底之泉。嗚咽上潯陽之艪。
鸎隔溪而對語。一浦花紅。爰裊樹以哀吟。千山月午。斯皆從
有入無。妙動元樞。灩灧則水心雲母。丁當則杖杪眞珠。於是
發春卉。駭靈姝。羞殺兮鈿箏金鐸。愁聞兮鬼嘯神呼。時也曲
闋酒闌。煙迷霧隔。覽故步以躑躅。有餘聲而滴瀝。臨流而欲
去依依。轉首而相看脈脈。太守曰。遘止良辰。好樂還淳。諷
賦已勞於進牘。謳歌爲序其芳塵。余乃歌曰。江風起兮江樓春
。千里萬里兮愁殺人。樓前芳草兮關山道。江上孤帆兮楊柳津
。是何況我兮擊拊。眷我兮慇懃。芑回首而漁翁鼓枻。凝眸而
思婦霑巾。夫當筵一曲。人生一世。何紛糅乎是非。顧何慕乎
降替。飄纓宜入醉鄉來。自識天人之際。

### 一九八、徐寅〈朱虛侯唱田歌賦〉　　　　　　　　　卷八三〇

國不危無以見英智。智不周何以殄姦詭。當漢室之架亂。有劉章
之崛起。於是謳甫田。拍清徽。當其呂氏窺鼎。劉宗履冰。社
稷騫崩。邦家替凌。或呂氏必興。劉氏不勝。雖諸將之賈勇。
終按劍以未能。鯨躍海以須斬。孤居城而暫驚。旋聞玉殿窮歎
。瓊筵命酒。貂璫皆戚里豪貴。冠蓋盡台階賓友。賢愚但委其
天命。綱紀定輸於誰手。章欲刮其瑕。滌其垢。摧其凶。破其
醜。掌握於龍圖鳳歷。已斷言前。縱橫其地軸天樞。猶歸太后
。朱虛乃誓遏頹波。平妖剗訛。得則赫功名於日月。失則化齏
粉於干戈。在其誠而不在其衆。言於我而不計於他。於時玉爵
驟。朱顏酡。直氣仰接。昌言切磋。曾專執耒之功。多能鄙事
。粗續貫珠之韻。請唱田歌。歌曰。舜之耕兮稷之植。廓民天
而知稼穡。疎其苗而固其蔕。法於家而象於國。又曰。沮之耕
兮溺之耘。灌粢盛兮除荴芬。抉蟊賊兮多稼稔。剪榛蕪兮嘉穀
分。取厥類兮去非類。諭於臣而象於君。想其傾海未竭。轉喉

未闋。眾愉怡而詭譎。我憤悗而剛烈。怒聲徹天地。託雅調以
成聲。熱血煎肺肝。瞬明眸而漬血。且以酒不罰無以肅否臧。
令不正無以決存亡。宣酒令而為軍令。假樂章而行國章。犯令
者涝爾宮而鬼爾族。亡酒者肉爾膾而血爾漿。我唱也不在深耕
淺種。我志也克在乎帝業皇綱。俄而烹一呂。禁陸梁。侍坐者
汗滴膽碎。傍觀者心顛魄狂。呂之強條爾而弱。劉之弱欻爾而
強。不日計之取。兵之舉。帝諸劉。虜諸呂。有若乎摧枯拉朽
。反似乎平奏破楚。故得告功於聖祖。削平乎子孩。安子孫而
總英傑。故能復宗社而正乾坤。向若口不能唱。唱不能言。則
國豈定而家豈存者也。余欲編田歌於樂府。上聞於至尊。

### 一九九、劉鷟〈善歌如貫珠賦〉　　　　　　　　　卷八四二

妙為曲者暢於情。樂為心者和於聲。微至儀之難象。因貫珠而強
名。豈不以符雅正。契虛盈。聆纂纂之音。無遺曲折。體纍纍
之狀。取象圓明。方其咀宮商。激志氣。雖直已而成善。亦導
和而為貴。當發德詠功之際。侔照乘之聯輝。在一唱三歎之時
。若呈祥而聚緯。其聲既全。其質彌元。發皓齒而潛融熠熠。
隨雅調而暗轉連連。間赤水兮虛瑩。異滄海兮孤圓。動白雪之
聲。初疑剖蚌。度元雲之曲。終類投泉。是知善臻其極。喜可
以飾。不煩不體。乃端乃直。赴於節。意的爍以交光。盛於文
。想瑩煌而化色。懿夫歌以心而虛受。珠以元而可久。表於直
而不表於邪。貫於心而不貫於手。其奏也乃生於自然。其闋也
復歸於無有。掩抑虛徐。溫如皦如。誠激揚而導志。諒璀璨而
澄虛。所以表和平。所以類輝煥。陽春為罔象之得。綠水乃驪
龍之翫。知音者誠審其無象無形。而不知音者徒謂其有攸有貫
。且道以物而相符。事有類而形殊。擇其善者。騰光於瞬息。
去不善者。匿曜於斯須。吾將激流徵。召綿駒。精於曲。喻於
珠。庶賞善而不昧。比至寶以無渝。

### 二〇〇、羅隱〈木偶人〉　　　　　　　　　　　　卷八九六

漢祖之圍平城也。陳平以木女解之。其後徐之境以雕木為戲。丹
臒之。衣服之。雖獰勇態。皆不易其身也。是以後人其言木偶

者。必以徐爲宗。嘗過留。留即張良所封也。平與良皆位至丞
相。是宜俱以所習漬於風俗。良以絕粒不反。今留無復絕粒者
。而平之木偶。往往有之。其剞劂移人也如是。

二〇一、張隨〈無絃琴賦〉　　　　　　　　　　　卷九〇一

陶先生解印彭澤。抗跡廬阜。不矯性於人代。笑遺名於身後。適
性者以琴。怡神者以酒。酒兮無量。琴也無絃。粲星徽於日下
。陳鳳喙於風前。振素手以揮拍。循良質而周旋。幽蘭無聲。
媚庭際之芬馥。綠水不奏。流舍後之潺湲。以爲心和即樂暢。
性靜則音全。和由中出。靜非外傳。若窮樂以求和。即樂流而
和喪。扣音以徵靜。則音溺而靜捐。是以撫空器而意得。遺繁
絃而道宣。豈必誘元鵠以率舞。驚赤龍而躍泉者哉。於是載指
載撫。以逸以和。因向風以舒嘯。聊據梧以按歌。曰樂無聲兮
情逾倍。琴無絃兮意彌在。天地同和有眞宰。形聲何爲迭相待
。客有聞而駭之曰。樂之優者惟琴。君之聖者惟舜。稽八音而
見重。彈五絃以流韻。故長養之風薰。而敦和之德順。無爲而
天下自理。垂拱而海外求觀。伊德音之所感。與神化而相參。
固以極天而蟠地。豈惟自非而徂南。然則琴備五音。不可以闕
。絃爲音而方用。音待絃而後發。苟在意而遺聲。則器空而樂
歇。先生特執由心之理。而昧感人之功。俾清澤不聞於大小。
宮商莫辨夫始終。擢之深。舍之愉。促空軫而奚則。角爲民。
徵爲事。扣無聲而曷通。祇反古以自異。實詭代而違同。孰若
動精華以發外。合恬和而積中。傳雅操於心手。播德音乎絲桐
。俾其審音者悟專一之節奏。知變者美更張之道崇。先生曰。
吾野人也。所貴在晦而黜聰。若夫廣樂以成教。安敢與夔而同
風。

二〇二、錢眾仲〈舞中成八卦賦〉　　　　　　　　卷九四九

舞者樂之容。卦者象之則。故因舞以成卦。乃觀象以知德。八音
是節位必配乎八風。五方具陳。衣必表乎五色。是以德從之理
也。功加有截。化洽無爲。作樂以習舞。同文而共規。俾萬姓
睹而悅服。百代勤而行斯。懿其舞者員來。樂人攸敘。匏土革

木兮風設。六律五聲兮具舉。初就列以修容。忽揚袂而進旅。
體殊舜樂。九成徒辨其疾徐。跡類羲文。八卦自分其處所。行
綴罔失。俯仰攸同。乾坤定而有倫有要。震兌分而自西自東。
稟雷澤以浹洽。象天地之昭融。絕縑乎抑揚之際。輝煥乎節奏
之中。進退相依。變易交映。艮巽布而若離若合。離坎峙而不
譁不競。體山風之次序。協水火之情性。周旋乎元武之間。繁
會乎羽籥之盛。既而諧管磬。感神人。卦成列而不已。節有序
而復頻。赴度應聲。倏鳳轉而龍矯。攢青拖紫。駭霞粲而錦新
。魁搖兮比大章而未匹。縹緲兮異鈞天之下陳。我后惟明。舊
章爰製。以嗣以續。不陵不替。和樂且孺。每立象以化人。德
音不忘。故體乾而稱帝。是知卦之設也。八方正。四序和。彼
象功以明德。安可與茲舞而同科。

## 二〇三、錢眾仲〈國子舞賦〉　　　　　　　　　　　卷九四九

天子斂賢才之地。合禮樂之麻。命宗伯因四時之宜。教胄子以六
代之舞。惟德是務。以和為主。翕左手以執籥。就前軒以樹羽
。方將發揮五禮。張皇六詩。忽投步而赴節。乍整容而自持。
雖鏘鏘與濟濟。必庸庸以祇祇。及夫鐘鼓鏗訇。絲竹宴衎。音
容間起。干旄迭見。屹然山立。欻然風從。觀者如堵。曷不肅
雍。實經國之洪範。蓋訓人之中庸。且樂以平其心。舞以發其
貌。故無小無大。是則是傚。宜合國之子弟。實教人於忠孝。
其儀不忒。其德惟馨。遠人由是以來之。故時無違命。明神可
得而禮矣。故物無遁形。大哉聖人。其道可久。約我以禮樂。
宏我以孝友。睹蹮蹮之屢舞。實循循之善誘。文德溫恭。則羽
籥在歸根之時。武士發揚。則干戈居藥萌之後。夫手之舞之。
有小有大。成童舞象。弱冠舞夏。並允浹於生靈。良克諧於風
雅。莫善於樂。執而勿舍。聖人若斯須而去身。則孰能垂拱於
天下。

## 二〇四、張存則〈舞中成八卦賦〉　　　　　　　　　卷九五一

樂之容。舞為則。導於情。崇於德。製其衣而五方咸備。頌其序
而八卦不貳。然後體利貞而疾徐有度。法行健而循環不窮。數

盈而剛柔匪雜。綴短而明德將融。初配六以迴旋。狀馬行於此。及變三而成列。如龍化其中。信乾坤之簡易。應金石之變通。於是步日而前。因風而舉。乘飄颻而婆娑雜沓。映照燭而長短合序。既順之而不卻。亦明之而有所。則離異之不差。豈進退之無旅。則有應水之理。象木之規。疊若奔溜。散如繁絲。五色相宣。謂神龜初負。八音咸奏。知靈鳳來儀。震也坎也。何斯違斯。既以悅隨。企其遵令。象山而乍結乍凝。依澤而若游若泳。狀巍巍之德。仰之彌高。節蕩蕩之音。於斯為盛。是知艮兌之為美。故必隨而不競。是故聖人窮樂之變。制舞惟新。效知來而藏往。故有要而有倫。非干戚之前設。若鈞天之所陳。至若卿雲共臨。瑞日同霽。乍離乍合。若翔若滯。隨方辨色。非前代之舊章。應節成文。實我唐之新製。是知舞以適道無頗。樂以審政同和。觀象取則。異乎側弁峨峨。則斯舞也。實百代之不訛。

二○五、張德昇〈聲賦〉　　　　　　　　　卷九五一

夫禮樂相成。人之有生。物歸乎理。感在乎聲。聲之所起。其應多矣。既聞鄭以戒荒。亦稱韶於盡美。至若詩陳鐘鼓。禮奏笙簧。音懷律呂。韻合宮商。或嬋娟而如絕。或窈窕而復揚。將曲盡而逾妙。遇風吹而更長。潛鱗競躍。儀鳳來翔。嘉此聲之可貴。樂吾君之奉常。則有思婦傷離。芳年屢換。織素寒早。調砧夜半。坰鳴鶴而初合。砌吟蛩而正亂。何此聲之可悲。使空閨之浩嘆。況復金徽遠奏。玉律窮秋。陰風烈烈。邊樹修修。聽胡笳之互動。看隴水之分流。何此聲之可怨。使征客之含愁。亦有遁世無悶。閒居棲託。坐嘯竹林。忘形菌閣。憐宿鳥之喧藪。愛飛泉而噴壑。何此聲之獨殊。使幽人之為樂。夫意存則言發。言發則聲來。順之則喜。逆之則哀。是以文君聽琴而悅矣。子期聞笛而悲哉。何悲歡之易感。使眾人之難裁。客有吟者。潸然下淚。吾將不言。安知所謂。退失路而流落。進無媒而自致。思巫峽之猿啼。聞洞庭之葉墜。易曰。同聲相應。同氣相求。儻知音之見許。期厚德而相酬。

## 二〇六、李靈光〈對學歌元宴判〉　　　　　　卷九五五

得景學歌元宴。多肉好之音。人告非時。圓首方足。戴天履地。
稟陰陽生殺之氣。有喜怒哀樂之心。舞所以節宣禮容。歌所以
吟詠情性。故端木發問。豈盡師乙之節。薛談學謳未窮秦青之
技。才有用捨。命有通塞。滄浪水清。不行南楚。白石山爛。
遂感東齊。窮者或歌。道固難廢。惟景所學。應有攸歸。微妙
之音。雖聞是習。貞俗之禮。亦復懸殊。悼彼元宴之辰。宜暢
清都之奏。紫芝仙客。揭雅曲於重元。丹洞羽人。吹眞聲於倒
景。聆彼肉好。奇殊骨間。既非慶雲韶夏之作。又匪白雪陽春
之調。暌彼嘉會。乖茲正聲。人告非時。雅符通典。

## 二〇七、李杭〈對樂請置判懸判〉　　　　　　卷九五五

有州申。百姓皆好操嫚。都不識雅章。以不能易俗。請置判懸。
供釋菜賓社之用。使人觀習省。以爲非所宜言。不爲聞欲科罪
訴云。州將鹵簿見著令文。且方古軒縣爲降已。其置之何過。
樂章修設。國風式備。延陵聘魯。竟辯興亡之徵。魏絳和戎。
始受歌鐘之賜。干舞有序。上下於是協和。金奏克諧。陰陽以
之交泰。所以考性情之不貳。質鬼神之無疑。靖俗調人。此物
適節。雖擊石拊石。萬物必諧於大雅。而不識不知。百姓尙迷
於古奏。然而古今異制。沿襲匪常。早蓋朱軒。按國章而有著
。奏籥振萬。徵古禮而斯易。學操縵於雅曲。乃大輅之椎輪。
感頌漸音。行當易俗。何必引軒判之制。操賓祭之儀。非所言
焉。象列之典宜及。古之制也。鹵簿之例徒施。

## 二〇八、呂指南〈太常觀樂器賦〉　　　　　　卷九五六

客有遊於太常者。叔夜才貌。長卿文雅。曆階祀之間。目響楹之
下。彼美聲奏。諒先得而聞焉。繽紛器物。復可令而觀也。絲
竹畢備。匏土俱陳。混季氏之八佾。擬禺人之六鈞。瑟既稱趙
。箏還號秦。伐修竹於巇谷。來浮磬於泗濱。羽蟲盡之也。可
以成鳳翩。鱗蟲刻之也。可以作龍脣。物以古兮不可識。代雖
殊兮亦可珍。豈直有斯而已哉。徒觀其廣廈駢闃。修廊逼側。
蘊今古之殊號。被丹青之異色。貴路鼖鼓。干戚羽旄。斑彬翕

絶。巨萬盈億。文墨者莫之而記。言談者罕之而識。嘉夫貴賤
攸重。華夷是欽。舜湯一舉而進韶濩。荒隅一奏而成味任。君
徒見雕瓊鏤玉之餘彩。殊不聞宮商徵角之奇音。及夫金皋氣變
。珠樓春始。煌煌帝庭。濟濟卿士。五樂具奏。八音俱起。惟
斯器之有作。備無爲之燕樂。紛綺靡之容裔。混魚龍之交錯。
金木羅張。厥用匪常。施之於國。則政其攸敍。饗之於廟。乃
神其降祥。舞青田之唳鶴。儀丹穴之鳳凰。諒鄙人之馨思。固
難得而備詳。　　伯

## 二○九、鄭希稷〈壎賦〉　　　　　　　　　　卷九五八

至哉壎之自然。以雅不僭。居中不偏。故質厚之德。聖人貴焉。
於是挫煩淫。戒浮薄。徵甄人之事。業暴公之作。在鈞成性。
其由橐籥。隨時自得於規矩。任素靡勞於丹臒。乃知瓦合。成
亦天縱。既敷有以通無。遂因無以用有。廣才連寸。長匪盈把
。虛中而厚外。圓上而銳下。器是自周。聲無旁假。爲形也則
小。取類也則大。感和平之氣。積滿於中。見理化之音。激揚
於外。邇而不逼。遠而不背。觀其正五聲。調六律。剛柔必中
。清濁靡失。將金石以同功。豈笙竽而取匹。及夫和樂既翕。
燕婉相親。命矇瞍。鳩樂人。應仲氏之箎。自諧琴瑟。雜伊耆
之鼓。無相奪倫。嗟乎。濮上更奏。桑間迭起。大希之音。見
遺里耳。則知行於時。入於俗。曾不如折楊之曲。物不貴。人
不知。豈大雅守道之無爲。夫其高則不偶。絶則不和。是以桓
子怠朝。而文侯恐臥。豈虛然也。爲政者建宗。立樂者存旨。
化人成俗。何莫由此。知音必有孚以盈之。是以不徒忘味而已
。

## 二一○、鄭希稷〈笛賦〉　　　　　　　　　　卷九五八

南鄰退食兮北里朝迴。門列長戟兮庭張吹臺。珠簾半捲兮錦筵四
開。蛾眉戾止兮寶笛爰來。狎主人與愛客。侑珍羞及玉杯。方
見稱於嘉賓。因得搜其所徵。厥草創自羌首。更尙本乎所營。
伐竹之貞。寫龍之吟。宰匠於是董制。伶倫於是審聽。狀以材
力。質來正直。是揮刀斧。乃約繩墨。斷絶肌膚。刳穿胸臆。

周繞運同。長短合得。器雖蹈乎舛庸。性故傷於剸刻。故知懷寶者見毀。抱明者自煎。向無適於所任。始孰多於是焉。闇二何止將就其美。苟成乎名。奚惜違理。幸承薦揚。得奉恩光。濡君口手之澤。冒君懷袖之芳。不濫吹噓。端舍雅正。堅外守節。虛中俟命。有若違親事主。適道釐政。樹以風聲。達乎天聽。美其窮不易規。管能有截。柔指斜據。丹脣上列。引氣內填。流音外泄。更微迭盛。將聯復絕。及乎和暢平施。百志熙熙。拂怨爰作。萬夫矍矍。協宮商以節宣。隨應變以牢絡。俾蕭不獨舞鳳。瑟不獨躍鱗。嘯無以振木。歌無以驚塵。諒飛動之咸運。豈金石之足倫。願馨能兮宅君之掌握。願度曲兮布君之禮樂。儻不遺於賓筵。顧何辭於樸斷。

二一一、鄭希稷〈箜篌賦〉　　　　　　　　　卷九五八

山有梧兮猗猗。乍雲鬱而風披。豈雅琴之獨得。諒箜篌之可爲。操斧者取則不遠。度木者形之又奇。筬以姓而得。箜以坎而知。考宮商於制氏。窮巧妙於般倕。虛受其心。北牖之清風合韻。曲全其勢。南樓之華月半虧。雕鏤雜錯。絲組懸垂。倚銀屏而燭爛。拂綺褒而彰施。矧陰陽之應節。蓋風俗之能移。況乎度曲無方。安位必中。呼韓美其寵錫。師曠加其撫弄。調而合雅。聲則殊衆。鄙羌笛之吟龍。輕秦樓之吹鳳。既而越豔秦娥。南判北里。玉戶卷兮眞珠箔。清揚婉兮瓠犀齒。青樓何處。倚城向日九烏雛。綺帳初開。綵綬銜花雙鳳子。斥瑤琴而不御。彈箜篌以爲美。絚朱絃。揮玉指。邀鄭舞以徐進。雜吳娃而競起。靡靡乎蕩心。洋洋乎盈耳。窮斯樂。只我有酒兮嘯也歌。歎彼狂且。公莫度兮宛其死。苟哀樂之能變。可謂感人情之不已。且禮則常履。樂焉可闕。禮處身而不至。樂因心而乃發。惟宏雅兮鏗鏘。守之不變。豈桑間與濮上。而能亂越。恨牙琴之不知。奚由瑟之自伐。

二一二、翟楚賢〈觀鑄鐘賦〉　　　　　　　　卷九五九

陰陽作炭兮天地爲爐。陶甄庶類兮品物昭蘇。上法下象兮智者紀圖。終宵盡日兮工人製模。圖之如何。情專思苦。模之若何。

聚沙凝土。金堅以爲樣度。疣楓而成規矩。設機關。立扉戶。
憑虛無以驀凝。疑橐籥之有主。尊黃氏之宏規。鑄龍官之信鼓
。青邊妙果兮蒼生所怙。檀施如山兮縱觀如堵。回祿用事兮烈
氣激揚。飛廉呈巧兮熾聲赫怒。沸沸渭渭。奪於日光。霍獲燐
亂。青熒蒼黃。元穹之星夜落。焉可侔象。赤城之霞朝起。無
以比方。疑崑崙之飛爍。吸晴天之太陽。聚徒侶。走匠石。煎
金膏。煉鉛液。青白之氣畜。精粗之氣適。伶人奏樂以先諜。
法侶焚香而接跡。願觀者攢眸以奔騰。畏炊者連袂以辟易。開
寶泉注。歸模電射。固倏忽而成功。乃踟躕而方闢。攢鋪開。
長繩曳。衆力拔。群扛制。歸禪關之清淨。亂埃窒之堙瘞。禮
舍橐說之文。旋起熊龍之勢。懸於　。鼓於官。氣凌厲。聲沖
沖。清塵濁。警昏蒙。惟良匠之鎔鑄。尙其如此。況鴻鈞之陶
冶。行乎至公。

## 二一三、林蘆山人〈鍾期聽伯牙鼓琴賦〉　　　　卷九五九

天贊厥德。惟伯牙與鍾期。一則能清師曠之耳。一則能調圜客之
絲。愜易象斷金之義。應詩人伐木之詞。審爾律呂。不爾瑕疵
。何千載之見遇。使二妙以同時。且琴者所以納正禁邪。弄者
所以協情和性。必藉其手敏。亦假其心靜。使音無所容於姦。
聲安得惑於鄭。若然者。信可謂能彈而復思乎善聽。能彈奚若
。播於往古。善聽伊何。奏難莽鹵。所以協律之六。應聲之五
。故將中感於天地。豈惟外合於匏土。不爾。何貴鍾期之聽。
何尙伯牙之鼓。緬想二子。徽音不瑕。冥合匪慚於郢匠。絕藝
方超於瓠巴。賴爾能聽。知予有嘉。苟解揮宮以按徵。豈勞樹
羽與崇牙。乃若被褐懷珠。當年入賦。合絲桐之響。希爾促柱
。有金石之音。思君惠顧。以聲韻當於清彈。以詩書同乎雅琴
。顧惟小人之述。得迴君子之心。儻能順聽。欲仰訴於知音。

## 二一四、闕名〈霓裳羽衣曲賦〉　　　　卷九六一

霓裳綽約兮。羽衣蹁躚。高舞妙曲兮。似於群仙。長裒若緩而若
急。雅音或斷而或連。想奏禁城之裡。如聞玉皇之前。迎拍動
容。縹緲而羅衣曳霧。含霜吐曲。響亮而德音徹天。止有餘態

。動無遺妍。昔開元皇帝以海內清平。天下豐足。思紫府瑤池
之樂。制霓裳羽衣之曲。夭夭而花貌呈妍。冉冉而雲鬟垂綠。
金石鏗鏘而不雜。絲竹要妙而相續。觀夫降輦路。臨廣場。被
羽衣。披霓裳。始透迤而並進。終宛轉以成行。舞隨節以褒急
。歌和氣而韻長。退若游龍之乍婉。進如驚鴻之欲翔。趨合規
矩。步中圓方。想其奏也。示安寧。尚敦樸。明樂之雅正。辨
樂之清濁。雅聲發乎宮商。清音發乎徵角。似到蓬萊之殿。見
舞仙童。如昇太乙之宮。忽聞帝樂。爾乃若止若行。或疏或傾
。進退合度。府仰應聲。聽之而雅正斯在。聞之而奸邪不生。
天地爲之交泰。日月爲之貞明。今我皇絕唐堯之業。繼聖祖之
德。制禮作樂。而和兆人。端拱垂衣。而朝萬國。於是陳廣樂
。宴群臣。鄭衛之聲是遠。神仙之曲是親。雅音奏而合律。妙
樂作而入神。變態而波迴風轉。顧步而雲飛霞新。已矣哉。想
曲罷而舞歇。當皇州而正春。

## 二一五、闕名〈舞馬賦〉　　　　　　　　　　卷九六一

書曰。擊石拊石。百獸率舞。是知時貞而物應。德博則化光。故
九有宅心。萬方惟允。我開元聖文神武皇帝陛下懋建皇極。丞
承寶命。揚五聖之耿光。安兆民於反側。功成道備。作樂崇德
。上以殷薦祖宗。下以導達情性。則有天馬絕足。來從東道。
出天庭而屢舞。仰皇心而載悅。豈止綠錯開圖。分九疇於夏后
。汗溝走血。服四夷於漢皇而已哉。野人沐浴聖造。與觀盛德
。敢迹蹈舞之事而賦之。皇帝協天行。乘春候。張廣樂而化通
鬼神。徵舞馬而懷柔奔走。爾其聆音卻立。赴節騰湊。顧遲影
而傾心。效長鳴而引脰。徘徊振迅。類威鳳之來儀。指顧倏忽
。若騰爰之驚透。眂鐘鼓而載止。暢蕭韶之九奏。洎宛跡遲遲
。汗血生姿。順指不動。因心所之。日照金羈。而晴光交映。
風飄錦覆。而淑氣相資。顧以退而未即。將欲進而復疑。絕節
交衢。而大人相慶。赴曲齊列。而皇心則怡。豈若檀溪水上。
章臺路前。塵埋玉勒。汗溼金鞭。竟空疲於力用。固無取於當
年。孰若矯渥洼兮道已泰。歷吳板兮心匪寧。願因百獸之相率

。舞聖德於天庭。

## 二一六、闕名〈舞馬賦〉　　　　　　　　　　　卷九六一

渥洼之駿兮。逸群特秀。簡偉之來兮。稀代是觀。豈憚夫行地無
疆。是美其承天之祐。弭雄心以順軌。習率舞而初就。因大樂
以逞狀。隨伶官而入奏。樂彼皇道。上委折於一人。狎節廣場
。下歡心於百獸。飾金錠。頓紅綟。類卻略以鳳態。終宛轉而
龍姿。或進寸而退尺。時左之而右之。至如鼉鼓歷考。龍笛昭
宣。知執轡之有節。乃蹀足而爭先。隨曲變而貌無停趣。因矜
顧而態有遺妍。既習之於規矩。或奉之以周旋。迫而觀焉。若
桃花動而順吹。遠而察之。類電影倏而橫天。固絕倫之妙有。
豈眾技之齊焉。我皇端拱無事。垂意至寧。愔愔正聲。以九變
而合樂。逐逐良馬。終萬舞而在庭。豈此夫漢皇取樂而同轡。
魯侯空牧而在坰。以今古而匹敵。何長短之相形。

## 二一七、闕名〈洞簫賦〉　　　　　　　　　　　卷九六一

南國之紀兮江水深。中巇蘗兮天姥。岑試一望兮。見簫筦之差參
。碧雲疑其色。白日出其重陰。每舍和以自守。雖歲寒其莫侵
。於是乃使夫匠人。凌晶淼。入幽窅。攀重蘿。閱豐篠。截成
枝之龍質。擬銜花之鳳鳥。作為洞簫。其聲窈窕。矇瞽之士。
純精所至。尤澹澹兮無營。浩紛紛兮縱肆。纖指敏手。隨抑揚
之虛滿。曲折等分。任吹噓而懿濞。爾其為樂也。則穌羅稽詣
而逸。其為苦也。則瀏溧列清而悴。或嶒峗以相從。復淋漓而
遠被。有若層山抱空而晴燭。巨海涵虛而夕潝。是以君子聽之
。載其平粹。及乎弄玉既好。蕭史亦出。登翠檻之巍峨。結紅
羅之婉蔚。楊葉鮮吹。荷花浴日。對吟空闊之情。復感神仙之
術。若乃漢皇未躍。周勃護喪。哀笳左引。畫翣前張。靈迤迤
而就挽。思徘徊而永傷。悽其吻吭。誰非斷腸。故若翔若止。
心中定矣。若反若墜。不遺其類。趣從容以向空。乍猗那以內
閟。信大雅之紆直。繹茲聲之開塞。匪天地兮同和。孰能與夫
偕極。

## 二一八、闕名〈吳公子聽樂觀風賦〉　　　　　　卷九六一

有東吳子。博識洽聞。欲觀風於上國。期屬意於南薰。審樂聲以殊志。將理化之可分。名籍藉以播物。意飄飄以凌雲。聿來洙泗。當周之季。禮樂之化已虧。文武之音亦墜。嗟矇瞽之多逸。歎君臣之不自。閱鄒魯之儒書。獨可稱其樂器。爾乃金石迭奏。匏革互起。主每齊於屈伸。客克諧於音旨。宏慈愛於寬裕。展肅敬於廉恥。和風陶陶以感心。繁音洋洋以盈耳。剛不怒兮稽其度。柔不懦兮得其理。雖曲度而屢絕。尚鏗鏘而未已。政教則異。褒貶無愆。題深沁於唐俗。稱大風於齊篇。察邶詩之不困。知鄭祀之不延。釋猶憾之南籥。慜黍離之東遷。是皆清明光鑒。修短昭然。雖謂千祀。曾何聞焉。幸遇休明。沐茲至化。太和覃於夷狄。神功格於上下。五英六莖之義。咸池大章之徒。與歷代而共樂。非古有而今無。且夫樂著太始。配天爲大。實欲庶物之暢茂。非獨五音之繁會。故省樂之理。明乎否泰。方且樂於無聲。又何假聞乎自郤。

## 二一九、闕名〈進凱樂奏〉　　　　　　　　卷九六六

謹按凱樂鼓吹之歌曲也。周官大司樂。王師大獻。則奏凱樂。注云。獻功之樂也。又大司馬之職。師有功則凱樂獻於社。注云。兵樂曰凱。司馬法曰。得意則凱樂。所以示喜也。左氏傳載晉文公勝楚。振旅凱入。魏晉以來。鼓吹曲章。多述當時戰功。是則歷代獻捷。必有凱歌。太宗平東都。破宋金剛。其後蘇定方執賀魯。李勣平高麗。皆備軍容凱歌入京師。謹檢貞觀顯慶開元禮書。並無儀注。今參酌今古。備其陳設。及奏歌曲之儀如後。

## 二二〇、闕名〈請移樂人不得住秘閣奏〉　　　　卷九六八

當省元掌四部御書十二庫。共七萬餘卷。廣明之亂。一時散失。後來省司購募。尚及二萬餘卷。及先朝再幸山南。尚存一萬八千卷。竊知京城制置使孫惟晟收在本軍。其御書秘閣。見充教坊及諸軍人占住。伏以典籍國之大經。秘府校之地。其書籍並望付當省。校其殘缺。漸令補輯。樂人乞移他所。

## 二二一、闕名〈定樂議〉　　　　　　　　　卷九七五

七廟觀德。義冠於宗祀。三祖在天。式章於嚴配。致敬之情允洽
。大孝之道宜宣。是以八佾具陳。肅儀形於綴兆。四懸備展。
被鴻徽於雅音。考作樂之明義。擇皇王之令典。前聖所履。莫
大於茲。伏惟皇帝陛下天縱感通。率由宜極。孝理昭懿。光被
於八埏。愛敬純深。追崇於百葉。永言錫祚。斯宏頌聲。鐘律
革音。播鏗鏘於饗薦。羽籥成列。申蹈厲於烝嘗。爰詔典司。
乃加降稱。循聲覈實。敬闡尊名。竊以皇靈滋慶。濬源長委。
邁呑薨之生商。軼擾龍之肇漢。盛韜光於九二。漸發迹於三分
。高祖縮地補天。重張區宇。反魂肉骨。再造生靈。恢恢帝圖
。與二儀而合大。赫赫皇道。共七曜以齊明。雖復聖跡神功。
不可得而窺測。經文緯武。敢有寄於名言。敬備樂章。式昭彝
範。皇祖宏農府君宣簡公懿王三廟樂。請同奏長發之舞。太祖
景皇帝廟請奏大基之舞。世祖元皇帝廟樂。請奏大明之舞。文
德皇后廟樂。請奏光之大舞。七廟登歌。請每室別奏。

## 二二二、闕名〈對笙師不施春牘判〉　　　　　　卷九七九

甲爲笙師以教陔樂。不施春牘等三品科之訴。不伏六同分序。則
備禮文。九夏成章。式明詩頌。所以賓射喪祭。軍旅會同。必
將有陳。罔或無度。永言春牘。喩此安絃。以諧八音。實爲三
品。伐檀欒於雲夢。影落梢雲。採貞勁於仙壇。色移寒雪。夙
聞揮斲。素列廣條。因玉潤之呈姿。節金奏以爲用。惟甲司至
有昧欽承。無相奪倫。未求諸已。不以其道。輕欲訓人。杏渺
笙歌。詎騫迴於鳳影。嬋娟篠簜。殊彷彿於龍鳴。應雅莫修。
填箎坐缺。至若教之陔夏。用以娛賓。候終宴而言歸。慮沈酣
而越禮。爲之行節。肅以威儀。釀取歡於傾家。飲無醉於終日
。遵其聲律。必在和均。忽貽顧於周郎。豈忘味於宣父。不謀
其政。遐棄厥司。當審詞以定刑。庶先迷而後得。

## 二二三、闕名〈對四品女樂判〉　　　　　　　　卷九七九

乙有女樂一部。御史按之。元見任四品清官。仰處分爵以馭貴。
樂以報功。異其肆堵。昭以聲文。既比物以飾節。亦安德而教
和。乙也銀艾蟬聯。朱輪焯耀。名稱貴士。位列清班。家乃伐

冰。朝脣食肉。二肆未陳於縮霤。一部且列於曲房。事等馬融
。義符魏絳。且窈窕閑淑。蛾眉麗姿。樂則備於伶人。禮可嬪
於君子。功化絲枲。舞節鏗鏘。稽命數而合宜。在法令而何爽
。御史糾按。無乃深丈。

## 二二四、闕名〈對笛判〉 　　　　　　　　　　卷九七九

甲制碧鮮。靄青冥之秀色。龍吟鳳吹。發寥亮之飛聲。始立制於
工人。方勸侑於君子。簡易爰在。繁會斯深。惟甲練精。而成
厥象。躋攀絕。陟彼九成。剗剗貞姿。謚爲雙笛。撫羌人之效
躅。裁以當箎。感越客而興悲。方延作賦。霜候無變。寧俟斷
磨。風韻將調。遠資律度。加君明之後出。畢以五音。佇叔夏
之前規。奏其三調。落梅香遍。自滿風前。折柳陰陳。橫分塞
上。固無失於倫序。宛有協於和均。不節論辜。未知其可。

## 二二五、闕名〈對樂師教舞判〉 　　　　　　　卷九七九

甲年十三。爲國子樂師之教之舞象。甲不受命。樂師將撻。甲云
違禮不伏。夏序殷膠。建國重務。養老齒。胄先王大猷。所以
長幼分規。道業差序。或殊誦習。將明告教。射御書數。分制
則於樂章。中和祇庸。遵規儀於性府。既大成以方就。爰小舞
而首陳。必在準繩。無或差貳。興言國子。辯慧斯文。系彼勳
華。金張錫慶。遵其禮樂。游夏申勤。學必幼儀。言辭外傅。
年深舞勻。及踐上庠。奉誦夏絃。深其順節。尊師重道。寧願
踰閑。佩觿之辰。成童未及。摳衣之日。舞象何先。雖欲速於
有知。終見陷於無度。儻乎聞一知二。亦何守其彝倫。必也非
禮勿言。固可徇之年限。制於未亂。詳茲雅得紀綱。扑作教刑
。撫事難從捶楚。

## 二二六、闕名〈對夢楚女鼓琴判〉 　　　　　　卷九八二

乙封侯嘗夢見處女鼓琴而歌曰。美人熒熒。顏若苕之華。後遂納
國人姓爲內子。御史劾其僭。訴云。夢應也國以定封。邑惟利
建。社稷是衛。邦畿以藩。乙將度以土圭。設其苑序。式遵厥
度。宜立其家。鳳凰之兆未期。桃李之妖將至。剛柔自應。精
爽潛通。吉以有祥。將一作表神來之兆。庶乎無亂。理齊藏往

之感。位在通侯。夢茲處女。橫角枕而就寢。見鼓琴而作歌。熒熒之詞。聞彼魂交之日。夭夭之質。睍茲形開之時。六夢之驗若存。八徵之候如會。納爲內子。誠類小君。稱僭欲繩。未通平典。

## 二二七、唐高宗〈樂籍人應侍親病取中男充敕〉　拾遺卷一

音聲人及樂戶。祖母老病應侍者。取家內中男及丁壯好手者充。若無所取中丁。其本司樂署博士及別敎子弟應充侍者。先取戶內人及近親充。（唐會要三十四）

## 二二八、唐高宗〈用上元舞敕〉　拾遺卷一

新造上元之舞。先令大祀享皆將陳設。自今以後。圜北方澤太廟祀享。然後用此舞。餘祭並停。（唐會要三十二）

## 二二九、唐中宗〈免樂藉人科徭敕〉　拾遺卷二

太常樂鼓吹散樂音聲人。並是諸色供奉。乃祭祀陳設嚴警鹵簿等用。須有矜恤。宜免征徭雜科。（唐會要三十三）

## 二三〇、唐中宗〈定女樂部數敕〉　拾遺卷二

三品已上。聽有女樂一部。五品已上。女樂不過三人。皆不得有鐘磬。（唐會要三十四）

## 二三一、唐玄宗〈禁伎樂敕〉　拾遺卷三

自有隋頹靡。庶政凋弊。徵聲偏于鄭衛。街色矜于燕趙。廣場角牴。長袖從風。聚而觀之。浸以成俗。此所以戎王奪志。夫子遂行也。朕方大變澆訛。用除災蠹。眷茲技樂。事切驕淫。傷風害政。莫斯爲甚。既違令式。尤宜禁斷。（唐會要三十四）

## 二三二、唐玄宗〈免敎坊博士雜徭敕〉　拾遺卷三

內敎坊博士及弟子須留長敎者。聽用資錢陪。其所留人數。本司量定。申者爲簿。音聲內敎坊博士及曹第一第二博士房悉免雜徭。本司不得驅使。又音聲人得五品已上勳。依令應陳簿者。非因征討得勳。不在除簿之列。同上

## 二三三、中宗韋皇后〈妃主給鼓吹表〉　拾遺卷八

自妃主及于品已上母妻。並不因夫子封者。請自今婚葬之日。特給鼓吹。宮官准此。（唐會要三十八）

## 二三四、高郢〈勒停鼓吹四嚴奏〉　　　　　　　　　　拾遺卷二四

六典。凡駕行幸。有夜警晨嚴之制。今署司所申。是井警亦呼爲
嚴。相承已久。樂官不能辨。矢奉開元禮。皇帝時饗太廟及上
辛祈穀于國邱。皆于正殿致齋。第三日欲赴行宮前七刻五刻二
刻。有三嚴之儀。並無五更三點以前四嚴及駕至橋一嚴之文。
伏請勒停。准禮依時刻三嚴。又其時所設宮懸。懸而不作。**鑾**
**駕進發**。不鳴鼓吹。至祀日太廟饗禮畢。鑾駕欲發。及南郊行
事鑾駕還宮之時。然後各有三嚴。皇饗既還大次。停一刻須槌
一鼓爲一嚴。三刻須槌二鼓爲再嚴。五刻須槌三鼓爲三嚴。往
例儀注皆准此禮。鼓吹署所申。並與禮文不同。又都不知准禮
是行事畢有三嚴之制。伏以立禮之旨。務於精誠。鑾駕出宮。
在祀前之日。猶懸而不作。不鳴鼓吹。況祠所齋潔。明發行事
。此夜誠合清淨。不應鉦鼓諠譁。其鼓吹署所申四嚴及臨上壇
一嚴。伏請勒停。其行事畢後南郊迴。請准禮依時刻三嚴。太
廟宿。其後不嚴。及南郊迴。於明德門裡。鼓引駕至丹鳳門。
　（唐會要卷十八）

## 二三五、李逢吉〈祭天地社稷用樂如舊奏〉　　　　　　拾遺卷二六

昊天上帝。五方上帝。皇地祇神州社稷之祀。謹按禮記。喪三年
不祭。惟祭天地社稷按周禮及開元禮。圜鍾之均六變。天神皆
降。林鍾之均八變。地祇皆出。謹按不廢天地之祭。謂不敢以
卑廢尊也。將祭必作樂者。所以降神也。苟有所期。則祭不成
禮。伏請準元和元年二月敕。用樂如舊。三年之內。不祭宗廟
山陵。祔廟後四時饗祀如式。（唐會要二十一）

## 二三六、張濬〈太廟宮懸依古禮用二十架奏〉　　　　　拾遺卷三三

## 二三七、崔致遠〈賀迴駕日不許進歌樂表〉　　　　　　拾遺卷三四

臣某言。臣得進奏院狀報。伏審敕旨迴駕日。應松路州縣切不得
輒進歌樂及屠殺者。聲除飾喜。味減薦珍。遠遵罪已之言。深
播好生之德。凡於蠢動。孰不歡呼。臣某誠抃誠躍頓首頓首。
伏惟皇帝階下日月運行。雷雨作解。體堯舜之理能咸若法禹湯
之興必勃焉。退庭舞而撤宮懸。惡衣服而菲飲食。一慈二儉。

守玄祖之格言。沐雨櫛風。稟太宗之丕訓。今則冕旒東顧。枒
西移。師乙收心。無以逞鏗鉤之曲。庖丁斂手。何由挫觳觫之
形。義感六牲。恩加萬姓。則乃蜀山力士。既無煩役之虞。漢
水老人。豈有深譏之事。帝業永資於下武。物情皆慶於中興。
臣方擁戎旃。阻隨仙蹕。遙思盛禮。空馳拱北之誠。願報深恩
。但勵鎮南之志。無任抃躍屏營之至。謹奉表陳賀以聞。臣某
誠歡誠喜頓首頓首。謹言。

## 二三八、晉陵子〈雷氏琴銘〉　　　　　　　　　　　拾遺卷五二

卓哉斯器。樂惟至正。音清韻古。月澄風勁。三餘神爽。泛絕機
靜。雪夜敲冰。霜天擊磬。陰陽潛感。否臧前鏡。人其審之。
豈獨知政。（澠水燕談錄）

## 二三九、闕名〈東封樂舞奏〉　　　　　　　　　　　拾遺卷五三

東封太山日所定雅樂。其樂曰元和六變。以降天神。順和八變。
以降地祇。皇帝行用太和之樂。其封太山登歌奠玉幣用肅和之
樂。迎俎用雍和之樂。酌福飲福酒用福和之樂。送文迎武用舒
和之樂。亞獻終獻用凱安之樂。送交迎武用舒和之樂。亞獻終
獻用凱安之樂。送神用夾鍾元和之樂。禪社首送神用林鍾宮順
和之樂。享太廟迎神用永和之樂。獻祖宣皇帝酌獻用光大之舞
。懿祖光皇帝酌獻用大明之舞。太宗文武皇帝酌獻用崇德之舞
。高宗天皇太帝酌獻用鈞天之舞。中宗孝和皇帝酌獻用太和之
舞。睿宗大聖真皇帝酌獻用景雲之舞。徹俎用雍和之舞。送神
用黃鍾宮永和之樂。臣以樂章殘缺。積有歲時。自有事東巡。
親謁九廟。聖情慎禮。精祈咸通。皆祠前累月考定音律請編入
史冊。萬代施行。（通典一百四十七）

## 二四〇、闕名〈升附禮記公私聲樂復常奏〉　　　　拾遺卷五三

內外公私聲樂祭祠等。漢魏已來。既葬祔廟之後皆復其常。本朝
行之。以為故事。今德宗皇帝十一月四日行升祔之禮記事。請
皆如舊。（唐會要三十四）

## 二四一、闕名〈請當已錢充樂人依糧奏〉　　　　　拾遺卷五五

伏見諸道方鎮。下至州縣軍鎮。皆置音樂。以為歡娛。豈仕誇盛

軍戎。實因接待賓旅。伏以府司每年重陽上已兩度宴遊。及大
臣出領藩鎮。皆須求雇教坊音聲。以申宴餞。今請自於當已錢
中。每年方圓三二十千。以充前件樂人衣糧。伏請不令教坊收
管。所冀公私永便。（唐會要三十四）